U0813784

汽车电气构造、原理与检修（下）
汽车电气辅助设备

主　编　赵振宁
副主编　孙雪梅　徐　磊
主　审　李春明

北京理工大学出版社
BEIJING INSTITUTE OF TECHNOLOGY PRESS

内容简介

本书共分九章，第一章汽车总线系统，讲解 LIN、CAN、MOST 和 FlexRay 四种网络的原理和系统自诊断以及线束维修方法；第二章安全气囊及其扩展功能，讲解了正面安全气囊、侧面安全气囊、侧面气帘和撞车安全控制。第三章风窗刮水和洗涤装置，讲解了基本控制电路，实际控制电路以及智能控制电路；第四章电动座椅，介绍了直接控制和集中控制的电动座椅电路；第五章中央控制门锁及防盗系统，讲解了中控锁电路，中控锁和防盗器的联合使用，给出了典型电路，并举出了常见故障的原因；第六章电动车窗和观后镜及其微机控制；第七章转向柱控制单元 J527；第八章网络化舒适系统集中控制；第九章汽车音响和导航系统，讲解音响的组成、控制功能、音响优劣和导航功能。

本书可作为高等学校新能源汽车技术、汽车检测与维修和汽车电子的专业教材，也可供从事本专业工作的工程开发和售后维修技术人员作参考。

图书在版编目（CIP）数据

汽车电气构造、原理与检修. 下，汽车电气辅助设备 / 赵振宁主编. —北京：北京理工大学出版社，2015. 3

ISBN 978 - 7 - 5682 - 0197 - 1

Ⅰ. ①汽…　Ⅱ. ①赵…　Ⅲ. ①汽车 - 电气设备 - 构造 - 高等学校 - 教材②汽车 - 电气设备 - 车辆修理 - 高等学校 - 教材　Ⅳ. ①U472. 41

中国版本图书馆 CIP 数据核字（2015）第 051506 号

出版发行 / 北京理工大学出版社有限责任公司
社　　址 / 北京市海淀区中关村南大街 5 号
邮　　编 / 100081
电　　话 /（010）68914775（总编室）
　　　　　82562903（教材售后服务热线）
　　　　　68948351（其他图书服务热线）
网　　址 / http：//www. bitpress. com. cn
经　　销 / 全国各地新华书店
印　　刷 / 北京高岭印刷有限公司
开　　本 / 787 毫米 × 1092 毫米　1/16
印　　张 / 16. 25
字　　数 / 375 千字
版　　次 / 2015 年 3 月第 1 版　2015 年 3 月第 1 次印刷
定　　价 / 49. 00 元

责任编辑 / 张慧峰
文案编辑 / 多海鹏
责任校对 / 周瑞红
责任印制 / 马振武

前言

PREFACE

随着汽车电气系统的发展，电气系统的功能越来越多，技术也越来越复杂。以前的输入输出关系较直观，现代汽车电气系统采用了集中控制方式，为了检修方便，控制单元能进行自诊断。传统电气系统介绍的内容已经远远跟不上汽车电气系统的发展，偶尔也有一些电控技术介绍，但多为产品的功能介绍，总是不能真正一睹技术的细节，以利于在实践中解决实际问题。技术在实车上的应用已经较为普遍的情况下，急需完整技术细节的教材。为了使现代教育内容跟上汽车发展的步伐，编著了这本书。本书为高等学校“新能源汽车技术”“汽车检测与维修”和“汽车电子”的专业教材，也可供从事本专业工作的工程开发和售后维修技术人员作参考。

本书共分九章，第一章汽车总线系统，讲解 LIN、CAN、MOST 和 FlexRay 四种网络的原理和系统自诊断以及线束维修方法；第二章安全气囊及其扩展功能，讲解了正面安全气囊、侧面安全气囊、侧面气帘和撞车安全控制；第三章风窗刮水和洗涤装置，讲解了基本控制电路、实际控制电路以及智能控制电路；第四章电动座椅，介绍了直接控制和集中控制的电动座椅电路；第五章中央控制门锁及防盗系统，讲解了中控锁电路、中控锁和防盗器的联合使用，给出了典型电路，并举出了常见故障的原因；第六章电动车窗和观后镜及其微机控制；第七章转向柱控制单元 J527；第八章网络化舒适系统集中控制；第九章汽车音响和导航系统，讲解音响的组成、控制功能、音响优劣和导航功能。

由于时间仓促，加之作者的水平有限以及本书的有限篇幅，难免会有错漏之处，希望读者不吝指正（未经作者同意，严禁复制和摘抄任何内容）。

本书由赵振宁任主编，孙雪梅、徐磊任副主编。本书由李春明担任主审工作。

编　者

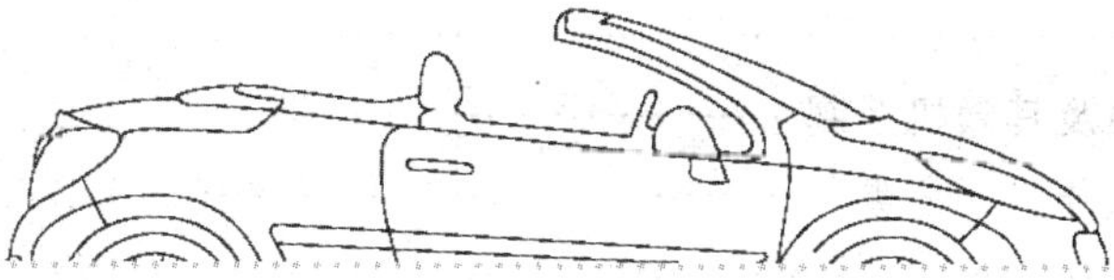

目录

CONTENTS

第一章
汽车总线系统

第一节　汽车通信技术

一、数据传输特点

现代汽车数据传输的特点是“数字化”和“多路复用”：

1）数字化是指在传送之前，这些数据已经预先被数字化成“0”或“1”了，数据传输是以数字信号的形式来支持信息交流的。

2）多路复用是指传输介质的能力很强（比如光纤），或传输介质能力不太强，但要传递的信号种类不是特别多且每种也相对不是要求特别快速，一条线仅传递一个信号时信息量明显宽裕，为了有效地利用传输系统，希望一个信道能够同时传输多路信号。比如 A 控制单元有 A1、A2、A3 三种信息要发送到 B 控制单元，用一根线（即一个信道），先传递 A1 信号到这个信道，再传递 A2 信号到这个信道，然后再传递 A3 信号到这个信道。当然，B 控制单元在接收前应早就知道下次要来的信号是 A1、A2 还是 A3。

二、单线数据传输技术

串行通信是为不需要瞬间处理或允许稍缓处理的信息交换而设计的，分为同步通信和异步通信两种。在汽车上使用时根据通信导线数目的不同分为单线和双线两种。

1. 单线归零码串行同步通信

当因为无法增加线路导致数据传输堵塞或者因成本（例如使用了电话线路）等原因无法增加数据线路时，常采用串行通信方式来传输数据。组成二进制信息的每行字位一个接一个地传输，并按发送器与接收器之间同步时钟的速度进行，称为同步通信。同步通信在汽车上几乎不用。这种通信方法在汽车获取信息时比并行通信需要花费更多的时间，但它减少了所需电线的数量，如图 1－1 所示。

2. 单线异步串行通信

异步通信模式省去了连接发送器与接收器的同步时钟线路，在这种情况下，每一个组件都有一个内部时钟。发送器先向接收器发送具有开始字位的一段脉冲，接收器在第一个拉低脉冲持续一个内部时钟的时间后开始认为是信号传递，这个过程也称为初始时同步信号（信息初始有一个开始 0 字位）。这个开始字位不是数据，它的作用是使接收器的时钟与发送器的时钟同步。信息以一个与开始字位相反的停止字位 1 结束，时钟将会在开始发送每个信息时进行重新同步调节。如图 1－2 所示。

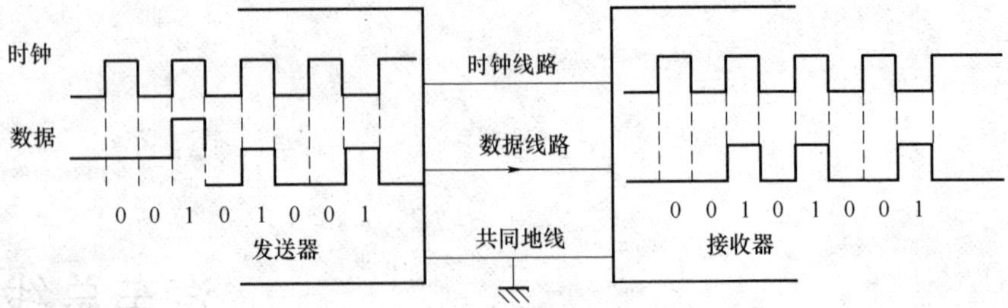

图1-1　串行通信

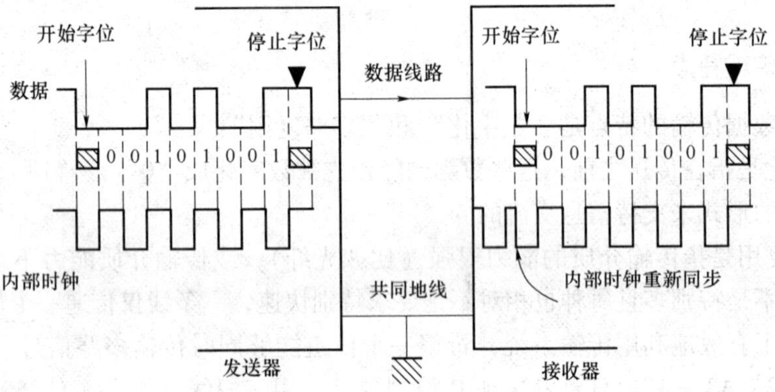

图1-2　单线异步串行通信

［**完成任务**］串行同步通信是否在汽车上使用：________；串行异步通信是否在汽车上使用：________。

在图1-2中，接收器通过信号线上的什么变化来知道发送器要发送数据了：________；接收器内部的同步时钟在正常时，突遇信号线上的脉冲由高（5V）降为低（0V）时，是重新校定初始同步脉冲还是不做任何反应：________。

三、传感器集成级对通信的影响

如图1-3所示，目前汽车传感器有以下几种类型。

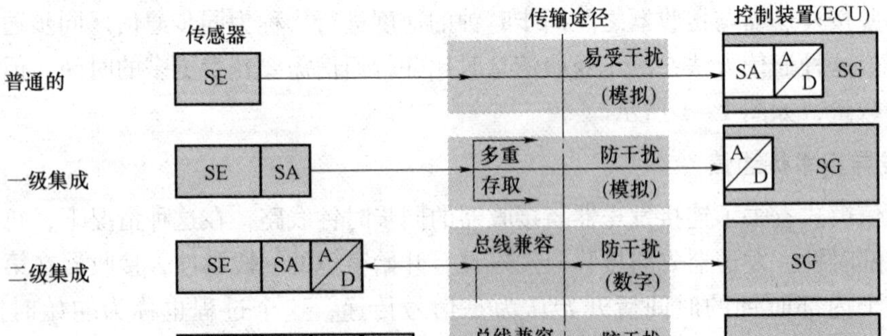

图1-3　汽车传感器集成级对通信的影响

SE—传感器；SA—信号处理（模拟）；A/D—模/数转换器；SG—控制装置（ECU）；MC—微型计算机

[**完成任务**] 请列出汽车上的一个普通传感器：________；一个一级集成传感器：________；一个二级集成传感器：________；一个三级集成传感器：________。

四、汽车通信的必要性

从布线角度分析，传统的电气系统大多采用点对点的单一通信方式，相互之间缺乏联系，这样必然会产生庞大的布线系统。据统计，一辆采用传统布线方法的高档汽车，其导线长度可达2 000m，电气结点达1 500个，而且根据统计，该数字大约每10年增长1倍，从而加剧了粗大线束与汽车有限可用空间之间的矛盾。无论从材料成本还是从工作效率来看，传统布线方法都将不能适应汽车的发展。为了减少线束数量造成的重量增加、成本增加、可靠性下降、检修困难等一系列问题，需要采用先进的通信方式。

从信息共享角度分析，为了使现代汽车的发动机、底盘、电气和电力驱动四个系统满足各子系统的实时性要求，有必要对汽车公共数据实行共享，如发动机转速、车轮转速、油门踏板位置等。但每个控制单元对实时性的要求是因数据的更新速率和控制周期不同而不同的，这就要求其数据交换网是基于优先权竞争的模式，且本身具有较高的通信速率，CAN总线正是为满足这些要求而设计的。

[**技师指导**] 结点和节点的区别：结点是线间重新接合在一起的点；节点是在通信线路上的控制单元。

五、汽车网络可用的传输介质

1. 双绞线

双绞线是由两根各自封装在彩色塑料套内的铜线扭绞而成的，如图1－4所示。扭绞在一起的目的是降低它们之间的干扰。多对双绞线之外再套上一层保护套就构成了双绞线电缆。双绞线分为屏蔽型（STP）和非屏蔽型（UTP）两类。STP在UTP外面加上了一层由金属丝纺织而成的屏蔽层，以提高其抗电磁干扰能力。

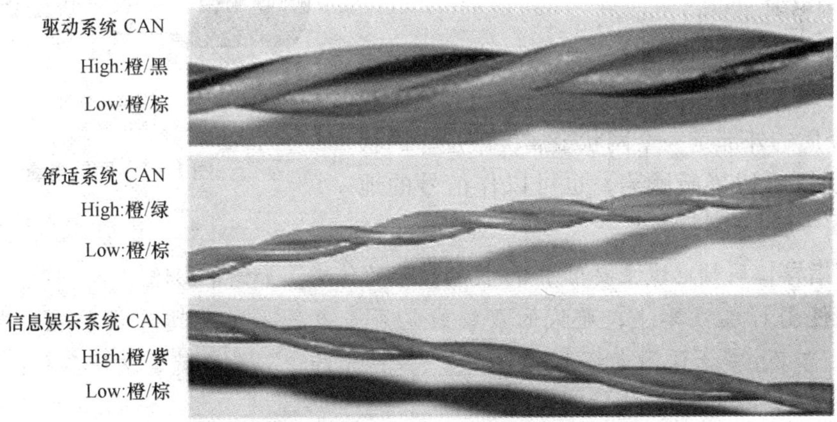

图1－4 用于不同系统的双绞线

在汽车网络中，许多汽车制造商都使用专用的双绞线。一汽大众Golf A4不同系统中所使用的CAN总线：动力总线，CAN－H橙/黑、CAN－L橙/棕；舒适总线，CAN－H橙/绿、

CAN－L 橙/棕；信息娱乐总线，CAN－H 橙/紫、CAN－L 橙/棕。

2. 光纤

光纤是有线传输介质中性能最好的一类，如图 1－5 所示，一般由玻璃纤维和塑料构成。在折射率较高的纤芯外面，用折射率较低的包层包住，就构成了一条光波通道，再在包层外面加上一层保护套，就构成了一根单芯光缆。

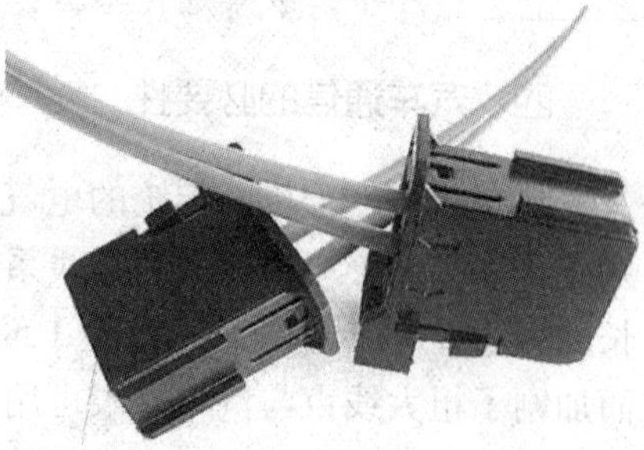

图 1－5　光纤

光纤对数字信号的传输是利用光脉冲的有无来代表二进制数字“1”和“0”的。典型的光纤传输系统如图 1－6 所示。在发送端，可用发光二极管（LED）或激光二极管（LD）等光电转换器件把电信号转换成光信号，再耦合到光纤中进行传输。在接收端，通过光电二极管（PIN）等器件进行逆变换，把光纤传来的光脉冲转换成电信号输出。

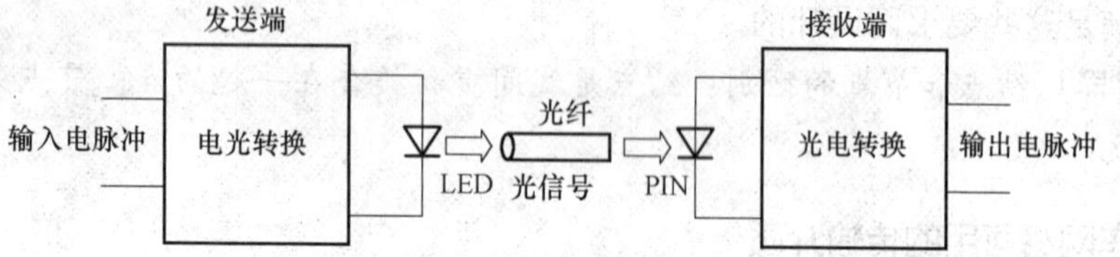

图 1－6　光纤传输系统

注：光纤主要应用于信息娱乐系统，如音频和视频类等数据量大的信息传输系统。

光纤以其抗电磁干扰能力强、信号传输速度快和音频响应好等优点，将逐渐取代传统的同轴电缆和双绞线。

3. 同轴电缆

同轴电缆如图 1－7 所示。电缆的中央是一条单根的铜导线，其外部被一层绝缘材料包围着，在这种绝缘介质的外部是一个网状金属屏蔽层。网状金属屏蔽层既可以屏蔽噪声，也可以作信号的地线，最外面一层是塑料封套。

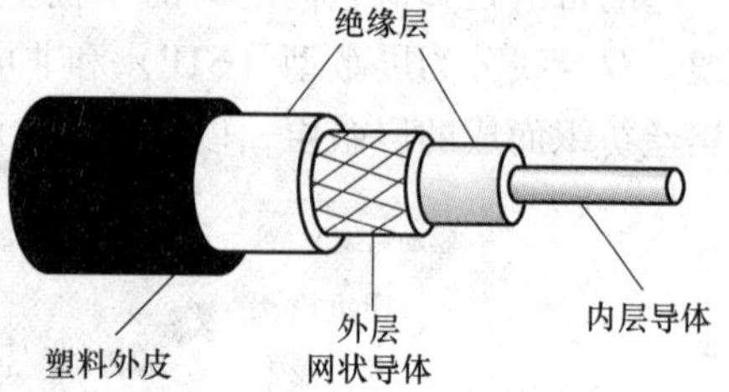

图 1－7　同轴电缆

[技师指导] 同轴电缆主要用于音/视频信号的传输，如倒车影像。

[完成任务] 在汽车上，通信的双绞线是否是电气系统普通导线绞在一起做成的：________；你家中是否采用光纤上网：________；光纤中心是否就是透明塑料：________；家中电视的天线是否就是同轴电缆：________。

六、汽车网络系统

在表 1－1 中，对通信速率和汽车应用做了详细比较，“○”表示采用通信方式。其中发动机控制、ABS、变速器控制、停车控制、悬架控制等将采用更快传输速率的 FlexRay 通信方式。

表 1-1 汽车网络标准

等级	通信速率	汽车应用	LIN	CAN	FlexRay	MOST/1394
A	10～125Kb/s（车身）	灯光、电动窗、门锁、电动座椅等	○			
B	125Kb/s～1Mb/s（状态信息）	电子指示灯、驱动信息、空调、故障诊断等		○		
C	1～10Mb/s（实时控制）	发动机控制、ABS、变速器控制、停车控制、悬架控制等		○	○	
D	10Mb/s 以上（多媒体）	汽车导航、音频等				○

［**完成任务**］车用 MOST 通信就是光纤通信，MOST 总线通信速率最快，那为什么不全用 MOST 通信，还要存在其他通信方式？________________。

七、LIN、CAN、MOST 混合网络

图 1-8（a）和图 1-8（b）所示为奥迪 C6 汽车的 LIN、CAN、MOST 混合网络。

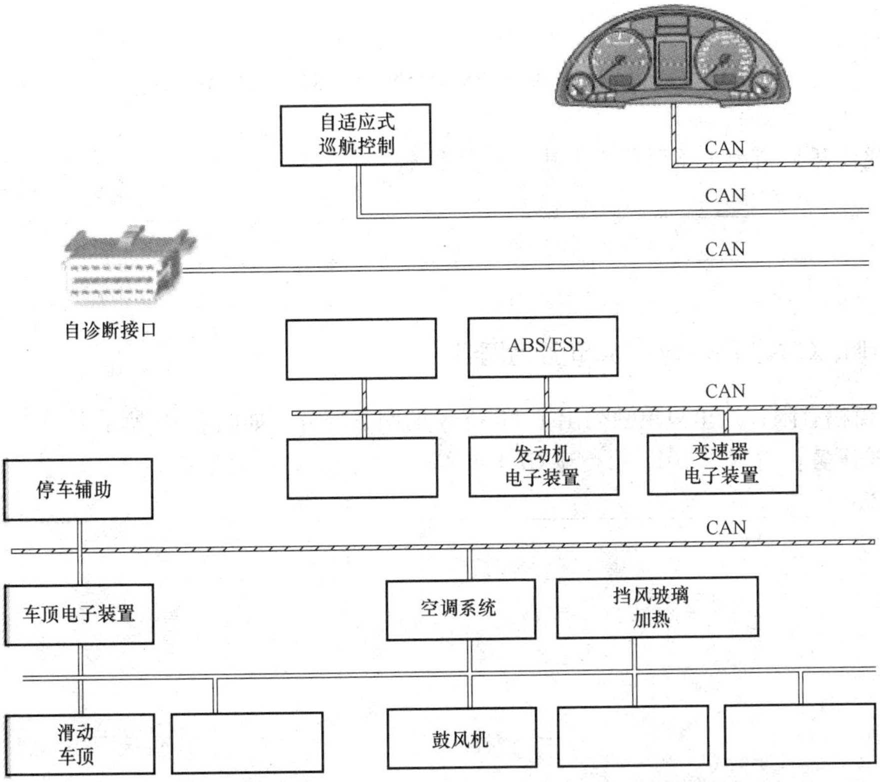

（a）

图 1-8 奥迪 C6 汽车的 LIN、CAN、MOST 混合网络

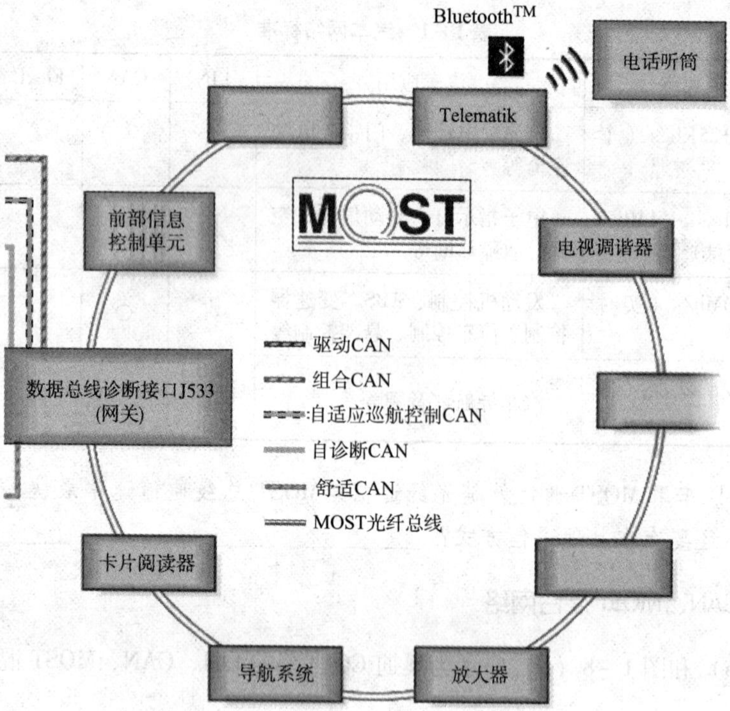

(b)

图 1-8 奥迪 C6 汽车的 LIN、CAN、MOST 混合网络（续）

[完成任务] 请列出不同总线上挂的不同系统。

LIN：____；

CAN：____；

MOST：____。

八、LIN、CAN、FlexRay、MOST 混合网络

由于篇幅有限，这里只单独列出了 FlexRay 的网络部分，如图 1-9 所示。

[完成任务] 请列出 2012 款奥迪 C7 FlexRay 总线上挂的不同系统。

FlexRay：____。

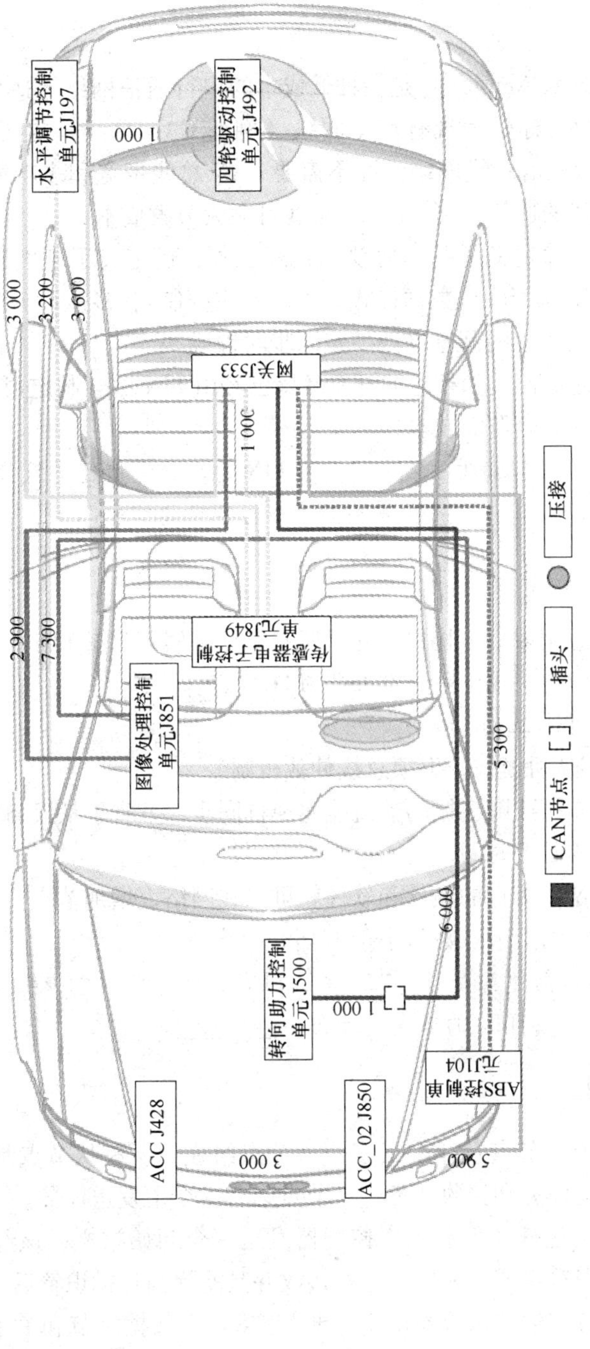

图1-9　2012款奥迪C7的FlexRay网络

第二节　LIN总线

一、概述

LIN（Local Interconnect Network）是一种低成本的串行通信网络，适用于汽车中的分布式电子系统控制。LIN的目标是为现有汽车网络（例如CAN总线）提供辅助功能。因此，LIN总线是一种辅助串行通信总线网络。在不需要CAN总线带宽和多功能的场合（比如智能传感器和制动装置之间的通信），使用LIN总线可大大节省成本。

在LIN技术规范中，除定义了基本协议和物理层外，还定义了开发工具和应用软件接口。LIN通信是基于SCI（UART）数据格式，采用单主控制器/多从设备的模式，仅使用一根12V信号总线和一个无固定时间基准的节点同步时钟线。

这种低成本的串行通信模式和相应的开发环境已经由LIN协会制定成标准。LIN的标准化可使汽车制造商以及供应商降低成本。

[完成任务] LIN是什么的缩写：________；LIN是单线通信还是双线通信：________；LIN的电压是12V还是5V：________；属不属于串行异步通信：________。

二、主要特性

（1）低成本。基于通用UART接口，几乎所有微控制器都具备LIN必需的硬件。

（2）极少的信号线即可实现国际标准ISO 9141规定。

（3）传输速率最高可达20Kb/s。

（4）采用单主机/多从机模式，无须总线仲裁机制。

（5）从节点不需要晶振或陶瓷振荡器就能实现自同步，节省了从设备的硬件成本。

（6）保证信号传输的延迟时间。

（7）不需要改变LIN从节点的硬件和软件就可以在网络上增加节点。

（8）通常一个LIN网络上节点数目小于12个。

[完成任务] LIN的最高速率是：________；LIN是给二级集成传感器通信还是给三级集成传感器通信：________；LIN的节点是什么：________。

三、LIN的通信规则

一个LIN网络由一个主节点及一个或多个从节点组成。所有从节点都有一个从通信任务，该通信任务分为发送任务和接收任务；主节点则有一个主发送任务。一个LIN网络上的通信总是由主节点的主发送任务发起，主控制器发送一个起始报文，该起始报文由同步断点、同步字节、消息标识符组成。相应地，在接收并且滤除消息标识符后，一个从任务被激活并且开始本消息的应答传输。该应答由2（或4和8）个数据字节和1个校验码组成。起始报文和应答部分构成一个完整的报文帧。

由于LIN报文帧由报文标识符指示其组成，所以这种通信规则可以采用多种方式进行数据交换：

（1）由主节点到一个或多个从节点。

（2）由一个从节点到主节点或其他的从节点。

（3）通信信号可以在从节点之间传播而不经过主节点，或者通过主节点广播消息到网络中所有的从节点。需要明确的是，报文帧的时序由主机控制。

四、应用场合

典型的 LIN 总线主要应用于汽车中的联合装配单元，如车门、转向器、座椅、空调、照明灯、湿度传感器、交流发电机等。LIN 可以使这些机械组件得到较广泛的使用。这些组件可以很容易地连接到汽车网络中，且维护和服务十分方便。在用 LIN 实现的系统中，通常用数字信号量替换模拟信号量，以优化总线性能。

以下是汽车电子控制系统成功使用 LIN 的实例。

（1）车顶：湿度传感器、光敏传感器、信号灯控制、汽车顶篷。

（2）车门：车窗玻璃、中枢锁、车窗玻璃开关、吊窗提手。

（3）车头：传感器、小电动机。

（4）转向器：方向控制开关、挡风玻璃刮水器、转向灯、收音机、空调、座椅、座椅控制电动机、转速传感器。

注：LIN 总线本质是单片机的串行异步通信，智能传感器内置了微控制器，传感器上的微控制器功能相对简单，其把传感器信号变为数字信号后，主要是向上级微控制器传送，由上级微控制器处理分析这个数据或这些数据。

五、K－Line 相关基础知识

K－Line 用于外部测试设备和车载 ECU 之间的诊断通信，并可通过 K－Line 建立通信之前的初始化动作。L－Line 是选装，其物理拓扑如图 1－10 所示。

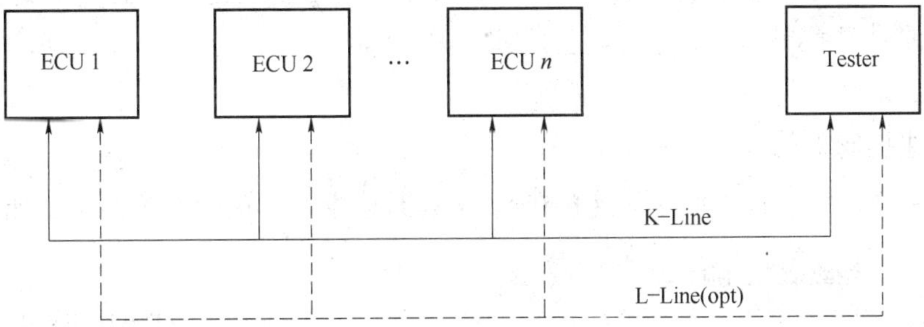

图 1－10　K－Line 物理拓扑

［**技师指导**］在汽车电路图中，K－Line 是诊断仪（Tester）与车内控制单元进行通信的一根通信线，如检测仪 VAG1552。当汽车的节点增多，需要通信速率增高时，新诊断仪（Tester）不再用 K－Line 与车内控制单元通信，而用 CAN 通信，但为了让早期的诊断仪能诊断“基本”的控制单元，如发动机、变速器、ABS 等控制单元，仍保留 K－Line。

六、大众 LIN 总线

大众汽车上各个 LIN 总线系统之间的数据交换是由控制单元通过 CAN 数据总线实现的。

LIN 总线系统是单线式总线，底色是紫色，有标志色。该线的横截面面积为 0.35mm^2，无须屏蔽。该系统可让一个 LIN 主控制单元最多与 16 个 LIN 从控制单元进行数据交换。

典型的大众 LIN 总线网络系统如图 1－11 所示。

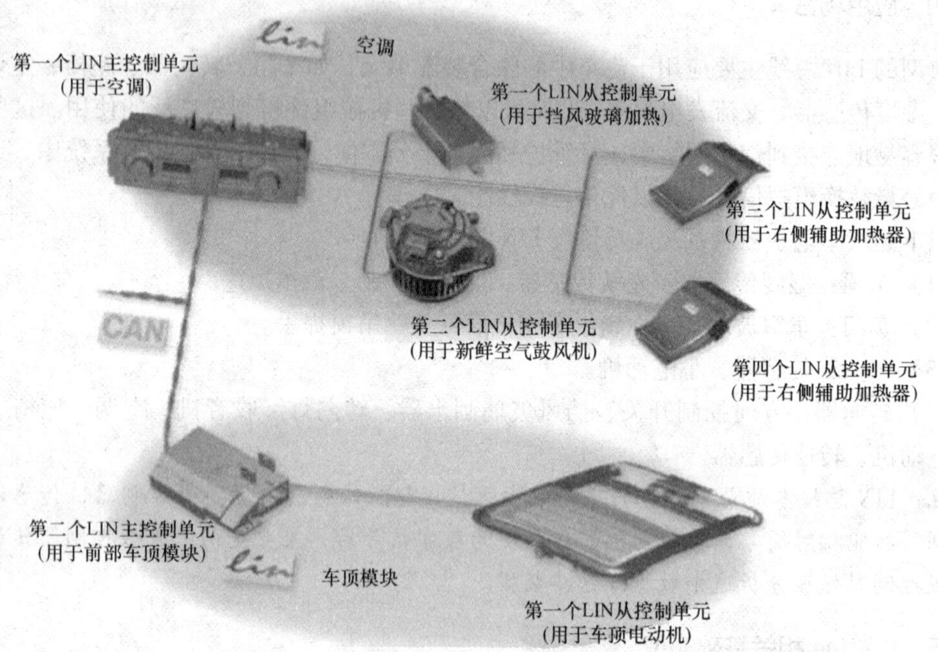

图 1－11　典型的大众 LIN 总线网络系统

［**完成任务**］在图 1－11 所示的典型大众 LIN 总线网络系统中，空调采用 LIN 总线控制电动机（这四个 LIN 节点都是电动机控制），其中对电动机转速进行控制的是：________；对电动机位置进行控制的是：________。LIN 主控本质是________控制；是位置调节还是速度调节：________。

1. LIN 主控制单元

如图 1－12 所示，该控制单元连接在 CAN 数据总线上，执行 LIN 的主功能，作用是监

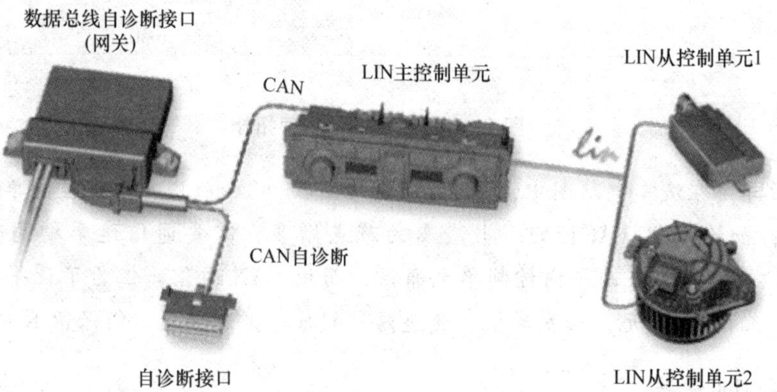

图 1－12　LIN 主控制单元作用

控数据传递和数据传递的速率及发送信息标题。该控制单元的软件内已经设定了一个周期，这个周期用于决定何时、将哪些信息发送到LIN数据总线上多少次。该控制单元在LIN数据总线系统的LIN控制单元与CAN总线之间起“翻译”作用，它是LIN总线系统中唯一与CAN数据总线相连的控制单元。通过LIN主控制单元进行与之相连的LIN从控制单元的自诊断。

2. LIN从控制单元

如图1－13所示，在LIN数据总线系统内，单个的控制单元（如新鲜空气鼓风机）或传感器及执行组件（如水平传感器及防盗警报蜂鸣器）都可看作LIN从控制单元。传感器内集成有一个电子装置，该装置对测量值进行分析（数值是作为数字信号通过LIN总线传递的）。

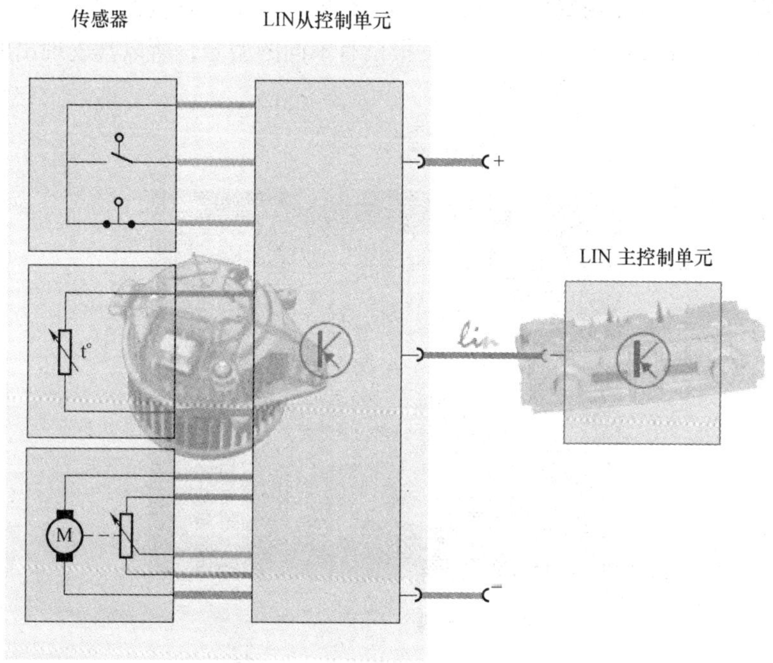

图1－13　LIN从控制单元作用

如图1－14所示，有些传感器和执行组件只使用LIN主控制单元插口上的一个针脚。LIN执行组件都是智能型的电子或机电部件，这些部件通过LIN主控制单元的LIN数字信号

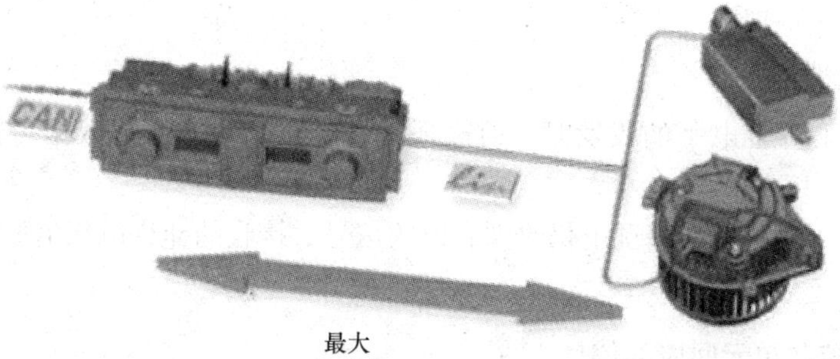

图1－14　数据传递速率

接收任务。LIN 主控制单元通过集成的传感器来获知执行组件的实际状态，然后进行规定状态和实际状态的对比。只有当 LIN 主控制单元发送出标题后，传感器和执行组件才会作出反应。数据传递速率为 1 ~ 20Kb/s，在 LIN 控制单元的软件内已经设定完毕，该速率最大能达到舒适 CAN 数据传递速率的 1/5。

3. 信号

1）隐性电平

如果无信息发送到 LIN 数据总线上或者发送到 LIN 数据总线上的是一个隐性电平，那么数据总线导线上的电压就是蓄电池电压。

2）显性电平

如图 1 – 15 所示，为了将显性电平传到 LIN 数据总线上，发送控制单元内的收发报机将数据总线导线接地。由于控制单元内的收发报机有不同的型号，所以其表现出的显性电平是不一样的。

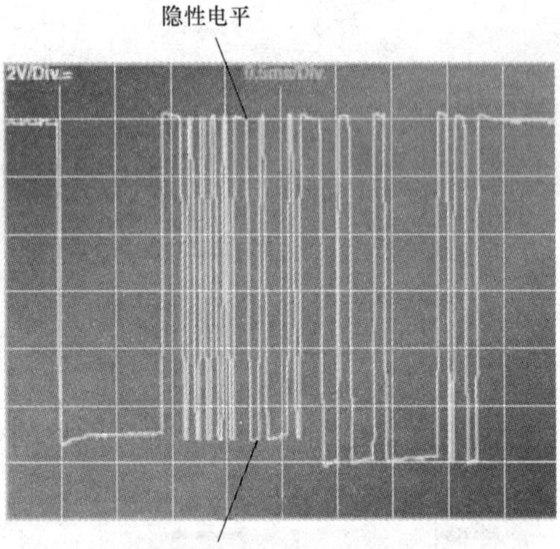

图 1 – 15　显性电平和隐性电平

［**完成任务**］在图 1 – 15 所示的显性电平和隐性电平图中，找到波形的 0V 线和 12V 线，并在图中用三角形符号标出。显性电平是高电平还是低电平：________；代表数据 0 还是 1：________。

为什么逻辑是反的：________________________________。

4. 传递安全性

在隐性电平和显性电平的收发时，通过预先设定公差值来保证数据传输的稳定性，如图 1 – 16 和图 1 – 17 所示。

为了能在有干扰辐射的情况下仍收到有效的信号，接收的允许电压值要稍高一些。

5. 信息

1）带有从控制单元回应的信息

LIN 主控制单元要求 LIN 从控制单元发送的信息标题内包含这样一些信息，如开关状态或测量值。该回应由 LIN 从控制单元发送。

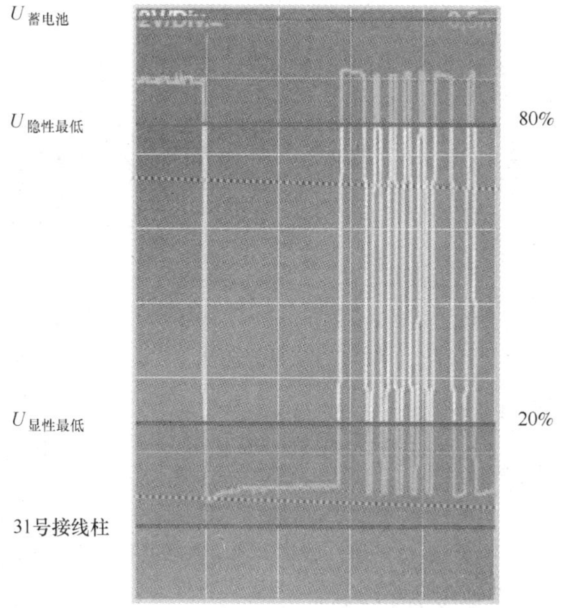

图 1-16　发送的电压范围

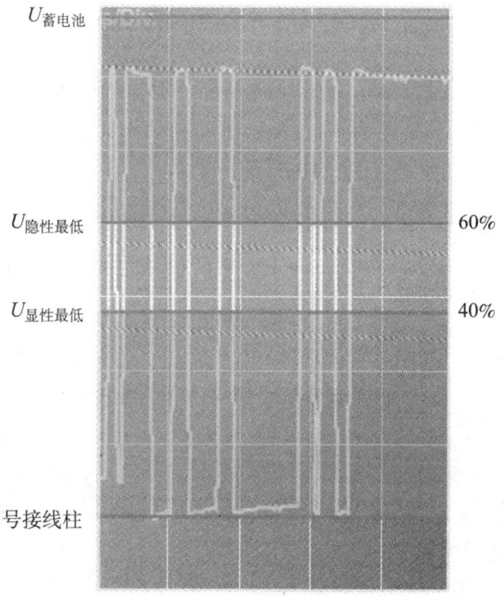

图 1-17　接收电压的允许范围

2）带有主控制单元命令的信息

如图 1-18 所示，LIN 主控制单元通过标题内的标志符来要求 LIN 从控制单元使用包含在回应内的数据。该回应由 LIN 主控制单元来发送。

3）信息标题

信息标题由 LIN 主控制单元按周期发送。

信息标题分为四部分：同步暂停区、同步分界区、同步区、识别区。

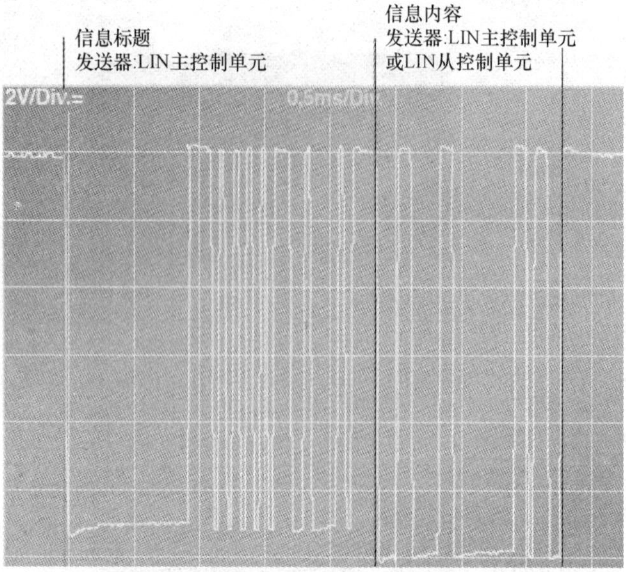

图1－18　信息标题和信息内容

（1）同步暂停区的长度至少为13位（二进制的），以显电平发送。其13位的长度是必需的，这样才能准确地通知所有LIN从控制单元有关信息起始点的情况。其他的信息是以最长为9位（二进制的）的显位来一个接一个传递的。

（2）同步分界区至少为1位（二进制的），且为隐性。

（3）同步区由0101010101这个二进制位序构成，所有的LIN从控制单元均通过这个二进制位序来与LIN主控制单元进行匹配。所有控制单元同步对保证正确的数据交换是非常必要的。如果失去了同步性，则接收到的信息中的某一数位值就会发生错误，该错误会导致数据传递错误。

（4）如图1－19所示，识别区的长度为8位（二进制的），前6位是回应信息识别码和

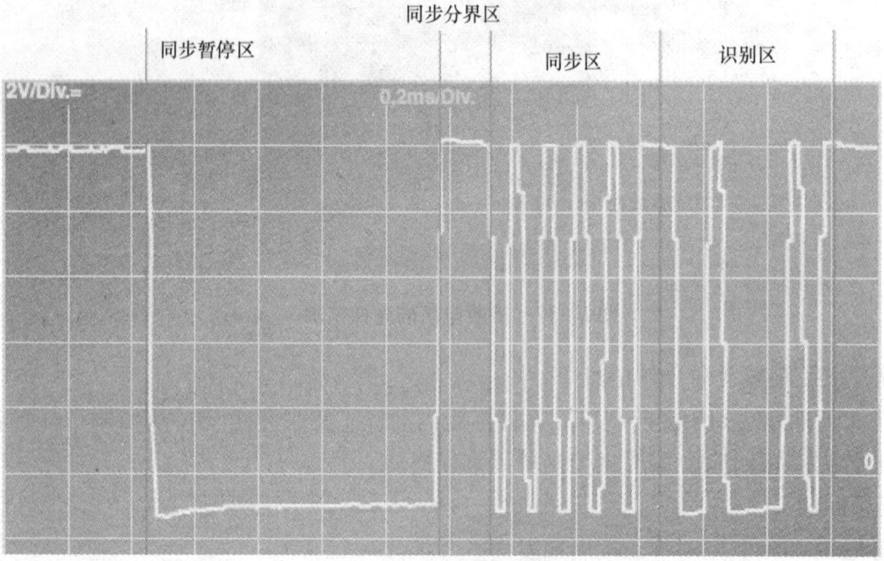

图1－19　信息结构

数据区的个数。回应数据区的个数为 0 ~ 8。当出现识别码传递错误时，应进行校验，以防止其与错误的信息适配。

4）信息内容（回应）

如图 1 - 20 所示，对于带有从控制单元回应的信息，LIN 从控制单元会根据识别码给这个回应提供信息。

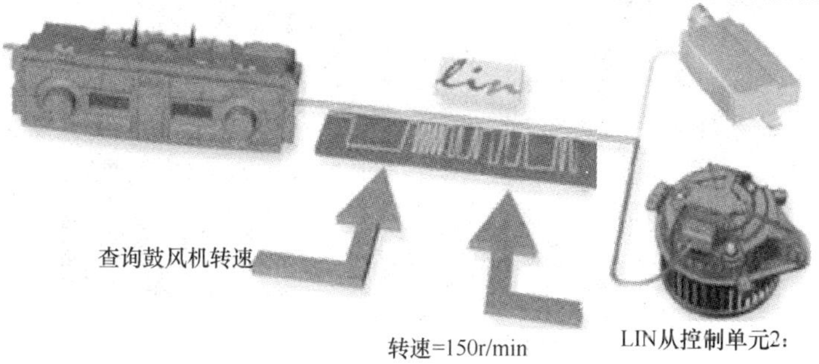

图 1 - 20　信息内容（回应）

如图 1 - 21 所示，对于主控制单元带有数据请求的信息，LIN 主控制单元会提供回应。根据识别码的情况，相应的 LIN 从控制单元会使用这些数据去执行各种功能。

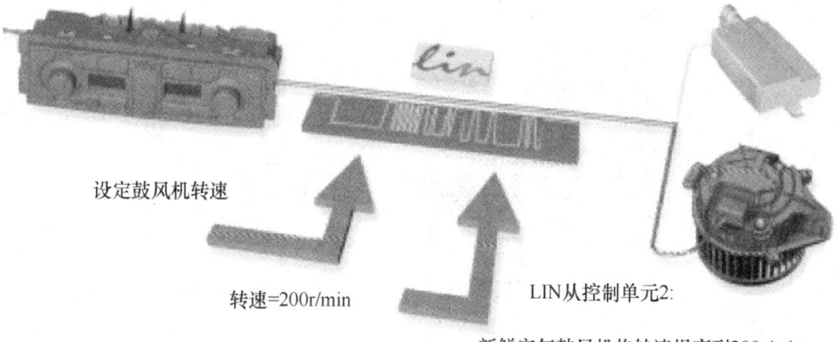

图 1 - 21　信息内容（回应）

如图 1 - 22 所示，这个回应由 1 ~ 8 个数据区构成，每个数据区是 10 个二进制位，其中，一个是显性起始位，一个是包含信息的字节，一个是隐性停止位。起始位和停止位是用于再同步从而避免传递错误的。

5）信息的顺序

如图 1 - 23 所示，LIN 主控制单元的软件内已经设定了一个顺序，LIN 主控制单元就按这个顺序将信息标题发送至 LIN 总线上（如是主信息，发送的是回应）。常用的信息会多次传递。LIN 主控制单元的环境条件可能会改变信息的顺序。

环境条件示例：点火开关接通/关闭；自诊断已激活/未激活；停车灯接通/关闭。

为了减少 LIN 主控制单元部件的种类，主控制单元将全部装备控制单元的信息标题发送

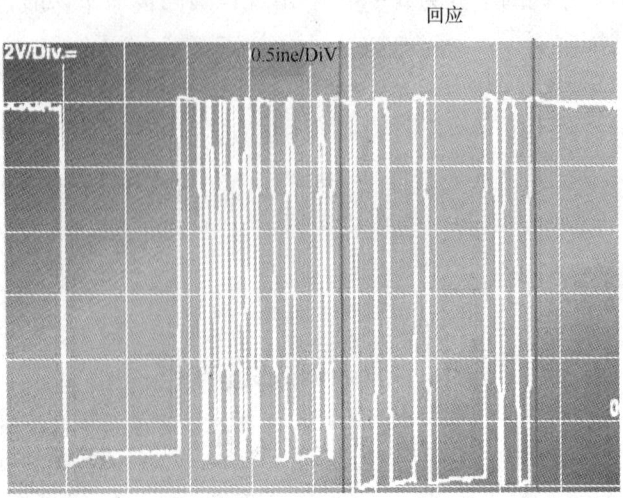

图 1－22　回应脉冲波形

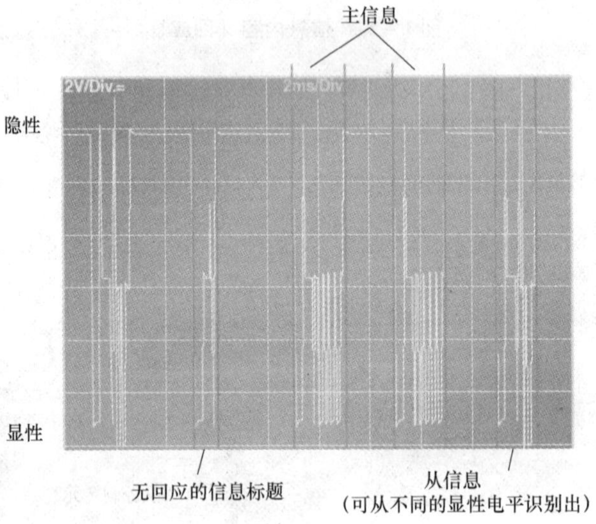

图 1－23　信息的顺序

到 LIN 总线上。如果没有安装专用设备控制单元，则在示波器屏幕会出现没有回应的信息标题。

6. 防盗系统

如图 1－24 所示，只有当 LIN 主控制单元发送出带有相应识别码的信息标题后，数据才会传至 LIN 总线。LIN 主控制单元对所有信息进行全面监控，但无法对车外的 LIN 导线进行控制。LIN 从控制单元只能回应，这样就不会通过 LIN 总线而打开车门了。这种布置就使得在车外安装 LIN 从控制单元（如在前保险杠内的车库门开启控制单元）成为可能。

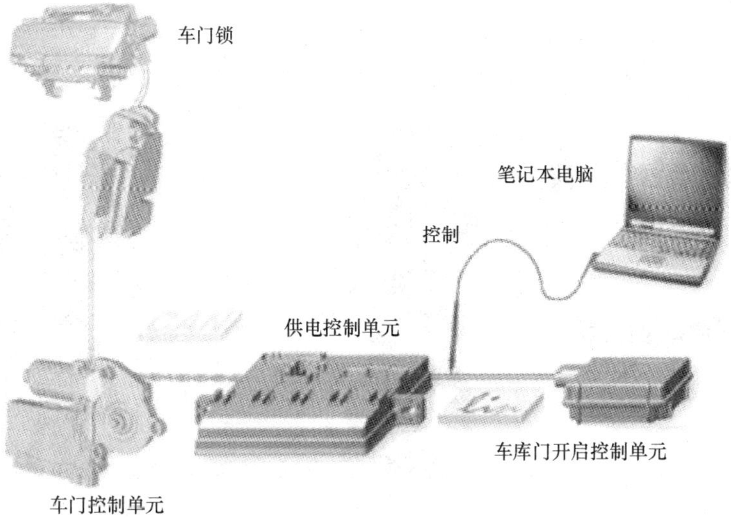

图 1-24　防盗系统

7. 自诊断

对 LIN 数据总线系统进行自诊断需使用 LIN 主控制单元的地址码。自诊断数据经 LIN 总线由 LIN 从控制单元传至 LIN 主控制单元。在 LIN 从控制单元上可以完成所有的自诊断功能，如表 1-2 所示。

表 1-2　自诊断

故障位置	故障内容	故障原因
LIN 从控制单元，例如鼓风机调节器	无信号/无法通信	在 LIN 主控制单元已规定好的时间间隔内，LIN 从控制单元数据传递有故障。 （1）导线断路或短路； （2）LIN 从控制单元供电有故障； （3）LIN 从控制单元或 LIN 主控制单元型号错误； （4）LIN 从控制单元损坏
LIN 从控制单元，例如鼓风机调节器	不可靠信号	校验出错。 传递的信息不完整： （1）LIN 导线受到电磁干扰； （2）LIN 导线的电容和电阻值改变了（例如插头壳体潮湿或脏污）； （3）软件故障（备件型号错误）

第三节　CAN 总线

一、CAN 总线的发展历史

1980 年，Bosch 公司的工程师就开始论证串行总线用于客车系统的可行性。因为没有一种现成的网络方案能够完全满足汽车工程师的要求，于是，在1983年年初，Uwe Kiencke开始研究一种新的串行总线。新的串行总线的主要方向是增加新功能、减少电气连接线，使其能够用于产品，而非用于驱动技术。图1－25所示为CAN通信的示意图。

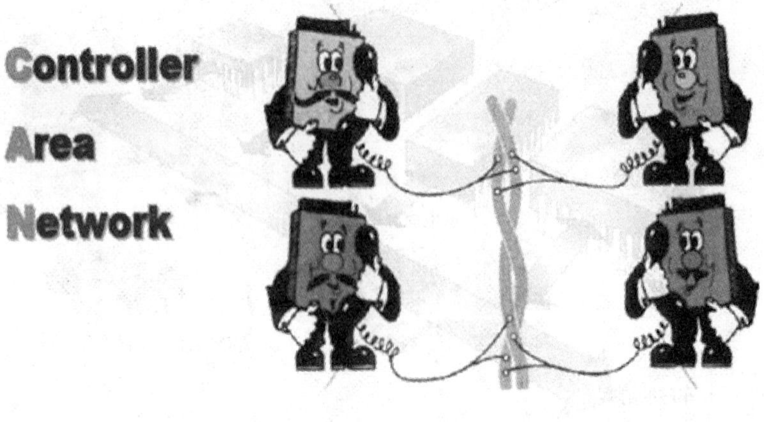

网络控制单元数据交换

图1－25　CAN通信示意图

1986年2月，在底特律的汽车工程协会上，由Bosch公司研究的新总线系统被称为“汽车串行控制器局域网”。CAN基于非破坏性的仲裁机制，能够确保高优先级报文的无延迟传输，并且不需要在总线上设置主控制器。此外，当时已经实现了数种在CAN中的错误检测机制。该错误检测也包括自动断开故障节点功能，以确保能继续进行剩余节点之间的通信。传输的报文并非一定要根据报文发送器/接收器的节点地址识别（几乎其他的总线都是如此），而是根据报文的内容识别。同时，用于识别报文的标识符也规定了该报文在系统中的优先级。

1990年，Bosch CAN规范（CAN 2.0版）被提交给国际标准化组织。在数次行政讨论之后，应一些主要法国汽车厂商要求，增加了“Vehicle Area Network（VAN）”内容，并于1993年11月出版了CAN的国际标准ISO11898。除了CAN协议外，它规定了最高至1Mb/s波特率时的物理层。同时，在国际标准ISO11519－2中还规定了CAN数据传输中的容错方法。

1995年，国际标准ISO11898进行了扩展（CAN 2.0B），并以附录的形式说明了29位CAN标识符。

从2000年开始，一个由数家公司组成的ISO任务组织定义了一种时间触发CAN报文传输协议——TTCAN，并计划在将来标准化为ISO11898－4。因为CAN协议并未改变，所以在同一个物理层上，其既可以实现传输时间触发的报文，也可以实现传输事件触发的报文。TTCAN将为CAN延长5~10年的生命期。现在，CAN在全球市场上仍然处于起始点，当其得到重视时，谁也无法预料CAN总线系统在下一个10~15年内的发展趋势。

[**完成任务**] CAN是什么的缩写：____；
CAN 2.0A的标识符为多少位：________；CAN 2.0B的标识符为多少位：________。

二、双线不归零码

目前双线不归零码串行通信在汽车上有CAN和FlexRay两种，CAN和FlexRay的硬件原理是基本相同的。CAN 为单条双绞线，如图 1－26 所示，两条数据线相互缠绕，防止了外界电磁波干扰和本身向外辐射。对于 FlexRay 而言，一般单通道通信用单条双绞线就足够了，若采用双通道通信则要用两条双绞线。

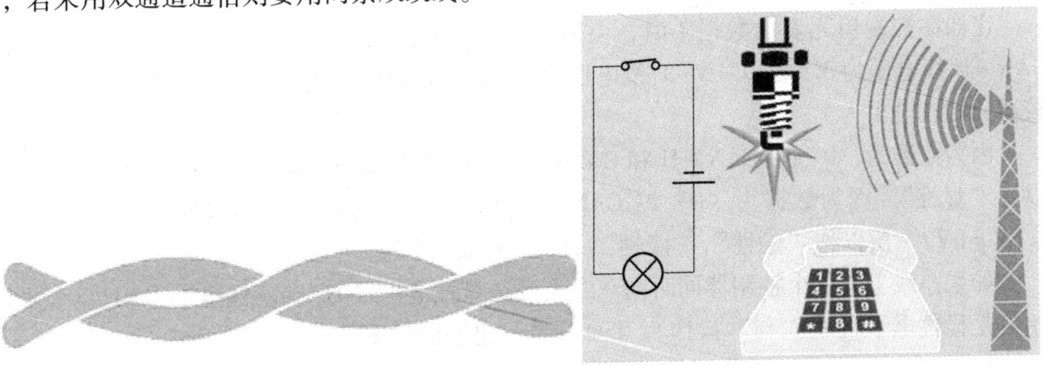

(a)　　(b)

图 1－26　两条数据线相互缠绕的作用

(a) 两条数据线相互缠绕；(b) 噪声和干扰源

下面以 CAN 总线通信方式为例介绍 CAN 总线的结构和工作原理。

三、数据和脉冲信号

如图 1－27 所示，如控制单元 1 向控制单元 2 发送数据，数据 1 或 0 是通过微控制器的引脚以高、低两种电压脉冲发出，经过起保护和增大负载作用的反相器（图 1－27 中 A）将高、低两种脉冲转换为低、高两种脉冲作用至开关管 Q_1 和 Q_2 上。

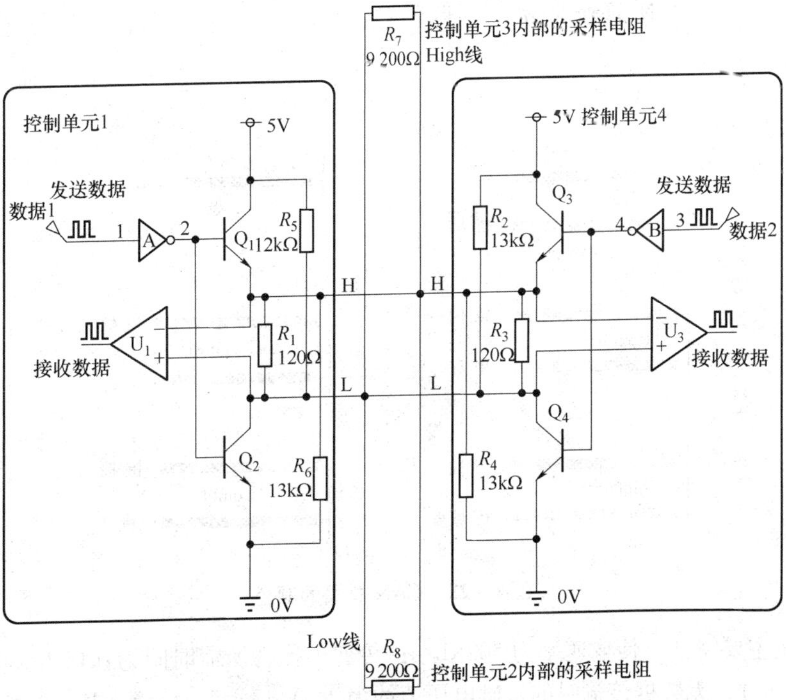

图 1－27　CAN 总线工作原理

比如在控制单元发出数据1时，由 Q_1 和 Q_2 的状态可知不导通，经过电路计算电压可得CAN－H线电压为1.5V，CAN－L线电压为2.5V。在接收侧的控制单元2内的 U_3 为反相比较器，比较输出为1。

比如在控制单元发出数据1时，由 Q_1 和 Q_2 的状态可知导通，经过电路计算电压可得CAN－H线电压为3.5V，CAN－L线电压为2.5V。在接收侧的控制单元2内的 U_3 为反相比较器，比较输出为1。

因为数据为"0"时CAN－H和CAN－L之间有明显的电压差（3.5V－2.5V＝1V），所以称"显性"。因为数据为"0"时CAN－H和CAN－L之间有不明显的电压差（2.5V－2.5V＝0V），所以称"隐性"，"隐性"表示为逻辑"1"。

如果总线上的两个控制器同时向总线上发送显性电平（0）和隐性电平（1），则总线上始终是显性电平（线"与"操作）。ISO标准对电平值的定义如表1－3所示。

表1－3　ISO标准对电平值的定义

CAN		显性（0）	隐性（1）
高速CAN	CAN－H	3.5	2.5
	CAN－L	1.5	2.5
低速CAN	CAN－H	5	0
	CAN－L	0	5

低速CAN为归零码，只要合理设计CAN总线工作原理的组件参数，就可以让对应的CAN－H和CAN－L之间电压在5V和0V之间互换。

四、CAN总线颜色

目前，大众汽车LIN总线是固定一种颜色，CAN总线有五条，要用颜色来区分，如图1－28所示。

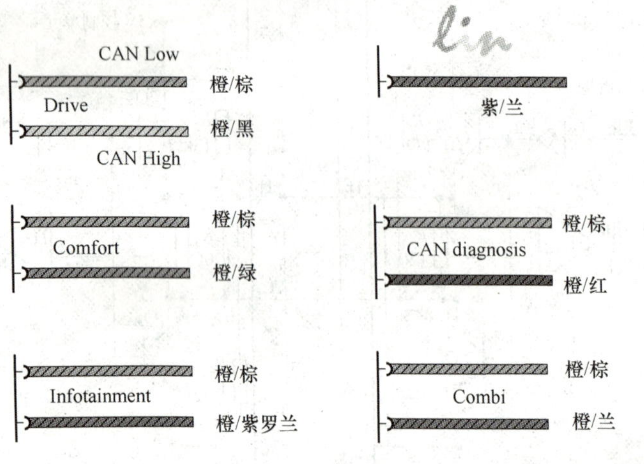

图1－28　CAN总线的颜色

动力总线主要特征：传输速率为500Kb/s；传递1比特所需时间为0.002ms（平均一个信息大约需0.2ms）；无数据传输时的基础电压值约为2.5V；线色：CAN－H＝橙黑，CAN－L＝橙棕；线径为0.35mm²；无单线工作模式。图1－29所示为动力总线实物。

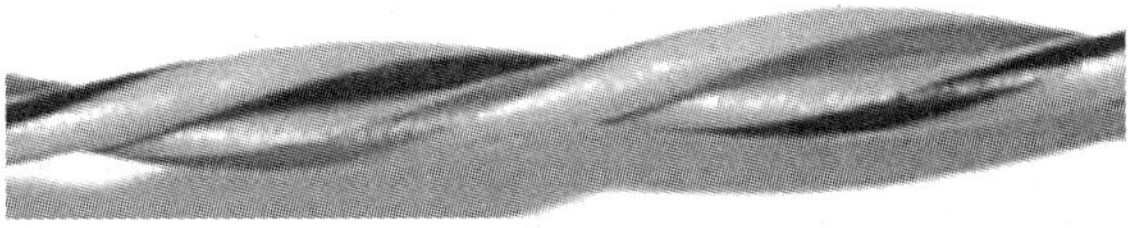

图 1-29　动力总线实物

［**完成任务**］写出动力总线的颜色：

CAN-H：________；CAN-L：________。

舒适总线主要特征：传输速率为 100Kb/s；传递 1 比特所需时间为 0.010ms（平均一个信息大约需 1.1ms）；无数据传输时的基础电压值为 CAN-H=0 V、CAN-L=5 V（12 V）；线色：CAN-H=橙绿，CAN-L=橙棕；线径为 0.35mm²；有单线工作模式。图 1-30 所示为舒适总线实物。

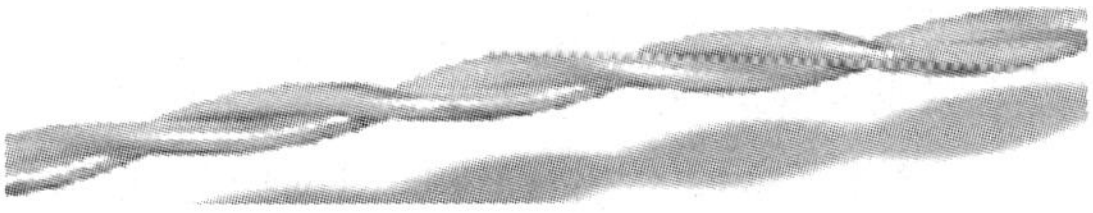

图 1-30　舒适总线实物

［**完成任务**］写出舒适总线的颜色：

CAN-H：________；CAN-L：________。

信息总线主要特征：传输速率为 100Kb/s；传递 1 比特所需时间为 0.010ms（平均一个信息大约需 1.1ms）；无数据传输时的基础电压值为 CAN-H=0 V、CAN-L=5 V（12 V）；线色：CAN-H=橙紫，CAN-L=橙棕；线径为 0.35mm²；有单线工作模式。图 1-31 所示为信息总线实物。

图 1-31　信息总线实物

［**完成任务**］写出信息总线的颜色：

CAN-H：________；CAN-L：________。

第四节　网关（Gateway）

网关也称 Gateway，是网络系统最重要的组件，大众汽车称网关为 J533 控制单元。

一、网段

从降低网络成本和某些控制单元的数据信息刷新率低两个角度讲，一般一台汽车网络由几个网段组成，三个网段时分别为动力系统、车身控制和音响娱乐。动力系统采用高速 CAN 通信，车身控制及音响娱乐系统采用低速 CAN 进行通信。这里的高速 CAN 通常指通信速率高于 125Kb/s 的网络，如 250Kb/s 和 500Kb/s；低速 CAN 则是指通信速率小于等于 125Kb/s 的网络，如 125Kb/s、64Kb/s 和 50Kb/s 等。

由于汽车不同控制器对 CAN 总线的性能要求不同，因此最新版本的 CAN 总线系统人为设定为 5 个不同的区域，分别为驱动系统、舒适系统、信息系统、多功能仪表、诊断总线等 5 个局域网。其速率分别为：驱动系统（由 15 号线激活）速率 500 Kb/s；舒适系统（由 30 号线激活）速率 100 Kb/s；信息系统（由 30 号线激活）速率 100 Kb/s；诊断系统（由 30 号线激活）速率 500 Kb/s；多功能仪表系统（由 15 号线激活）速率 100 Kb/s。LIN 速率为 20 Kb/s，最大承载速率为 1 000 Kb/s。

二、网关的作用

网关的作用如下：

（1）不同速率的网段之间通过网关进行连接，从而实现了不同网段间信息的交换。

设立网关是由于不同区域 CAN 总线的速率和识别信号不同，因此一个信号要从一个总线区域进入到另一个总线区域，必须改变它的识别信号和速率，以便让另一个系统接受，这个任务由网关来完成。

（2）具有改变信息优先级的功能。

如车辆发生相撞事故，气囊控制单元会发出负加速度传感器信号，这个信号的优先级在驱动系统中是非常高的，但转到舒适系统后，网关调低了它的优先级，因为它在舒适系统的功能只是打开门和灯。

大众汽车网关分为集成在组合仪表内部、汽车电气控制单元内部或单独的网关三种，如图 1－32 所示，一辆车只要有上述网关中的一种即可。网关系统和网关作用如图 1－33 和图 1－34 所示。大众汽车独立网关的安装位置如图 1－35 所示。

单独网关J533　　J519 作网关　　仪表J285作网关

图 1－32　大众汽车网关

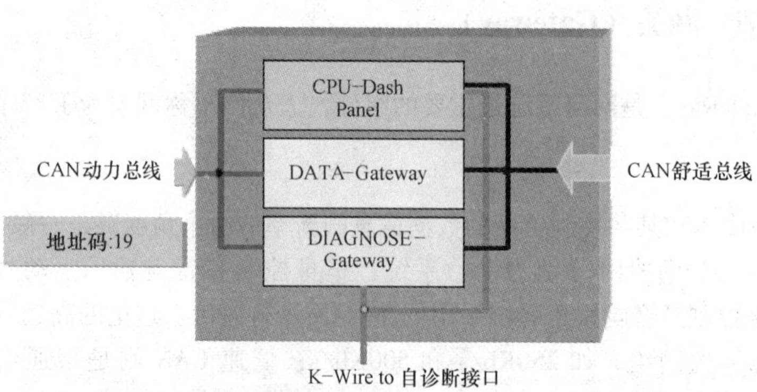

图 1－33　网关系统

诊断 Gateway：在不改变数据的情况下，将驱动总线、舒适总线、信息娱乐总线以及仪表总线的诊断信息传递到自诊断接口。

数据 Gateway：使连接在不同的数据总线上的控制单元之间交换数据。

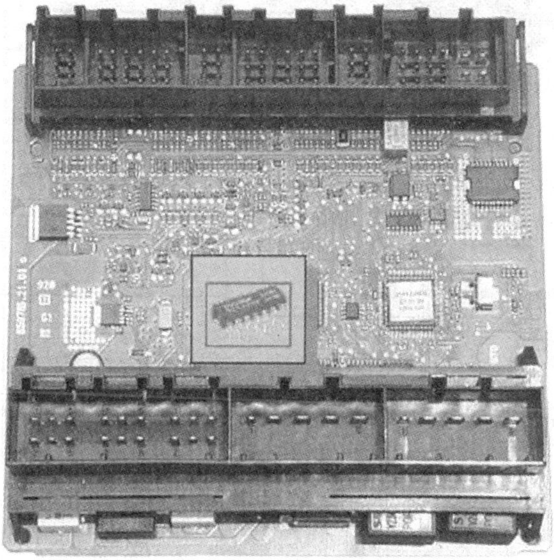

图 1-34　网关作用

图 1-35　大众独立网关安装在仪表板左下方、加速踏板上方

[**完成任务**] 德国大众汽车 CAN 网关的三种存在方式为：________、________、________；单独网关 J533 的地址码是多少：________；中央电气控制单元 J519 的地址码是多少：________；仪表 J285 的地址码是多少：________；内部网关的地址码是多少：________。

图 1-36 所示为 PQ35/PQ46 平台汽车网络系统。

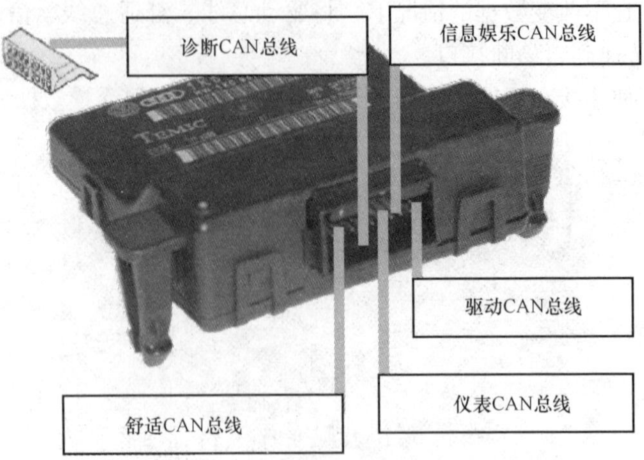

图 1－36　PQ35/PQ46 平台汽车网络系统

图 1－37 所示为 PQ35/PQ46 平台网关管脚说明。

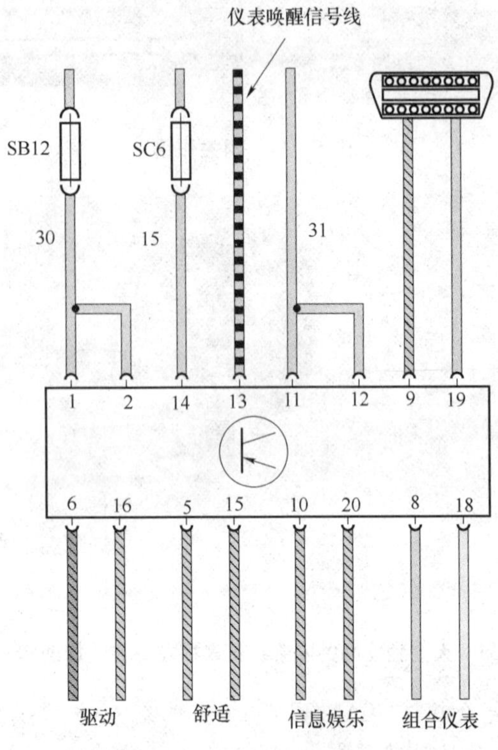

图 1－37　PQ35/PQ46 平台网关管脚说明

［完成任务］根据图 1－37 PQ35/PQ46 平台网关管脚说明，写出五种总线：________、________、________、________、________；常电是：________；点火开关供电是：________；搭铁是：________；仪表唤醒信号线是如何唤醒的：________________________。

三、网关编码规则

网关的编码就是控制单元在网关中的注册，如自动变速箱控制单元 00001；ABS 控制单元 00002；安全气囊控制单元 00004。三个控制单元总和为 00007，19 – 07 进行编码 00007 或 00006。

未编码时显示未注册、无法到达、编码不正确，无法进行通信。独立网关控制单元的编码规则是进入地址 19 – 07 找到 Coding long，如图 1 – 38 所示。编码方法是功能引导程序→故障引导程序→自诊断中的读写长编码。

19–Diagnostic interface for data bus		
1K0907530C		1K0907951
Gateway	H08	0080
Coding long		
Dealership number 01103		

图 1 – 38　独立网关编码

［**完成任务**］网关编码方法：________→________→________。

第五节　CAN 总线终端电阻

一、总线终端电阻原则

总线终端电阻是网络两端双绞线距离最近的两控制单元内的电阻，这两个电阻对总线的总电阻起主要作用；两者之间控制单元内电阻在几千欧左右，对总线的总电阻起次要作用。通常在两个终端控制单元中，有一个是网关控制单元。

在图 1 – 39 中，控制单元 2、3、4 内部有与控制单元 1 相同的硬件结构，这里若把控制单元 1 作为网关，控制单元 1 网关的终端电阻 R_1 为 120Ω，则空间距离网关控制单元 1 最远的控制单元 2 的终端电阻 R_2 也应为 120Ω，因为总线电阻大小是有要求的，即一个网段所有控制单元终端电阻并联为 60Ω，两个 120Ω 并联，已经为 60Ω，为了接入控制单元 3 和 4，控制单元 3 和 4 的终端电阻就要大得多，为 9 200Ω，以至于不影响设计对于所有控制单元终端电阻并联为 60Ω 的要求。

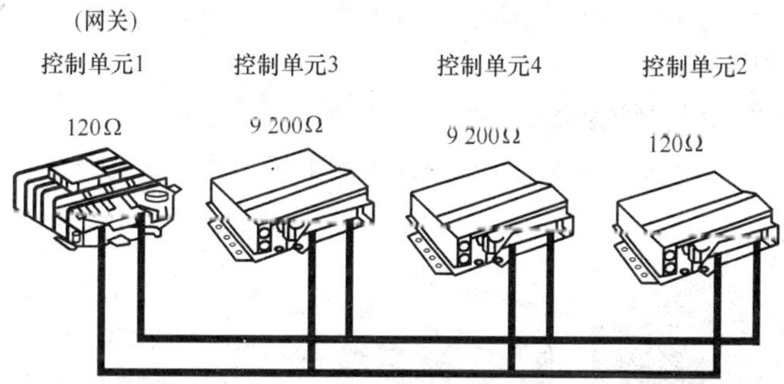

图 1 – 39　总线终端电阻原则

$$\frac{1}{R_1}+\frac{1}{R_3}+\frac{1}{R_4}+\frac{1}{R_2}=\frac{1}{R} \qquad (公式1)$$

公式 1 中，结果 R 可近似得 60Ω。

［**技师指导**］小问题和大问题：在图 1 – 39 所示的四个控制单元中，分析为什么控制单元 3 和控制单元 4 的 CAN – H 或 CAN – L 线路断路，只出现小问题；而控制单元 1 和控制单元 2 的 CAN – H 或 CAN – L 线路断路则出现大问题。

二、终端电阻测量

1. CAN 总线终端电阻测量

断开电源，等待至少 5min，拆下相对应的控制单元，测量终端电阻阻值为 120Ω；动力总线总的电阻值约为60Ω。

[**完成任务**] 根据图1－40测量一下动力系统总线的电阻是多少：________；断开离网关最远的控制单元后再测量一下电阻是多少：________。

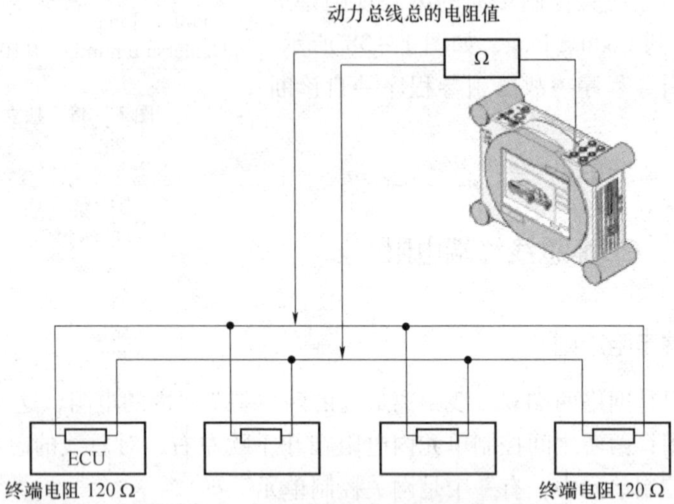

图1－40　终端电阻主要，非终端电阻次要

※在线束接头维修中要用到大众专用工具VAS 1978和VAS 1978/35。

2. 低速CAN总线外部终端电阻

低速CAN数据总线在控制单元外部仍有终端电阻，称为数据终端电阻。其与控制单元内部的电阻是并联关系，作用是防止数据在线端被反射，并以回声的形式返回。数据在线端被反射会影响数据的传输。

[**完成任务**] 根据图1－41总线终端电阻和总线压结点，在低速CAN控制单元外部是否还要加终端电阻：________；如何理解低速CAN终端电阻无法检测的说法：______________。

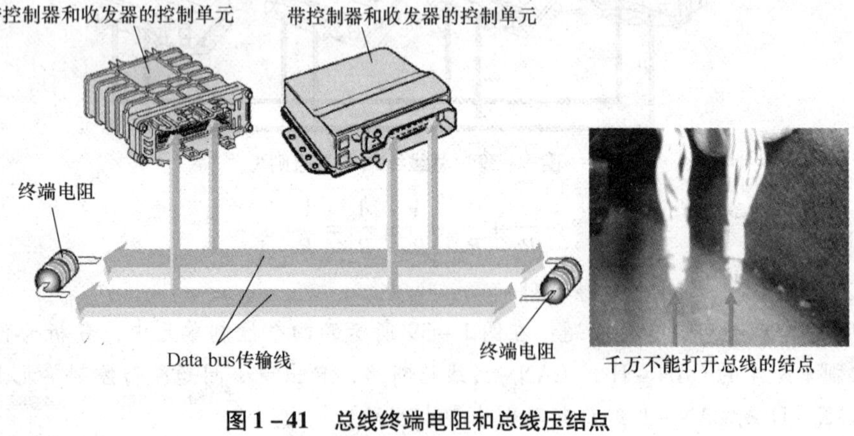

图1－41　总线终端电阻和总线压结点

结点是指控制单元还是压结点：________；断开离网关最远的控制单元后再测量一下电阻是多少：________。

三、总线电脉冲

图1－42（a）所示为低速CAN数据传输线（双绞线），这两条线的电位相反，如果一条是5V，另一条就是0V，始终保持电压总和为一常数。通过这种方法，CAN数据总线得到了保护，使其免受外界电磁场的干扰，同时CAN数据总线向外辐射也保持中性，即无辐射。

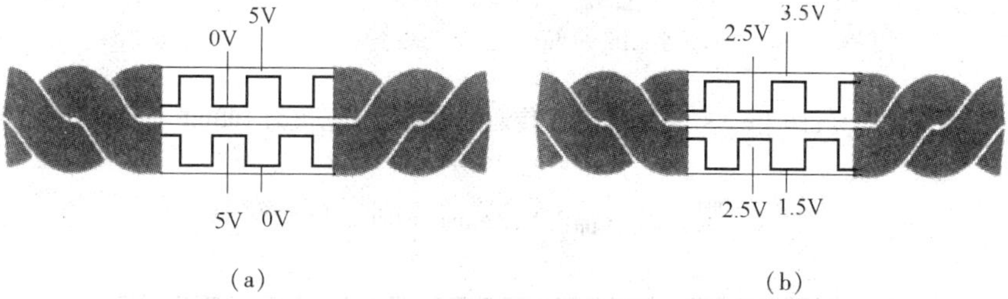

图1－42 低速CAN总线电脉冲和高速CAN总线电脉冲

图1－42（b）所示为高速CAN数据传输线（双绞线），这两条线的电位也相反，如果一条是3.5V，另一条就是1.5V，始终保持电压总和为一常数。通过这种方法，CAN数据总线得到了保护，使其免受外界电磁场的干扰，同时CAN数据总线向外辐射也保持中性，即无辐射。

低速CAN数据的逻辑定义，一位数据只能是两种状态（0或1）中的一种。数据为1，电压脉冲为5V，高电位为正逻辑；数据为0，电压脉冲为5V，高电位为负逻辑。MCU为了实现接口保护，基本采用负逻辑。当前在低速CAN－BUS上传输数字信息时，采用负逻辑。

[**完成任务**] 根据图1－42低速CAN总线电脉冲和高速CAN总线电脉冲分析，低速CAN的高位线和低位线全在什么电压之间跳变：________________；

高速CAN的高位线在什么电压之间跳变：________________；

高速CAN的低位线在什么电压之间跳变：________________。

第六节 标准格式CAN和扩展格式CAN

CAN协议的2.0A版本规定，CAN控制器必须有一个11位的标识符。同时，在2.0B版本中规定，CAN控制器的标识符长度可以是11位或29位。遵循CAN 2.0B协议的CAN控制器可以发送和接收11位标识符的标准格式报文或29位标识符的扩展格式报文。如果禁止CAN 2.0B，则CAN控制器只能发送和接收11位标识符的标准格式报文，而忽略扩展格式的报文结构，但不会出现错误。

一、数据长度

CAN 2.0A传递的信息最大长度为108bit，所传递的每个完整信息由七个域构成，如图1－43所示。

[**技师指导**] 大众汽车培训资料一般均举CAN 2.0A的例子。

如图1－44所示，CAN 2.0B传递的状态域增加了18位，所以信息最大长度为126bit。

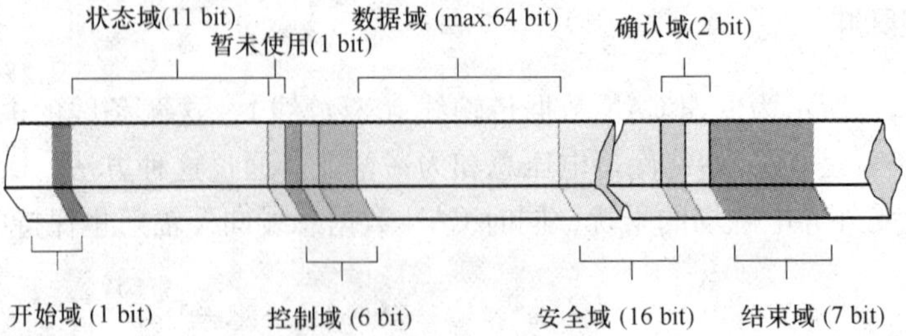

图 1－33　CAN 2. 0A 传递的信息最大长度为 108bit

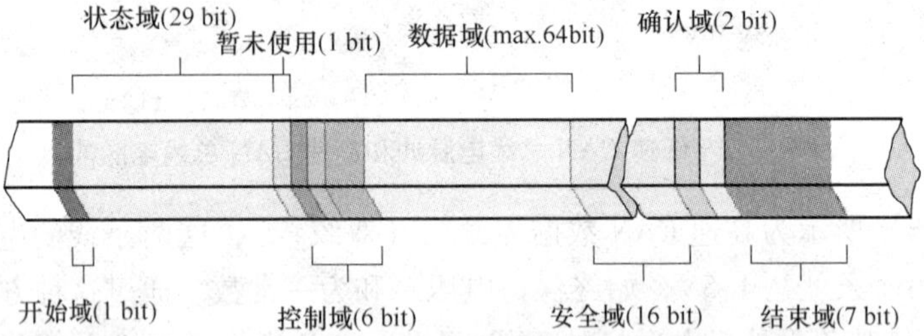

图 1－44　CAN 2. 0B 传递的信息最大长度为 126bit

[完成任务] 根据图 1－43 和图 1－44 的比较，CAN 2. 0B 的状态域比 CAN 2. 0A 多了多少位：________；多出的位使 CAN 的哪两个功能增加了：________、________。

二、信息结构

（1）开始域：将要向 CAN－BUS 发送信息的标识，大小为 1bit，状态为显性。

（2）状态域：包括信息标识符（CAN 2. 0A 为 11bit 或 CAN 2. 0B 为 29bit），确定信息的优先权。

（3）控制域（检查域）：表示数据的大小，即字节长度。

（4）数据域：要传递的信息所对应的数据（max. 64bit＝8 byte）。

（5）安全域：发送数据和接收信息的控制单元，检查和比较传递信息所发生的变化（检测传递数据中的错误）。

（6）确认域：每个控制单元通过这两位被确认已经正确接收信息，否则将重发数据。

（7）结束域：通过 7 位隐性显示，表示该信息数据传递结束，这里是显示错误并重发数据的最后一次机会。

三、优先权判定

CAN 采用非破坏总线仲裁技术。当多个节点同时向总线发送信息出现冲突时，优先级低的节点会主动退出发送，而高优先级的节点可不受影响继续传输数据，从而大大节省了总线冲突仲裁时间，尤其是在网络负载很重的情况下，也不会出现网络瘫痪的情况。

所有控制单元同时开始向 CAN－BUS 双绞线上发送信息时，为了避免数据碰撞，在 11 位的状态域中预先定义数据的优先权，显性电位（0）越多，说明其优先权级别越高。发送隐性电位的控制单元，若检测到一个显性电压，则该控制单元停止发送转为接收。

如图 1－45 所示，例如 ABS/ESP 优先权为 0001，发动机 ECU 为 0010，AG4/5 为 4 挡或 5 挡变速器的优先权为 0100，其中 ABS/ESP 优先权数值最小（如表 1－4 所示），则在总线竞争获胜得以继续发送，但是这种竞争是浪费时间的。

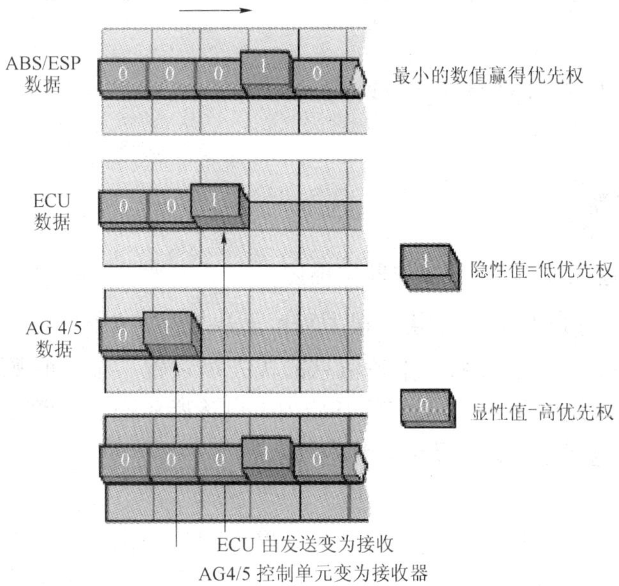

图 1－45　优先权判定

表 1－4　优先权判定

优先权	控制单元	信息传递
0001（优先级 1）	ABS/ESP	发动机制动控制信号
0010（优先级 2）	发动机	发动机转速信号； 节气门开度信号； 强制降挡信号
0011（优先级 3）	发动机	冷却液温度信号； 车速信号
0100（优先级 4）	变速器	换挡杆位置信号； 挡位变换信号

［**完成任务**］根据表 1－4 优先权判定，表明各控制单元之间有优先权竞争，那么同一控制单元内部信息是否也有优先权之分：________。

四、传输距离

在 CAN 总线中，以报文为单位进行信息传递且各节点使用相同的位速率。CAN 总线上任意两个节点之间的最大通信距离与位速率有关，表 1－5 列出了相关的数据。这里的最大通信距离指的是同一总线上两节点间的距离。理论上把 CAN 总线速率提高，对控制微控制器的 CAN 时钟寄存器进行设定即可，但过长的传输距离会影响可靠性。

表 1-5　CAN 总线任意两个节点间的最大通信距离

位速率/（$Kb \cdot s^{-1}$）	1 000	500	250	125	100	50	20	10	5
最大距离/m	40	130	270	530	620	1 300	3 300	6 700	10 000

第七节　CAN 总线诊断与检修

一、CAN 总线自诊断

1. 与 CAN 总线系统相关的 ECU 工作状态描述

连接在 CAN 总线上的 ECU 的工作状态很大程度上决定了 CAN 总线的使用情况，并且 ECU 工作状态之间的切换涉及信息列表中各信息的优先级设置、总线的唤醒策略及故障排除与自修复等问题。该系统中 ECU 的工作状态分为上电诊断状态、正常工作状态、休眠状态、总线关闭状态、掉电状态、调试及编程状态等六类。

1）上电诊断状态

ECU 上电后，应有一个初始化过程。在完成本模块的初始化后，应发送网络初始化信息，同时监听其他节点的网络初始化信息。通过网络初始化信息的交换，ECU 判断整个网络是否完成初始化过程及是否能够进入正常工作状态。

2）正常工作状态

在正常工作状态下，ECU 之间通过 CAN 总线进行通信，以实现传感器测量数据的共享、控制指令的发送和接收等。当休眠条件满足时，ECU 从正常工作状态转入休眠状态；当 CAN 模块故障计数器的计数值为 255 时，ECU 从正常工作状态转入总线关闭状态。

3）休眠状态

在休眠状态下，ECU 及其模块处于低功耗模式。一旦接收到本地唤醒信号（本地触发信号）或远程唤醒信号（CAN 总线激活信号），就从休眠状态转入正常工作状态，期间需要使用网络初始化信息。

4）总线关闭状态

处于总线关闭状态的 ECU 延迟一段时间后，复位 CAN 模块，然后重新建立与 CAN 总线的连接。若连续几次都无法正常通信，则 ECU 尝试将通信转移到备用总线上。若转移成功，则发送主总线故障信息。

5）掉电状态

关闭电源时，ECU 所处的状态。

6）调试及编程状态

调试及编程状态用于调试及系统软件升级。

2. CAN 双线式总线系统的检测方法

在检查数据总线系统前，须保证所有与数据总线相连的控制单元无功能故障。功能故障指不会直接影响数据总线系统，但会影响某一系统功能流程的故障。例如传感器损坏，其结果就是传感器信号不能通过数据总线传递。这种功能故障对数据总线系统有间接影响，会影响需要该传感器信号的控制单元的通信。如果存在功能故障，则应先排除该故障：记录下该故障并消除所有控制单元的故障代码。

排除所有功能故障后，如果控制单元间数据传递仍不正常，则应检查数据总线系统。检查数据总线系统故障时，须区别采用以下两种可能的方法。

1）两个控制单元组成的双线式数据总线系统的检测

检测时，关闭点火开关，断开两个控制单元（见图 1－46），检查数据总线是否断路、短路或对正极/搭铁短路。如果数据总线无故障，则拆下较易更换（或较便宜）的一个控制单元试一下；如果数据总线系统仍不能正常工作，则更换另一个控制单元。

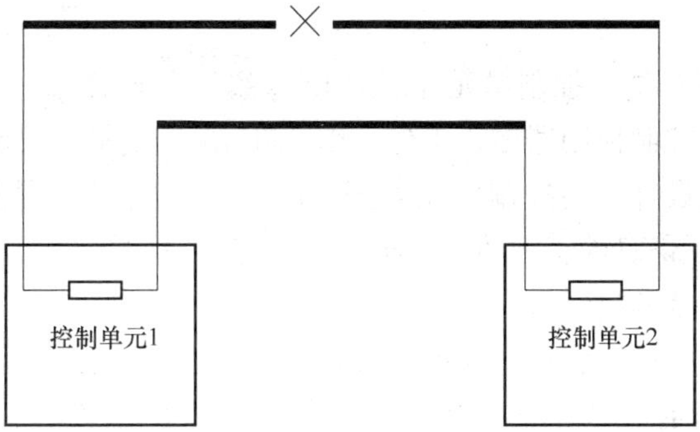

图 1－46　两个控制单元组成的双线式数据总线系统的检测

2）三个以上控制单元组成的双线式数据总线系统的检测

检测时，先读出控制单元内的故障代码。如果控制单元 1 与控制单元 2 和控制单元 3 之间无法通信（见图 1－47），则关闭点火开关，断开与总线相连的控制单元，检查数据总线是否断路。如果总线无故障，则更换控制单元 1；如果所有控制单元均不能发送和接收信号（故障存储器存储“硬件故障”），则关闭点火开关，断开与数据总线相连的控制单元，检测数据总线是否短路或是否对正极/搭铁短路。

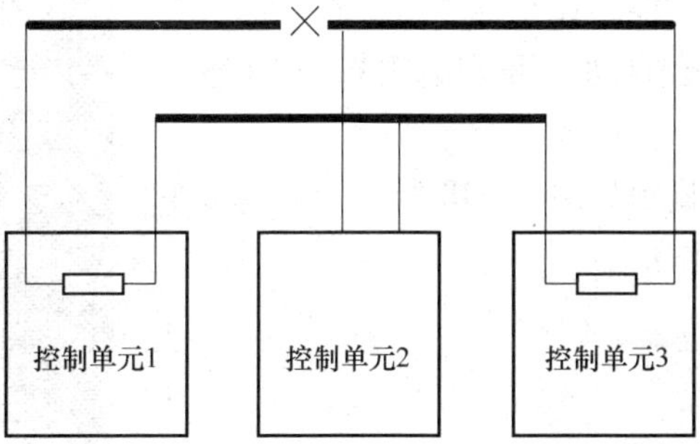

图 1－47　三个以上控制单元组成的双线式数据总线系统的检测

如果从数据总线上查不出引起硬件损坏的原因，则检查是否是由某一控制单元引起的故障。断开所有通过 CAN 数据总线传递数据的控制单元，关闭点火开关，接上其中一个控制单元，早期还可连接 V. A. G 1551 或 V. A. G 1552（T16 中有 K 线才可用），现在要用 VAS

5051或更新的诊断仪。打开点火开关，清除刚接上的控制单元的故障代码。用功能06来结束输出，关闭并再打开点火开关。打开点火开关10s后用故障诊断仪读出刚接上的控制单元故障存储器内的内容。如显示“硬件损坏”，则更换刚接上的控制单元；如未显示“硬件损坏”，则接上下一个控制单元。重复上述过程。连接蓄电池接线柱后，输入收音机防盗密码，进行玻璃升降器单触功能的基本设定及时钟的调整。对于使用汽油发动机的汽车，还应进行节气门控制单元的自适应。

二、总线睡眠和唤醒

睡眠模式仅存在于舒适、信息娱乐总线，在车辆落锁35s后或不锁车但没任何操作下10min进入睡眠模式。睡眠模式：高位线0V，低位线12V，电流6～8mA（非睡眠模式电流700mA）。

15号线常电再激活功能：控制单元外部的15号线供电激活总线控制器开始工作，但15号线断电后，并不直接控制控制器停止工作。因为在15号线常电关闭后，有些控制单元仍然需要交换信息，所以设计上在控制单元内部，用30号线常电继续激活“控制单元内部”的15号线，保证断电后信息的正常传递。再激活功能的时间为10s～15min（即点火开关关闭后各控制器之间再通信的时间）。

睡眠和唤醒模式的监控：当舒适和信息娱乐总线处于空闲状态时，控制单元发送出睡眠命令，当网关监控到所有总线都有睡眠的要求时，进入睡眠模式，此时总线低位线电压12V，高位线电压0V。如果动力总线仍处于信息传递过程中，则舒适和信息娱乐总线是不允许进入睡眠状态的；若舒适总线处于信息传递的过程中，则信息娱乐总线也不能进入睡眠模式。当某一个信息激活相应的总线后，控制单元会激活其他的总线系统。

三、运输模式（Transport）

在商品车运输到经销商（服务站）之前，为了防止蓄电池过多放电，应当使车辆的耗能减少到最小，因此有些功能将被关闭。经销商在将商品车销售给用户前，必须通过VAS 5051的自诊断功能（收集服务信息）来关闭运输功能，让车辆正常运行。当行驶里程高于150km时，系统会自动关闭运输模式，让车辆正常运行。

在运输模式下，仪表显示如图1－48所示，此时以下舒适和信息娱乐系统不工作：

（1）收音机；

（2）遥控钥匙功能；

（3）内部监控系统；

（4）驻车加热的遥控接收器；

（5）倾斜传感器；

（6）仅有30s的内部照明灯激活；

（7）二极管防盗指示灯（驾驶＋副驾驶侧）。

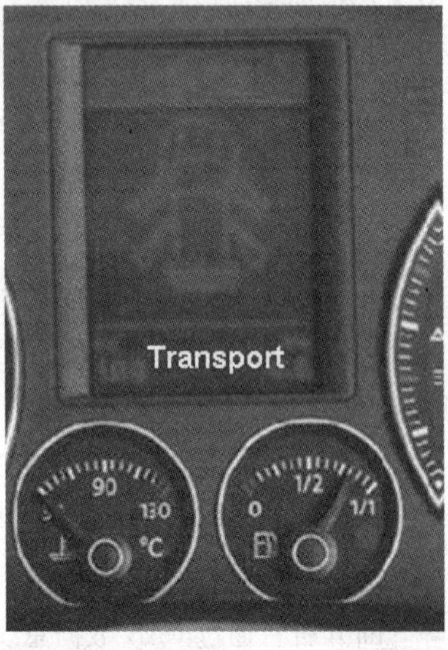

图1－48　仪表的运输模式显示

第八节　CAN总线数据流和示波诊断

一、网关数据块

[完成任务] 选一辆具有CAN总线的大众汽车，进入网关J533，根据表1-6网关数据块，读取不同通道的数据，若总线无故障，则显示什么：________；若有故障，则显示什么：________。

表1-6　网关数据块

CAN动力总线				
	一区	二区	三区	四区
125	Engine control unit 发动机控制单元	Gearbox control unit 变速器控制单元	ABS control unit ABS控制单元	Combi. instrument 组合仪表
126	Steering angle sensor 方向盘转角传感器	Airbag control unit 安全气囊控制单元	Electric steering 电动转向控制单元	Dyn. headl. beam reg 动态大灯控制单元
127	All-wheel ECU 全轮驱动控制单元		Immobiliser 防盗止动器	
CAN舒适总线				
130	Uniline/dual line 单线/双线	Central electrical system 中央电器单元	Central control unit. comfort 中央舒适控制单元	Driver's door ECU 驾驶员侧门控制单元
131	Front passenger door ECU 前排副驾驶门控制单元	Rear left door ECU 左后控制单元	Rear right door ECU 右后控制单元	Memory seat adjustment 座椅记忆调节控制单元
132	Tyre pressure monitoring 轮胎压力监控单元	Steering wheel ECU 方向盘控制单元	Climatronic 空调控制单元	Parking distance control 倒车雷达控制单元
133	PTC heating PTC加热	Electrical soft top 软顶车棚控制单元	Trailer control unit 挂车控制单元	Memory seat adj. BF 座椅记忆调节控制单元
134	Special vehicles 专用汽车控制单元			
CAN信息娱乐总线				
140	Uniline/dual line 单线/双线	Digital sound system 数字声音系统	Telematics 远距离通信	Navigation 导航控制单元
141	TV tuner 电视调谐器	Voice control 声音控制单元	Radio 收音机控制单元	Telephone 电话控制单元
142	Auxiliary heater 辅助加热			

二、波形特征

无信号传递（即CAN-BUS空闲时）发射隐性信号，新的信息以显性开始。

动力总线隐性电位如下：关闭点火开关一定时间（0.5～5s）系统停止工作。

CAN－High≈2.5V　　CAN－Low≈2.5V

舒适和信息总线隐形电位如下：关闭点火开关系统休眠。

CAN－High＝0 V　　CAN－Low≈5V

三、DSO 设置

双通道示波器 DSO 的幅值和时基分别设置为动力总线：幅值 0.5 V/格，时基 2ms/格；舒适和信息娱乐总线：幅值 2 V/格，时基 10ms/格。

四、正常动力 CAN 总线信号

［**技师指导**］一定要亲自测量一下正常 CAN 动力总线和舒适总线的波形，因为控制单元虽能诊断出 CAN 故障，但具体原因和具体故障位置查找要靠波形分析。比如边找故障点边看波形是否有反应，有反应的点很可能就是故障点。

正常动力 CAN 总线波形如图 1－49 所示。

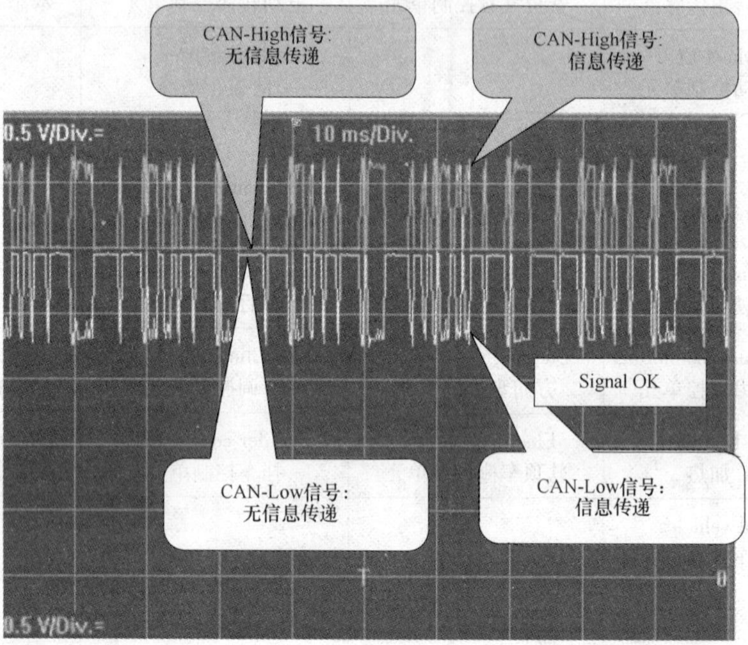

图 1－49　正常动力 CAN 总线波形（幅值 0.5V/格，时基 2ms/格）

总线发送数据时，CAN－High 和 CAN－Low 全为 2.5 V，CAN－High 增加 1V，电压为 3.5 V；CAN－Low 下降 1V，电压为 1.5 V。

CAN－High 和 CAN－Low 两线电压差值＞2.3V＝结果比特值为 0＝显性；差值＜2.3V＝结果比特值为 1＝隐性。

CAN－High 和 CAN－Low 差值：因为 CAN－High 可能出现 3.8V、CAN－Low 可能出现 1.1 V，差值为 2.7 V＞2.3 V，为 0，显性；因为 CAN－High 可能出现 2.6V、CAN－Low 可能出现 2.4 V，差值为 0.2V＜2.3V，为 1，隐性。

五、正常舒适、信息娱乐 CAN 信号

正常舒适、信息娱乐 CAN 信号如图 1－50 所示。

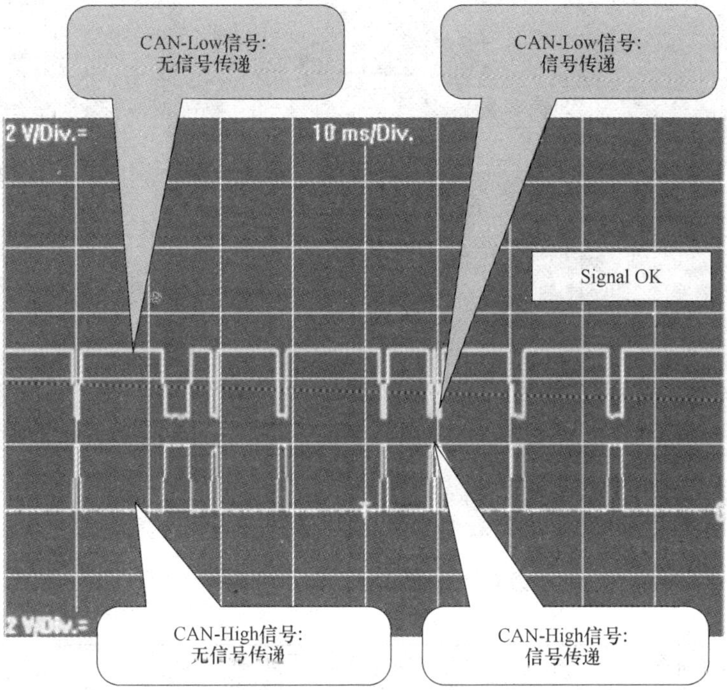

图 1－50　正常舒适、信息娱乐 CAN 信号（幅值 2 V/格，时基 10ms/格）

有信号传递时 CAN－High 信号电压增加，在自身电压 0 V 的基础上增加 0～4V；

有信号传递时 CAN－Low 信号电压减小，在自身电压 5V 的基础上减少 0～4V；

CAN－High 和 CAN－Low 差值：CAN－High 和 CAN－Low 两线电压差值 >2. 2V = 结果比特值为 0 = 显性；差值 <2. 2V = 结果比特值为 1 = 隐性。

六、故障 CAN 波形

动力总线故障波形如图 1－51～图 1－57 所示，舒适、信息娱乐总线故障波形如图 1－58～图 1－64 所示。

七、CAN 线的维修

维修 CAN－BUS 总线必须使用 VAS 1978。CAN 专用维修线备件号为 000 979 987，10 m 长，绿/黄、白/黄，线径为 0. 35mm^2，标准缠绕长度为 20mm。图 1－65 所示为维修 CAN－BUS 总线。

［**完成任务**］取一段双绞线给学生实习，教师检查学生维修的双绞线是否合格。

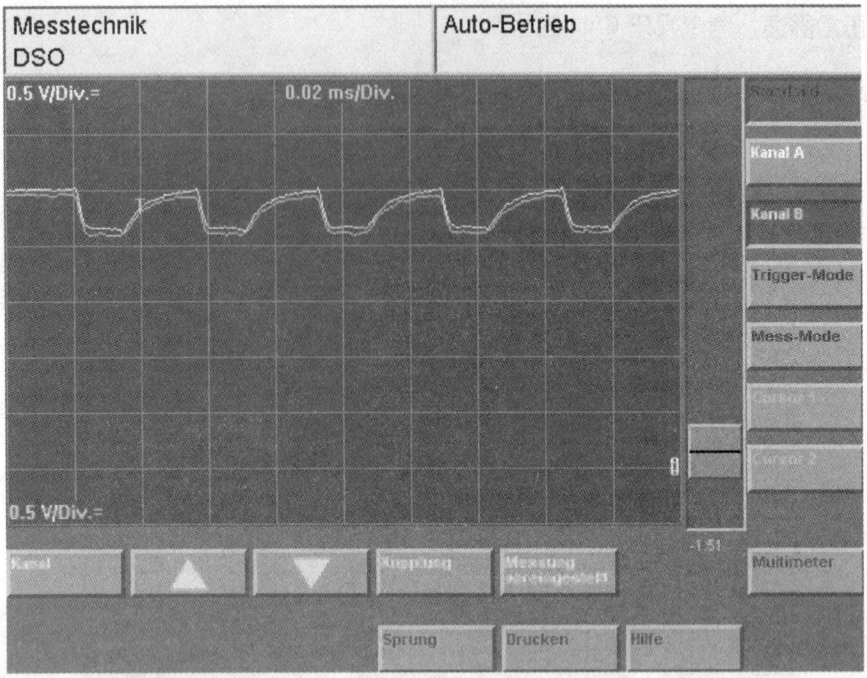

图 1－51　故障波形图 1：动力 CAN 总线系统，CAN－High 和 CAN－Low 彼此之间短路

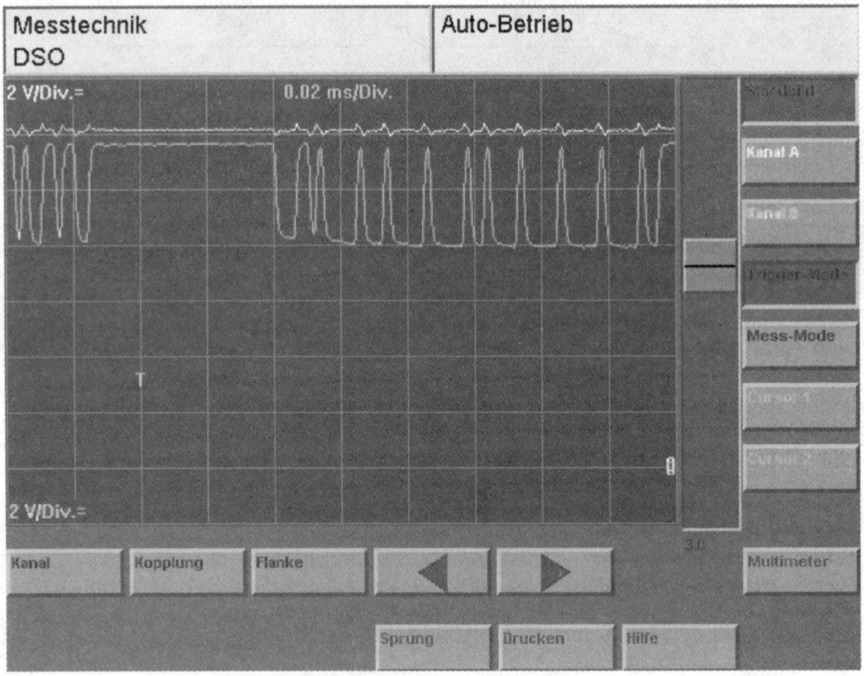

图 1－52　故障波形图 2：动力 CAN 总线系统，CAN－High 对正极短路

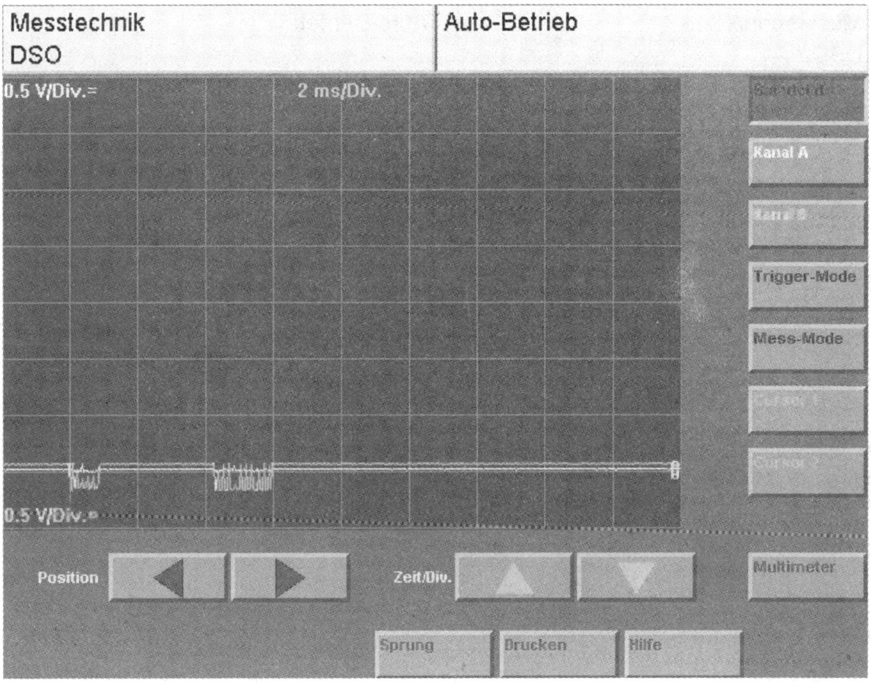

图 1－53　故障波形图 3：动力 CAN 总线系统，CAN－High 对地短路

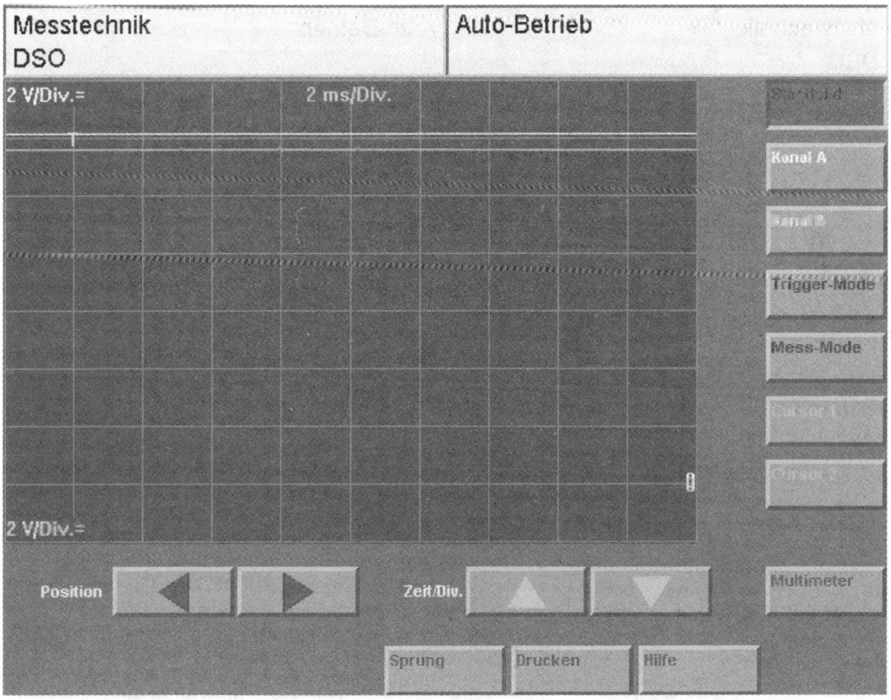

图 1－54　故障波形图 4：动力 CAN 总线系统，CAN－Low 对正极短路

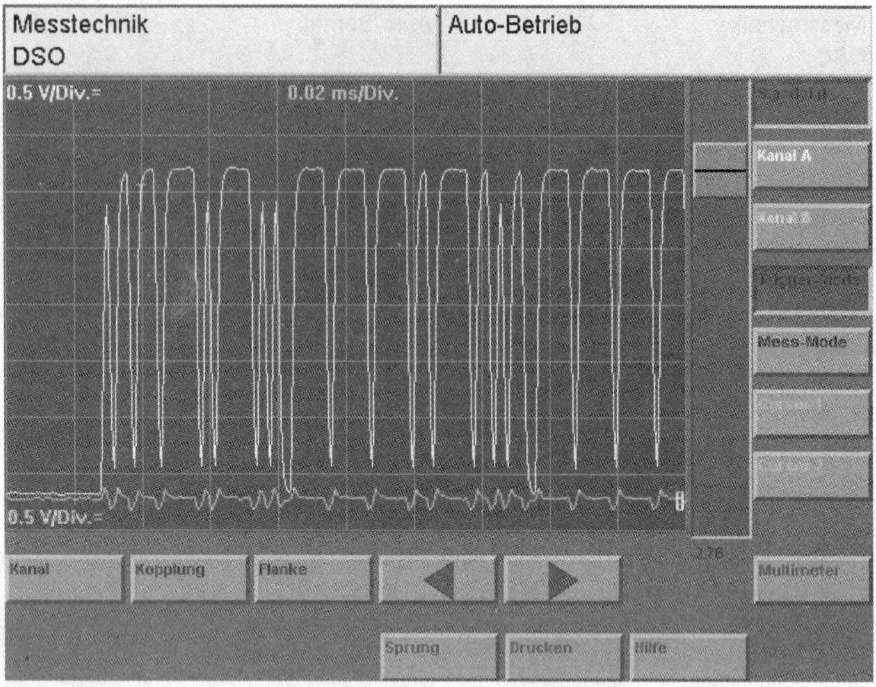

图 1－55　故障波形图 5：动力 CAN 总线系统，CAN－Low 对地短路

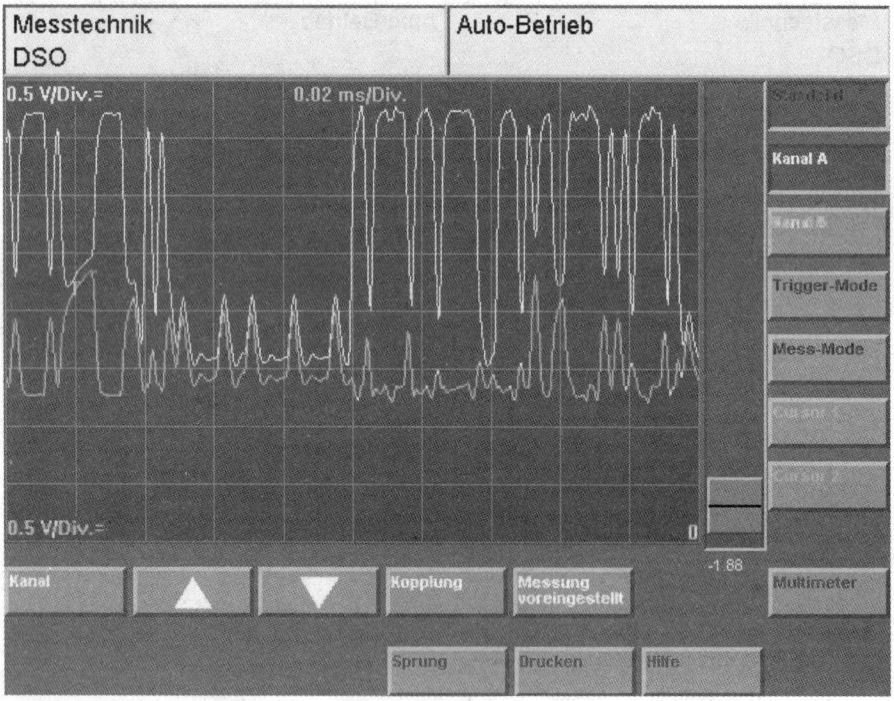

图 1－56　故障波形图 6：动力 CAN 总线系统，CAN－High 与控制单元之间断路

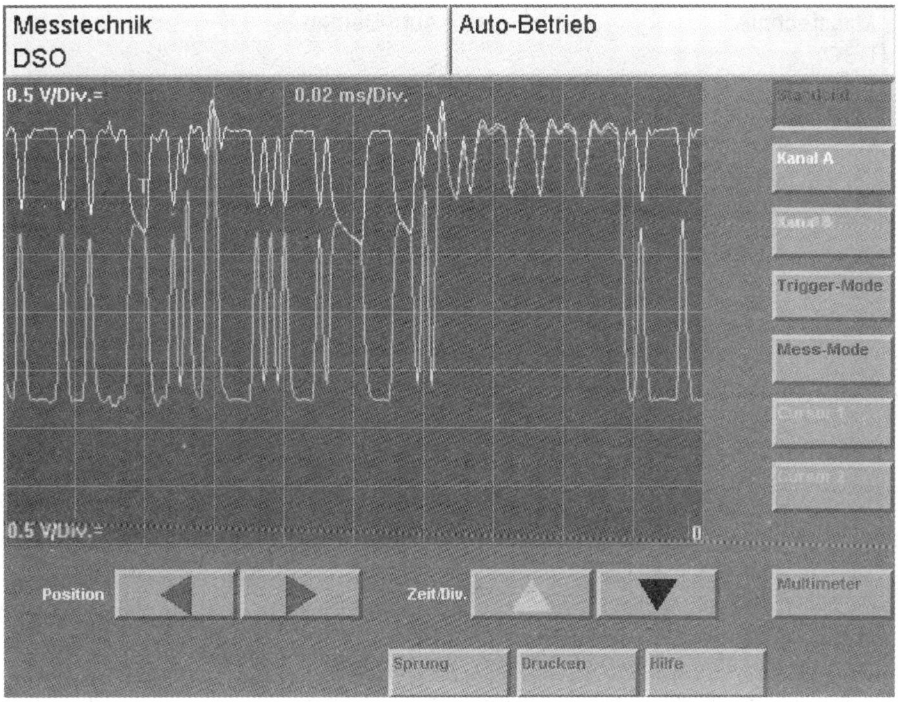

图 1－57　故障波形图 7：动力 CAN 总线系统，CAN－Low 与控制单元之间断路

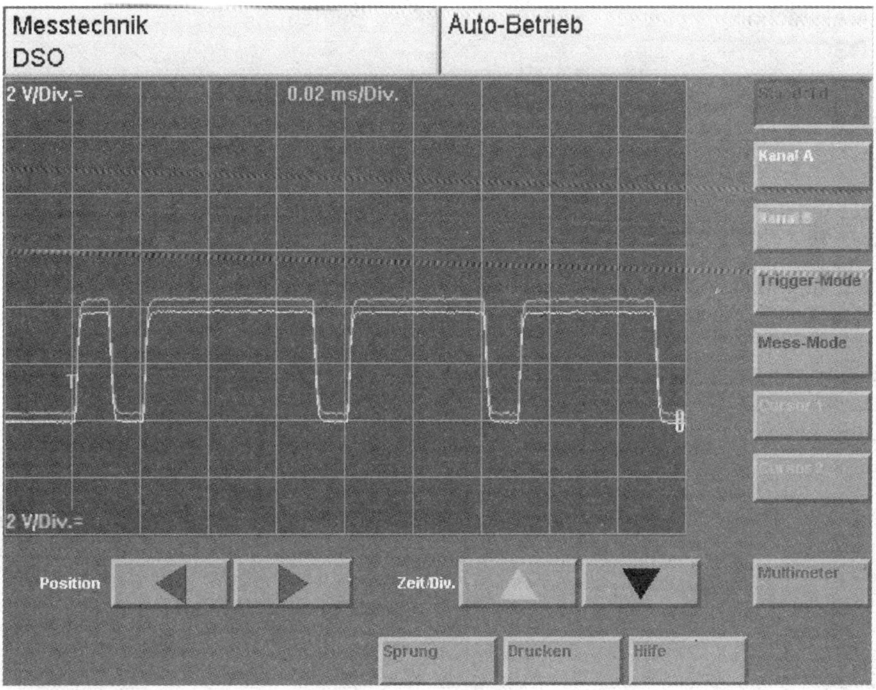

图 1－58　故障波形图 8：舒适、信息娱乐 CAN 总线系统，CAN－High、CAN－Low 彼此之间短路

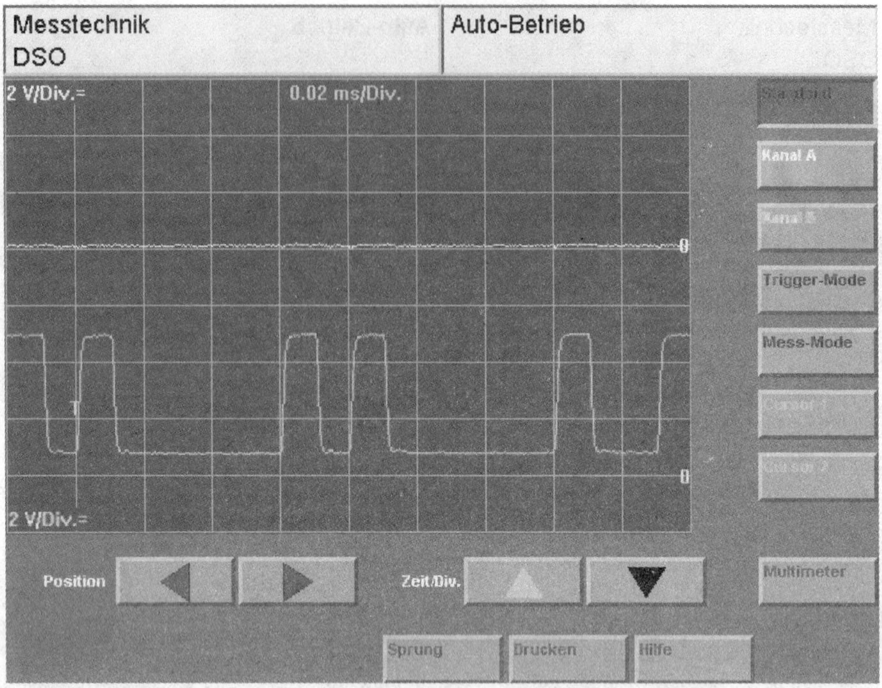

图 1－59　故障波形图 9：舒适、信息娱乐 CAN 总线系统，CAN－High 对地短路

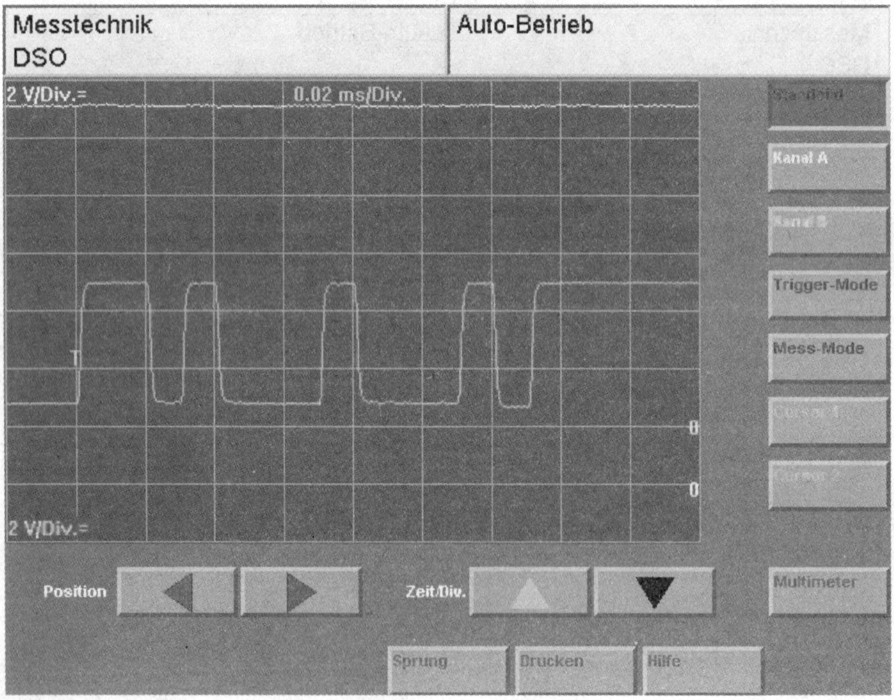

图 1－60　故障波形图 10：舒适、信息娱乐 CAN 总线系统，CAN－High 对正极短路

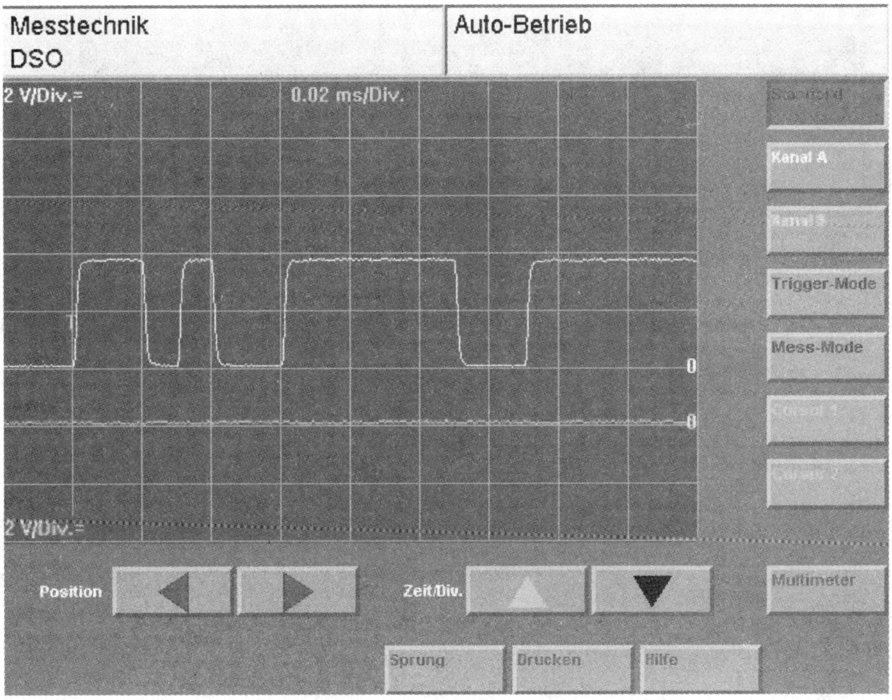

图 1 – 61　故障波形图 11：舒适、信息娱乐 CAN 总线系统，CAN – Low 对地短路

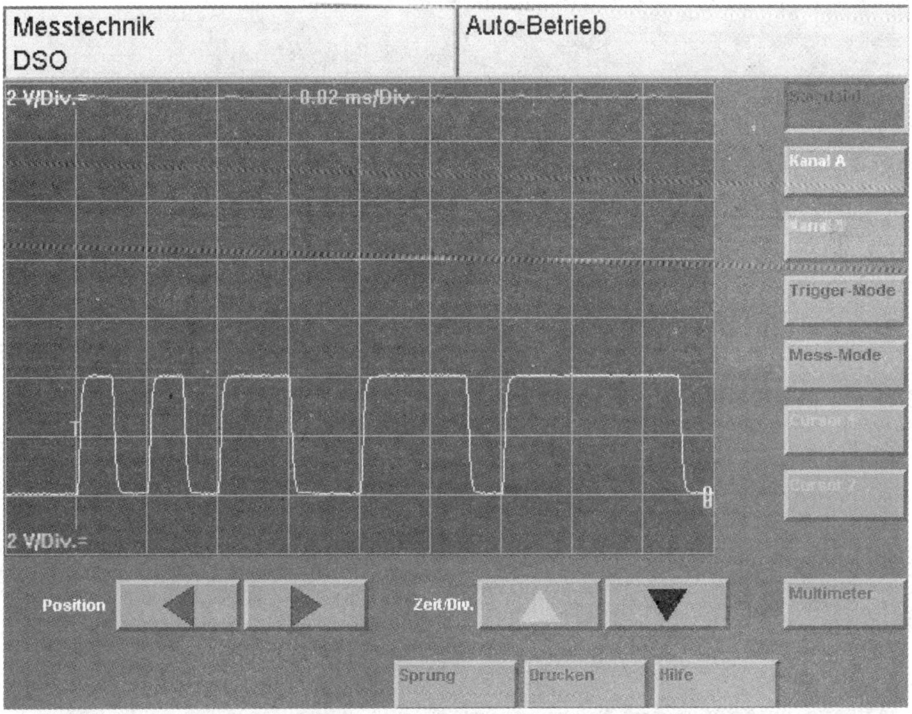

图 1 – 62　故障波形图 12：舒适、信息娱乐 CAN 总线系统，CAN – Low 对正极短路

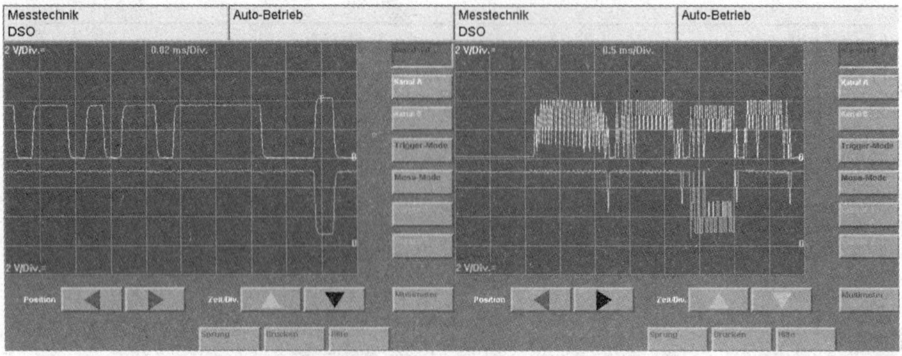

图 1－63　故障波形图 13：舒适、信息娱乐 CAN 总线系统，CAN－Low 与控制单元之间断路

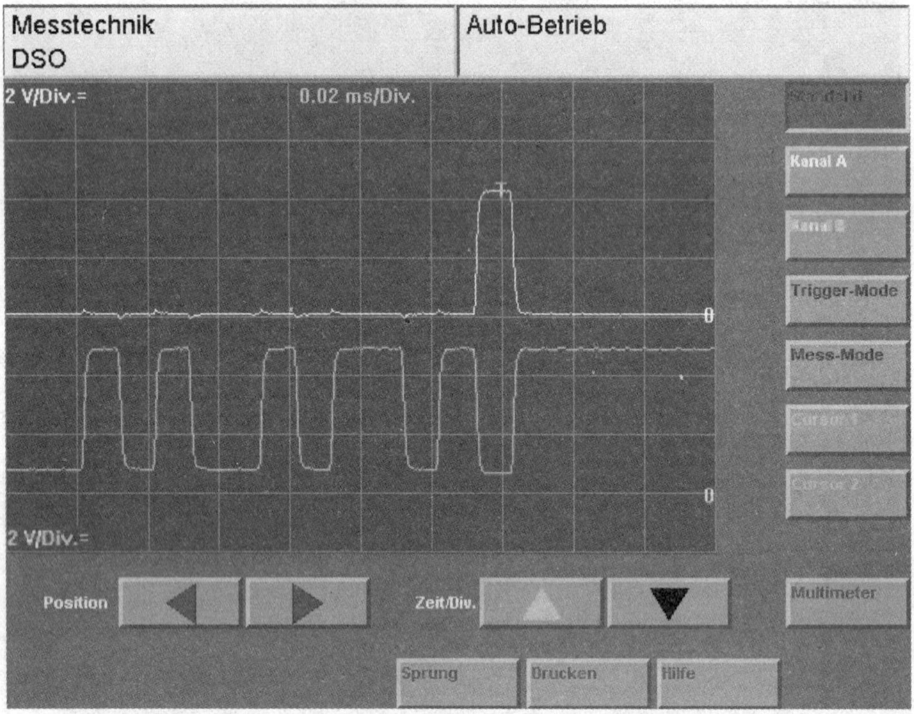

图 1－64　故障波形图 14：舒适、信息娱乐 CAN 总线系统，CAN－High 与控制单元之间断路

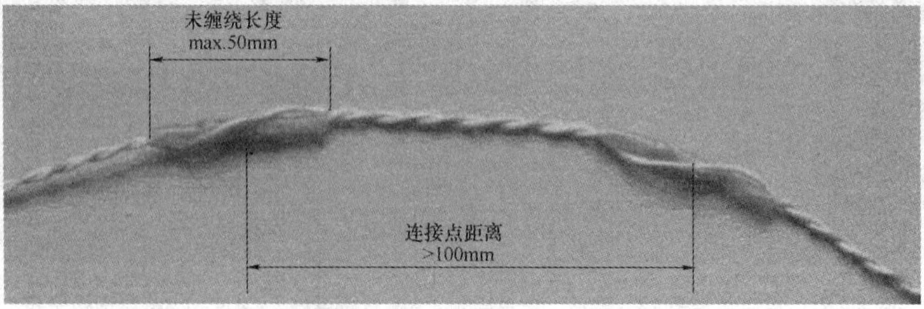

图 1－65　维修 CAN－BUS 总线

第九节 汽车 FlexRay 总线

一、FlexRay 总线

现在大多数汽车中的控制器、传感器和执行器之间的数据交换主要是通过 CAN 网络进行的，然而新的 X - By - Wire 系统设计思想的出现，导致了车辆系统对信息传送速度尤其是故障容错与时间确定性的需求不断增加。FlexRay 通过在确定的时间槽中传递信息及在两个通道上传送故障容错和冗余信息，满足了这些新增加的要求。

二、FlexRay 和 CAN 的区别

1. 波特率

CAN 最高为 1Mb/s。

FlexRay 为 10Mb/s，其也可以在 2.5Mb/s 和 5Mb/s 等低数据速率下工作。

2. 一个节点的通道数量

CAN 只有 1 个通道（一条双绞线）。

FlexRay 为 2 个通道（两对双绞线）或 1 个通道（一条双绞线），实际上一个通道现在就够用，优选一个通道。

3. 网络技术

CAN 为被动型，控制单元有故障将影响其他单元运行。

FlexRay 为主动型，控制单元发生故障主动退出，不再上线，不影响其他单元运行。

4. 最多节点

CAN 总线型或星型在 500Kb/s 时最多 16 节点。

FlexRay 总线型为 22 个节点，星型为 22 或 64 个节点，混合型为 64 个节点。

5. 物理层

CAN 为金属双绞线。

FlexRay 为金属双绞线或 POF（光纤）。

6. 通信

CAN 为事件触发，只有需要时才访问总线，其访问所需时间与是否满载有关；到达时间未知；所用的网络可能过载。

FlexRay 为时间触发 + 事件触发：访问网络的时刻是固定好的，每次访问网络的时间也是固定好的；到达时间已知；备有带宽，无须用到；具备的冗余通信能力可实现通过硬件完全复制网络配置，并进行进度监测。

7. ID 位

CAN 为 11 或 29 位。

FlexRay 为 11 位。

8. 数据长度（DLC）

CAN 为 8 字节。

FlexRay 为 256 字节。

9. 帧

CAN 有数据帧、远程帧、错误帧、过载帧。网络故障可通过错误帧识别出来。

FlexRay 只有数据帧。每一个接收器自行检查收到的帧是否正确（如 CRC 检查），其中有些帧是有缺陷的。

10. 网络管理

CAN 为软件管理。

FlexRay 通过 BG 总线监控器和 BD 总线驱动器硬件管理。

11. 网络同步

CAN 只有同步段。

FlexRay 可以进行速度和偏移量补偿。

12. 允许传输距离

CAN 在 1Mb/s 时为 40m。

FlexRay 在一个星型或两个星型之间为 22m。

13. 仲裁判优

CAN 优先级高的信息将优先级低的信息“覆盖”。

FlexRay 没有仲裁，若两个控制单元同时发送将造成通信故障，但这种情况只有存在故障时才会出现。

14. 在确认方面

CAN 接收器要确认接收到一个有效的帧。

FlexRay 无确认，接收器接收不到帧是否正确的信息。

15. 两线名称

CAN 总线中称两线为 CAN－H 和 CAN－L。

FlexRay 数据传输线双绞线为总线正（Bus Plus，BP）和总线负（Bus Minus，BM）。

［完成任务］BP 相当于 CAN 的什么线：________；BM 相当于 CAN 的什么线：________。

三、静态段和动态段

FlexRay 符合 TDMA（Time Division Multiple Access）的原则，部件和信息都被分配了确定的时间槽，在这期间它们可以唯一地访问总线。时间槽是经固定的周期而重复的。信息在总线上的时间完全可以预测出来，因而对总线的访问是确定性的。不过，通过为部件和信息分配时间槽的方法来分配的总线带宽没有被完全利用。

出于解决总线带宽没有被完全利用的考虑，FlexRay 把周期分成了静态段和动态段。确定的时间槽位于信息开始的静态段；在动态段，时间槽是动态分配的。在每种情况下都只有一小段时间是允许唯一的总线访问的（这段时间称为微时隙），如果在微时隙中出现了总线访问，则时间槽就会按照需要的时间来扩展。因此，总线带宽是动态可变的。

四、FlexRay 工作原理

为了实现功能的同步并通过两条信息间的短距离来优化带宽，该通信网络中的分布组件都要有一个共同的时基，即全局时间。为了时钟同步，同步信息应在周期的静态段开始传输。通过增添一个特殊的算法，部件的本地时钟被修正为所有的本地时钟都和全局时钟同步。

[技师指导] 例：FlexRay 工作原理。

在一个铁路交通发达的小镇里共有 16 家工厂，其中 3 家工厂有可作为列车站的标准钟表（每天用哪个工厂的标准钟表作为时钟基准，要看哪块钟表先在早上上电工作），其余 13 家每家只有一个可和标准钟表对时的时钟。小镇上有一列最多可挂 256 节车厢的火车，火车在为这 16 家工厂供货，其中有 10 家工厂都同时定期运送货物，每家工厂有 10 节车厢，且这些车厢就放在相对应的工厂里（这 10 家工厂完全占有了 100 节车厢），比如第一家工厂占有前 10 节，依此类推，每家工厂都知道自己是哪 10 节车厢。每一家运送固定的不同种类的 10 种货物，每种货物占用一节车厢，每次装车时，对应的不同节车厢总是对应其规定好的货物，以便下车时能准时和准位置卸货。当这 10 家工厂或其余 6 家工厂想运新种类的货物时，就要先向列车站预订，列车站也要把增加的挂车分配到相应的工厂里，列车站同时告诉挂车的排序。在这个例子中，100 节车厢就为静态段，后面的 156 节车厢就为动态段。

列车站首先是要求各家工厂和它具有相同显示的钟表，各家工厂对好钟表后，规定车厢的顺序是挨家将装好货物的车厢开到轨道上。这里第一家工厂将装好货物的 10 节车厢推到轨道上，在轨道上运行的时间是固定的，比如用时 10min，货物全部送达，送达后这 10 节车厢要从轨道上离开，轨道空闲 1min；第二家把 10 节车厢按顺序送于轨道上，再用时 10min，这辆列车的第 2 个 10 节车厢离开，轨道再空闲 1min；依此类推，直至挂车也离开。然后列车站再次要求各家工厂和它对钟表，准备再次发送，这个对钟表的过程在这列火车全部发完、轨道上再无车厢后空闲的时间内完成。

固定的车厢加上可预订的挂车车厢共 256 节，在这 16 家工厂里，各家都知道什么时间去卸货，也知道去哪个站台卸货，这是因为指定车厢装的东西是永远不变的。

在这个例子中，小镇是汽车，工厂是网络的控制单元，货物是信息，车厢是控制单元 FlexRay 芯片内的存储器，车厢推上轨道的过程是发送信息脉冲的过程，卸货是信息接收过程。

从第一个控制单元至最后一个控制单元发送完成算是一个通信周期完成，准备完成下一个周期。FlexRay 网络的通信周期在几个毫秒到十几个毫秒，不同车型是不同的，但运行时通信周期是恒定不变的，数据传输是基于一个周期性往复的流程。轨道上休息 1min 称为时隙，前 10 家工厂之间的时隙称为静态时隙，后几家车厢发送的总时间称为动态段，因为不同家分配的车厢数量不同，所以动态段被分为一个个微时隙，两个微时隙间允许一家工厂发送。

五、什么是主动型网络

FlexRay 是主动型网络，一旦有控制单元发生故障，则有故障的控制单元应退出上网，从而保证其余网络控制单元工作正常。

六、FlexRay 网络节点的结构

FlexRay 的网络节点是由主处理器、FlexRay 通信控制器、可选的总线监控器和总线驱动器组成的。主处理器提供和产生数据，并通过 FlexRay 控制器传送出去。总线驱动器连接着通信控制器和总线，或是连接总线监控器和总线。主处理器把 FlexRay 控制器分配的时间槽通知给总线监控器，然后总线监控器就允许 FlexRay 控制器在这些时间槽中传输数据。数据可以在任何时候被接收。

第十节　FlexRay 总线检修

一、FlexRay 总线终端电阻原则

总线终端电阻是网络两端双绞线距离最远的两控制单元内的电阻，这两个电阻对总线的总电阻起主要作用；两者之间的控制单元内电阻在几千欧，对总线的总电阻起次要作用，这个控制单元称为高阻控制单元。通常在两个终端控制单元中，有一个是网关控制单元。

在图 1－66 中，控制单元 2、3、4 内部有与控制单元 1 相同的硬件结构，这里若把控制单元 1 作为网关，控制单元 1 网关的终端电阻 R_1 为 94Ω，则空间距离网关控制单元 1 最远的控制单元 2 的终端电阻 R_2 也应为 94Ω，因为总线电阻大小是有要求的，即一个网段所有控制单元电阻并联为 47Ω，两个终端电阻 94Ω 并联，已经为 47Ω，为了接入控制单元 3 和 4，控制单元 3 和 4 的终端电阻 R_3 和 R_4 就要大得多，为 2 600Ω，以至于不影响设计对于所有控制单元终端电阻并联为 47Ω 的要求。

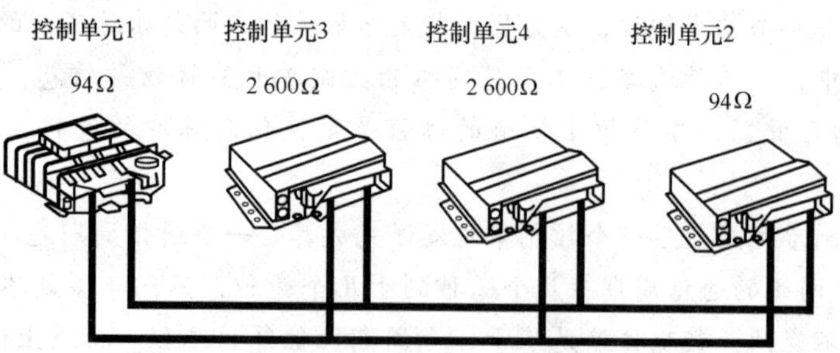

图 1－66　FlexRay 终端电阻

$$\frac{1}{R_1}+\frac{1}{R_2}+\frac{1}{R_3}+\frac{1}{R_4}=\frac{1}{R} \qquad \text{（公式 2）}$$

在公式 2 中，结果 R 可近似得 47Ω。

［**技师指导**］ 小问题和大问题。

在四个控制单元中，分析为什么控制单元 3 和控制单元 4 的 BP 或 BM 线路断路只出现小问题；而控制单元 1 和控制单元 2 的 BP 或 BM 线路断路则出现大问题。

二、FlexRay 总线终端电阻测量

断开电源，等待至少 5 min，拆下相对应的控制单元，测量终端电阻阻值为 94Ω，高阻控制单元阻值应为 2 600Ω，测量网络的总电阻阻值应为 47Ω。图 1－67 所示为 FlexRay 网络终端电阻测量。

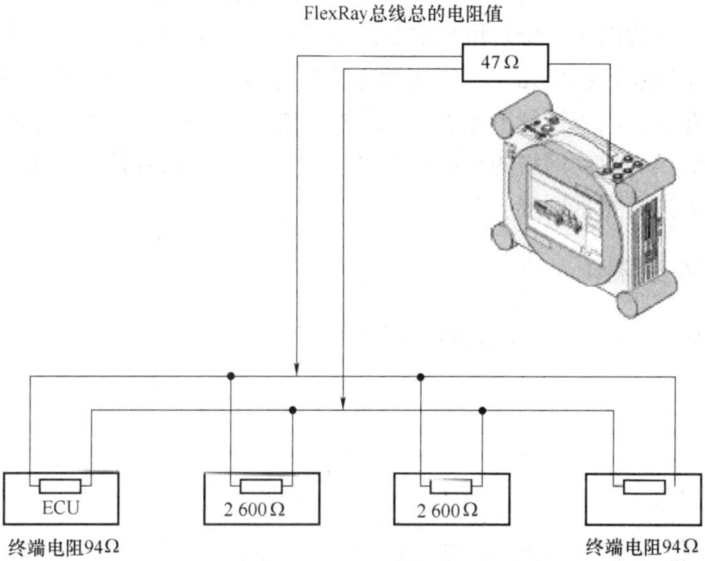

图 1－67　FlexRay 网络终端电阻测量

※在线束接头维修中要用到大众专用工具 VAS 1978 和 VAS 1978/35。

［**完成任务**］ 请上网查找奥迪 C7 汽车网络资料，并将图 1－68 中奥迪 C7 FlexRay 总线控制单元的名称填上。

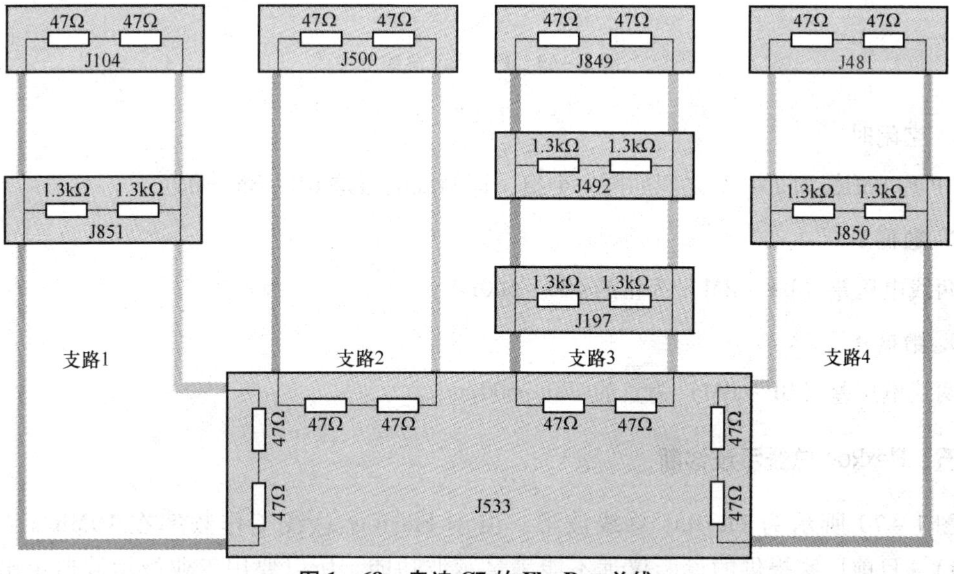

图 1－68　奥迪 C7 的 FlexRay 总线

J104：________；J500：________；J849：________；J492：________；
J197：________；J481：________；J850：________；J851：________。

三、FlexRay 总线唤醒

控制单元30号正常时，FlexRay总线由点火开关15号线唤醒，唤醒后需要一定时间用于其他控制单元同步。在“FlexRay 工作原理”的例子中，3 家有标准时钟的工厂就是FlexRay总线网络中能同步的3个控制单元，其余13家是不能同步的控制单元。能同步的3个控制单元可以分别自己启动网络，其他13个控制单元是不能启动网络的。在汽车上启动网络的控制单元一般为网关、ESP和SGR三个控制单元。13个控制单元不能启动网络，但要在其中选出一个同步控制单元（一般用助力转向控制单元（LHI）作同步控制单元）。

工作过程是在3个同步控制单元中，由最先上电快速工作的控制单元启动网络，然后其他两个控制单元尝试与启动网络的控制单元进行数据同步，最后是其他13个控制单元与启动网络的控制单元进行数据同步。

四、FlexRay 总线脉冲

如图1－69所示，FlexRay数据传输线双绞线为总线正（Bus Plus，BP）和总线负（Bus Minus，BM）。

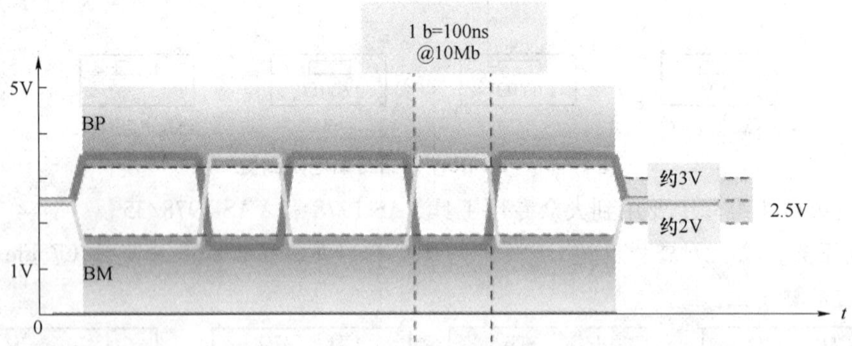

图1－69　FlexRay 总线脉冲

1. 空闲时

BP和BM都为2～3V之间的同一个值，即两线电压差BP－BM＝0V。

2. 数据1

两线电压差（BP－BM）为正的400～600mV。

3. 数据0

两线电压差（BP－BM）为负的400～600mV。

五、FlexRay 总线示波诊断

图1－70所示为FlexRay总线波形，由于FlexRay总线工作频率在10Mb/s（1b＝100ns），目前厂家提供的诊断仪远不能满足示波功能。所以要用工业级示波器，比如美

国 Fluke 的总线示波表，也可用电子示波器，相信未来厂家也一定会提供高速专用的示波器。

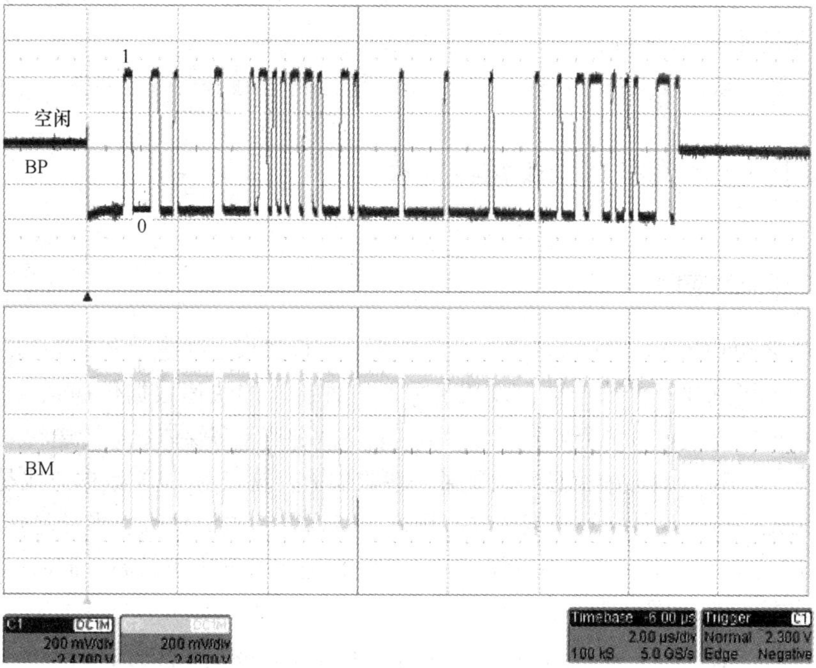

图 1－70　FlcxRay 总线波形

［**技师指导**］目前要想对 FlexRay 总线进行示波分析故障，其厂家配的示波设备尚不能达到要求，但在电子界的通用示波器或示波表却能很好的反映。因为 FlexRay 总线的数据太长，很难在一屏里完整体现，但可像 CAN 线故障波形那样分析，所以 FlexRay 总线示波可参考 CAN 故障波形分析。

六、FlexRay 总线的维修

BP 线和 BM 线长度差不能超过 10mm，否则将使 BP 和 BM 的波形不完全对称，这种不对称是线中信号延迟造成的，修理时可参考图 1－71 所示的 FlexRay 电缆修理标准。

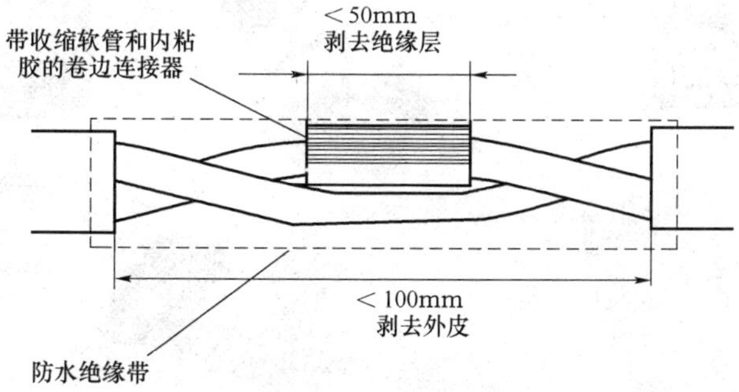

图 1－71　FlexRay 电缆修理

使用横截面积为 0.35mm² 的双芯护套电缆 1 和 2 作为 FlexRay 电缆。维修时，电缆的两根芯的长度必须完全吻合。如果要绞合导线 1 和 2，则必须满足绞距为 30mm。如果导线未绞合，则线段不得大于 50mm。剥除护套的电缆长度最长为 100mm。维修位置应用适当措施排除环境影响。这里需要将一个带有压缩软管和内粘胶的卷边连接器放到未扭转的维修位置上，并将一根防水绝缘条缠绕在剥去外皮的导线上。

[**完成任务**] 取一段双绞线给学生实习，教师检查学生维修的双绞线是否合格。

第十一节 汽车 MOST 总线技术

一、MOST 总线应用

MOST 是 Media Oriented Systems Transport 的缩写。许多汽车制造厂、零部件供应商及软件开发商共同结成了这样一个联合体，以利于采取一种统一的快速数据传递系统。从“Media Oriented Systems Transport”这个名字就可看出，它是一种用于多媒体数据传送的网络系统，也就是说，该系统将符合地址的信息传送到某一接收器上，这点与 CAN 数据总线是不同的。

MOST 用光纤传输代替金属导线传输，用光信号代替了电流信号。光纤是塑料光纤，成本很低，使用光纤可以让信息传递量加大，未来的传输提升潜力也较高，同时因为没有接地回路，所以传输信号不受电磁干扰。

在奥迪车上，如图 1－72 所示，该技术用于 Infotainment 系统的数据传递。Infotainment 系统能提供很多信息及娱乐多媒体服务（Information and Entertainment）。

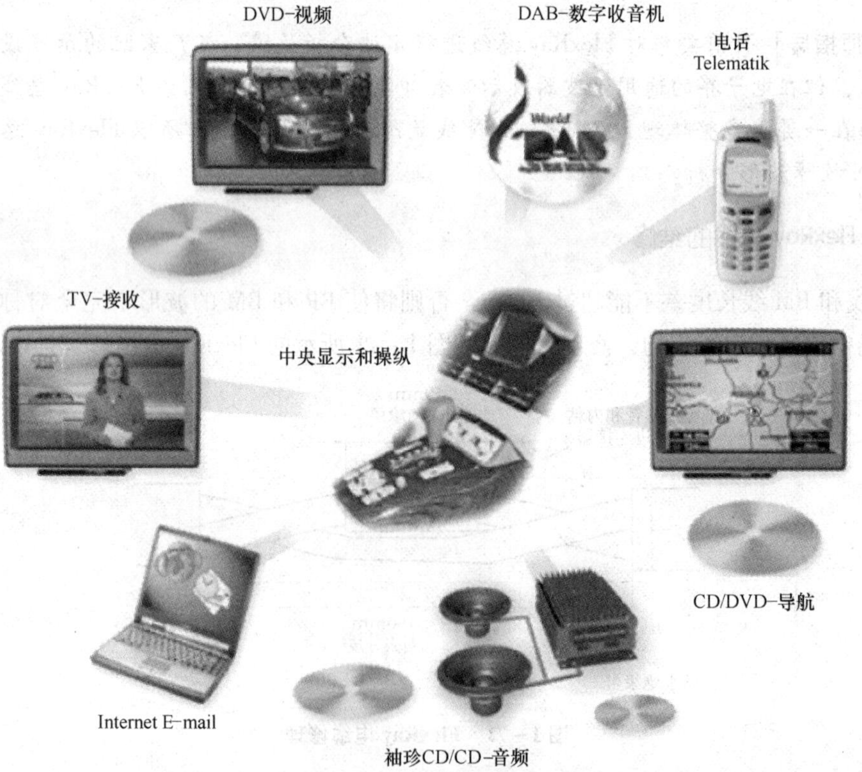

图 1－72　奥迪 MOST 技术应用

［完成任务］MOST 是什么的缩写：________________________________；

MOST 主要在汽车的哪个领域应用：________________________________。

这种光纤数据传输对于实现 Infotainment 系统的所有功能具有重要意义，因为以前所使用的 CAN 数据总线系统的传输速度不够快，因而无法满足相应数据量的传送。图 1-73 所示为多媒体的传输速率，视频和音频所要求的数据传输速率达数兆节每秒，仅仅是带有立体声的数字式电视信号就需要约 6 Mb/s 的传输速率。MOST 总线的传输速率可达 21.2 Mb/s。

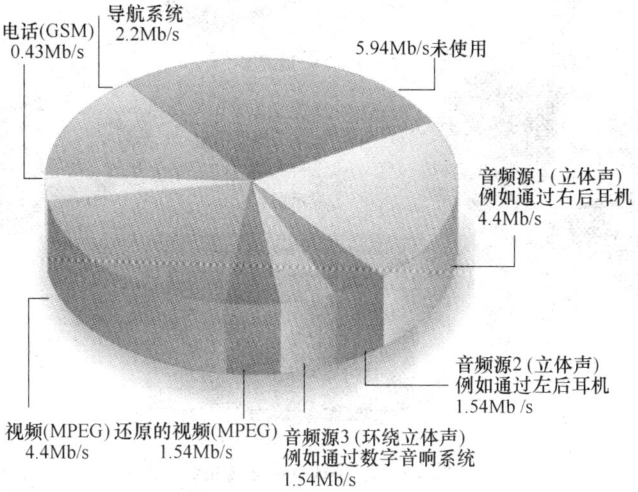

图 1-73　多媒体的传输速率

如图 1-74 所示，以前的视频和音频信号都只能作为模拟信号传送，这就使得线束的用量很大。CAN 总线系统的最大传输速率为 1 Mb/s，因此 CAN 总线只能用来传递控制信号，不能用于传输数据。

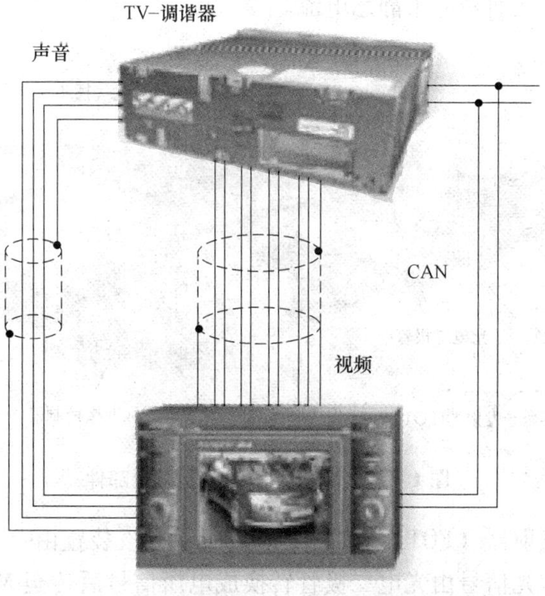

图 1-74　视频和音频信号以模拟信号形式传送

图 1－75 所示为奥迪 MOST 总线拓扑。在 MOST 总线中，相关部件之间的数据交换是以数字方式进行的。通过光波进行数据传递具有导线少且重量轻的优点，另外传输速度也快得多。与无线电波相比，光波的波长更短，因此它不会产生电磁干扰，同时对电磁干扰也不敏感。这些特点就决定了其传输速率很高且抗干扰性也很强。

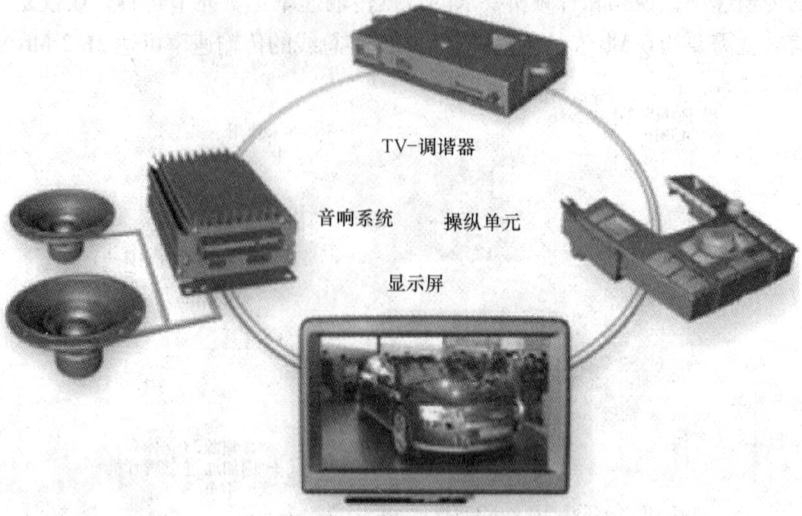

图 1－75　MOST 总线拓扑

二、MOST 总线控制单元部件

图 1－76 所示为 MOST 总线控制单元部件。光信号通过光导纤维插头进入控制单元，或产生的光信号通过该开关传往下一个总线用户。电气插头用于供电、环断裂自诊断以及输入/输出信号。由电气插头送入的电再由内部供电装置分送到各个部件，这样就可单独关闭控制单元内某一部件，从而降低了静态电流。

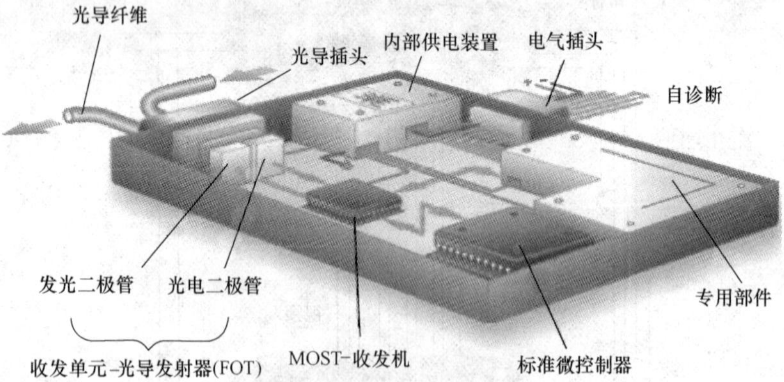

图 1－76　MOST 总线控制单元部件

收发单元－光导发射器（FOT）：如图 1－77 所示，该装置由一个光电二极管和一个发光二极管构成。到达的光信号由光电二极管转换成电压信号后传至 MOST－收发机。发光二极管的作用是把 MOST－收发机的电压信号再转换成光信号，产生出的光波波长为 650 nm，

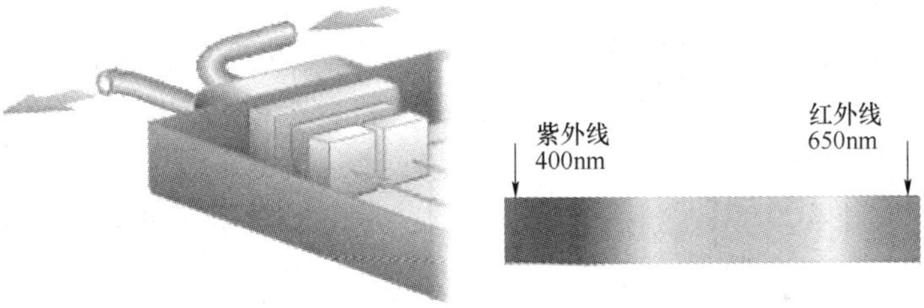

图 1－77　收发单元－光导发射器和波长

是可见红光，数据经光波调制后传送。调制后的光经由光导纤维传到下一个控制单元。

MOST－收发机：MOST－收发机由发射机和接收机两个部件组成。发射机将要发送的信息作为电压信号传至光导发射器；接收机接收来自光导发射器的电压信号并将所需的数据传至控制单元内的“标准微控制器”（MCU）。其他控制单元不需要的信息由收发机来传送，而不是将数据传到 MCU 上，这些信息将被原封不动地发至下一个控制单元。

标准微控制器（MCU）：标准微控制器（MCU）是控制单元的核心组件，它的内部有一个微处理器，用于操纵控制单元的所有基本功能。

专用部件：这些部件用于控制某些专用功能，例如 CD 播放机和收音机调谐器。

光电二极管的作用是将光波转换成电压信号，图 1－78 所示为光电二极管原理。光电二极管内有一个 PN 结，光可以照射到这个 PN 结上。由于 P 型层很厚，故绝缘层只能刚刚够得到 N 型层。在 P 型层上有一个触点——正极，N 型层与金属底板（负极）接触。

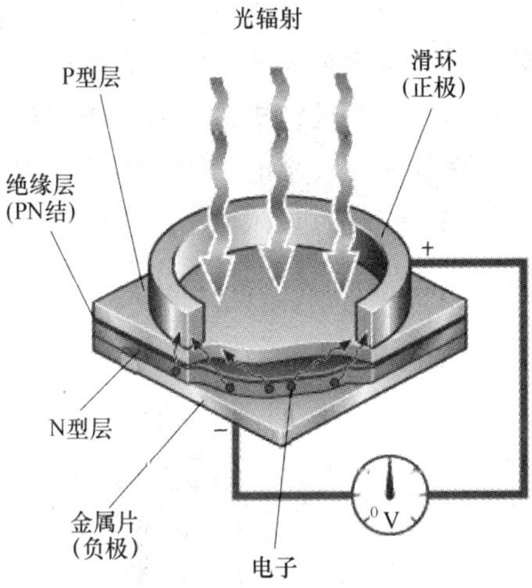

图 1－78　光电二极管原理

图 1－79 所示为光电耦合原理，如果光或红外线辐射照到 PN 结上，就会产生自由电

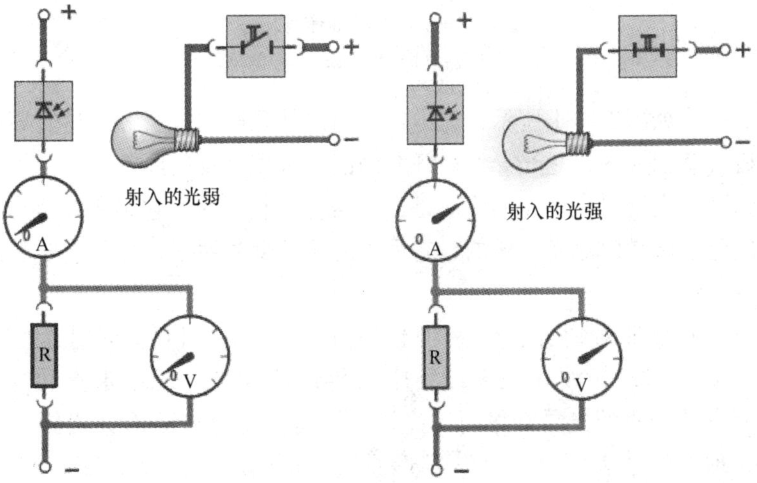

图 1－79　光电耦合原理

子和空穴，从而形成一个穿越 PN 结的电流。也就是说，作用到光电二极管上的光越强，流过光电二极管的电流就越大。这个过程称为光电效应。光电二极管反向与一个电阻串联，如果由于照射光强度增大，流过光电二极管的电流增大，那么电阻上的压降就会增大，于是光信号就被转换成电压信号。

[**完成任务**] 图 1－79 所示为光电耦合原理，光电二极管是正向使用的还是反向使用的：________。

三、光导纤维（LWL）

光导纤维的任务是将在某一控制单元发射器内产生的光波传送到另一控制单元的接收器。

在开发光导纤维时需考虑下述内容：光波是直线传播的，如图 1－80 所示，光波在弯曲的光导纤维内是以全反射、直线再全反射及直线的形式传播的；发射器与接收器之间的距离可以达到数米远；机械应力作用如振动、安装等不应损坏光导纤维；在车内温度剧烈变化时应能保证光导纤维的功能。因此，为了传送光信号，光导纤维应该具有下述特点：光波在光导纤维中传送时衰减应小；光波应能通过弯曲的光导纤维来传送；光导纤维应是柔性的；当温度为－40℃～85℃时，光导纤维应能保证功能。

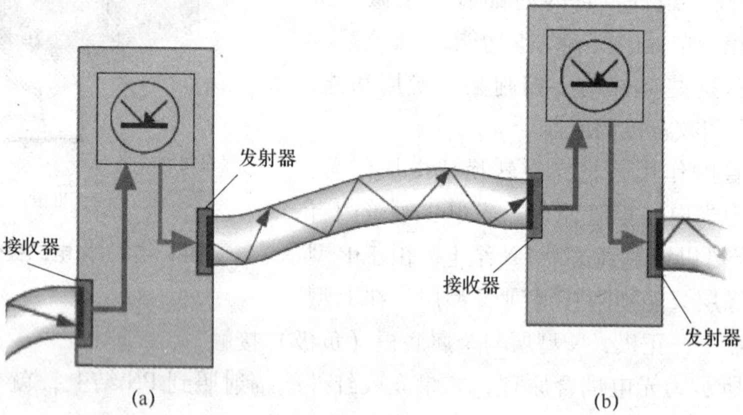

图 1－80　光导纤维信号传递

（a）放大器；（b）Telematik－控制单元

光导纤维的结构如图 1－81 所示，光导纤维由内外几层构成。纤芯是光导纤维的核心部分，它是用有机玻璃制成的，是光导线。纤芯内的光根据全反射原理几乎无损失地传导，下面还要详细介绍光的全反射。透光的涂层是由氟聚合物制成的，它包在纤芯周围，对全反射起关键作用；黑色包层是由尼龙制成的，它用来防止外部光照射；彩色包层起到识别、保护及隔温作用。

当一束光以小角度照射到折射率高的材料与折射率低的材料之间时，光束就会被完全反射，这就叫作全反射。光波在光导纤维中的传送分为光导纤维走直和弯曲两种情况，如图 1－82 所示。传送直的光导纤维时，光导纤维将一部分光波沿直线传送，绝大部分光波是按全反射原理在纤芯表面以“之”字形曲线传送的。半径大于 25mm 弯的光波导线，光波通过全反射在纤芯的涂层界面上反射，也可以弯曲传送。

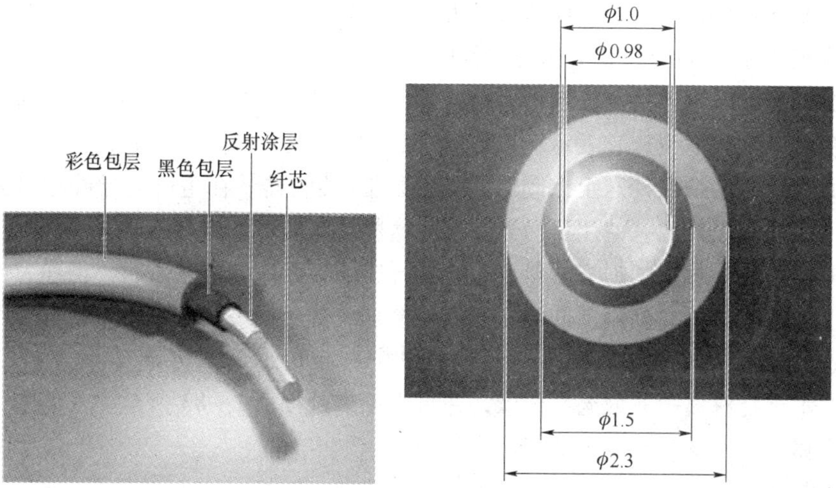

图 1－81　光导纤维结构

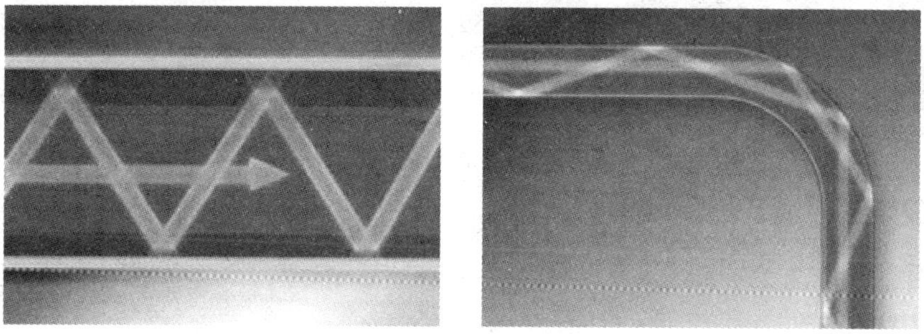

（a）　　（b）

图 1－82　两束光分别在直线和弯曲光纤内的全反射

（a）直线光纤的全反射；（b）弯曲光纤的全反射

光导纤维中的纤芯是折射率高的材料，涂层是折射率低的材料，所以全反射发生在纤芯的内部，如图 1－83 所示。这个效应取决于从内部照射到界面的光波角度，如果该角度过

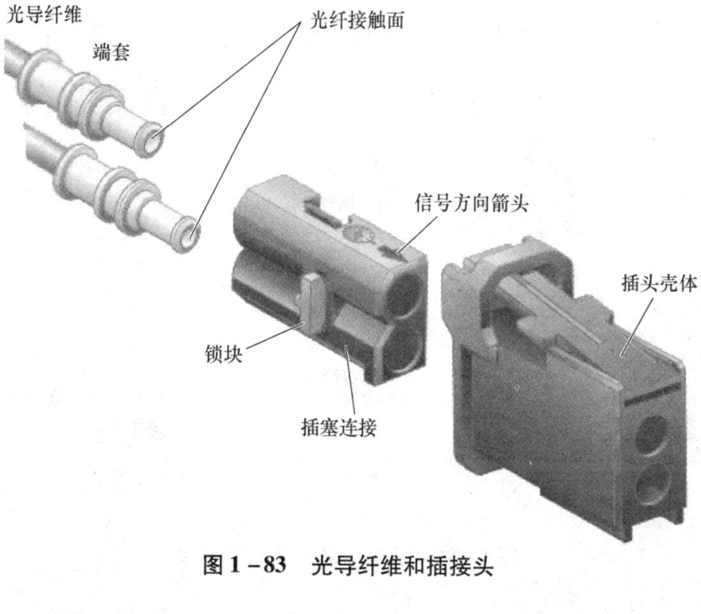

图 1－83　光导纤维和插接头

陡，那么光波就会离开纤芯，从而造成较大损失，如图1－84所示。当光导纤维弯曲或弯折过度时（半径小于25mm），就会出现这种情况。

为了能将光导纤维连接到控制单元上，常使用一种专用插头，如图1－83所示。插塞连接上有一个信号方向箭头，它表示输入方向（通向接收器）；插头壳体就在与控制单元的连接处。光通过纤芯的端面传送至控制单元的发射器/接收器。在生产光导纤维时，为了将光导纤维固定在插头壳体内，使用了激光焊接的塑料端套或黄铜端套。

为了能使传输过程中的损失尽量小，光导纤维的端面应光滑、垂直、洁净，因此应使用专用的环形切削工具。切削面上的污垢和刮痕会加大传送损失（衰减）。

［完成任务］ 组织一次光纤实习，用光纤外皮环切工具和光导纤维切割工具切出如图1－85所示光纤断面平齐的光导纤维，并用专用工具按图1－83所示安上端套，再插入插塞和插头壳体。

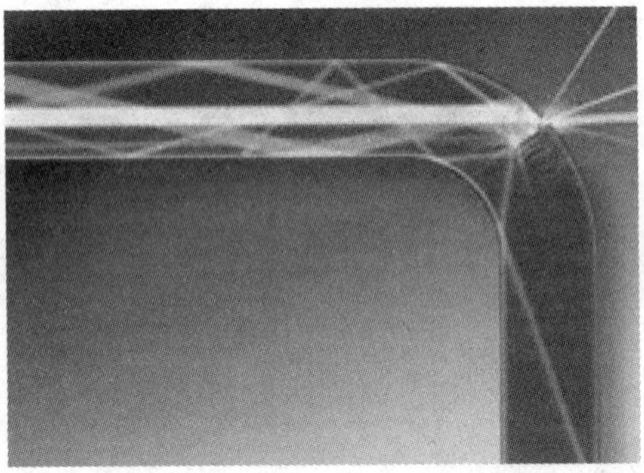

图1－84　弯曲处破损光纤光的传递出现反射和折射

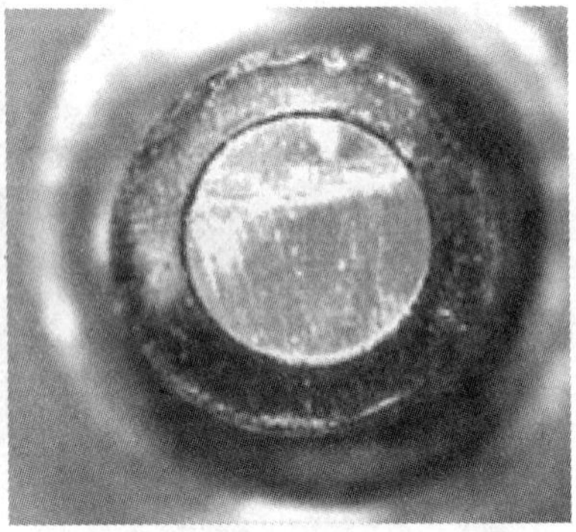

图1－85　光纤断面应平齐

四、MOST总线自诊断原理

MOST总线采用环形结构，一旦环路出现光传导故障、环路控制单元的光发送和接收故障以及控制单元故障时，其有自诊断功能。

图1－86所示为由网关、仪表、收音机和功放组成的MOST总线，若在功放和收音机之

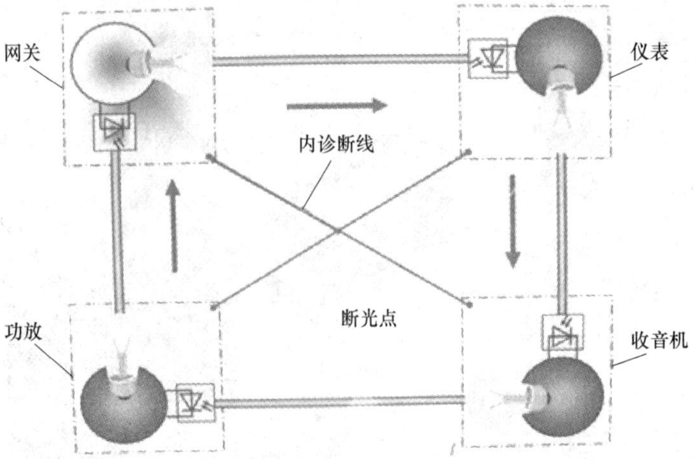

图1－86　MOST总线自诊断原理

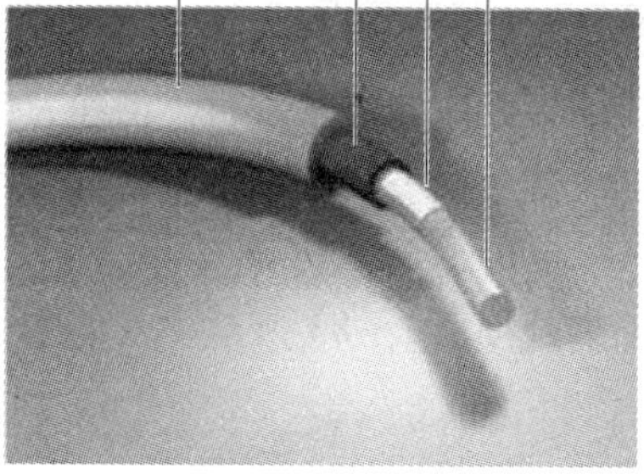

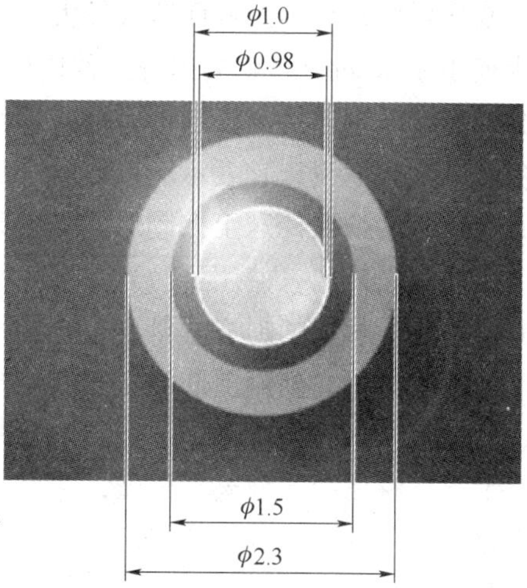

图 1-81　光导纤维结构

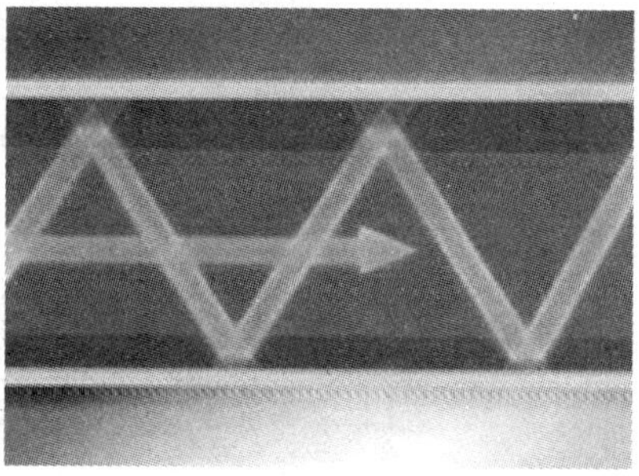

(a)

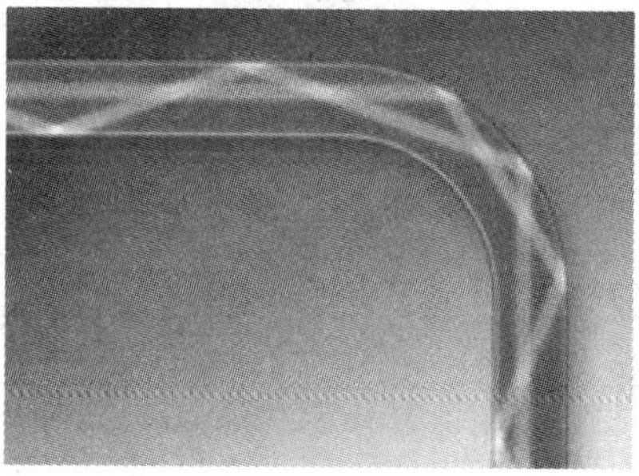

(b)

图 1-82　两束光分别在直线和弯曲光纤内的全反射

(a) 直线光纤的全反射；(b) 弯曲光纤的全反射

光导纤维中的纤芯是折射率高的材料，涂层是折射率低的材料，所以全反射发生在纤芯的内部，如图 1-83 所示。这个效应取决于从内部照射到界面的光波角度，如果该角度过

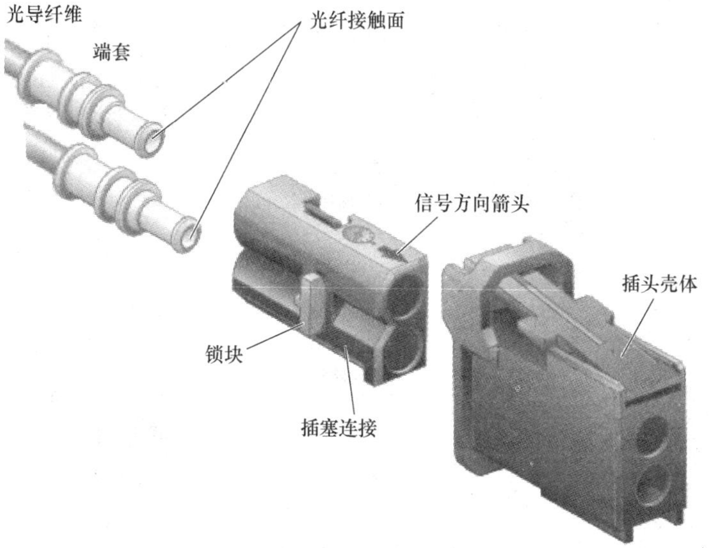

图 1-83　光导纤维和插接头

陡，那么光波就会离开纤芯，从而造成较大损失，如图1－84所示。当光导纤维弯曲或弯折过度时（半径小于25mm），就会出现这种情况。

为了能将光导纤维连接到控制单元上，常使用一种专用插头，如图1－83所示。插塞连接上有一个信号方向箭头，它表示输入方向（通向接收器）；插头壳体就在与控制单元的连接处。光通过纤芯的端面传送至控制单元的发射器/接收器。在生产光导纤维时，为了将光导纤维固定在插头壳体内，使用了激光焊接的塑料端套或黄铜端套。

为了能使传输过程中的损失尽量小，光导纤维的端面应光滑、垂直、洁净，因此应使用专用的环形切削工具。切削面上的污垢和刮痕会加大传送损失（衰减）。

[完成任务] 组织一次光纤实习，用光纤外皮环切工具和光导纤维切割工具切出如图1－85所示光纤断面平齐的光导纤维，并用专用工具按图1－83所示安上端套，再插入插塞和插头壳体。

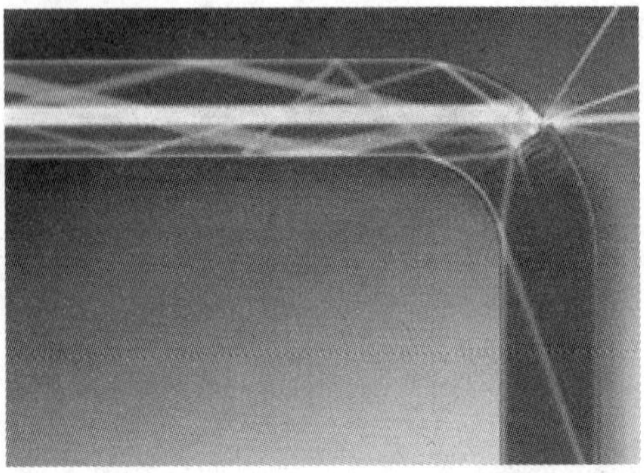

图1－84　弯曲处破损光纤光的传递出现反射和折射

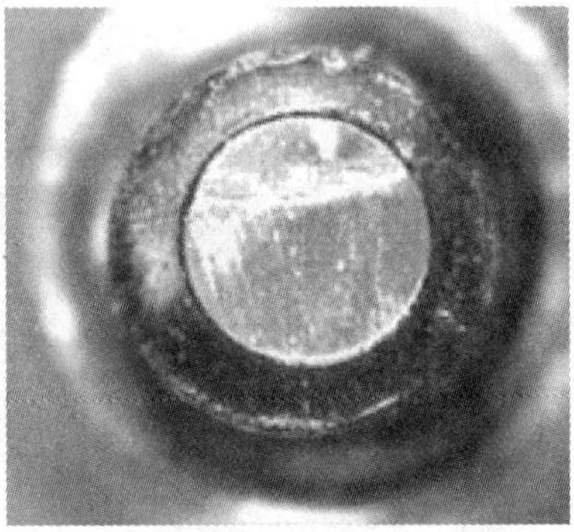

图1－85　光纤断面应平齐

四、MOST总线自诊断原理

MOST总线采用环形结构，一旦环路出现光传导故障、环路控制单元的光发送和接收故障以及控制单元故障时，其有自诊断功能。

图1－86所示为由网关、仪表、收音机和功放组成的MOST总线，若在功放和收音机之

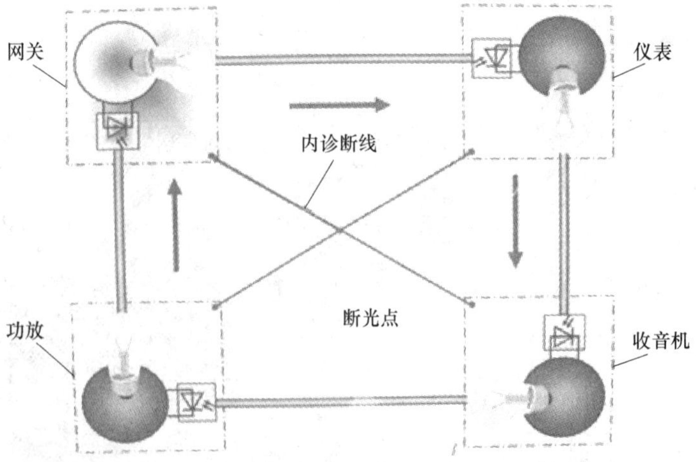

图1－86　MOST总线自诊断原理

间出现光传导故障，首先网关要工作正常且各控制单元的电源电压应正常。网关诊断环形系统的过程如下：

（1）各控制单元通过内诊断线握手（内诊断线是原车就有的，电路图可查到）。

（2）网关自检，此时内诊断线上为 12V 网关电子诊断，电子诊断正常后，诊断线降为 0V 进行光学诊断，向仪表发送光信号，然后网关向仪表发送信号。

（3）仪表感知到诊断线降为 0V 后，将内诊断线升为 12V 进行电子诊断，诊断后若正常，则进行光学自检，能检测接收光且能将诊断线降为 0V，网关判别仪表接收没有问题，并向收音机发送光线。

（4）仪表感知到诊断线降为 0V 后，将内诊断线升为 12V 进行电子诊断，诊断后若正常，则进行光学自检，能检测接收光且能将诊断线降为 0V，网关判别收音机接收没有问题，并向功放发送光线。

（5）收音机感知到诊断线降为 0V 后，将内诊断线升为 12V 进行电子诊断，诊断若正常，则进行光学自检，不能检测接收光线且不能将诊断线降为 0V，网关据此判别收音机可能存在发送故障、收音机和功放间可能存在光传递故障、功放也可能存在接收故障。

[完成任务] 组织一次光纤实习，在电路中找到图 1－86 中所示的内部诊断线，并用示波器监测内部诊断的波形，在环路断开一根光纤，看一下有什么反应。

将反应写在下面：____。

五、光纤破损检测

光纤是否能正常传递光线，其最好的检测办法是将拆下的光纤一端用光纤检测仪输入一个较弱的光线，若光纤有损坏，则在另一侧接收端接收仪器接收不到光线；若弱光线能被接收到，则车上控制单元发出的正常光线一定也能接收到。利用这个原理，就可以对破损的光纤进行检测了。

第二章

安全气囊及其扩展功能

第一节　安全气囊（SRS/Air Bag）

一、安全气囊简介

安全气囊设置在车内前方（正、副驾驶位）、侧方（车内前排和后排）和车顶三个方向，如图 2-1 所示。装有安全气囊系统的容器外部都印有 SRS 字样，SRS 是 Supplemental Inflatable Restraint System 的英文缩写，直译成中文为“辅助可充气约束系统”或“辅助约束系统”，也有的汽车把安全气囊写为 Air Bag。其扩展功能是指爆炸式安全带的收缩功能。

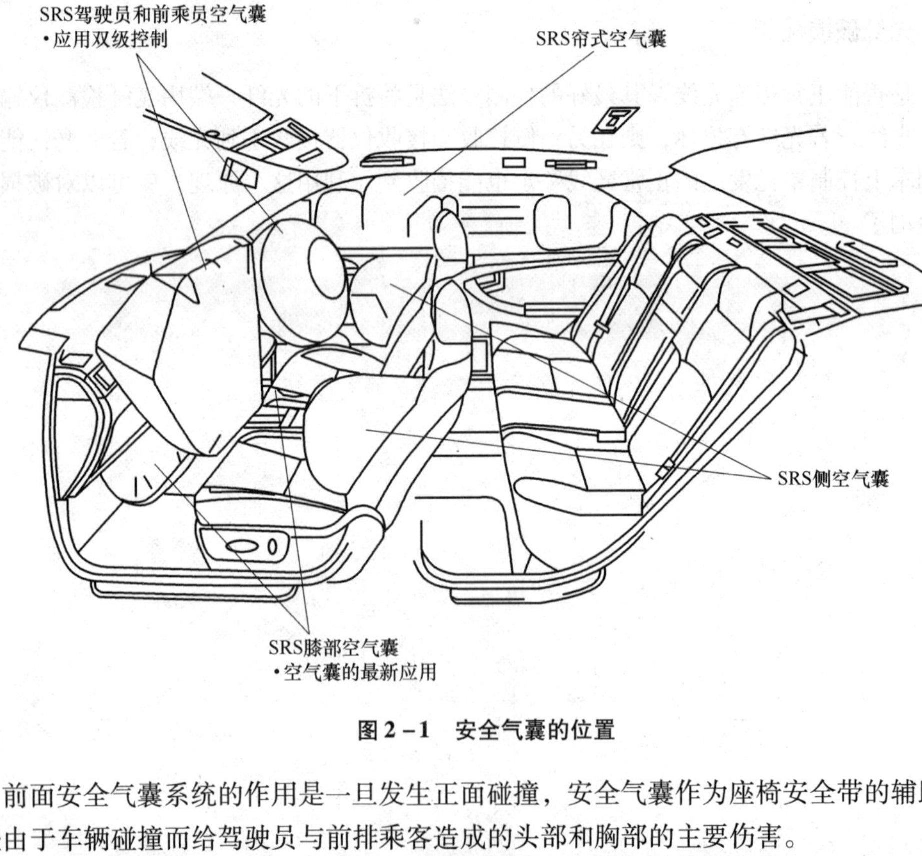

图 2-1　安全气囊的位置

前面安全气囊系统的作用是一旦发生正面碰撞，安全气囊作为座椅安全带的辅助设备会减轻由于车辆碰撞而给驾驶员与前排乘客造成的头部和胸部的主要伤害。

侧面安全气囊系统的作用是一旦发生侧面碰撞，侧面安全气囊会减轻由于车辆侧面碰撞而给驾驶员与前排乘客造成的头部和侧面身体的主要伤害。

车顶两侧安全气囊（也称气帘）的作用是一旦发生侧面碰撞或翻滚，安全气囊会减轻由于侧面碰撞或翻滚而给驾驶员与前排乘客造成的头部伤害。

当前，安全气囊出现了两种发展趋势，美国和日本的汽车公司正在努力增大气囊尺寸来保护乘员；而欧洲一些汽车制造公司，如奔驰、宝马和沃尔沃等则认为，安全气囊本身不是保护乘员的灵丹妙药，它必须在一个统一的汽车被动安全系统中才能有效地发挥作用，在这个系统中，一定要具备紧缩式安全带、结构可靠的座椅、儿童专用座椅和一系列其他部件，这些功能也称安全气囊的扩展功能，而且最好在车身结构设计开始时就考虑到这个安全系统所有必需的组成部件。

安全气囊的智能化是指在事故发生的短暂时间内能够提供可靠的碰撞环境方面的信息。这些信息包括汽车碰撞方向和剧烈程度等级，乘员的身材、体重、乘坐位置和乘坐姿态，以及乘员是否系有安全带，等等。智能安全气囊系统根据探测到的信息，通过其电子控制系统的计算分析，决定哪个安全气囊、何时及以何种程度展开，从而对乘员提供最优化的保护。

［**完成任务**］SRS 是什么的缩写：________________________。

正面安全气囊有________、________；侧面安全气囊有________、________；后排一般没有侧安全气囊。

智能化的安全气囊是指：____

____

____。

二、安全气囊的结构组成和作用

安全气囊电子系统主要有以下任务：碰撞识别；正确时间释放安全气囊和安全带拉紧器；正确时间识别所提供的输入信息；永久监控整个电控系统；在撞车电源断电后，通过电容器独立地供电大约 150ms；通过故障警报灯来指示故障；存储故障和碰撞信息；将碰撞信息通过 CAN 驱动总线或单独的撞车信息输出（普通的电线）通知其他的系统部件。

为了在碰撞情况下获得汽车延时时间，除了控制单元的内部传感器以外，还需要用到外接的碰撞传感器。

安全气囊由碰撞传感器、安全气囊 ECU 和安全气囊总成三部分组成，其作用如下：

1. 碰撞传感器

碰撞传感器放置在车辆前部、发动机散热器框架上或大灯总成下部，左侧和右侧各一个，作用是当检测到相当于汽车以 16～24km/h 的速度撞击绝对不动墙产生的车身减速度时，碰撞传感器产生的信号传至安全气囊 ECU。侧面气囊传感器放在前排门内，气帘传感器放在后 C 柱下侧。

碰撞传感器本质是减速度传感器。碰撞传感器按其结构可分为机械式、机电式和电子式三种，还可分为开关型和线性型，其中电子式一般为压力传感器式或电容式。

机械式传感器原理：当方向盘衬垫中的重块减速度达到某一特定值时，传感重块便将其机械能直接传给引发器使气囊膨开，这个过程相当于拉手榴弹保险拉环或过年摔摔炮，2000 年前已被淘汰。机电式传感器主要有滚球式、偏心锤式、水银开关式等，现在已几乎被淘汰。使用水银开关式以外的安全传感器，在气囊已作用充气之后，中央气囊传感器总成绝不可重复使用。因为在气囊动作时，会有大电流流过传感器触点，使触点表面产生烧蚀而令电阻过大，造成气囊可靠性降低。

电子式减速度传感器可对汽车减速度进行连续测量，并将测量结果输送给 ECU，ECU 内有一套复杂的碰撞信号处理程序，能够确定气囊是否需要膨开，这种传感器在理论上可以反复使用。

电子式传感器可以是压敏电阻桥式，桥式电路上部为稳压电路，其结构如图 2－2 所示。汽车的减速度越大，惯性质量部分变形越大，则 V_s 输出的电压也越大。

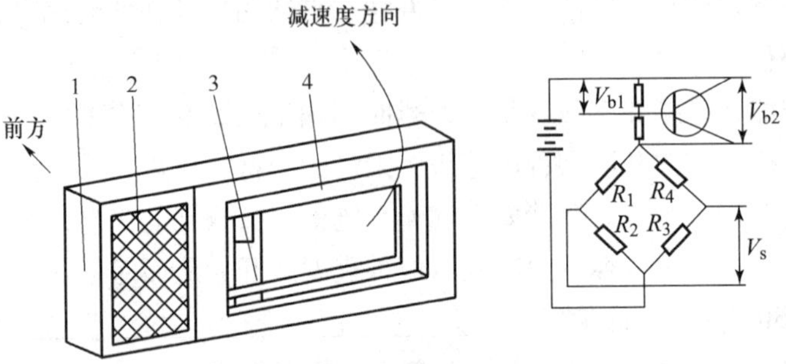

图 2－2　压敏电阻桥式碰撞传感器

1—传感器；2—动态应变仪；3—半导体应变片；4—悬架臂

电子式传感器也可以是微电容，微电容在减速度作用下，电容器的电容发生变化，可直接用来确定减速度，电容两端电压直接作为信号输入微控制器。电子式也可将电阻或电容用电桥电路连接，这时输出为开关信号。如图 2－3 所示，车辆无减速度时，电容电桥有 $C_{Ref}^2/C_{Sens}^1 = C_{Sens}^2/C_{Ref}^1$，电桥是平衡的；车辆有减速度时，$C_{Sens}^1$ 和 C_{Sens}^2 的电容变化正好相反，这样比较器就有了信号输出。电桥通过电容度量时钟开关来给电桥进行正向供电和反向供电。

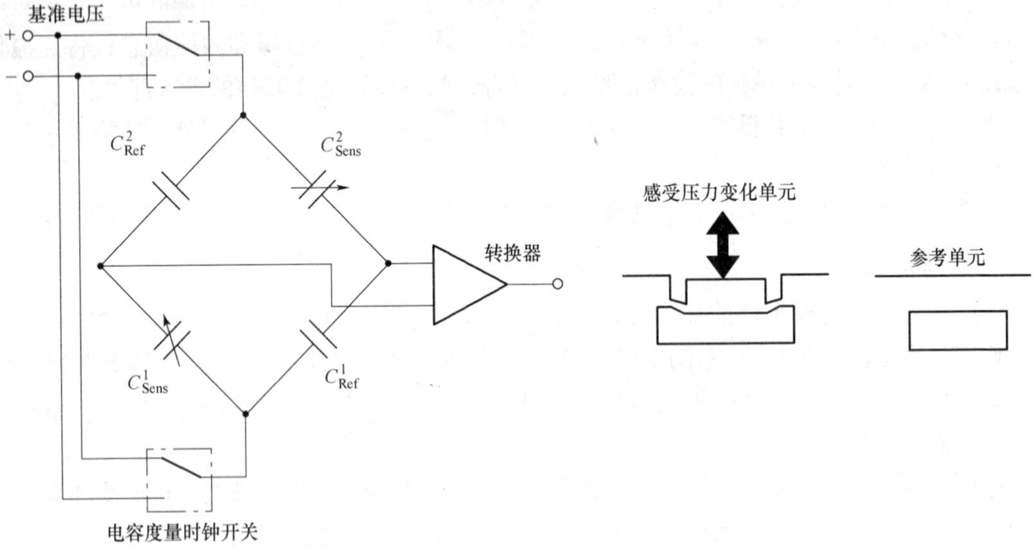

图 2－3　电容桥式碰撞传感器

［**完成任务**］出现减速时，若电容 C_{Sens}^1 的极板距离在增加，则电容 C_{Sens}^2 的极板距离一定

在________；C^2_{Ref}、C^1_{Ref}各自的极板距离为________；这种带电容式电桥电路的碰撞传感器输出本质上是开关信号还是线性信号：________。

德国大众汽车侧面碰撞（压力）传感器在前排安装于车门内，在后排安装于座椅外下侧。

对于日系汽车设计认为，在安全气囊 ECU 外部，车辆的前部采用碰撞传感器可提前获知碰撞发生的时刻，并作为发生碰撞的条件之一，这个条件要和安全气囊 ECU 内的安全传感器逻辑“与”后，再控制是否触发安全气囊。对于低档的大众汽车，当只有驾驶员正面有安全气囊时，在安全气囊 ECU 外部一般不设计碰撞传感器，只采用内部的安全传感器作为安全气囊的触发条件，而对于中、高档大众汽车以及奥迪汽车一般要采用外部碰撞传感器。

2. 安全气囊 ECU

安全气囊 ECU 内部内置防止汽车前部因施工操作导致气囊误爆的安全传感器，同时现代汽车的安全气囊 ECU 内部采用微传感器技术设计的纵向和横向减速度传感器。

[**技师指导**] 安全传感器和碰撞传感器采用“与门”设计的目的是避免可能出现的两种情况：一种情况是修理中安全气囊电脑可能在车上在线跌落，导致超过减速度限值造成气囊误爆；另一种情况是仅碰撞传感器信号超过限值，比如汽车前部钣金修复时的振动导致发生误爆。

安全气囊 ECU 采用几个大容量的电解电容器并联作为碰撞时引爆气囊的备用电源。

[**完成任务**] 如图 2－4 所示，横向减速度传感器的作用是：____________________；纵向减速度传感器的作用是：____________________；两个大容量的电解电容器的作用是：____________________；安全传感器的作用是：____________________。

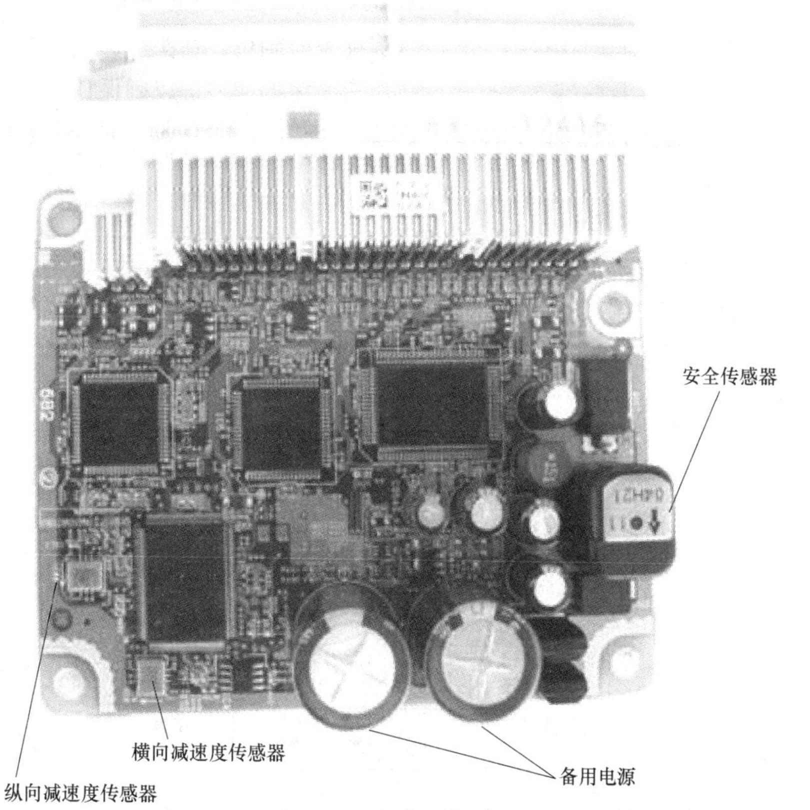

图 2－4　丰田汽车的安全气囊 ECU 内部图

3. 安全气囊总成

1）单级式安全气囊

如图 2－5 所示，单级式安全气囊总成由气囊和充气器组成。气囊由薄薄的带橡胶衬里的特种织物制成，折叠在方向盘衬垫内或副驾驶仪表台手套箱的位置，与安全气囊连接的充气器内部装有叠氮化钠（NaN_3）和硝酸钾（KNO_3）药片，药片内有电热丝，叠氮化钠（NaN_3）遇热生成氮气，这部分电路称为传爆管电路。

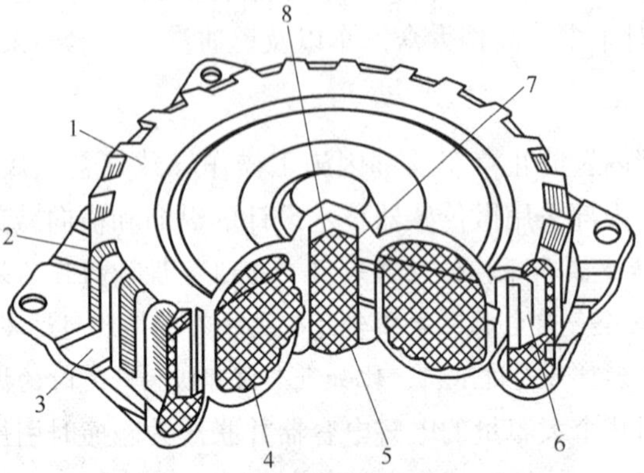

图 2－5　驾驶员侧正面气囊气体发生器

1—上盖；2—充气孔；3—下盖；4—充气剂；5—点火器药筒；6—金属滤网；7—电热丝；8—引爆炸药

在发生碰撞时，安全气囊充气大约需要 0.03s，快的充气速度可确保当乘客的身体被安全带束缚不动而头部仍然向前行进时，安全气囊能及时到位。在头部碰到安全气囊时，安全气囊通过气囊表面的气孔开始排气，气体的排出有一定的速率，以确保让人的身体部位缓慢地减速。由于安全气囊弹开充气的速度高达 320km/h，故碰撞时若人的乘坐姿势不正确，则将给人带来严重的伤害。

2）双级式安全气囊技术

如图 2－6 和图 2－7 所示，为了实现根据碰撞减速度的强度对安全气囊进行控制，减少前部碰撞，在驾驶员侧和副驾驶侧两个位置分别安装具有延时功能的双级安全气囊。这种气

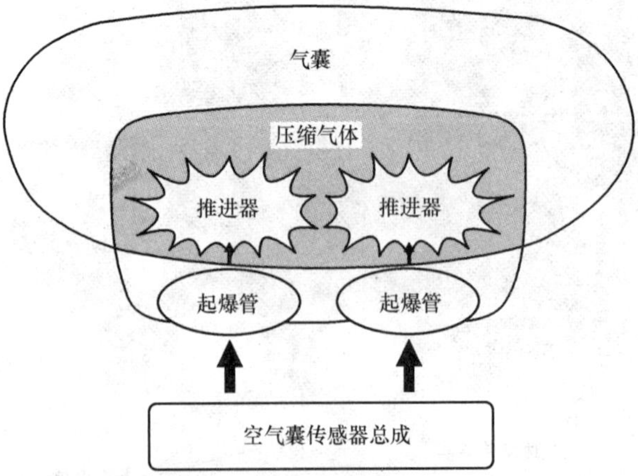

图 2－6　驾驶员侧双级 SRS 安全气囊系统示意图

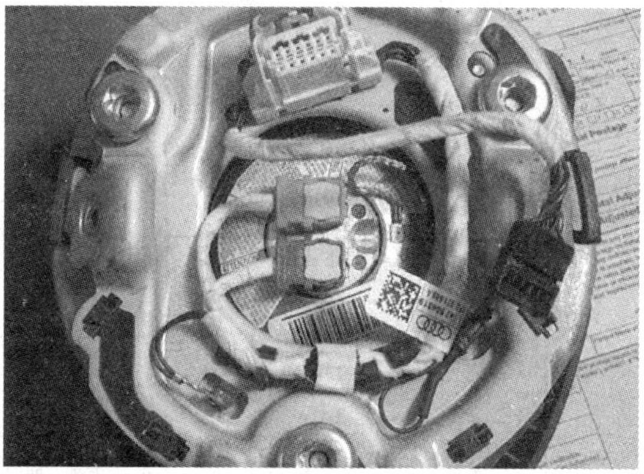

图 2－7　驾驶员侧双级式安全气囊气体发生器实物

囊的起爆根据碰撞的种类以及碰撞的强度不同，间隔时间不同，但在一次碰撞中两级起爆都要执行。两级起爆安全气囊在碰撞强度低时，第一级和第二级的起爆时间间隔稍长，以降低气囊对驾驶员的伤害；在碰撞强度高时，第一级和第二级的起爆时间间隔较短。前部安全气囊采用两级的气体发生器放射式展开，两级展开的时间有一定的间隔，间隔时间为 5～40ms。

3）带切断功能的单级式安全气囊控制技术

为了降低生产成本且在功能上实现和双级安全气囊性能相同的控制思想，在驾驶侧和副驾驶侧两个位置分别安装具有切断功能的单级安全气囊。碰撞强度达到时，气囊控制单元控制气囊起爆，稍后一段时间（很短），控制单元控制另一个用于切割的起爆器起爆，起爆后的气体推动滚刀割断气囊底部结构，形成新的放气孔，增加的放气孔使气囊放气速度增加，降低了气囊对驾驶员的伤害。

三、安全气囊的工作原理

以丰田 LEXUS 400 安全气囊电路原理图 2－8 为例，汽车发生碰撞减速度达到碰撞极限时，ECU 外部的左前和右前碰撞传感器开关闭合，同时内置的安全传感器（检测传感器）的开关闭合，通常车身碰撞时由于车身的吸能作用，安全传感器（检测传感器）的减速度限值会比前部的碰撞传感器小。两开关的闭合：电源→安全电路→安全传感器（检测传感器）→两气囊→前部两碰撞传感器→搭铁。安全气囊的电热丝通电后，迅速生热，引发迅速的化学反应，生成大量的氮气，此气体将为气囊充气。

诊断回路可通过 LA 端子与外界的诊断仪通信，在 DLC2 用于触发故障灯。

四、安全气囊的分类

1. 按安全气囊总成中的充气器个数

按安全气囊总成中的充气器个数分为单级和双级。

安全气囊总成中设计有一个充气器时，称为单级安全气囊，中、低档汽车采用个数较少的气囊，并且为单级型。安全气囊总成中设计有两个充气器时，称为双级安全气囊，双级 SRS（乘员保护辅助系统）安全气囊是中、高档轿车为驾驶员和副驾驶员配备的标准配置，

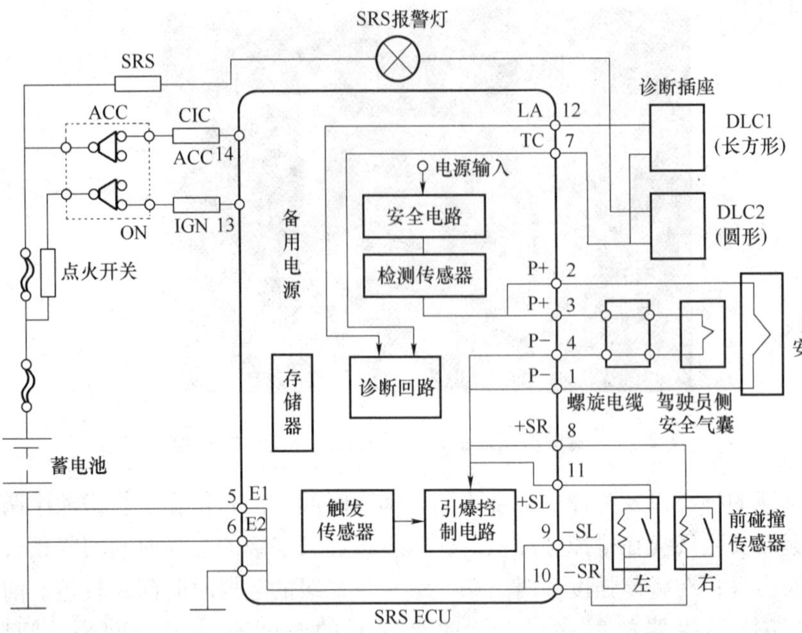

图 2-8　丰田 LEXUS 400 安全气囊电路原理

这个系统是三传感器型安全气囊系统，它使用安全气囊传感器总成和两个前安全气囊来检测正面碰撞时的冲击，并同时操作安全气囊系统和座椅安全带预张紧器。

2. 按安全气囊在汽车上的位置

按安全气囊在汽车上的位置分为前面和侧面两种。

前面安全气囊分为主驾驶和副驾驶的正面及膝部安全气囊两种，其中膝部安全气囊作为座椅安全带的辅助设备有助于减少驾驶员和前乘员在汽车发生碰撞时所受到的膝部损伤。

侧安全气囊包括侧气囊和帘式两种。侧安全气囊是中、高档轿车上驾驶员和前乘员必备的标准装置，有助于保护驾驶员和前乘员在侧面碰撞中胸部免受伤害。帘式安全气囊可减小在汽车发生碰撞时对前后排乘员的冲击，与侧安全气囊是同一组件。侧气囊位于座椅外侧。注意：使用坐垫套会导致侧气囊无法正常展开，这是作为修理人员应当提醒驾驶员的事项。帘式安全气囊也称为侧气帘。

五、安全气囊工作条件

安全气囊按其被引爆的有效范围不同分为正向和侧向。正向引爆的安全气囊是在有效范围上下 30°或斜前方发生撞车，如图 2-9 所示，而且纵向加速度（负值）达到某一值时，气囊才被引爆，而横向加速度（包括从侧面发生的撞车和统纵轴的侧翻）不能引爆。侧向气囊可用于防侧向冲撞。

[完成任务] 一辆红旗奔腾 B70 以约 120km/h 的速度行驶，连续正面撞倒路旁十几个路栅栏，最后汽车撞在沟中的一棵大树上停下来，整个过程 3~4s，汽车损坏很严重，气囊并没有爆，车主向服务站讨说法，如果你是服务站人员，应如何向车主解释：____________。

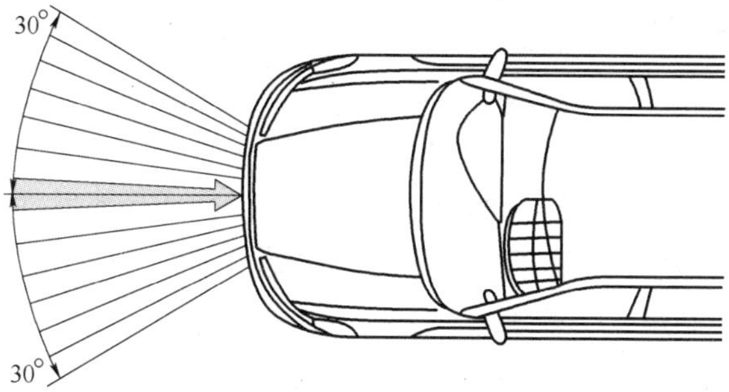

图 2－9　安全气囊工作条件

第二节　安全带控制技术

一、理想的安全带作用过程

理想的安全带作用过程是：首先，及时收紧，在事故发生的第一时刻毫不犹豫地把人“按”在座椅上；然后适度放松，待冲击力峰值过去或人已能受到气囊的保护时，即适当放松安全带，避免因拉力过大而使人肋骨受伤。最先进的安全带都带有预收紧装置和拉力限制器，下面简要介绍预收紧装置的功能原理。

安全带预收紧装置：当事故发生时，人向前，座椅往后，此时如果安全带过松，则后果很可能是乘员从安全带下面滑出去；或者人已碰到了气囊，而此时安全带由于张紧余量过大而未能及时绷紧，即未能像希望的那样先期吃掉一部分冲力，而是将全部负担都交给了气囊。这两种情况都有可能导致乘员受伤。

但问题是，正确安装的安全带，其松动余地来自何方？一是由于乘员的衣服本身有一定的厚度；另外，在安全带装置中也多少隐藏了部分松动余地，这种余地无法消除，但若真遇到事故时，则应该尽量消除。为此出现了安全带预收紧装置，它负责提供瞬间绷紧安全带的功能。其作用过程是：首先由碰撞传感器负责收集撞车信息给安全气囊电脑，安全气囊电脑释放出电脉冲，该脉冲传递到安全带的气体发生器上，引爆气体。爆炸产生的气体在管道内迅速膨胀，压向所谓的球链（管道末端是一截空腔，用于容留滚过来的球），使球在管内往前窜，带动棘爪盘转。棘爪盘跟轴连为一体，安全带就绕在轴上。简单地讲，就是气体压力使球动，球带动棘爪盘转，棘爪盘带动轴转，瞬间实现了安全带的预收紧功能。从感知事故到完成安全带预收紧的全过程仅持续千分之几秒。

丰田类轿车，如果驾驶员忘系安全带或未将安全带锁舌插入锁扣到位而起动发动机的话，安装在仪表板上的报警灯将会持续闪烁，起动车后还会发出蜂鸣声（持续一段时间后不响），以提醒驾驶员系好安全带。

［**完成任务**］叙述理想的安全带作用过程：____

____

____。

二、惯性锁紧式安全带

图2－10所示为安全带组成和卷带筒结构，它由织带、带扣锁舌、紧急锁止式卷收器和固定件构成。紧急锁止式卷收器既有收卷、储存部分或全部织带的功能，又有紧急锁止织带的功能。

汽车安全带的锁止装置一般采用棘轮、棘爪机构。棘轮与卷带筒连成一体，棘爪装在汽车安全带的支架上。当控制机构接收到速度变化率敏感装置感应出车辆的速度变化率超过规定值的信号时，立即控制棘轮、棘爪啮合，阻止卷带筒旋转锁止织带。

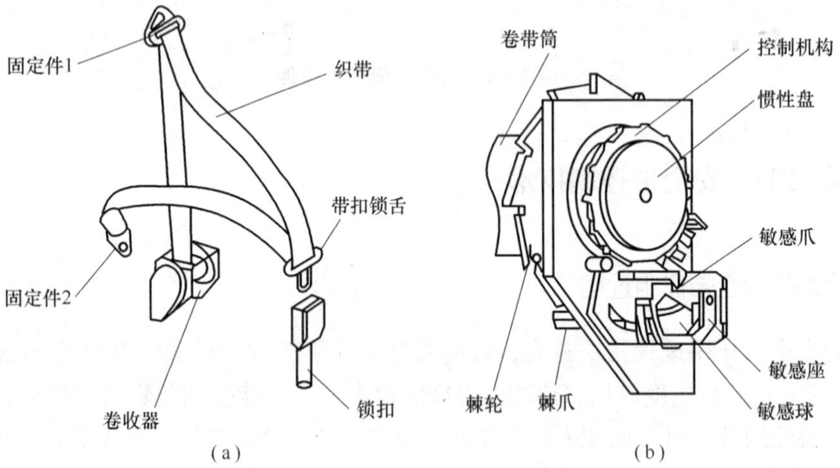

图2－10　安全带组成和卷带筒结构

(a) 安全带；(b) 卷筒

惯性锁紧式安全带保护乘员的作用是明显的，但工作时安全带会伸出一小段距离，导致乘员身体向前倾的距离过大，损伤乘员面部。为此设计爆炸装置，在乘员向前倾时，安全带主动回缩，将乘员固定在座椅上，防止身体过度前倾。

[完成任务] 叙述紧急锁止式汽车安全带工作过程：________________________________

____

____。

三、惯性锁紧式＋爆炸回缩式安全带

安全带拉紧器单元在时间上早于前部安全气囊被触发，在侧面碰撞并伴随侧面安全气囊释放时，相应的安全带拉紧器也会被触发。为了确保安全带对于乘客的负荷不至于过大，所有安全带自动回卷装置都装配有一个安全带拉力限制装置。

如图2－11所示，在安全带轴端部用金属带缠有一小容积空腔，其在气体发生器爆炸时膨胀从而促使金属带变形，容积增大的金属带带动安全带转轴反方向转动，将安全带收紧。

[完成任务] 爆炸回缩式安全带要用几个传爆管：________。

[完成任务] 根据图2－12和图2－13所示叙述齿轮齿条回缩式汽车安全带工作过程：

____

____。

在齿轮齿条之间采用钢球后，原理与齿轮齿条式是否相同：________________。

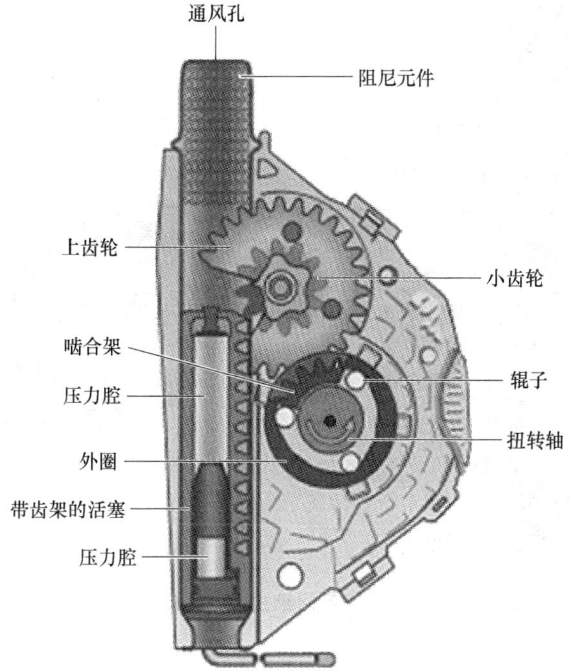

图 2－11　齿轮齿条回缩式安全带收缩器结构

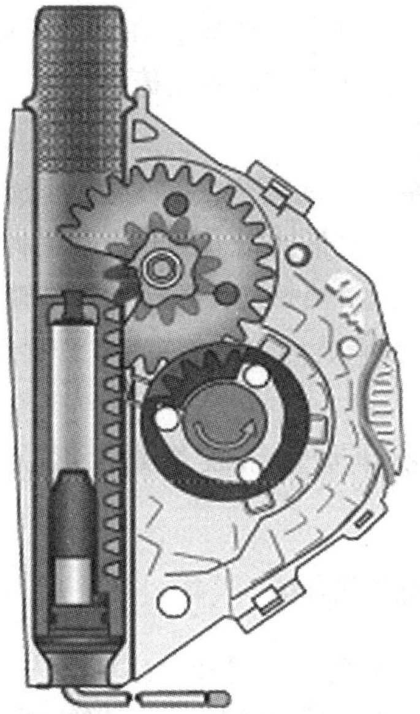

图 2－12　齿轮齿条回缩式未爆炸时元件的位置

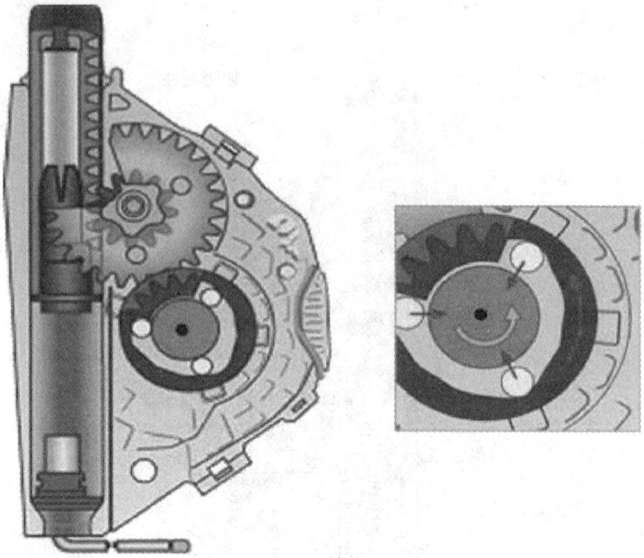

图 2-13　齿轮齿条回缩式爆炸后工作终了位置

四、惯性锁紧式 + 爆炸回缩 + 爆炸释放式安全带

爆炸回缩式安全带的回缩在保护乘员的同时也会造成一定的伤害，比如在未解开安全带锁扣前影响乘员呼吸和造成锁骨伤害等。为此，在安全带爆炸装置中通常使用两个爆炸装置，一个用于安全带主动回缩，将乘员固定在座椅上；另一个再工作，将安全带释放一点，防止乘员被固定过紧。

安全带释放功能与检测碰撞强度的减速度传感器和座椅位置传感器有关。

在安全带轴旁边增加一个与安全带轴相平行的扭力控制轴，扭力控制轴的一个端部可在爆炸装置作用下推动滑块移动，而滑块移动促使扭力控制轴的另一端动。

[**完成任务**] 爆炸回缩 + 爆炸释放式安全带要用几个传爆管：________。

第三节　新型皇冠轿车安全气囊及其扩展功能

一、新型皇冠轿车安全气囊系统介绍

为了应用双级 SRS 安全气囊系统，在驾驶员座椅上安装了座椅位置传感器；前乘员安全气囊盖充气时是沿着仪表板上的裂开线展开的；安全气囊传感器总成增加了一项功能，用于存储安全气囊展开时驾驶员座椅安全带的磨损状况；当侧面或正面的碰撞安全气囊打开时，新型的丰田皇冠车型用燃油切断控制来停止燃油泵；座椅安全带预紧器也最新应用于后座椅的两个外侧座椅的安全带上。其电控系统如图 2-14 所示，主组件位置如图 2-15 所示。

[**完成任务**] 请在图 2-15 中找到前碰撞传感器的位置：________；侧面碰撞传感器的位置：________；侧面气囊的位置：________；气帘传感器的位置：________；DLC3 的位

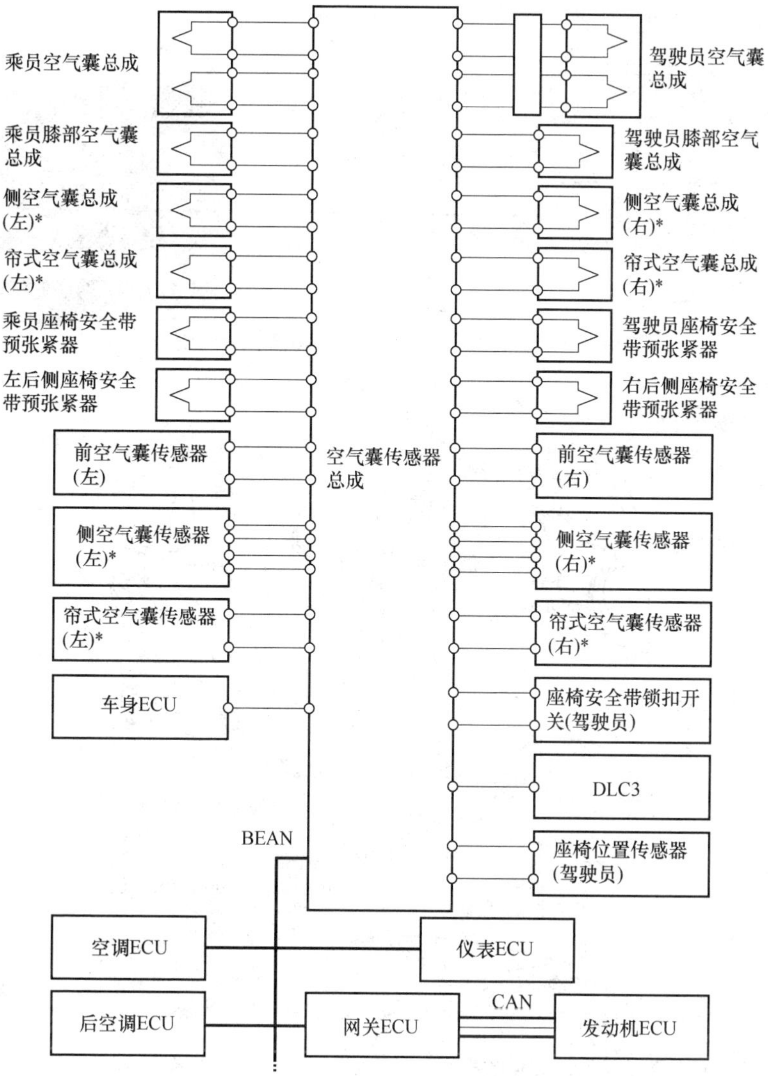

图 2－14　丰田皇冠安全气囊电控系统

置：________；安全气囊 ECU 的位置：________；座椅安全带带扣开关：________；后部是否有座椅安全带带扣开关：________。

安全气囊电脑与发动机电脑通信的作用是：________；安全气囊电脑与空调电脑通信的作用是：________；安全气囊电脑与仪表电脑通信的作用是：________。

二、正面碰撞时的安全气囊

1. 简述

如图 2－16 所示，除正面碰撞吸收装置以外，人们还设计出了驾驶员和前乘员的双级 SRS 安全气囊，用来减小碰撞时对驾驶员与前乘员头部和胸部的伤害，膝部安全气囊的作用是为驾驶员和前乘员的下部肢体向前移动提供支撑而进行保护。这些安全气囊同时展开，作为座椅安全带的辅助设备来使用。

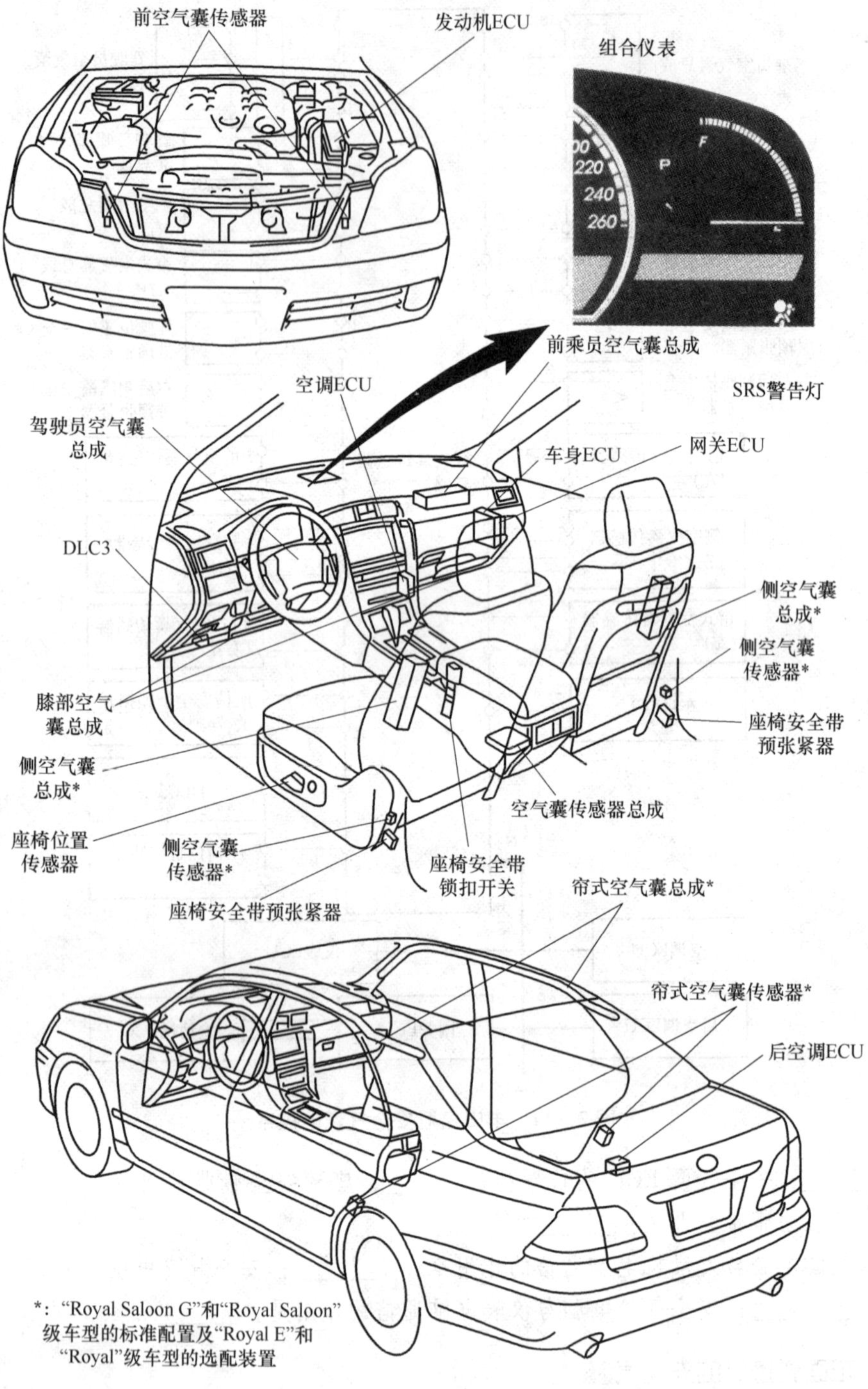

图 2－15　丰田皇冠主组件位置

2. 双级 SRS 安全气囊系统

为支持双级控制，这些安全气囊总成包含两套起爆管和推进器。安全气囊传感器总成通过延缓起爆管的爆开时间来优化起爆管的爆开输出。在这一系统中，当前安全气囊传感器和安全气囊传感器总成检测到正面碰撞时，安全气囊传感器总成会判断冲击的程度、座椅的位

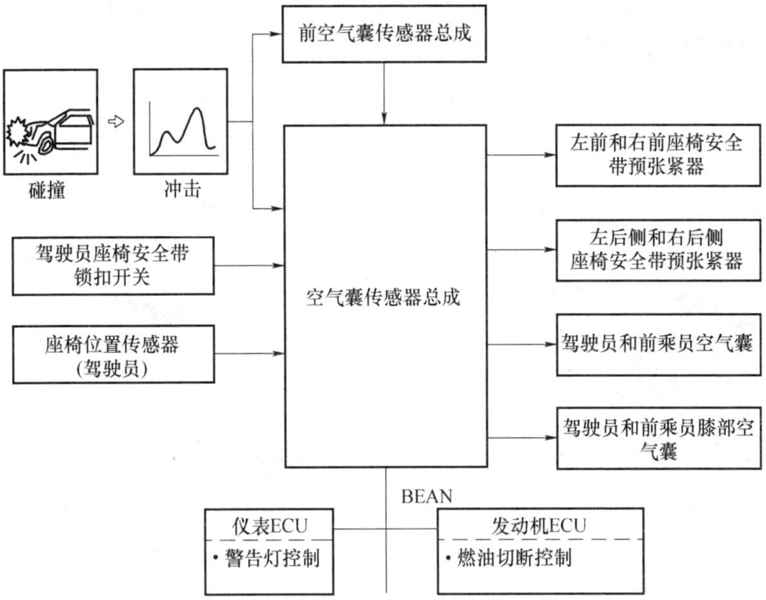

图 2-16　前安全气囊工作原理

置以及座椅安全带是否牢靠，然后通过延缓第 2 起爆管和第 1 起爆管的爆开时间来优化起爆管的爆开输出。

3. 前安全气囊传感器

减速传感器位于前安全气囊传感器内。根据在发生正面碰撞时车辆的减速情况，传感器会发生变形，这种变形会转化为电信号，这样即可详细检测到最初的冲撞程度。

4. 座椅位置传感器

如图 2-17 所示，座椅位置传感器附于驾驶员座椅的滑轨上，用以检测座椅位置的滑动。座椅位置传感器以一个霍尔 IC 为其传感器，而与霍尔 IC 相对的另一端则是磁铁部分。

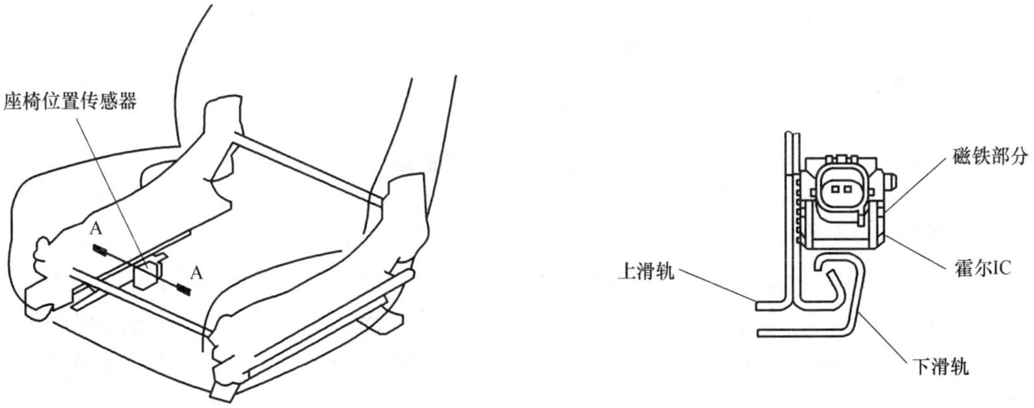

图 2-17　座椅位置传感器

如图 2－18 所示，通过座椅位置传感器来检测、判断座椅位置，传感器后移则座椅位置后移，传感器前移则座椅位置前移。

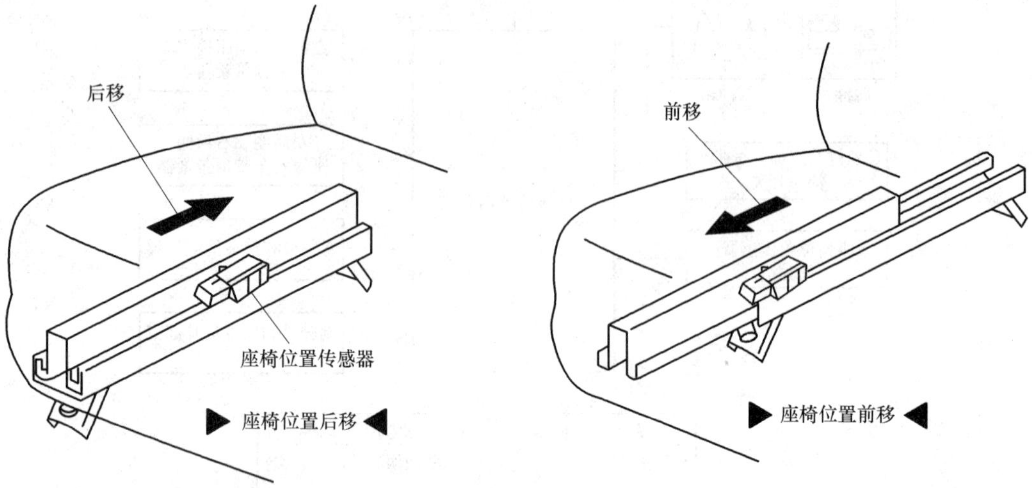

图 2－18　座椅位置移动

维修提示：当安装座椅位置传感器时，首先在座椅位置传感器和下滑轨部分之间插入一个 1mm 厚薄规，然后按图 2－19 所示按住座椅位置传感器，再拧紧安装螺栓到规定扭矩。

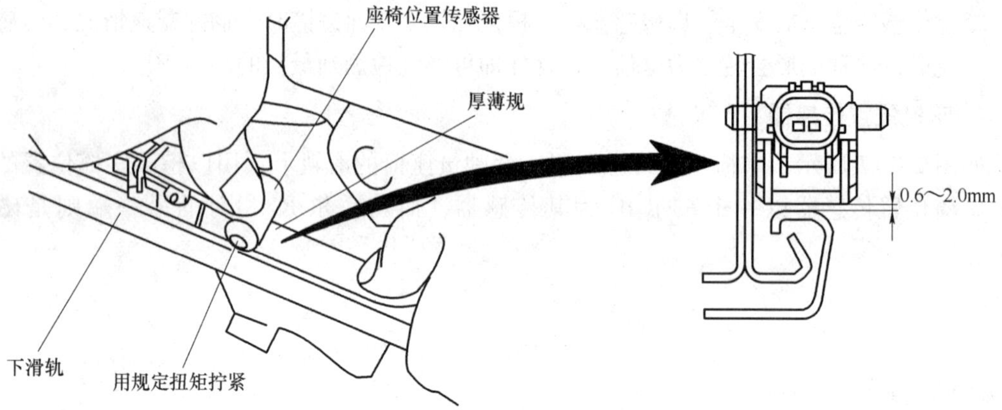

图 2－19　安装座椅位置传感器的操作

5. 膝部安全气囊

如图 2－20 所示，膝部安全气囊安装在驾驶员座椅和前乘员座椅前面的仪表板下面，由支架、安全气囊罩、气体发生器和气囊组成。一旦发生正面碰撞，膝部安全气囊就会接收到安全气囊传感器总成发出的信号而展开，并通过支撑向前移动的下部肢体来保护驾驶员和前乘员。

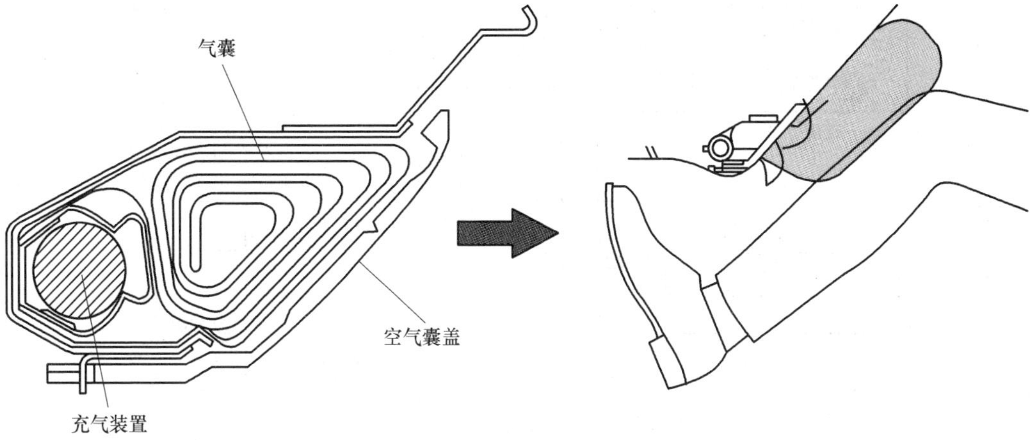

图 2 – 20　膝部安全气囊

6. 座椅安全带锁扣开关（为驾驶员提供）

在这个新车型上，驾驶员座椅安全带锁扣用的是一个采用了霍尔 IC 的非接触式座椅安全带锁扣开关，如图 2 – 21 所示。座椅安全带锁扣开关由霍尔 IC 和两块磁铁组成，安装在前座椅内侧安全带总成内。当系紧安全带或松开安全带时，前座椅内侧安全带总成内的拔出器和安装在拔出器中的插片就会移动，插片的移动会切断座椅安全带锁扣开关的磁通量密度。霍尔 IC 检测到当座椅安全带系紧和松开时的磁通量密度变化，就会向安全气囊传感器总成输出信号。

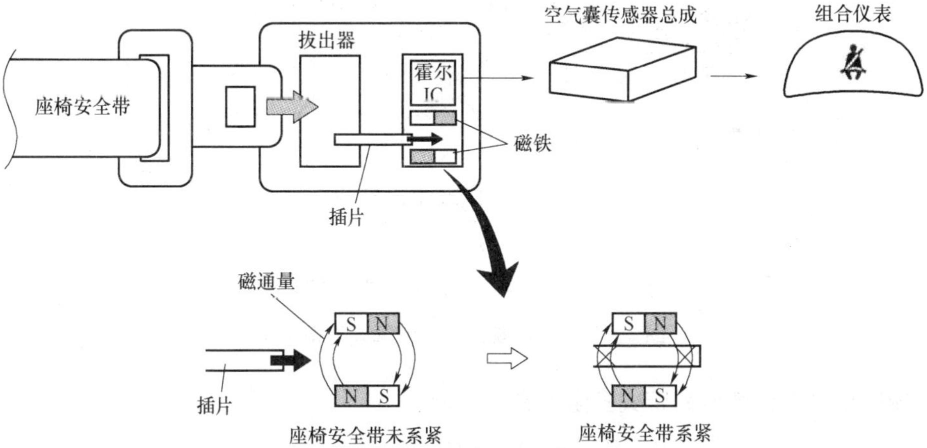

图 2 – 21　座椅安全带锁扣开关

三、侧面、后面碰撞时的安全气囊

1. 简述

如图 2 – 22 所示，侧面碰撞用安全气囊包括两个：侧安全气囊和帘式安全气囊。当发生侧面碰撞时这些安全气囊会同时展开。后面碰撞用安全气囊只有帘式安全气囊。

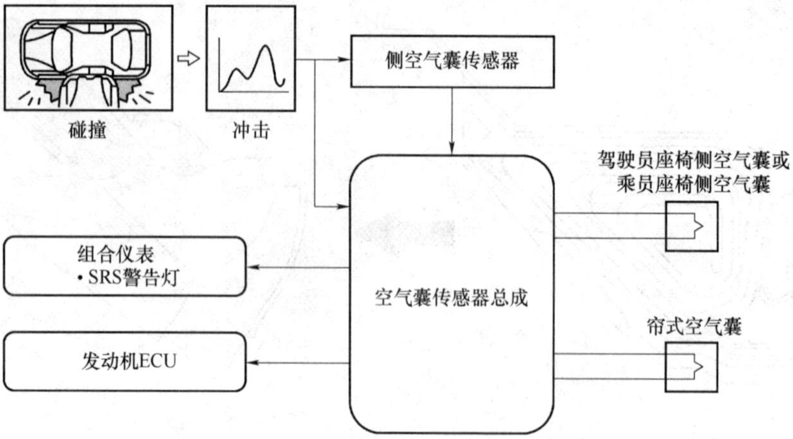

图 2－22　侧面碰撞用安全气囊工作原理

对侧面碰撞用安全气囊而言，如果侧安全气囊传感器检测到冲击，就会将冲击通知给安全气囊传感器总成，安全气囊传感器总成就会使侧安全气囊和帘式安全气囊同时展开。

如图 2－23 所示，对后面碰撞用安全气囊而言，如果帘式安全气囊传感器检测到冲击，则会将冲击通知给安全气囊传感器总成，安全气囊传感器总成就会使帘式安全气囊展开。

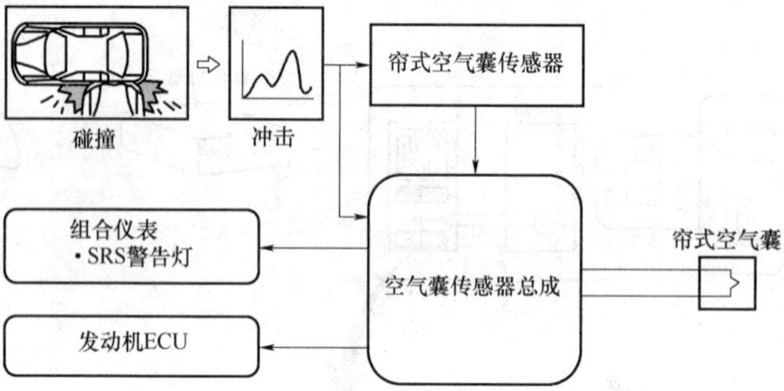

图 2－23　后面碰撞用安全气囊工作原理

2. 侧安全气囊传感器和帘式安全气囊传感器

减速传感器位于侧安全气囊传感器和帘式安全气囊传感器的每一侧。根据在发生侧面碰撞和后面碰撞时车辆的减速情况，传感器会发生变形，并且会把变形转变成电信号。

3. 帘式安全气囊

图 2－24 所示为帘式安全气囊气体发生器位置，当侧安全气囊传感器或帘式安全气囊传感器中的一个或两个检测到碰撞时，帘式安全气囊会展开。但是当帘式传感器检测到信号时，侧安全气囊不会展开。

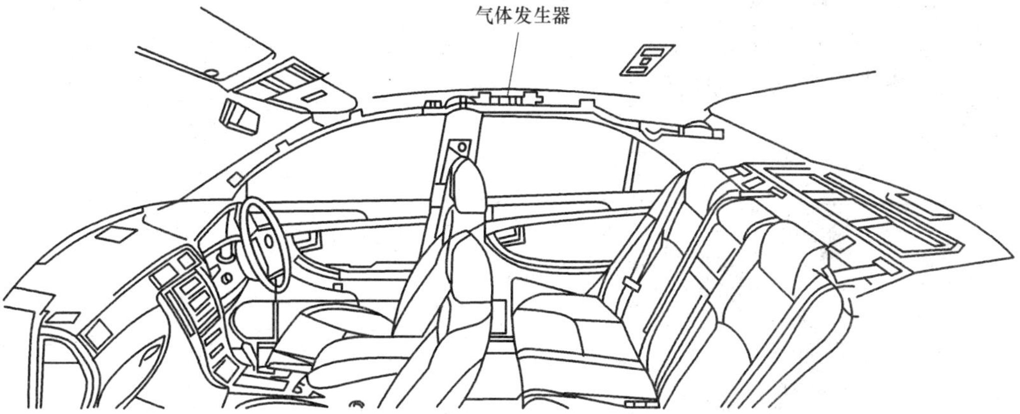

图 2-24　帘式安全气囊气体发生器位置

四、诊断功能

如果安全气囊传感器总成在 SRS 安全气囊系统中检测到故障时，安全气囊传感器总成就会在存储器中储存故障数据，并且使 SRS 警告灯亮起来。修理人员将智能测试仪 Ⅱ 连接到 DLC3 端子，读出存储诊断故障代码 DTC（这里不再建议手工读码）和清码操作。

碰撞后 SRS 安全气囊展开，不同于一般的诊断功能，SRS 电脑将不存储 DTC，但会点亮 SRS 安全气囊的警告灯。只有通过更换一个新的安全气囊传感器总成，安全气囊的警告灯才会熄灭。

第四节　大众速腾安全气囊及其扩展技术

一、大众速腾轿车安全气囊系统组成

[完成任务] 根据图 2-25 写出大众速腾轿车外部输入传感器的信号：____；写出内部输入传感器的信号：________________________。

[完成任务] 画出安全带指示灯和安全气囊故障灯的符号图。

安全带指示灯：________；安全气囊故障灯：________。

[完成任务] 根据图 2-26 写出大众速腾轿车外部输出执行器的名称。

N95～N96：________；N131～N132：________；N199～N202：________；

K145：________；N251、N252：________；N153、N154：________；

N196、N197：________。

安全带卷缩器采用什么形式：________。

J527 在这里的作用是：________。

[**完成任务**] 将大众速腾轿车元件的大众代码写到图 2－27 所示的相应位置。

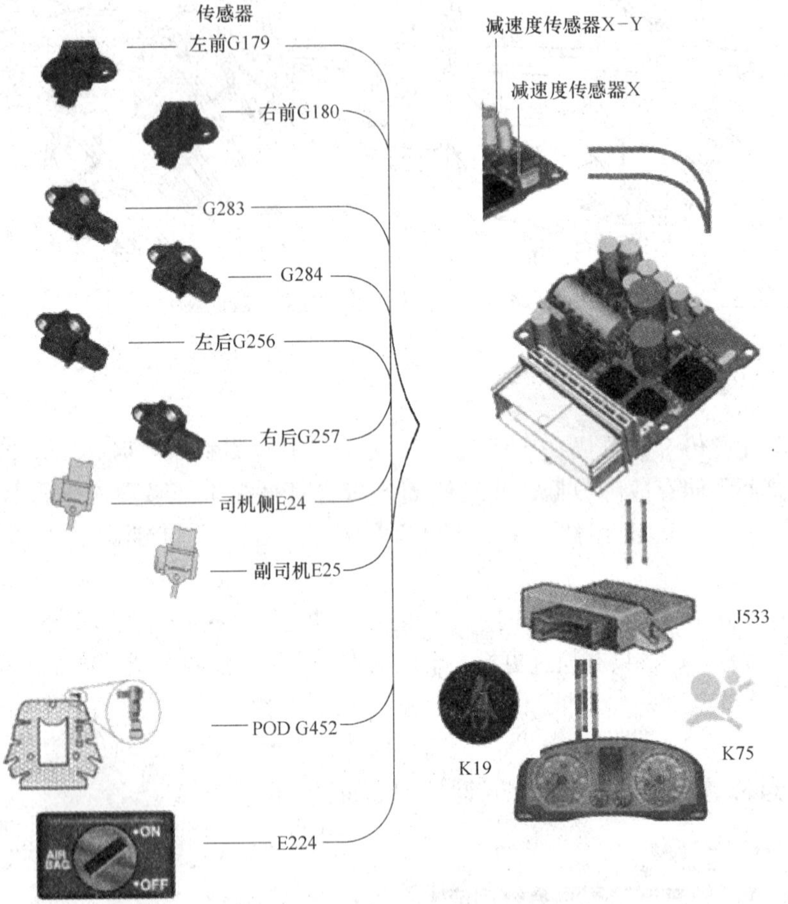

图 2－25　大众速腾安全气囊及其扩展功能的输入信号

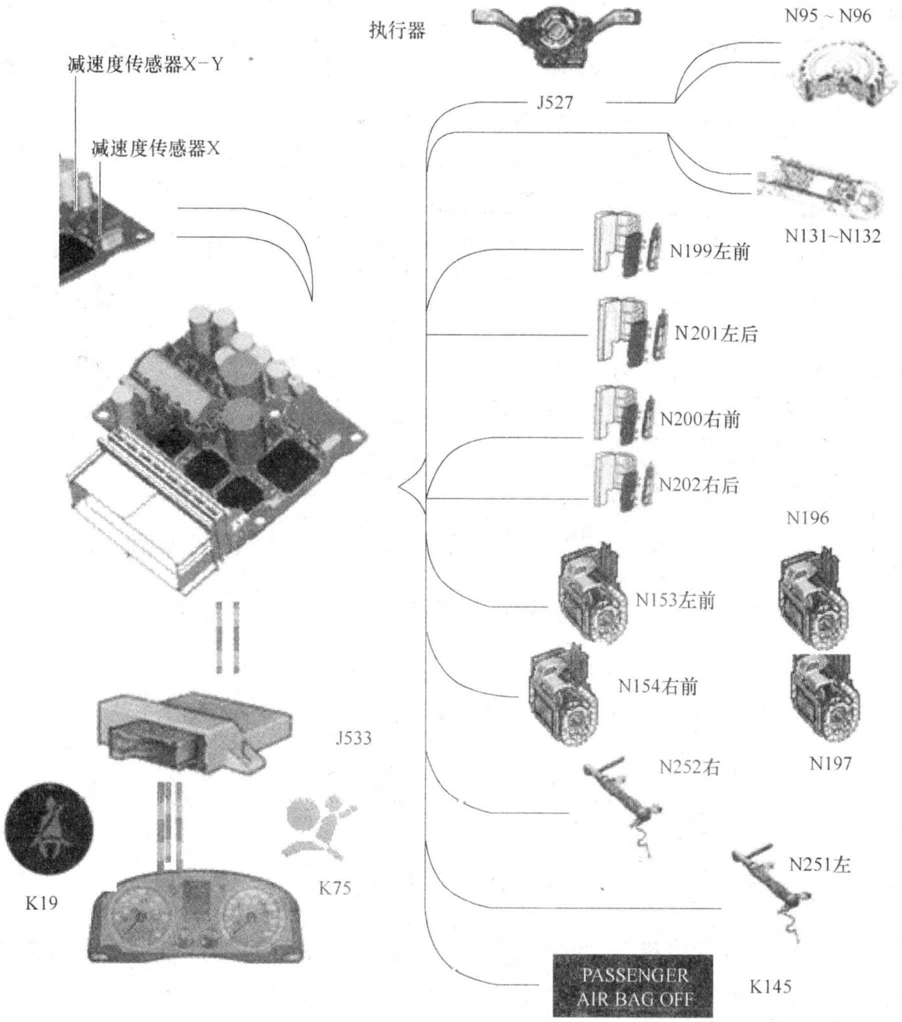

图 2-26　大众速腾安全气囊及其扩展功能的输出信号

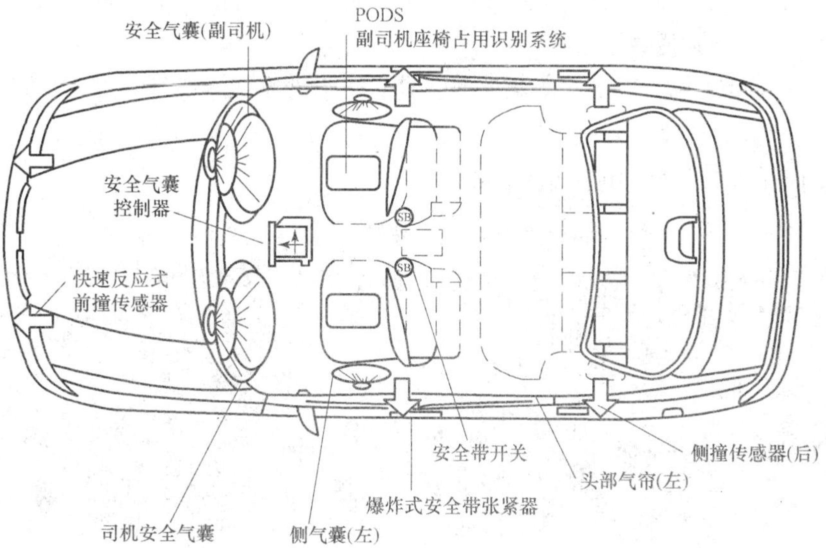

图 2-27　大众汽车安全气囊及其扩展（对称图形为对称元件）

1. 座椅占用识别

座椅占用识别（Passenger Occupation Detection System，PODS）用于检查司机或副司机的安全带是否系上，识别占位是针对所有占位但没系安全带的情形。

图 2－28 所示为副司机座椅占用识别系统 PODS，它说明碰撞死亡与身体的重量有直接关系，同时不同年龄的儿童安全带张紧范围是不同的。

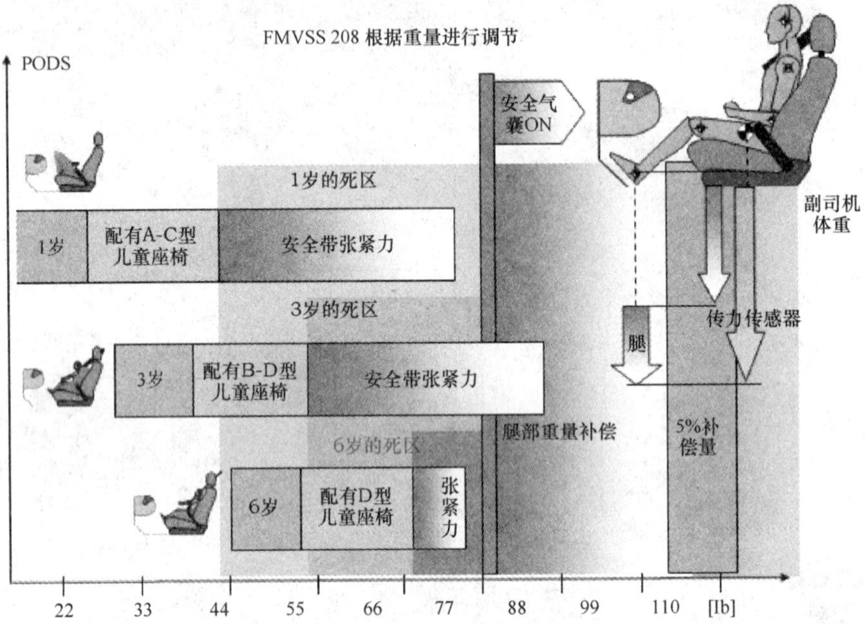

图 2－28　副司机座椅占用识别系统 PODS

前排乘员座椅被占传感器 G128 由几个单独的压力电阻组成，以感知座椅相关部位。该传感器根据压力改变电阻。若传感器承受的负荷大于 5 kg，则安全气囊控制单元确定“座椅被占”，前排乘员座椅未被占时，传感器电阻很高，一旦该座椅被占，电阻下降。若电阻超过 480Ω，则安全气囊控制单元判定为断路，并存储故障。安全气囊控制单元利用该传感器和安全带锁开关判断乘员是否系安全带。

[**完成任务**] 写出大众速腾轿车副司机座椅占用识别系统传感器类型为压力电阻型还是电容型：________；作用是什么：____。

2. 儿童座椅安装位置（ISO FIX）

如图 2－29 所示，不同年龄和体重的儿童座椅不同，按照 ISO FIX 标准，第二排两个靠

图 2－29　儿童座椅安装位置（ISO FIX）

外的座椅上预留了儿童座椅安装锁紧扣，使得儿童座椅可以快速安全地装卸，从而保证儿童乘坐时得到最佳保护。

3. 高度可调主动头枕

如图 2 - 30 所示，发生车尾碰撞时，车内乘员被压入座椅，乘员身体产生的压力作用在靠背上，触发前排座椅的主动头枕，头枕快速向前和向上移动，缩短成员头部和头枕之间的距离，从而降低乘员头部受伤的风险。

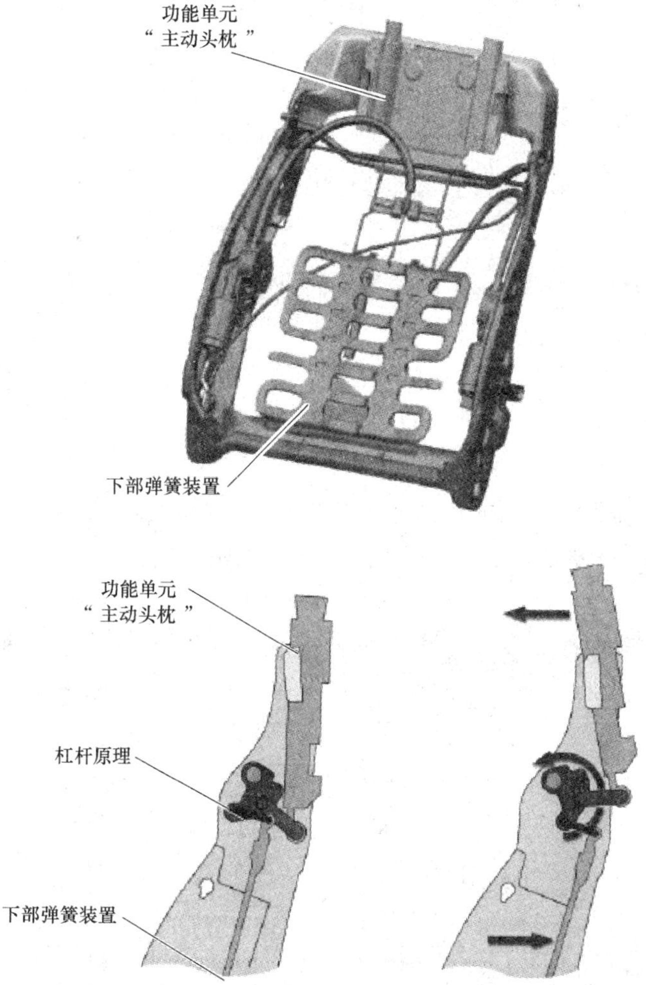

图 2 - 30　高度可调主动头枕（左后部未撞车、右后部撞车）

［**完成任务**］根据图 2 - 30 高度可调主动头枕，分析高度可调主动头枕的工作原理。

____

____。

4. 副司机安全气囊关闭开关

如图 2 - 31 所示，副司机安全气囊可以用钥匙通过手套箱中的开关关闭（要用钥匙插入转动到“OFF”）。关闭后，为了提醒司机，由 K145 指示灯点亮指示开关。在开关 E224 中，采用电阻分压式开关，图 2 - 31 中只有 R_1、R_2、R_3 串入回路，开关转动后，R_1、R_3、R_4 串入回路，安全气囊电脑 J234 根据回路中电流和采样电阻的分压变化来识别开关状态。

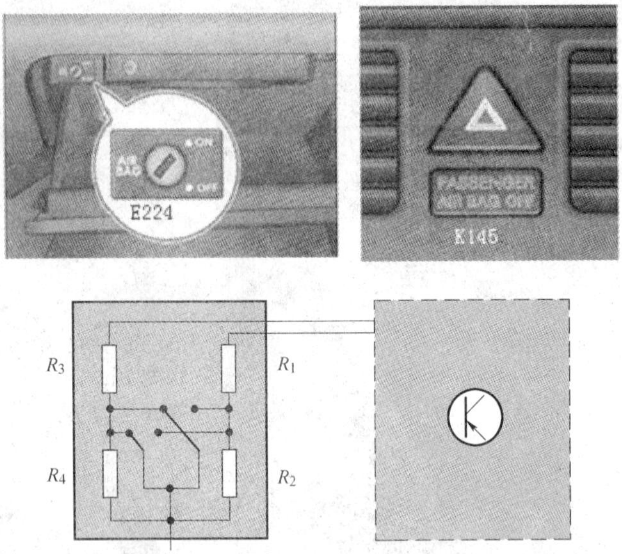

图 2-31　副司机安全气囊关闭开关

二、正面安全气囊拆装

［完成任务］根据图 2-32 驾驶员正面安全气囊拆装方法提示，进行一次驾驶员正面安全气囊拆装。注意：一定要断开蓄电池负极电缆，并等电脑内 ECU 放电后再进行。

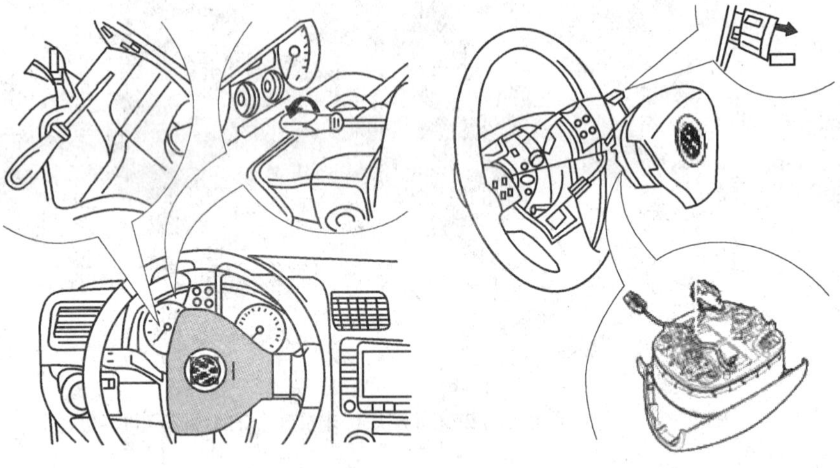

图 2-32　驾驶员正面安全气囊拆装方法

第五节　奥迪轿车安全系统

为了满足当前和今后对汽车乘客防护装置的要求，04 款奥迪 A3 中的安全系统被修改并进行了相应的调整。系统主要由人们所熟知的安全气囊控制单元、驾驶员和副驾驶员安全气囊、前侧面安全气囊、前安全带拉紧器、侧面保护装置（头部安全气囊）以及侧面碰撞识别传感器等零件组成。最新应用的包括前部安全气囊碰撞传感器、前部碰撞识别前上方传感器、蓄电池安装在行李箱内的汽车车型配备的碰撞时蓄电池断电装置。此外，还可为汽车配备一个用于关闭副驾驶员侧安全气囊的钥匙开关，并带有相应的指示灯。04 款奥迪 A3 中的安全系统通过前排座椅中的主动型头枕加以补充，并首次安装了不受更换周期限制的安全气囊模块。

奥迪 A3 轿车安全系统由以下部件组成，如图 2－33 所示。E224 副驾驶员侧安全气囊断电钥匙开关；G179 驾驶员侧（B 柱）侧面安全气囊碰撞传感器；G180 副驾驶员侧（B 柱）侧面安全气囊碰撞传感器；G256 驾驶员侧侧面安全气囊后部碰撞传感器；G257 副驾驶员侧侧面安全气囊后部碰撞传感器；G283 驾驶员侧前部安全气囊碰撞传感器；G284 副驾驶

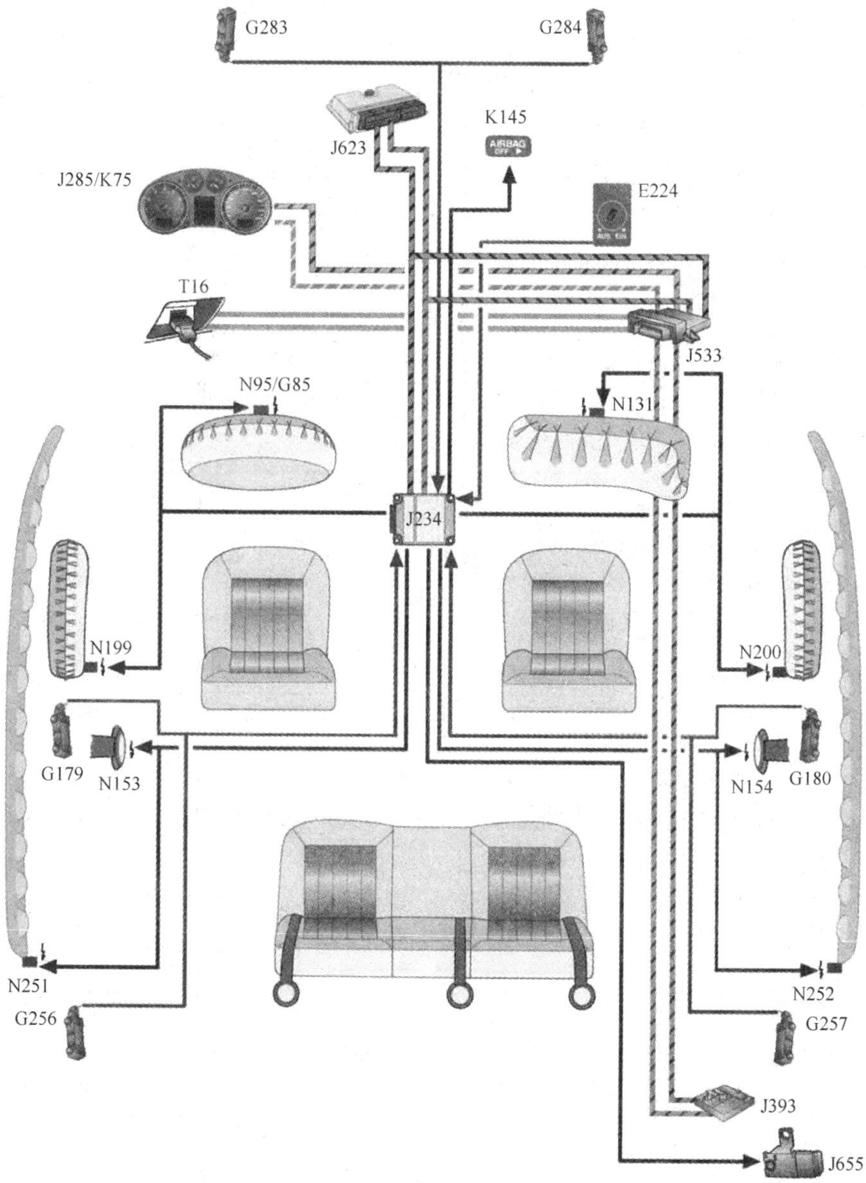

图 2－33　奥迪 A3 的安全系统（俯视图）

员侧前部安全气囊碰撞传感器；J234 安全气囊控制单元；J285 仪表板中的带有显示单元的控制单元；J393 舒适系统的中央控制单元；J533 数据总线诊断接口（网关）；J623 发动机控制单元；J655 蓄电池断电继电器；K75 安全气囊指示灯；K145 副驾驶员侧安全气囊关闭指示灯；N95 驾驶员侧安全气囊触发器；N131 副驾驶员侧安全气囊触发器；N153 驾驶员侧安全带拉紧器触发器；N154 副驾驶员侧安全带拉紧器触发器；N199 驾驶员侧侧面安全气囊触发器；N200 副驾驶员侧侧面安全气囊触发器；N251 驾驶员侧头部安全气囊触发器；N252 副驾驶员侧头部安全气囊触发器；T16 16 脚自诊断接口。

［**完成任务**］根据图 2－34 奥迪 A3 的安全系统（俯视图），在其中写出所有元件的大众代码和名称。

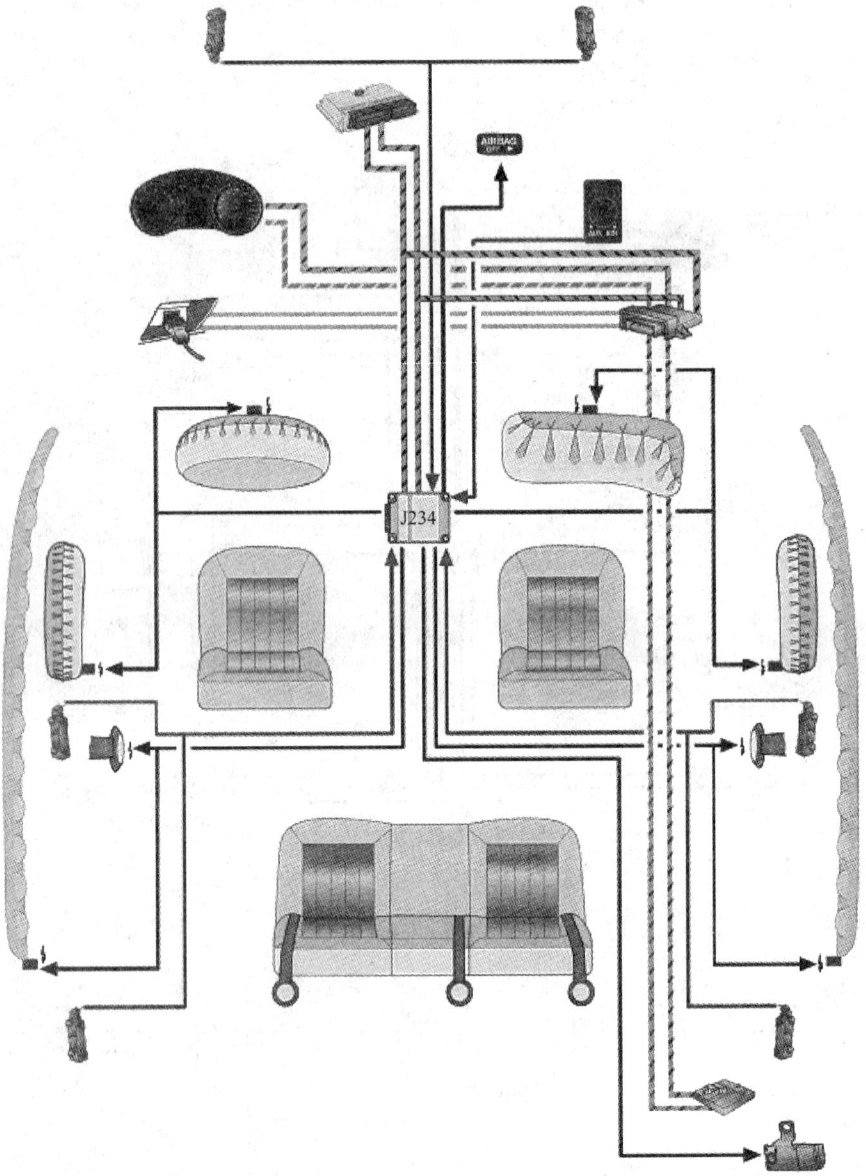

图 2－34　奥迪 A3 的安全系统（俯视图）

[**完成任务**] 根据图2－35提示，描述一下前部碰撞传感器的安装位置：＿＿＿＿＿＿。

图2－35 前部碰撞传感器安装在大灯的左、右侧（各一）

[**技师指导**] 大众汽车安全气囊控制单元编码只能编一次。

第六节 碰撞发生后的断油/断电安全措施

一、传统汽车碰撞发动机系统的断油控制

传统汽车在碰撞后，安全气囊控制单元会向发动机系统发送让燃油泵继电器断开的指令，称为碰撞断油控制。

二、汽车碰撞电源系统的低压电池断电控制

如图2－36所示，在奥迪轿车的后备厢内有电池断电继电器J655。其作用是，当发生撞车时，切断起动机与发电机和蓄电池的连接线。这样就避免了当汽车着火时有可能导致短路的问题。通过安全气囊控制单元释放后，在元件的视窗中可以看到一块白色的区域而并非铜线圈。安全气囊控制单元承担触发及诊断监控的作用，并将所发生的故障存储起来。蓄电池断电继电器只安装在蓄电池位于行李箱中的汽车上。

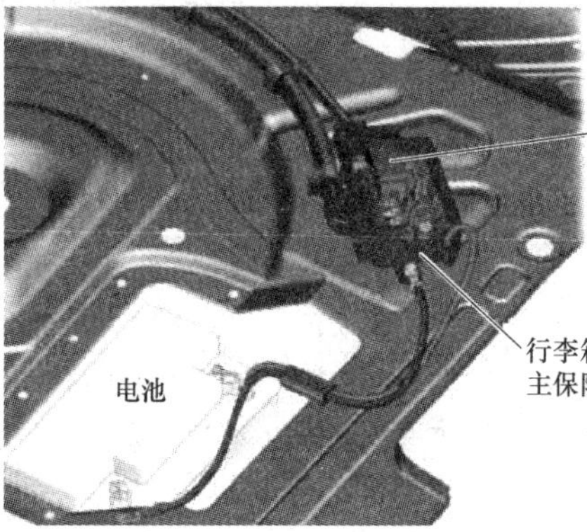

图2－36 奥迪A3汽车后备厢中的电池断电继电器J655

如图 2－37 所示，电池断电继电器 J655 工作原理如下：J655 本身是电子型继电器，①为点火开关供电；②为搭铁；Ⓐ为继电器常电引脚 30；Ⓑ为继电器的 87 引脚输出至起动机；③是安全气囊 J234 来的单向碰撞信号；④是安全气囊 J234 来的双向信号线，用于诊断。

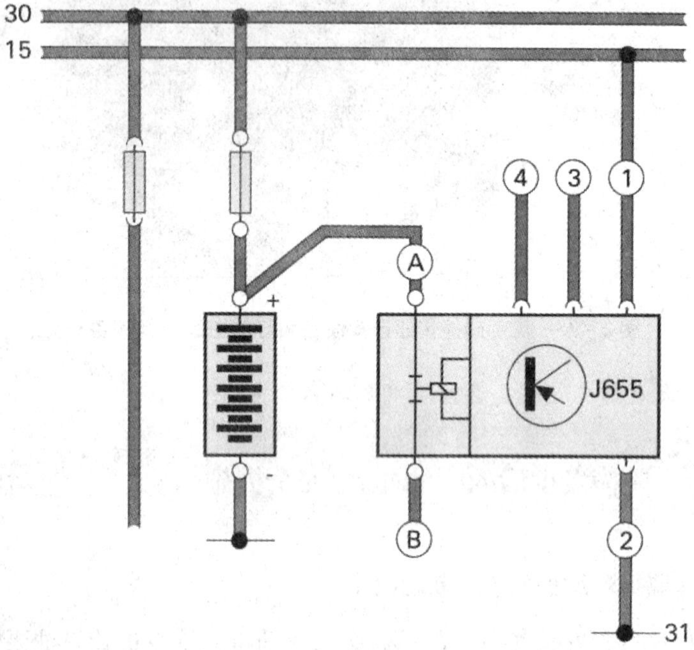

图 2－37　电池断电继电器 J655 电路

三、混合动力汽车碰撞后的断油和断高压电控制

如图 2－38 所示，混合动力汽车碰撞的控制方法是：发生碰撞时，如果 HV ECU 接收到安全气囊传感器总成发出的安全气囊张开信号或变频器中断路器发出的执行信号，HV ECU 将关闭 SMR（系统主继电器）从而切断总电源以确保安全。

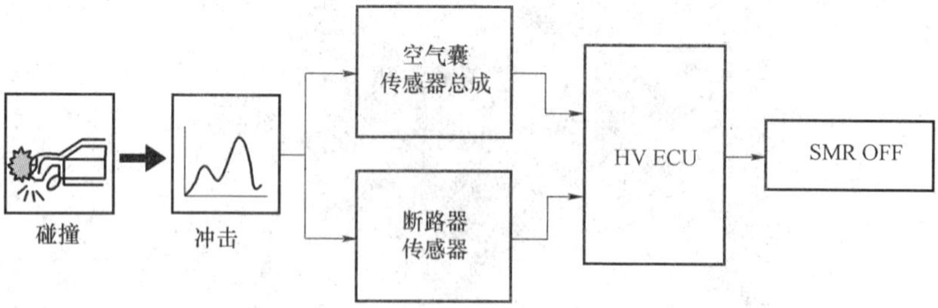

图 2－38　混合动力汽车碰撞控制

第三章

风窗刮水和洗涤装置

第一节　刮水/洗涤装置结构与基本工作原理

一、风窗刮水和洗涤的功能

为了保证驾驶员在雨天或雪天驾驶汽车时有良好的视线，确保其行驶安全，在汽车的挡风玻璃上装有刮水器。电动风窗刮水器的动力源是直流电动机，通过传动机构，使雨刮片在挡风玻璃外表面上往复摆动，以扫除挡风玻璃上的雨水、积雪或灰尘。

二、风窗刮水器工作原理

1. 刮水器的“刚性传动”方式

图 3－1 所示为电动刮水器的组成，为了说明工作原理，先回想一下发动机的曲柄连杆机构，它是一个最直接的把直线平动转变成转动的例子。反过来，转动曲轴让活塞动起来，转动也可以转变成直线平动。电动刮水器的工作原理中电动机相当于带动曲轴转动，连杆（相当于活塞）发生直线平动，连杆的平动推动摇臂以小角度转动，进而带动雨刮片在风窗上刮动。

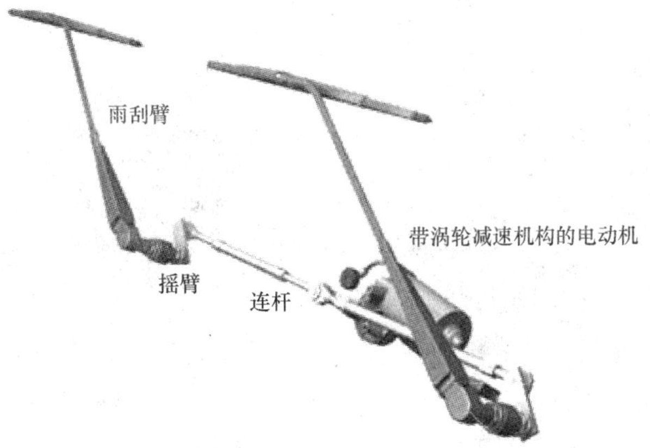

图 3－1　电动刮水器的组成

［**技师指导**］在电动刮水器结构中，电动机到雨刮臂的摇臂和连杆会由于运动磨损松旷，长时间不用还会生锈导致运动阻力过大而产生噪声，需要更换连杆和摇臂。雨刮片不能

刮净风窗或自身不能随雨刮臂上下摆动，雨刮片不能充分压到玻璃上，以及刮片老化、开裂等都要更换雨刮片。

2. 刮水器的“柔性传动”方式

图3－2所示为柔性齿条传动刮水器，电动机驱动的涡轮轴上有一个曲柄销，它驱动连杆机构，而连杆和一个装在硬管里的柔性齿条连接。因此，在连杆运转时，齿条会做往复运动，齿条的往复运动带动齿轮箱中的小齿轮往复运动，从而驱动雨刮片往复摆动。

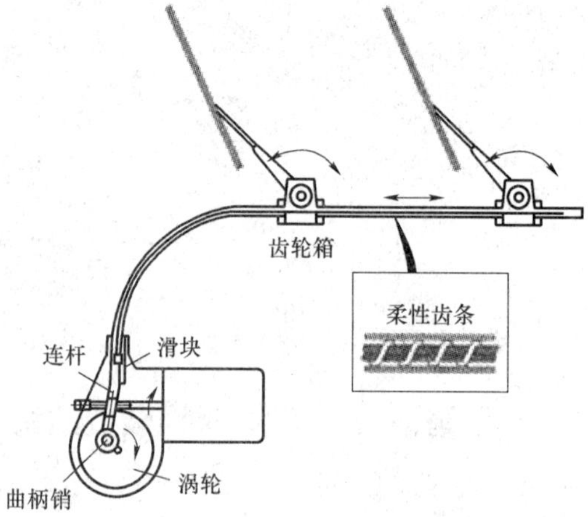

图3－2　柔性齿条刮水器

三、刮水电动机的调速原理

刮水电动机按其磁场结构不同分为绕线式和永磁式两种。永磁式电动机具有体积小、质量轻、噪声小、结构简单等优点，目前在国内外汽车上得到了广泛的应用。永磁式刮水电动机是通过3个电刷改变正、负电刷之间串联线圈的个数来实现变速的。其原理是：低速旋转时控制对置的电刷向转子中通电，高速旋转时控制侧置的电刷向转子中通电。

四、刮水器自动复位装置

刮水器自动复位装置分为电枢一端为正电压的两静触点式和电枢一端为负电压的三静触点式两种。

1. 两静触点式

如图3－3所示，电动机通过丝杆减速器推动从动塑料齿轮转动，塑料齿轮上设计有特定形状的铜片，用来导电，A、B两点是两静触点。

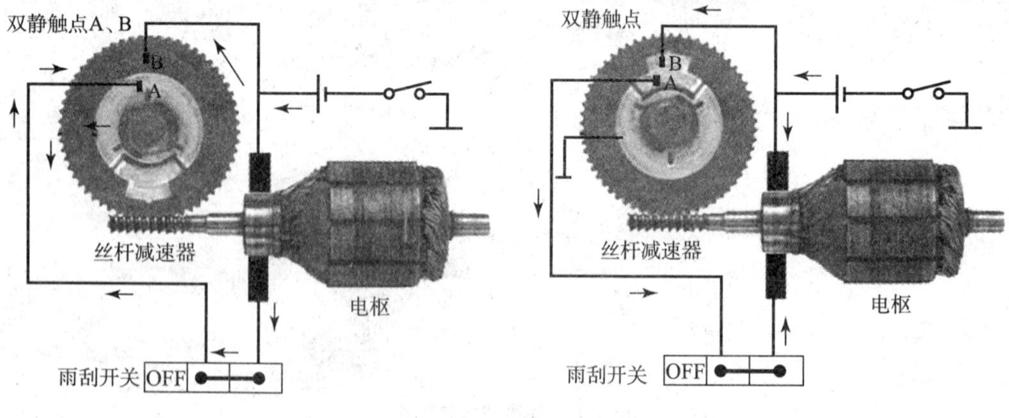

图3－3　两静触点式

（a）OFF挡：雨刮臂未回位；（b）OFF挡：雨刮臂回位

在图3－3（a）中尽管雨刮器开关关闭（OFF挡），但开关内部线路接通，电流经A搭铁，电动机继续转动。

在图3－3（b）中，当车窗外雨刮臂回位到前风挡下部位置时，减速器从动塑料轮恰好转动到A、B相通，导致电枢的两换向电刷两端电位为12V，电动机上没有电压差，电动机停转。

2. 三静触点式

三静触点（A、B、C）电枢接负式电路如图3－4所示。在图3－4（a）中，当车窗外雨刮臂未回位到前风挡下部位置时，减速器从动塑料轮导电片恰好转动到A、B相通位置构成回路，电动机可继续转动。如图3－4（b）所示，当车窗外雨刮臂回位到前风挡下部位置时，减速器从动塑料轮导电片恰好转动到B、C相通位置，导致电枢的两换向电刷两端电位为0V，电动机上没有电压差，电动机停转。

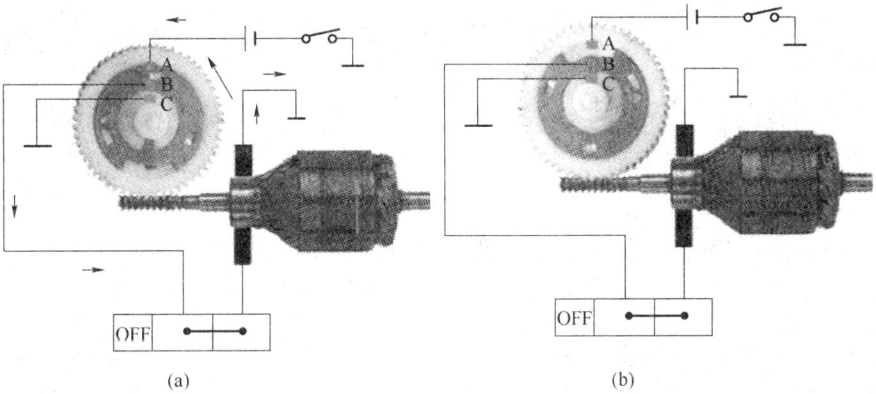

图3－4 三静触点式

（a）OFF挡：雨刮臂未回位；（b）OFF挡：雨刮臂回位

五、刮水器继电器的间歇控制

汽车刮水器继电器的间歇控制电路有多种形式，按照间歇时间是否可调有可调节型和不可调节型之分，它们都是在开关拨到间歇挡时才触发工作的，如图3－5中0为空挡（OFF）、I为间歇挡（Interval）、1为低速挡、2为高速挡、AUTO为自动挡。一般轿车可通过加装在控制开关上的滑动变阻器控制刮水器继电器的间歇时间。高档轿车的间歇控制电路是自动调节式，其中刮水器继电器内置的微控制器能根据外部雨量传感器确定的雨量大小自动调节间歇时间。

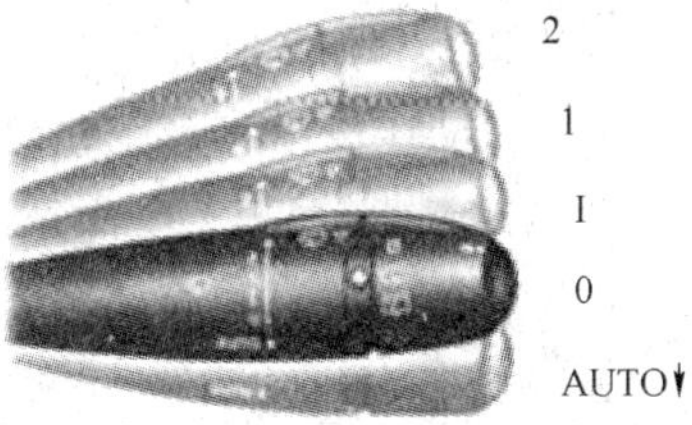

图3－5 刮水器开关操作位置

［**完成任务**］请操作一下实习车的刮水器开关，并描述一下其挡位和功能。

____。

六、风窗洗涤装置

风窗洗涤装置主要由储液罐、洗涤泵、输液管、喷嘴（喷水鼻）等组成。洗涤泵由永磁直流电动机和洗涤泵组成。洗涤装置喷嘴的安装位置有两种形式：一种是在前发动机机舱盖左右两侧各安装一个喷嘴，各自冲洗规定区域，洗涤泵喷嘴方向可以根据使用情况调整；也可将喷嘴直接安装在刮水器臂内，当刮水器臂做弧形刮水运动时，喷嘴即刻向挡风玻璃上喷洒清洗液。储液罐、洗涤泵和喷嘴（喷水鼻）如图 3－6 所示。洗涤泵安装在储液罐上或管路内，在离心泵的进口处设置有滤清器。

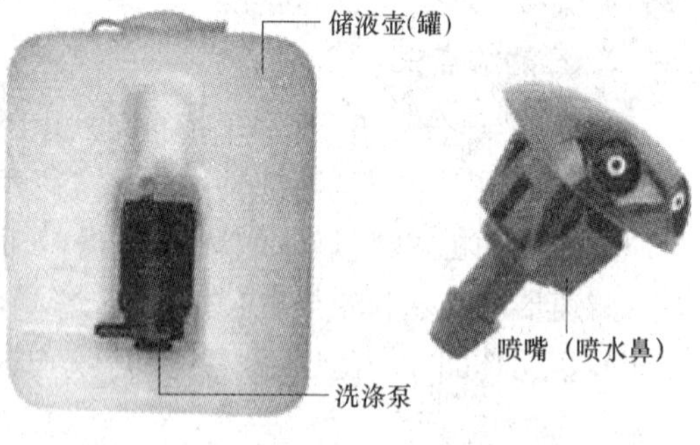

图 3－6　储液罐、洗涤泵和喷嘴（喷水鼻）

[完成任务] 请用抻直的钢针或曲别针调节一下喷嘴（喷水鼻）的方向，以保证玻璃水喷到风窗的指定位置，并保证刮水片能刮净风窗。

第二节　普通刮水器和洗涤装置工作原理

一、前刮水电动机/洗涤泵电路

图 3－7 所示为丰田汽车前风窗刮水器电动机和洗涤泵电路，工作原理如下：点火开关打开后，30A RR WIP 和 20A WSH 被供电。

1. OFF（关闭）挡

后雨刮电动机电刷两端接地，电位相等，电动机停转。

2. INT（间歇）挡

电流流经电阻 R_1→调速开关（间歇时间调节开关）→电容 C_1→复位开关→EA 接地，复位开关的动作使电容充电，电容 C_1 的电压提高，这个电压经 INT 开关，经 D→R_2→晶体管 T_2，晶体管 T_2 导通，继电器线圈电流经晶体管 T_2 流过，继电器开关右摆将电流引入 INT 开关，再流出至刮水器内的 L_2→电动机→断路器→EA 接地，这时接地开关断开，电容 C_1 经 T_2 的输入电路放电，T_2 的基极电压下降，电动机工作一个循环后，接地开关再次接地给电容充电。C_1 如此反复充电放电，电动机周期性循环。可由速度调节开关内的滑动变阻器调节 C_1 的充电时间。

3. LO（低速）挡

电流经组合开关 LO，经 L_2→电动机→断路器→搭铁。

4. HI（低速）挡

电流经组合开关 HI，经侧电刷→电动机→断路器→搭铁。

5. **MIST（点动刮水）挡**

MIST 是自动回位开关，转动开关到 MIST 时，低速挡 LOW 电路工作，只要松手，MIST 开关便回位至 OFF。

6. **Wash（刮水/洗涤）挡**

洗涤泵电动机控制开关本质上相当于图 3－8 所示后风窗刮水器电动机和洗涤泵电路的“On and Wash（刮水/洗涤）”挡，它不仅要实现洗涤，还要实现刮水的低速挡工作。其工作原理是：洗涤电动机电流经洗涤 ON 挡到 IL 接地，洗涤泵工作，与此同时晶体管 T_1 的基极通过 R_8→洗涤泵开关→IL 接地，T_2 的输出电路有电流流经 R_6、R_3、R_4，导致 T_2 的基极有 R_4 的电压，使 T_2 导通，继电器触点开关右摆，LO（低速）挡工作，如图 3－7 所示。

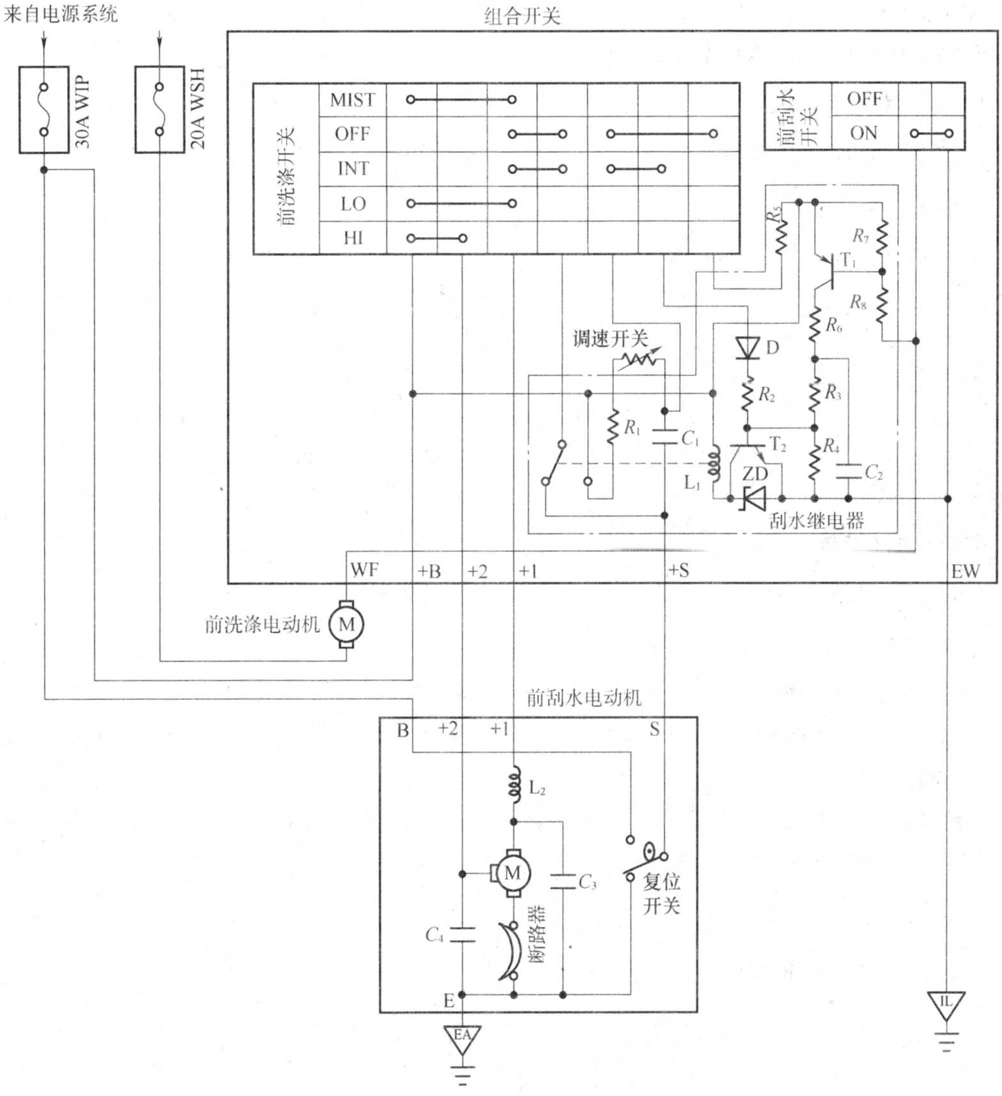

图 3－7　丰田汽车前风窗刮水器电动机和洗涤泵电路

［**完成任务**］根据图 3－7 所示前风窗刮水器电动机和洗涤泵电路完成下面问题。

刮水开关共有几个挡位：________、________、________、________、________；

哪几个挡位为单连开关挡：________、________、________；哪几个挡位为双连开关挡：________、________。MIST 挡是什么挡：________。

电子继电器具有“刮水电动机间歇”和“洗涤和刮水联动”功能。在“刮水电动机间歇”功能中电子继电器的接地控制是否经过洗涤泵电机开关到 IL 接地：________；在“洗涤和刮水联动”功能中有几路电路经过洗涤泵电动机开关到 IL 接地：________。

在 OFF 挡时，请找到刮水电动机两端接地的电路，描述一下两端是如何接地的：____。

二、后刮水电动机/洗涤泵电路

图 3－8 所示为丰田汽车后风窗刮水电动机和洗涤泵电路，工作原理如下：点火开关打开后，15A RR WIP 和 20A WSH 被供电。

1. OFF（关闭）挡

后雨刮电动机电刷两端接地，电位相等，电动机停转。

2. INT（间歇）挡

振荡电路工作，周期性触发 T 晶体管，继电器 L 线圈的电流经 D_3 和晶体管 T 至搭铁点 IH。继电器内部的 LM 触点周期性地左摆，将电源端子＋B 的电流引出到后雨刮电动机的＋1 端子，电动机周期性转动，实现间歇挡。

3. ON（刮水）挡

继电器 L 线圈的电流经 D_2 至搭铁点 IH。继电器内部的 LM 触点左摆，将电源端子＋B 的电流引出到后雨刮电动机的＋1 端子，电动机转动，实现 ON 挡。

4. Wash（洗涤）挡

后洗涤电动机电流经 Wash（洗涤）挡开关到 IH 接地。

5. On and Wash（刮水/洗涤）挡

后洗涤电动机电流经 Wash（洗涤）挡开关到 IH 接地，洗涤泵电动机工作，与此同时，继电器线圈 L 的电流经 D_2→刮水/洗涤开关→IH 接地，继电器触点 LM 左摆给刮水电动机供电，经 BO 接地。

［**完成任务**］在图 3－8 所示丰田汽车后风窗刮水电动机和洗涤泵电路中，在 OFF 挡时，请找到刮水电动机两端接地的电路，并描述一下两端是如何接地的：

____。

三、风窗刮水器系统的维修

风窗刮水器系统常见的故障有：刮水器不工作、间断性工作、持续操作不停及刮水片不能复位等。除此以外，还有一些与刮水片调整有关的故障。在对风窗刮水器系统的故障进行检修之前，需要确定是电器故障还是机械故障。最简单的方法就是从电动机上拆下连接刮水片的机械摇臂，接通刮水器系统，观察电动机的运行情况。如果电动机工作正常，则是机械问题。

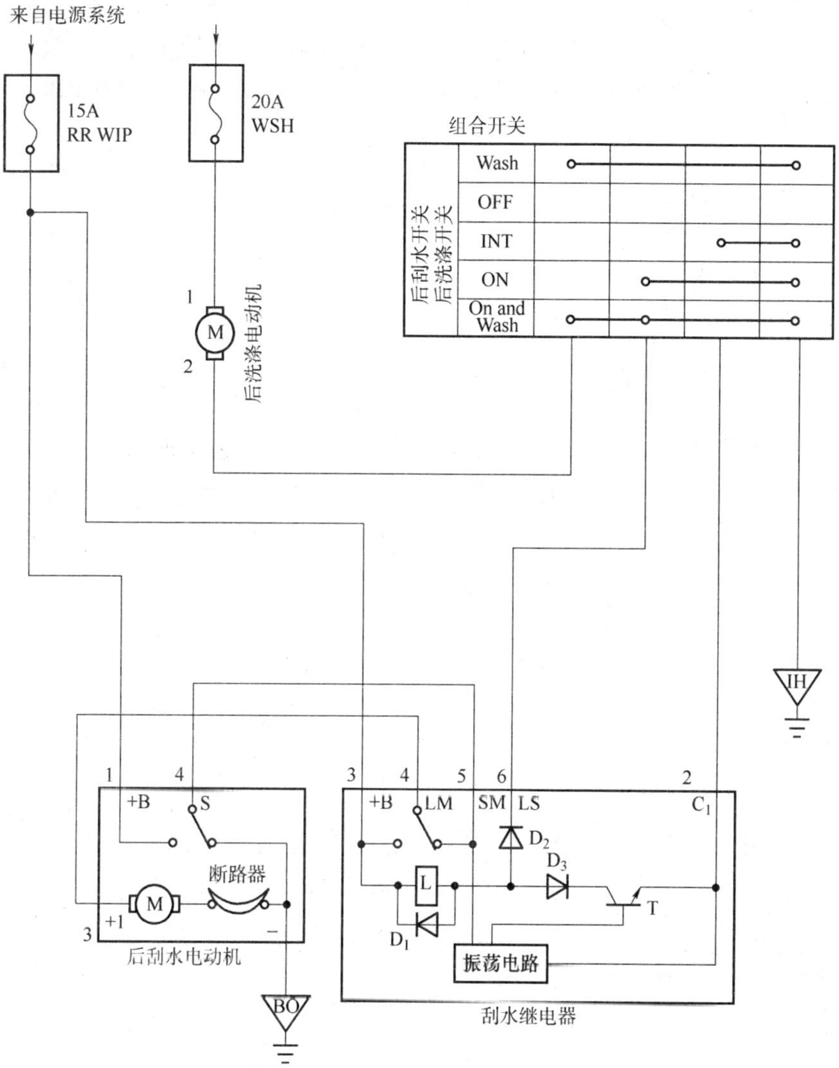

图 3－8　丰田汽车后风窗刮水电动机和洗涤泵电路

1. 刮水器速度比正常慢

电器或机械故障均能引起刮水器速度比正常慢。大多数导致刮水器动作慢的电路故障是由于接触电阻大而引起的。如果电源供电回路正常，则应检查刮水电动机的搭铁回路是否正常。

2. 间歇刮水系统不正常

如果刮水系统只是在间歇挡位工作不正常，首先应检查间歇继电器的搭铁是否良好。如果搭铁正常，则利用欧姆表检查继电器到刮水器开关之间的电路；如果连接线路也是良好的，则应更换间歇继电器。

3. 刮水器不能复位

造成刮水器不能复位的故障可能是复位开关的原因，也可能是刮水器开关内接触片变形所致。最常见的与复位开关有关的故障是当开关断开时，刮水器就停在该位置。解决方法是：首先要拆下电动机端盖，接通刮水开关，观察复位开关的工作情况。当关闭刮水器开关时，复位开关应能使其常闭触点闭合到位，否则应更换复位开关。如果刮水器开关内接触片弯曲变形或折断，同样能造成刮水器不能复位，应检修或更换刮水器开关。

四、风窗洗涤装置的维修

许多风窗洗涤装置的故障都是因输液系统而引起的。因此，应首先拆下泵体上的水管，然后使电动泵工作。如果电动泵能够喷出清洗液，则故障在输液系统。若打开洗涤器开关，电动泵工作但不喷液，则检查泵内有无堵塞，排除泵体内的任何异物；如果没有堵塞，则须更换电动泵。

实际上车用保护商品玻璃水是最好的选择，其中加入了去垢剂和防锈剂。当然为了省钱，在不结冰的情况下，清水也是好的选择。为了能刮掉挡风玻璃上的油、蜡、蚊虫等物，可在水中添加少量的去垢剂和防锈剂，如洗衣粉、洗碗剂等，去垢效果较好，但会使风窗密封条和刮片胶条变质，甚至还会引起车身漆变色以及储液罐、喷嘴等塑料件开裂。

在冬季时，为了防止洗涤液冻结，玻璃水中添加了甲醇、异丙醇、甘醇等防冻剂，可使凝固温度下降到 -20℃以下。如冬季不用洗涤器时，应将洗涤管中的水倒掉，以防止冻裂储液罐。

第三节　丰田皇冠电控刮水器和洗涤系统

一、电控刮水器系统功能

电控刮水器和洗涤系统也称为智能雨刮系统，这种系统有处理信号的 ECU。ECU 一般有如下功能：

1. 可调整间隔（INT）功能

当刮水器开关在间隔位置时：控制刮水器的时间间隔使它与车速一致。

2. 车速切换功能

当刮水器开关在 LO 位置时：在车辆停止或起动时，自动切换刮水器的操作模式。

3. 防滴水功能

为了防止洗涤器操作后的液体流失，在操作洗涤器之后操作刮水器 1 次。

4. 落水点变化功能

对于车辆静止且发动机罩盖打开的情况，落水点的位置发生了改变，为防止损坏风挡玻璃，雨刮自动停止工作。

5. 防胶片变形功能

为了防止雨刮片停留在一处，造成胶片变形，在复位时刮片应停留在不同位置。

6. 刮水压力控制功能

根据车速改变刮片对风窗玻璃的压力，能有效阻止高速行车气流引起的刮片上升和振动。这种情况一般是由压力传感器确定空气流速和雨量大小，由 ECU 确定刮片对风窗玻璃的压力，由 ECU 控制合适的信号给伺服电动机，由位置传感器反馈执行杆位置（这种配置为超高端配置）。

二、丰田皇冠电控刮水器系统

图 3－9 所示为网络结构，图 3－10 所示为主组件位置。

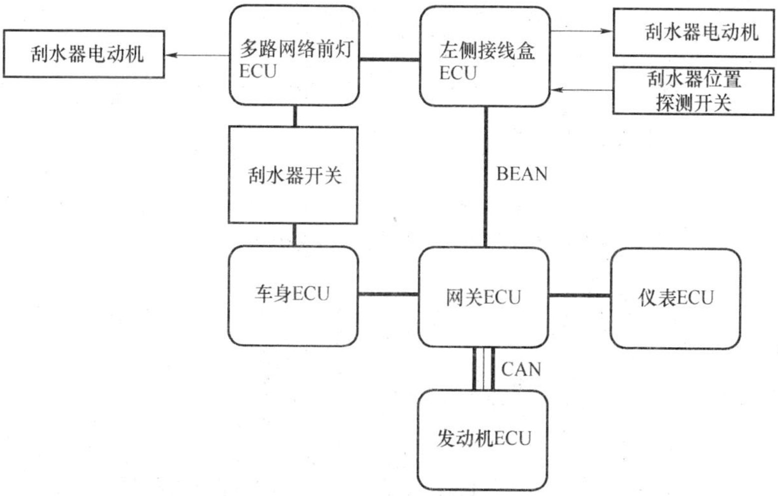

图 3　9　刮水器系统网络结构

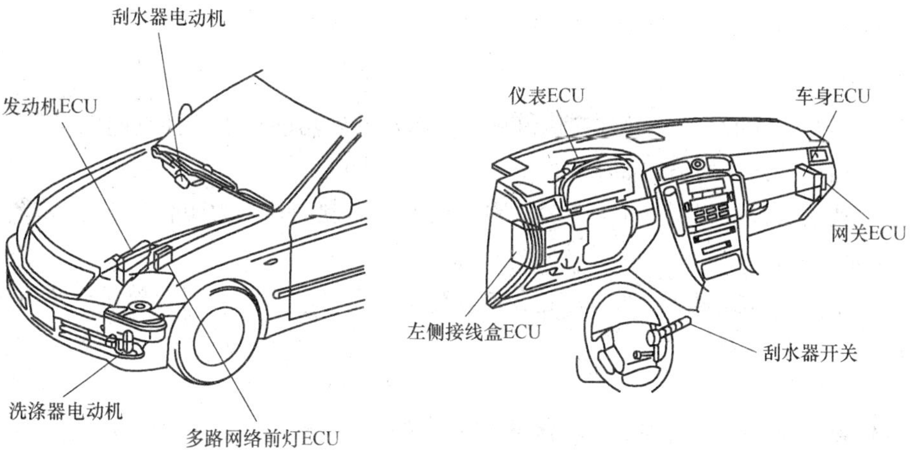

图 3－10　主组件位置

［**完成任务**］在图 3－9 所示网络结构中，圆角矩形方框和矩形方框分别代表什么意义：________________________；________________________。

丰田汽车多路网络前灯 ECU 相当于大众汽车的中央电器控制单元 J519 还是舒适控制单元 J393：________；车身 ECU 相当于大众汽车的中央电器控制单元 J519 还是舒适控制单元 J393：________。

[**完成任务**] 在图 3－10 主组件位置中，描述发动机 ECU 位置：________；洗涤器电动机位置：________；多路网络前灯 ECU 位置：________；车身 ECU 位置：________；网关 ECU 位置：________。

1. 车速调整刮水间隔（INT）功能

如图 3－11 所示，当刮水器开关在间隔位置时，控制刮水器的时间间隔与车辆的速度一致。间隔时间调整范围包括：车速为 0 时，间隔时间较长；中等车速如为 0～22km/h 时，间隔时间较短；高于 22km/h 时，间隔时间最短，驾驶员仍可以通过操作调节杆上的时间间隔调整器来确定间隔时间在低速位和高速位之间的哪个点。

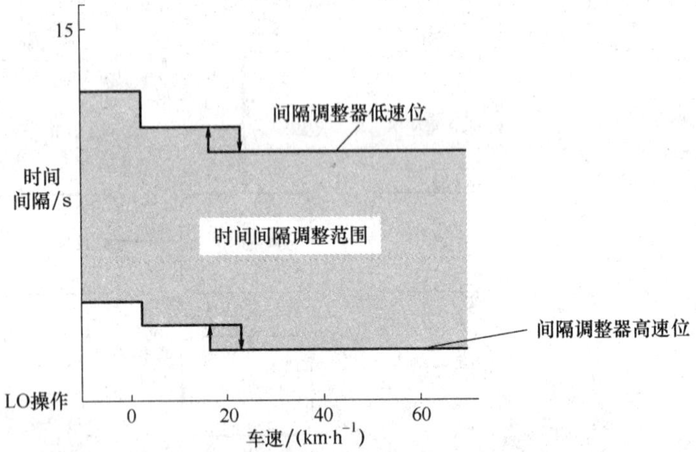

图 3－11　间歇功能控制模式

2. 车速转换功能

1）简述

当刮水器开关在 LO 位，并且车辆停止时，车速转换功能自动切换到间歇操作。决定控制车辆停止和行驶条件的描述如下。

车辆行驶判定：检测到汽车有车速，制动灯和驻车制动开关为闭合导通，换挡杆不在 P 挡或 N 挡同时成立。

车辆停止判定：检测到汽车有车速，制动灯和驻车制动开关为闭合导通，换挡杆不在 P 挡或 N 挡有一个成立。

2）工作原理

当车辆停止时，如果驾驶员将刮水器控制开关从 LO 外的位转换到 LO 位，则刮水器在 LO 位运作 3 次，然后它们将自动切换到间歇操作，此间歇停止持续约 2.5s，如图 3－12 所示。当刮水器控制开关在 LO 位时，将行驶中的车辆停止，刮水器在 LO 位运作 2 次，然后它们将自动切换到间歇操作，此间歇停止持续约 2.5s。如果在刮水器间歇操作时将车辆起动，则它们将自动复位到 LO 操作。

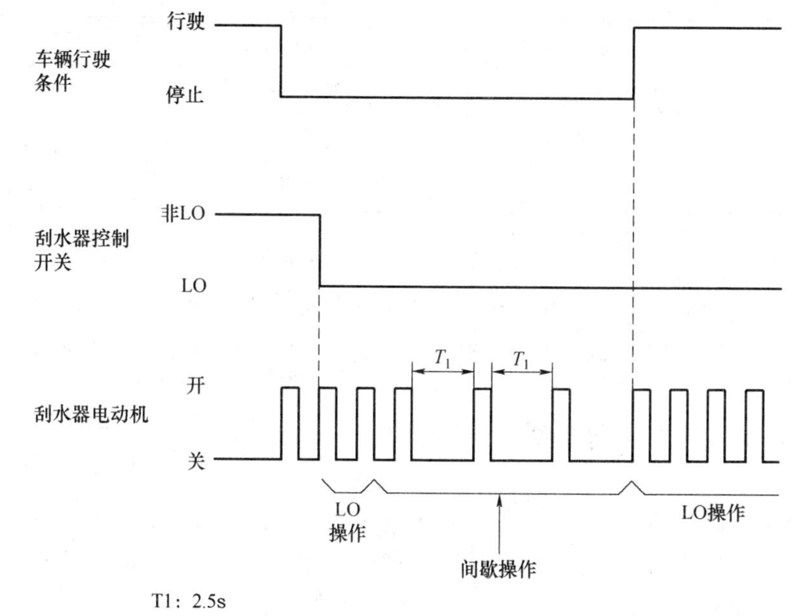

图 3－12　车速转换功能控制模式

3. 刮水器的防滴水功能

如图 3－13 所示，当驾驶员按下洗涤器开关达 0.2s 或更长时间时，洗涤器泵喷射洗涤液，这时刮水器刮水，以起动 LO 位操作。在驾驶员将洗涤器开关转到 OFF 后，刮水器在 LO 位（低速）运作 3 次。完成洗涤器连接操作后，刮水器再运作 1 次，将可能流掉的洗涤液清除。本操作随车速升高，操作间隔时间会增长，操作间隔时间如表 3－1 所示。

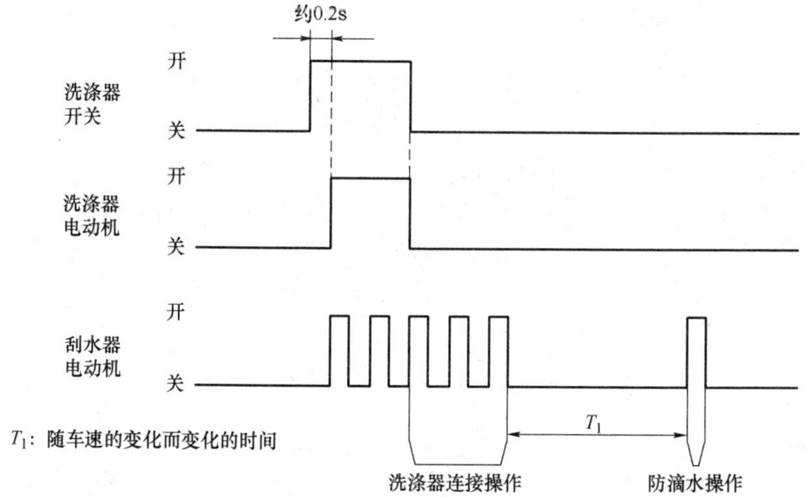

图 3－13　防滴水操作模式

表 3-1 操作间隔时间

车速/（km·h^{-1}）	间隔时间/s	车速/（km·h^{-1}）	间隔时间/s
0～59	约 3	120～159	约 5
60～79	约 5	160～169	约 3
80～119	约 7	170 或更高	不操作

［**技师指导**］当刮水器刮水时，在正面风的推动作用和刮水器的刮动作用下，会将一部分水刮到雨刮片的上侧，在关闭刮水器后，这些水会在重力作用下流下来遮挡视线，此时，驾驶员不得不再次起动刮水器刮掉这部分水，有了防滴水功能，驾驶员就不用如此操作了。

第四节 大众速腾雨刮电动机控制

雨刮电动机控制如图 3-14 所示，直流电动机总成上内置有控制单元 J400，并通过 LIN 总线执行指令。雨刮片停止位置隐藏在机舱盖内，摇臂左右摆动角度为 150°，且随车速变化，雨刷间歇时间也进行变化。刮水器能通过雨滴和光强传感器进行调节，J400 控制单元内部有服务/冬季位置、交替停留位置（APS）、发动机舱盖控制 F266、预清洗功能和雨刷防阻控制功能。

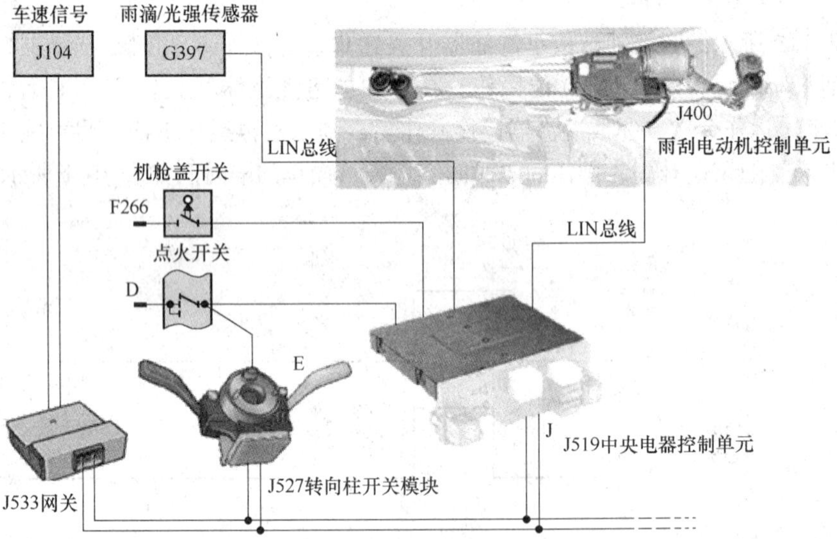

图 3-14 雨刮电动机控制

［**完成任务**］根据图 3-14 雨刮电动机控制电路分析，J400 雨刮电动机控制单元输入信号有几个元件：________，分别是________、________、________和________。

哪个信号是直接输入方式：________；哪个是 CAN 线传输：________；哪个是 LIN 线传输：________。

请分别写出各个输入信号的作用：

(1) ____；

(2) ____；

(3) ____；

(4) ____。

1. 服务/冬季位置

服务/冬季位置是指关闭点火开关 20s 之内，将雨刮开关打到点动挡位置，这时雨刮器将运动到最顶端位置并保持停止不动。在此位置，可以更换雨刮片。同时，在冬季还可以将雨刮臂抬起，以防止结冰。重新打开点火开关后，如果再次拨动雨刮开关或车速大于 2km/h，雨刮器将自动回位。当打开发动机舱盖后，雨刮器的此项功能将被禁止工作。

2. APS 交替停留位置

如图 3－15 所示，APS 是 Alternate Parking Position 的缩写，更换雨刷臂时，APS 必须关闭，且雨刷电动机必须达到其最低位置。为了能实现这个目标，必须退出 APS 功能。注意：关闭 APS 功能后，不能马上激活 APS 功能，在 100 个刮水循环后，APS 功能将自动激活。

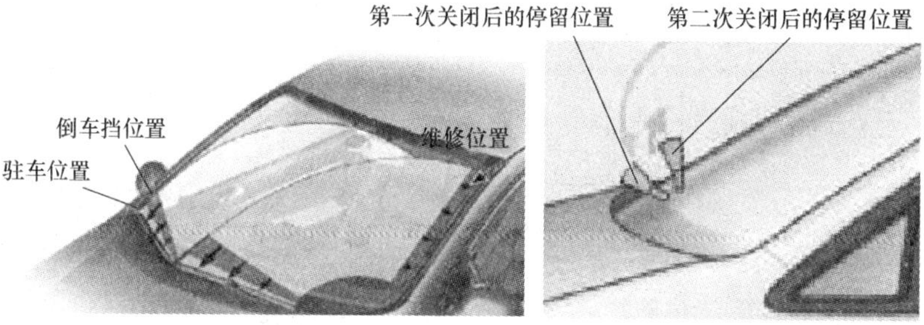

图 3－15　APS 交替停留位置

3. 雨刷防阻控制

当雨刷在摆动过程中遇到障碍物或冻结在风挡玻璃上时，雨刷控制单元会进行 5 次尝试推动，如果失败，则雨刷停在此位置不动。清除障碍后，需再次拨动雨刷开关，系统才会继续工作。

4. 发动机舱盖控制

在车辆停止时，当打开发动机舱盖后，雨刷的功能将被禁止工作。当舱盖被打开，车速在 2～16km/h 时，雨刷功能同样被禁止，但当再次拨动雨刷开关后，功能将被激活。当车速大于 16km/h 时，尽管舱盖被打开，雨刷功能会保持工作状态，不受影响，直至车速低于 2km/h 后，重新被禁止工作。

5. 雨刷喷嘴

雨刷喷嘴与水泵的连接管用了波纹管，喷嘴处应用了快锁机构，如图 3－16 所示，可使得拆装比较简单，使用寿命提高，并提高了防折与防冻的能力。后风窗加热功能只有在发动机工作的状态下才可被激活。

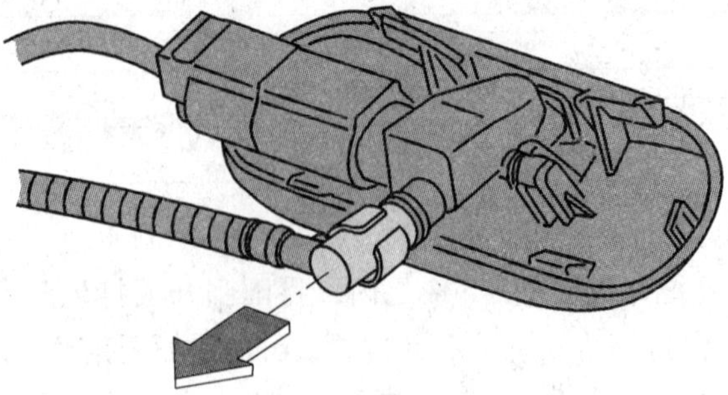

图 3－16　喷嘴快锁机构

第四章

电动座椅

电动座椅是指以电动机为动力，通过传动装置和执行机构来调节座椅的各种位置：为驾驶员提供便于操作、舒适而又安全的驾驶位置；为乘客提供不易疲劳、舒适而又安全的乘坐位置。

一、电动座椅的功能

1. 座椅功能

按照座椅调节方向的不同，电动座椅分为四方向、六方向和八方向几种形式。先进的电动座椅功能更加完善，可具备座椅的前后调节（为 100～160mm）、上下调节（为 30～50mm），座位前部的上下调节，靠背的倾斜调节，侧背的倾斜调节、支撑调节，腰椎支撑调节，靠枕的上下、前后调节等多向可调功能。腰部的调整一般用小电动机驱动空气泵完成气垫的充气，有些制造厂用可调的支撑块对驾驶员的坐姿进行调整，使驾驶员感觉更加舒适和安全，不过一般轿车中很少配置电动座椅，更不用说这么多功能了。图 4－1 所示为带存储功能的八方向电动座椅开关。

图 4－1　带存储功能的八方向电动座椅开关

[完成任务] 在图 4－2 中写出开关的作用。

[完成任务] 根据图 4－3 所示，说出下列开关的功能和实现方式。

腰部支撑：________；最可能实现方式：________。

腿托：________；最可能实现方式：________。

肩部前后：________；最可能实现方式：________。

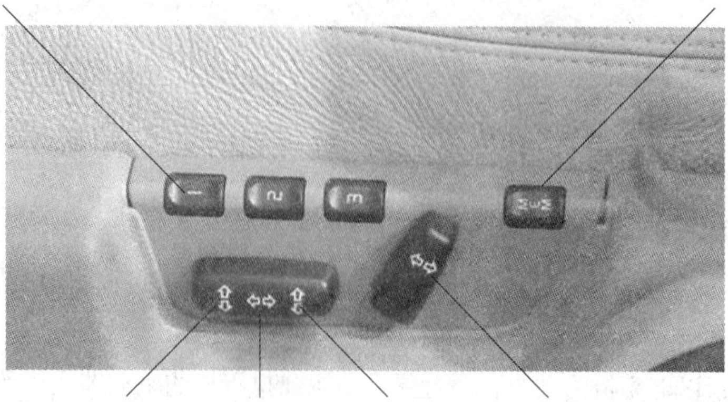

图 4－2　带存储功能的八方向电动座椅开关

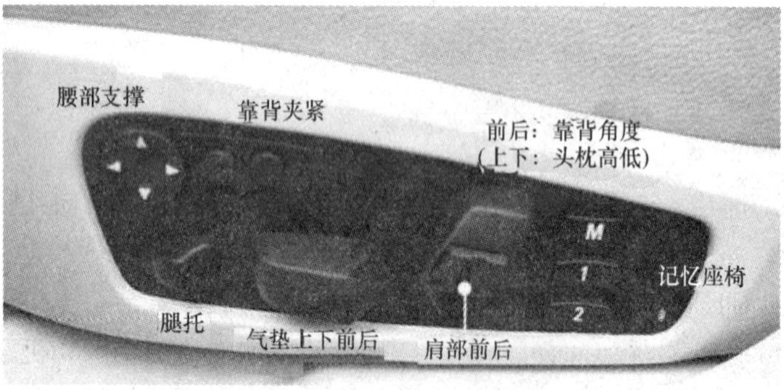

图 4－3　带存储的多功能调节电动座椅开关

电动座椅调节控制功能较少时，还可以直接用开关进行电动机换向控制。当电动机很多时，电动机控制会有很多线束，很不方便，因此需要采用电控单元控制。ECU 接收开关信号后，直接控制在 ECU 内的两个继电器动作实现电动机正、反转，这与电动车窗和中控锁的原理是一样的，这样设计可使原理一目了然。

2. 带位置存储功能的电动座椅

通常只有驾驶员座椅具有记忆功能，为了不造成座椅位置变动后重新调整后视镜位置的麻烦，司机在调节完座椅和后视镜进行座椅位置存储时，ECU 不仅记录座椅位置，还要记录后视镜位置。当驾驶员再次上车时，其选定自己存储的按键号，座椅和后视镜会自动移动到这个驾驶员存储的位置。

倒车时，右侧后视镜的角度也会根据驾驶者的不同做出调整。记忆系统被人为关闭后，座椅和后视镜仍可手动调整。

图 4－4 所示为 2003 款宝来电动座椅的位置存储开关。M 为存储，1、2、3 代表不同的三个人的位置，STOP 为功能取消（比如，这三个位置没有一个是你存储的，而你又想为自己存储一个位置，这时可以按下该开关。STOP 有时也写为 OFF）。

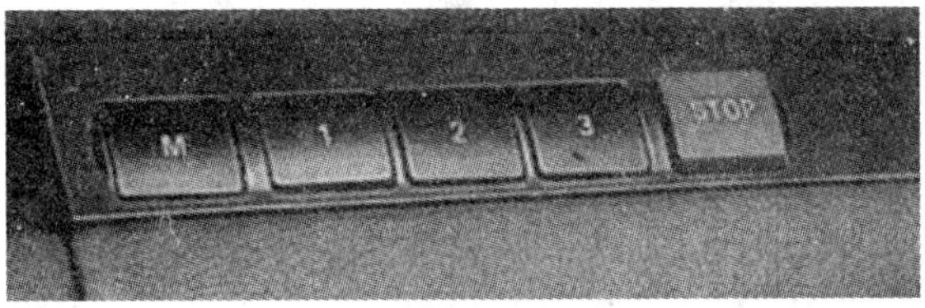

图 4－4　电动座椅的位置存储开关

当蓄电池断开后，已存储的三组座椅和后视镜的位置信息将丢失；蓄电池上电后，要让车主重新调节座椅和后视镜以便重新进行存储。

［**完成任务**］根据图 4－4 所示，说出座椅存储操作。

打开点火开关，先进行什么调节：________；再进行什么调节：________；再选自己的位置号，最后按________。有的车位置存储完成后会有声音提示。

3. 座椅加热和按摩功能

在座椅上除了方向调节外，还有电加热和按摩功能，座椅的电加热程度可进行多级调节，如图 4－5 所示。

图 4－5　座椅电加热和加热开关

通常电加热座椅 1 分钟内为温热，3 分钟会达到最高温度。座椅加热的传统控制方法是用一个简单的恒温开关；最新发展是电子控制结合热敏电阻的方法，系统包括开关、电位器、定时装置、短路和断路探测装置。目前座椅电加热一般是选装或自己后加装。按摩座椅通过电动机振动来实现按摩功能。

二、电动座椅的结构

电动座椅一般由双向电动机、传动装置和座椅调节器等组成，如图 4－6 和图 4－7 所示。

1. 电动机

大多数电动座椅采用永磁式电动机（内装有短路器），通过开关操纵电动机按不同方向旋转，为电动座椅的调节机构提供动力。其多采用双向电动机，即电枢的旋转方向随电流的方向改变而改变，以达到座椅调节的目的。电动机的数量取决于电动座椅的类型，通常双向移动的座椅装有 2 个电动机；四向移动的座椅装有 4 个电动机，最多可达 6 个电动机。为防止电动机过载，电动机内装有熔断丝，以确保电气设备的安全。

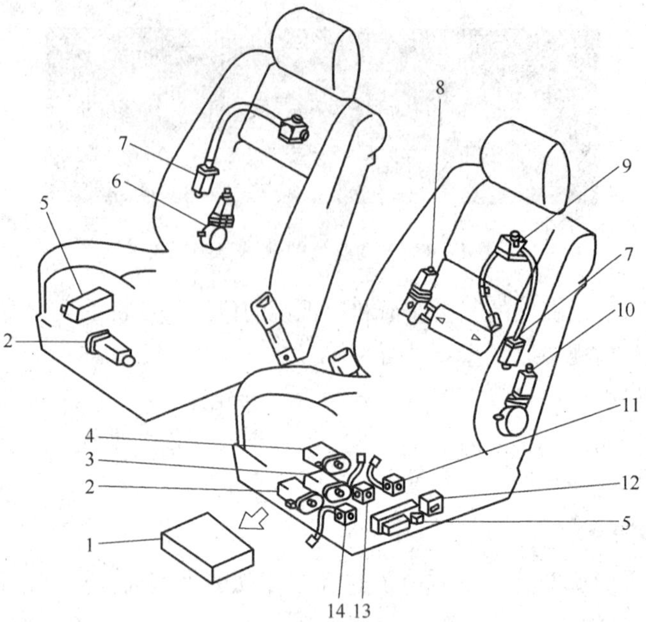

图 4－6　电动座椅的结构（一）

1—电动座椅 ECU；2—滑动电动机；3—前垂直电动机；4—后垂直电动机；5—电动座椅开关；6—倾斜电动机；
7—头枕电动机；8—腰垫电动机；9—位置传感器（头枕）；10—倾斜电动机和位置传感器；
11—位置传感器（后垂直）；12—腰垫开关；13—位置传感器（前垂直）；14—位置传感器（滑动）

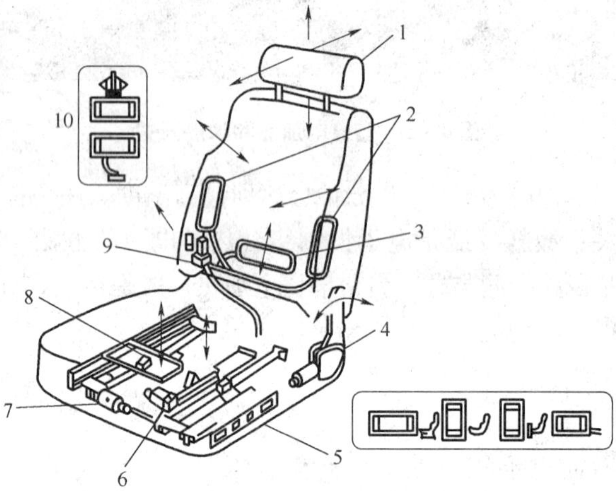

图 4－7　电动座椅的结构（二）

1—头枕；2—侧面支撑气垫；3—腰部支撑气垫；4—后仰装置；5—座椅调节开关；
6—升降电动机总成；7—滑移电动机和杆件总成；8—大腿支撑；9—气泵；10—座椅开关

2. 传动机构

电动机旋转，通过传动机构来实现座椅的空间位置移动。

1）高度调整机构

高度调整机构由蜗杆轴、蜗轮、心轴等组成，如图 4－8 所示。调整时，蜗杆轴在电动机的驱动下，带动蜗轮转动，从而保证心轴旋进或旋出，实现座椅的上升与下降。

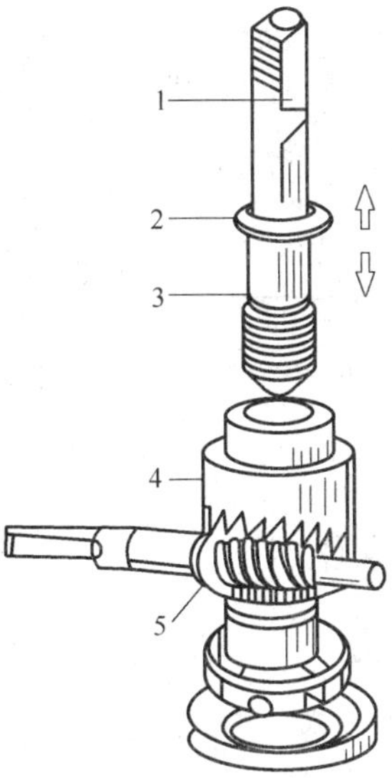

图 4-8　高度调整机构

1—铣平面；2—止推垫片；3—心轴；4—蜗轮；5—挠性驱动蜗杆轴

2）纵向调整机构

纵向调整机构由蜗杆、蜗轮、齿条和导轨等组成，如图 4-9 所示。齿条装在导轨上，调整时，电动机转矩经蜗杆传至两侧的蜗轮上，经导轨上的齿条，带动座椅前后移动。

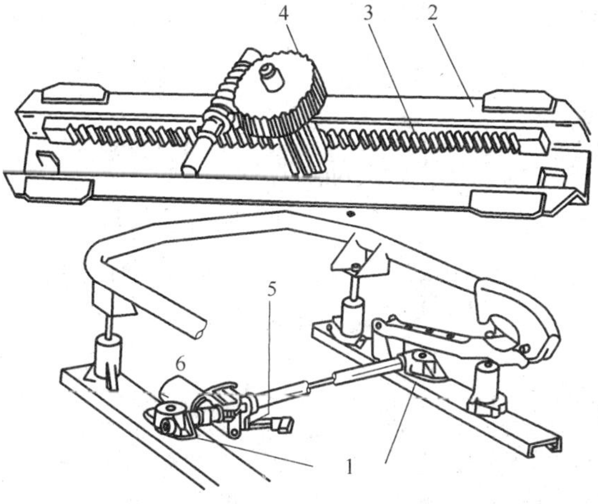

图 4-9　纵向调整机构

1—支撑及导向元件；2—导轨；3—齿条；4—蜗轮；5—反馈信号电位计；6—调整电动机

三、电动座椅控制

电动座椅控制分为直接开关控制型和微控制型两种。

1. 直接开关控制型

电动座椅的控制电路如图 4-10 所示，它主要由蓄电池、组合控制开关和三个电动机等组成。组合控制开关内部有四套开关触点，驾驶员或乘员通过控制开关上的按钮来调节座椅的位置。

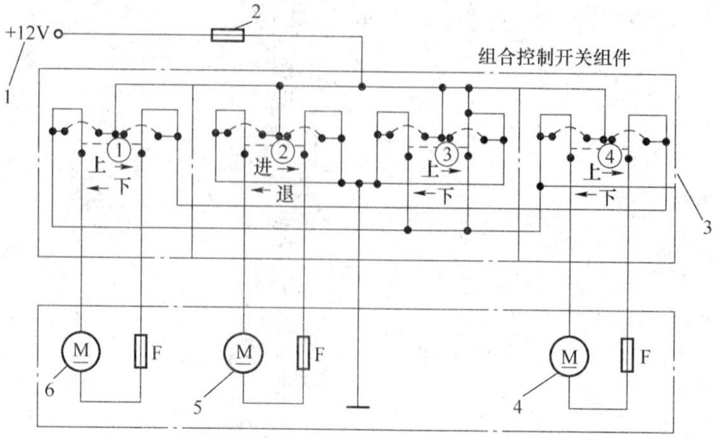

图 4－10　电动座椅的控制电路

1—蓄电池；2—熔断器；3—控制开关；4—后高度电动机；5—前后移动电动机；6—前高度电动机

电动座椅最常用的形式是使用三个电动机实现座椅六个不同方向的位置调整：上下、前后、前倾/后倾。三个电动机分别称为前高度调整电动机、后高度调整电动机及前后移动电动机。用这三个电动机控制座椅的前部高度、后部高度以及座椅的前后移动，实现座椅位置调整，组合控制开关通过控制电动机的搭铁和与电源的连接，使三个电动机按所需的方向旋转。

当组合控制开关置于上或下位置时，前、后高度调整电动机同时旋转；当组合控制开关置于前倾或后倾位置时，只有一个高度电动机旋转；当组合控制开关置于前移或后退位置时，前进后退电动机旋转。

1）座椅前倾的调节

座椅前倾的调节，实际上就是座椅前部垂直的上下调节。

（1）前部上升电路。前部上升电路如图 4－11 所示。如需要电动座椅前部垂直上升，则可接通调节组合控制开关 3 中的前倾开关，此时电路中电流的流动方向：电流由蓄电池 1

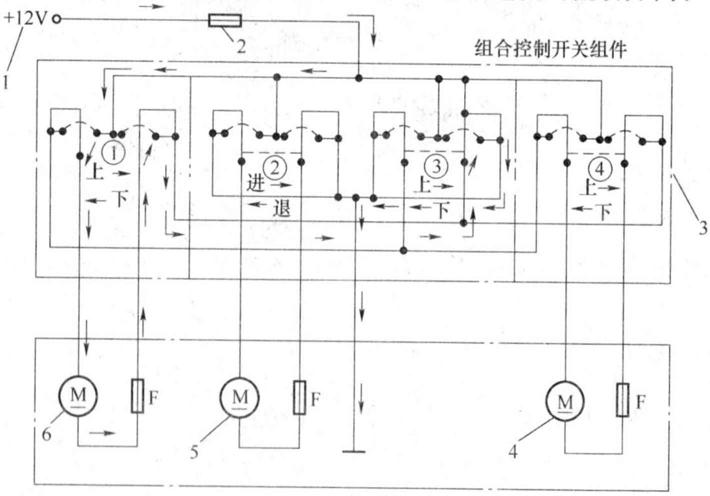

图 4－11　电动座椅前部上升电路

1—蓄电池；2—熔断器；3—组合控制开关；4—后倾电动机；5—前后移动电动机；6—前倾电动机

的正极→熔断器2→组合控制开关中①左侧触点→前倾电动机6→熔断丝→组合控制开关中①右侧触点→组合控制开关中③右侧触点→搭铁→蓄电池1的负极，构成闭合回路，前倾电动机6转动，座椅前部垂直上升。

（2）前部下降电路。电流由蓄电池1的正极→熔断器2→组合控制开关中①右侧触点→熔断丝→前倾电动机6→组合控制开关中①左侧触点→组合控制开关中③左侧触点→搭铁→蓄电池1的负极，构成闭合回路，前倾电动机6反转，座椅前部垂直下降。

2）座椅后倾的调节

电动座椅后倾的调节，实际上就是座椅后部垂直的上下调节。

（1）后部上升电路。如需要电动座椅后部垂直上升时，可接通调节组合控制开关3中的后倾开关。这时，电流由蓄电池1的正极→熔断器2→组合控制开关中④左侧触点→后倾电动机4→熔断丝→组合控制开关中④右侧触点→组合控制开关中③右侧触点→搭铁→蓄电池的负极，构成闭合回路，后倾电动机4转动，座椅后部垂直上升。

（2）后部下降电路。蓄电池1的正极→熔断器2→组合控制开关中④右侧触点→熔断丝→后倾电动机4→组合控制开关中④左侧触点→组合控制开关中③左侧触点→搭铁→蓄电池1的负极，构成闭合回路，后倾电动机4反转，座椅后部垂直下降。

2. 电动座椅常见故障的排除

电动座椅常见故障有如下几种。

1）座椅完全不能调节

（1）原因。熔断器断路、线路断路、座椅开关有故障等。

（2）排除。首先检查熔断器是否断路，若熔断器良好，则应检查线路连接是否正常，最后检查开关。对于有存储功能的电动座椅系统，还应检查控制单元（ECU）的电源电路和搭铁线是否正常，若开关、线路等都正常，则应检查控制单元。

2）座椅某个方向不能调节

（1）原因。该方向对应的电动机损坏，开关、连接导线断路。

（2）排除。先检查线路是否正常，再检查开关和电动机。

[完成任务] 如图4－12所示，2007年，Magotan（迈腾）驾驶员侧电动座椅靠背和腰部支撑装置是直接控制还是微机控制：________；每个开关实现正向和反向电动机控制用了几条线：________；开关是几个接柱：________。

3. 微控制型

带存储功能的电动座椅采用微机控制，它能将选定的座椅调节位置进行存储，使用时只要按选定的按键，座椅就会自动地调节到预先选定的座椅位置上。带存储功能的电动座椅系统示意图如图4－13所示。该系统使用随机存储器（RAM）来存储4个不同驾驶员的调整位置，操作时驾驶员先调定座椅的位置，只要座椅位置调定后，驾驶员按下存储器的按钮，电子控制装置就把4个电位计电压信号存储起来，作为下次重新调整位置时的基准。一个人有4个位置数据，为一组：4个人有4组，16个位置数据。使用时，只要按一下自己设定的位置对应的按钮，4个电动机就能按存储时的状态来调整座椅位置以适应这个驾驶员。

随机存储器（RAM）的特点是断电后信息消失，所以在蓄电池断电、供电保险丝保险断开、控制单元脱开、搭铁断开等情况发生时，随机存储器（RAM）的4组数据全部消失，

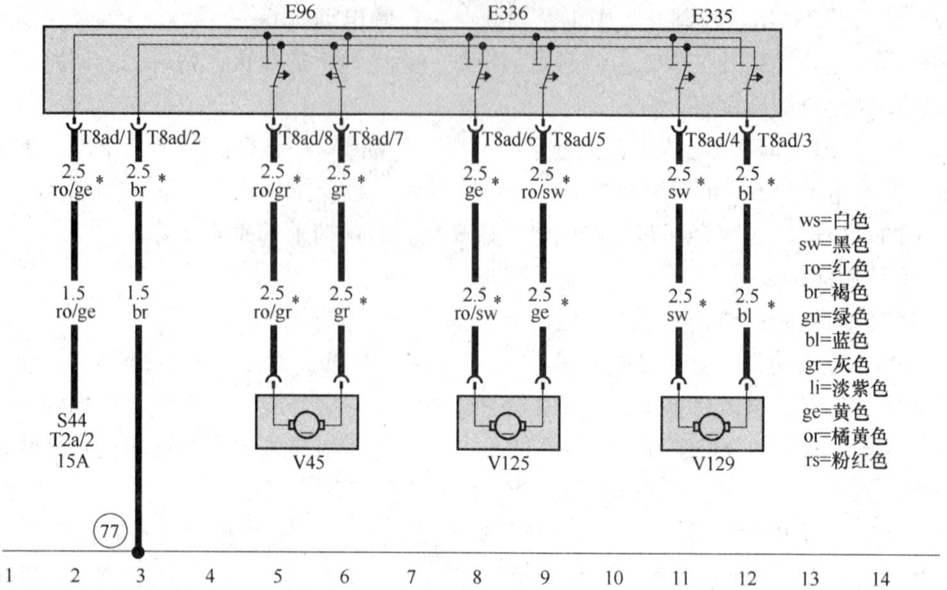

图 4-12　座椅靠背调整开关及腰部支撑装置高度调节按钮（2007）

E96—驾驶员座椅靠背调整开关；
E335—腰部支撑装置高度调节按钮；
E336—腰部支撑装置纵向调节按钮；
S44—驾驶员座椅调整装置的热敏保险丝；
T2a/2—芯插头连接；
T8ad/8—芯插头连接；
V45—驾驶员座椅靠背调整电动机；
V125—驾驶员座椅腰部支撑装置纵向调节电动机；
V129—驾驶员座椅腰部支撑装置高度调节电动机；
77—左侧 B 柱下部接地点；
*—横截面可能为 1.5

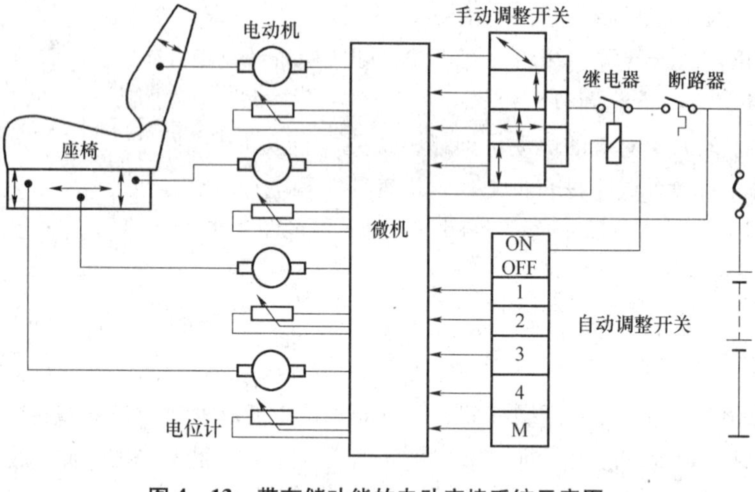

图 4-13　带存储功能的电动座椅系统示意图

要重新存储才能使用。

［**完成任务**］图 4-13 所示为几个方向控制座椅：________；分别是什么方向：________；图 4-13 所示的自动调整开关一共可存储几个位置：________；在直控控制电路中，是否有位置反馈电位计：________；为什么在带存储功能的电动座椅控制中要用到位置反馈电位计：________。

断路器的作用是什么：________；为什么要用继电器：________；**M** 是什么的缩写：

________；ON/OFF 开关的作用是什么：________________。

在售后服务中，换蓄电池后，车主说座椅位置控制消失，你应该向车主如何解释：________________________________。

分析 2007 年 Magotan（迈腾）驾驶员侧带记忆功能的座椅调整装置，完成任务，如图 4－14 所示。

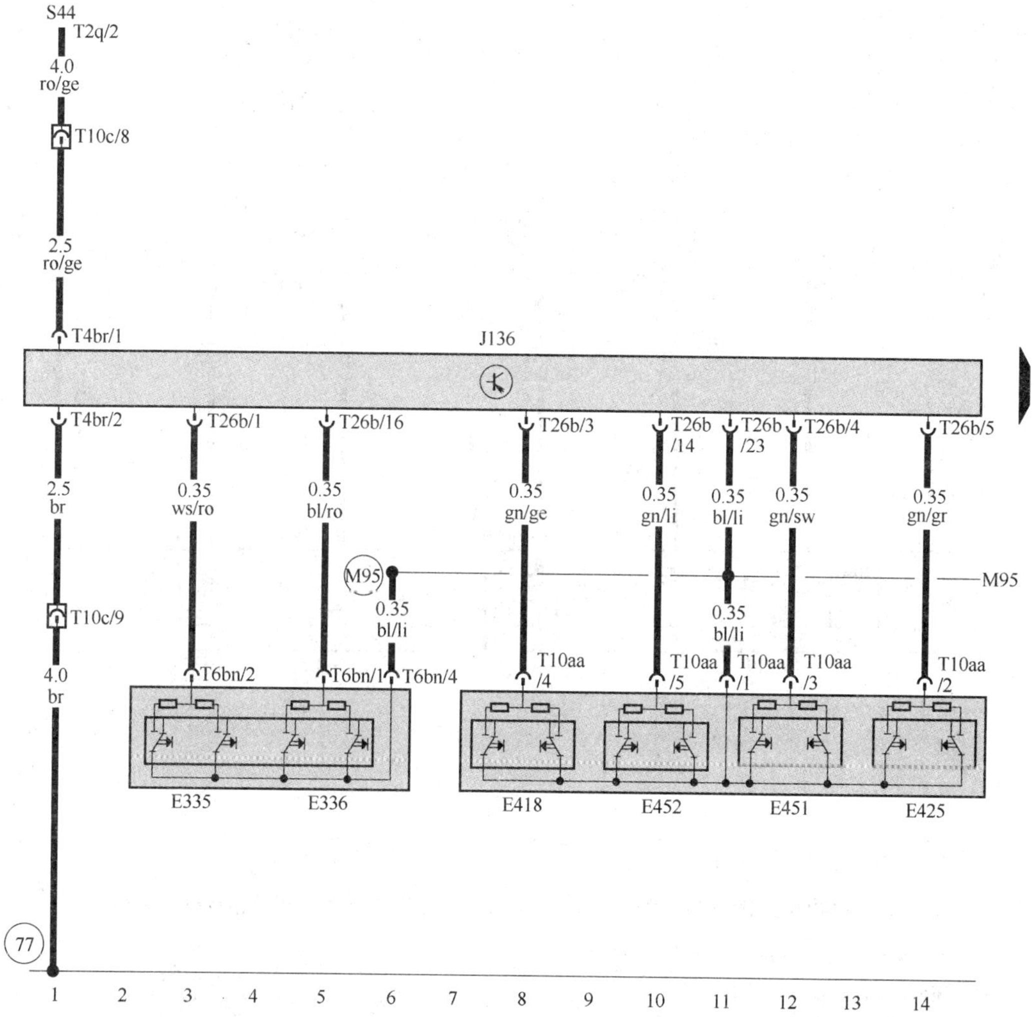

图 4－14 带记忆功能的座椅调整和转向柱调整装置的控制单元，驾驶员座椅记忆功能的操作单元

E335—腰部支撑装置高度调节按钮；
E336—腰部支撑装置纵向调节按钮；
E418—座椅纵向调整按钮；
E425—座椅靠背调整按钮；
S44—驾驶员座椅调整装置的热敏保险丝 1，在仪表板左下方；
T2q/2—芯插头连接；
E451—前部座椅高度调整按钮；
E452—后部座椅高度调整按钮；
J136—带记忆功能的座椅调整和转向柱调整装置的控制单元；
77—左侧 B 柱下部接地点；
M95—座椅调节装置线束中的连接 3

[**完成任务**] 根据图 4－14 所示，写出下列元件名称。

E336：________；E418：________；E425：________；E451：________；E452：________；J136：________；S44：________。

[**完成任务**] 根据图 4－15 所示，写出下列元件名称，并回答问题。

E218：________；E219：________；E220：________；E337：________；E447：________；J136：________。

E 代表：________。

例如，E218 开关中为什么是两个开关：________。开关 E218 上部的电阻和开关 E219 上部的电阻值相等吗：________；为什么：________。

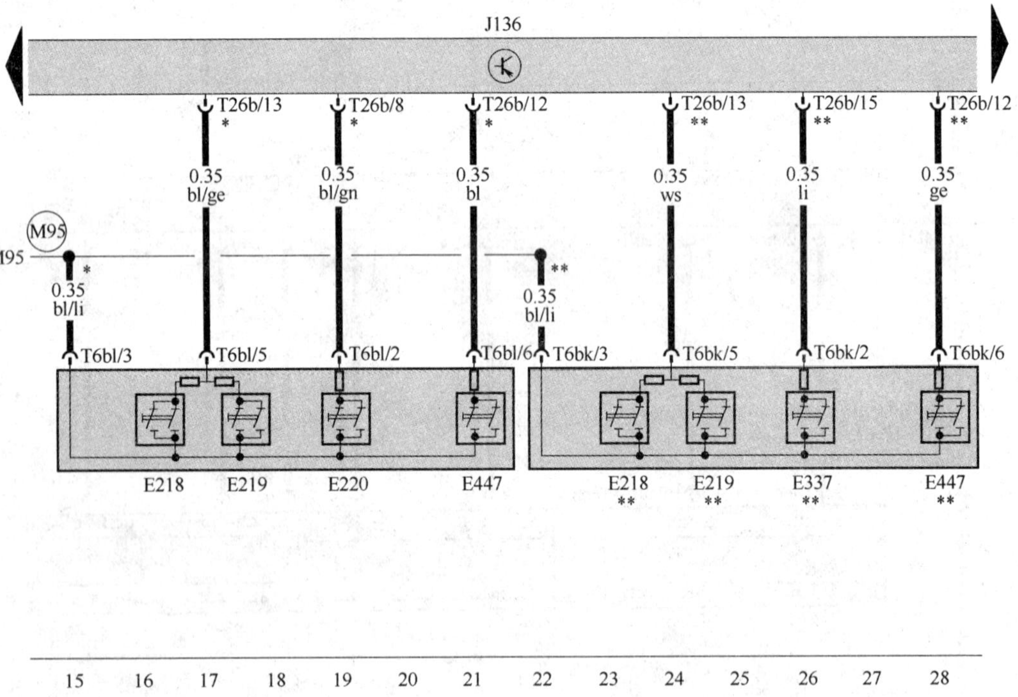

图 4－15　带记忆功能的座椅调整和转向柱调整装置的控制单元和座椅记忆功能设置按钮

E218—座椅记忆功能设置按钮 1；
E219—座椅记忆功能设置按钮 2；
E220—座椅记忆功能设置按钮 3；
E337—按摩功能按钮；
E447—座椅位置存储按钮；
J136—带记忆功能的座椅调整和转向柱调整装置的控制单元；
T6bl/6—芯黑色插头连接；
T6bk/6—芯黑色插头连接；
M95—座椅调节装置线束中的连接 3；
＊—仅限于不带按摩功能的座椅；
＊＊—仅限于带按摩功能的座椅

[**完成任务**] 根据图 4－16 所示，写出下列元件名称，并回答问题。

G438：________；G439：________；G441：________；V285：________；V288：________；V296：________；J136：________。

G 代表：________；V 代表：________。

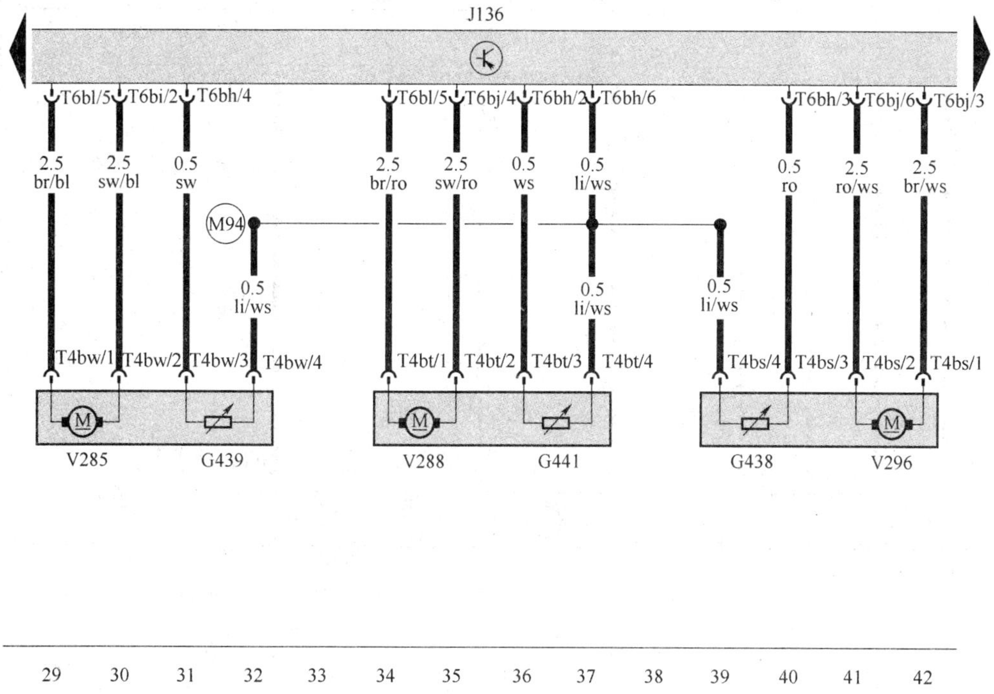

图 4－16　带记忆功能的座椅调整和转向柱调整装置的控制单元，座椅高度调节装置传感器

G438—前部座椅高度调整装置传感器；

G439—后部座椅高度调整装置传感器；

G441—座椅纵向调整传感器；

J136—带记忆功能的座椅调整和转向柱调整装置的控制单元；

T4bs/4—芯黑色插头连接；

T4bt/4—芯黑色插头连接；

T4bw/4—芯黑色插头连接；

T6bh/6—芯棕色插头连接；

T6bj/6—芯黑色插头连接；

V285—后部座椅高度调整装置电动机；

V288—座椅纵向调整电动机；

V296—前部座椅高度调整装置电动机；

M94—座椅调节装置线束中的连接 2

[完成任务] 根据图 4－17 所示，写出下列元件名称，并回答问题。

G374:________；G375:________；V229:________；V230:________；J136:________。

例如，G374 是什么类型的位置传感器:________。

[完成任务] 根据图 4－18 所示，写出下列元件名称，并回答问题。

G423:________；G440:________；V286:________；V328:________；J533:________。

J533 在这里的作用是什么：________；J136 能否进行自诊断：________。

执行元件诊断的顺序是什么：____。

分析 2007 年 Magotan（迈腾）"副驾驶员侧"直接控制座椅。

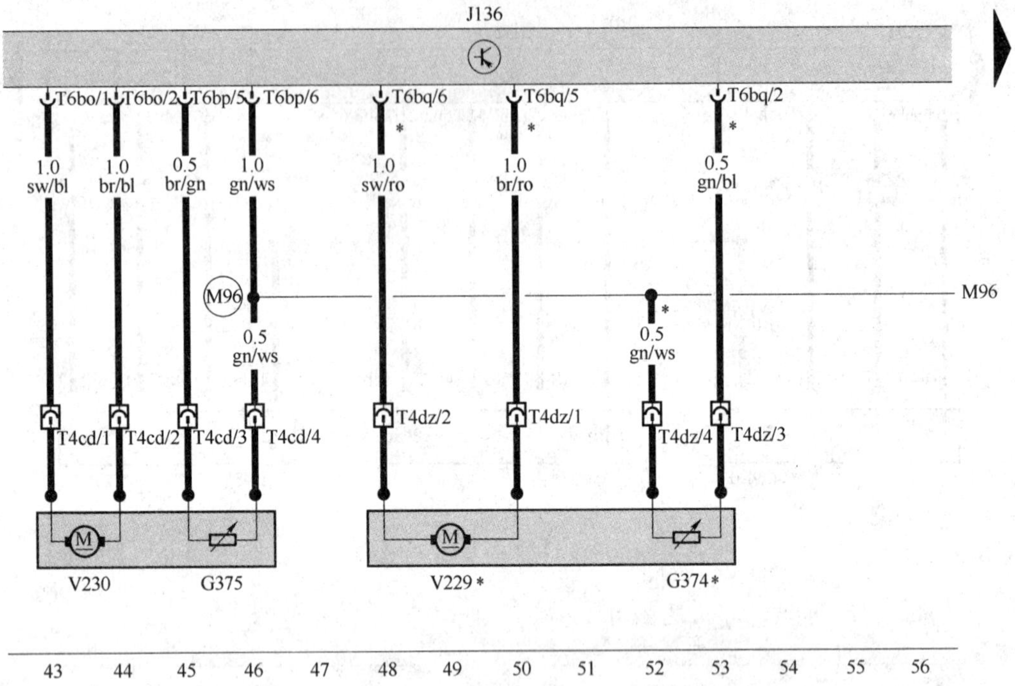

图 4－17　带记忆功能的座椅调整和转向柱调整装置的控制单元，腰部支撑装置的操作单元

G374—腰部支撑装置高度调节传感器；

G375—腰部支撑装置纵向调节传感器；

J136—带记忆功能的座椅调整和转向柱调整装置的控制单元；

T4cd/4—芯黑色插头连接；

T4dz/4—芯黑色插头连接；

T6bp/6—芯蓝色插头连接；

T6bq/6—芯白色插头连接；

V229—腰部支撑装置高度调节电动机；

V230—腰部支撑装置纵向调节电动机；

M96—座椅调节装置线束中的连接 4；

*—仅限于不带按摩功能的座椅

[**完成任务**] 根据图 4－19 所示，写出下列元件名称，并回答问题。

E418：________；E421：________；E424：________；E425：________；V31：________；V46：________；V244：________；V246：________。

电动机不控制时，电动机两端电位都是：________；开关是几接柱开关：________。

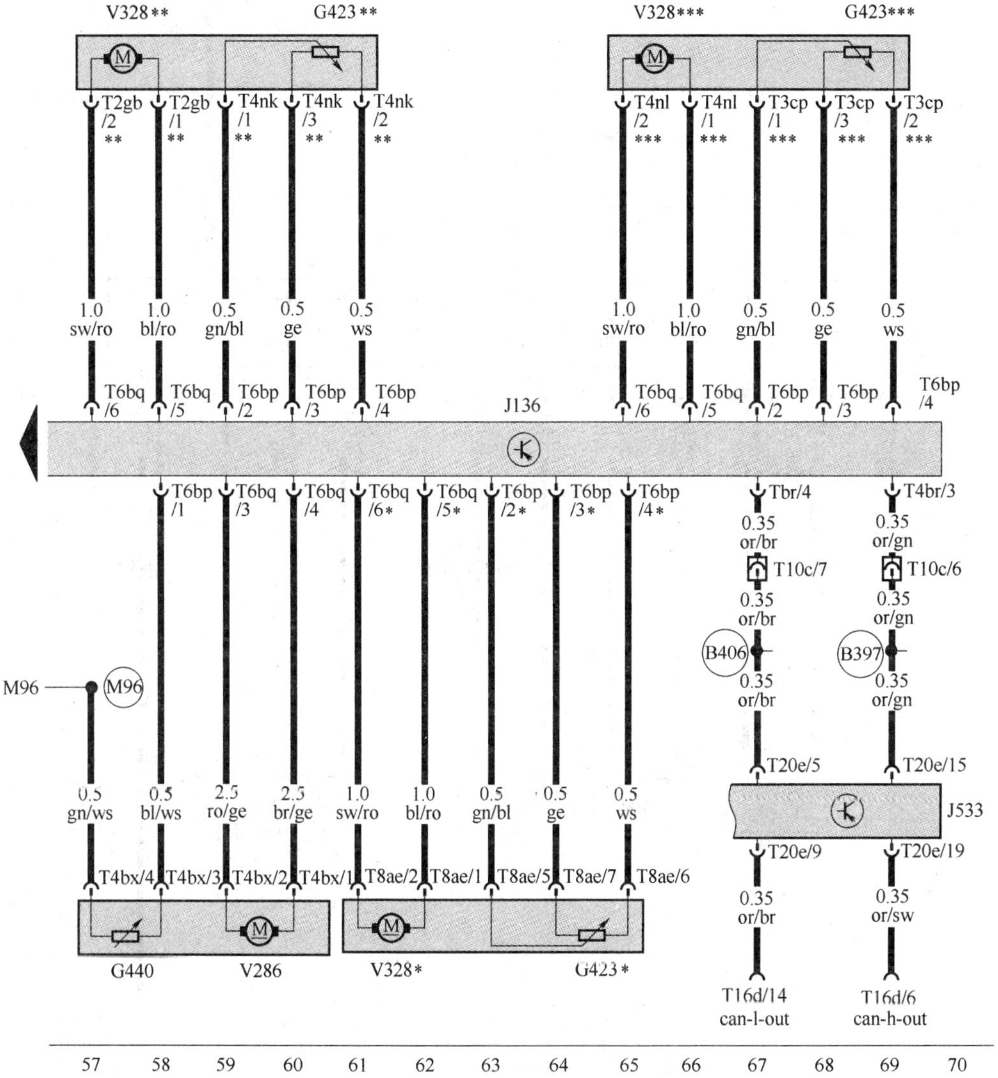

图 4－18　带记忆功能的座椅调整和转向柱调整装置的控制单元，数据总线诊断接口、自诊断插头

G423—带按摩功能的腰部支撑装置高度调节的电位计；

G440—座椅靠背调节传感器；

J136—带记忆功能的座椅调整和转向柱调整装置的控制单元；

J533—数据总线诊断接口；

T6bq/6—芯白色插头连接；

V286—座椅靠背调节电动机；

V328—腰部支撑装置按摩功能的泵；

B397—连接 1（舒适/便捷功能系统 CAN 总线 High），在主线束中；

B406—连接 1（舒适/便捷功能系统 CAN 总线 Low），在主线束中；

M96—座椅调节装置线束中的连接 4；

*—仅限于带按摩功能的座椅，有效期至 2005 年 4 月；

**—仅限于带按摩功能的座椅，有效期从 2005 年 5 月至 2006 年 4 月；

***—仅限于带按摩功能的座椅，有效期从 2006 年 5 月开始

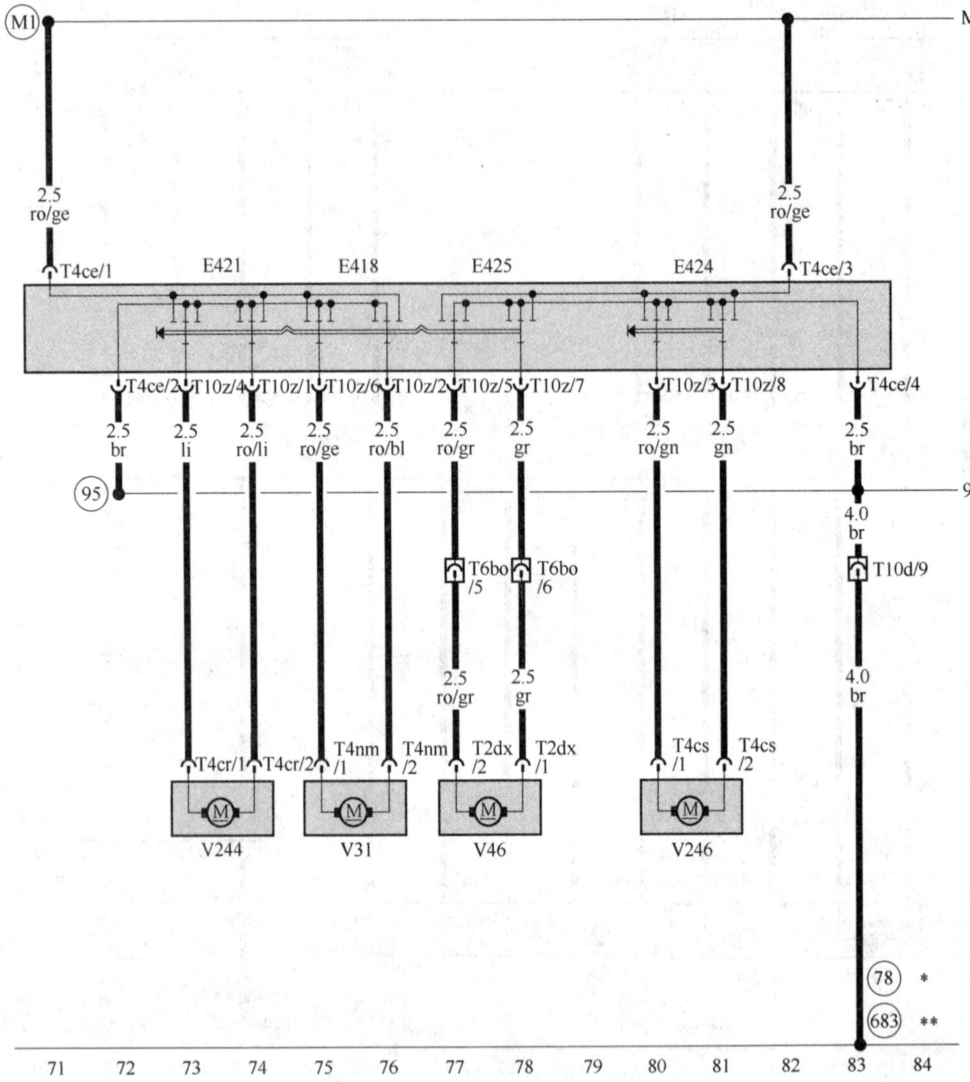

图 4－19　副驾驶员座椅纵向调整、高度调整、靠背调整装置，靠背倾斜度调整

E418—座椅纵向调整按钮；
E421—座椅靠背倾斜度调整按钮；
E424—座椅高度调整按钮；
E425—座椅靠背调整按钮；
T2dx/2—芯插头连接；
T4ce/4—芯插头连接；
V31—副驾驶员座椅纵向调整电动机；
V46—副驾驶员座椅靠背调整电动机；
V244—副驾驶员座椅倾斜度调整电动机；
V246—副驾驶员座椅高度调整电动机；
78—右侧 B 柱下部接地点；
95—接地连接 1，在座椅调节线束中；
683—右侧前部边梁上的接地点；
M1—正极连接 1（30），在座椅调节装置线束中；
＊—有效期至 2005 年 4 月；
＊＊—自 2005 年 5 月起

[完成任务] 根据图 4－20 所示，写出下列元件名称，并回答问题。

E177：________；V130：________；V126：________。

电动机不控制时，电动机两端电位都是：________；开关是几接柱开关：________。

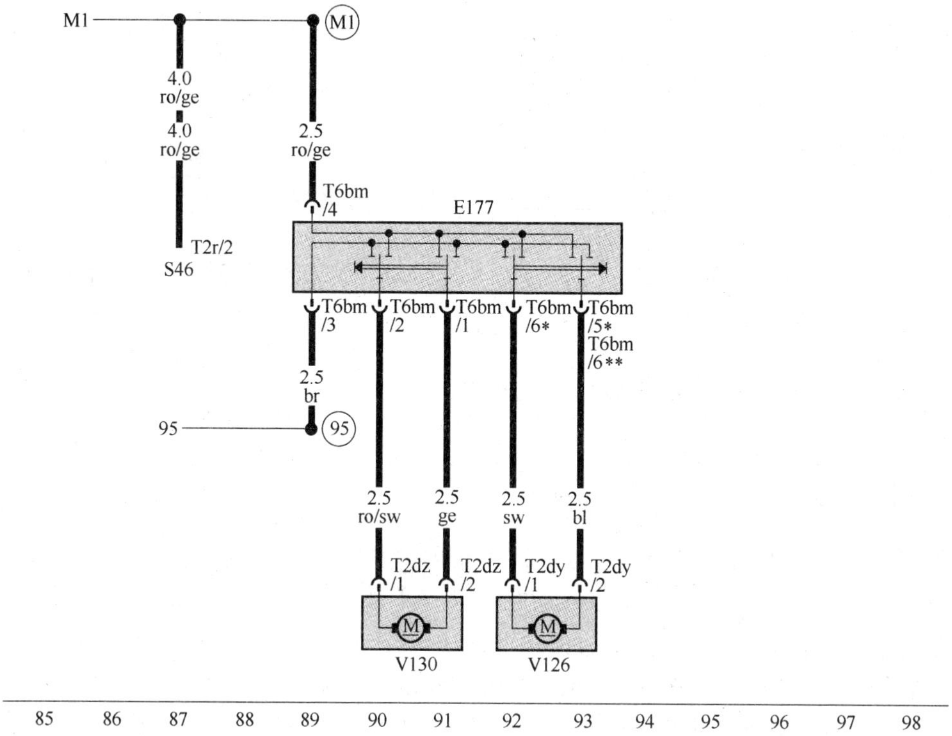

图 4－20　副驾驶员座椅腰部支撑调节开关

E177—副驾驶员座椅腰部支撑调节开关；

S46—副驾驶员座椅调整装置的热敏保险丝 1；

T2dy/2—芯插头连接；

T2dz/2—芯插头连接；

T6bm/6　芯插头连接；

V126—副驾驶员座椅腰部支撑装置纵向调节电动机；

V130—副驾驶员座椅腰部支撑装置高度调节电动机；

95—接地连接 1，在座椅调节装置线束中；

M1—正极连接 1（30），在座椅调节装置线束中；

＊—有效期至 2005 年 4 月；

＊＊—自 2005 年 5 月起

第五章

中央控制门锁及防盗系统

第一节　中央控制门锁

一、中控锁的作用

为了使汽车的使用更加方便和安全，现代轿车多数都装备中央控制门锁系统，简称中控锁。装配中央控制门锁后，可实现以下功能（指“不带防盗器”的中控锁）：

（1）将驾驶员侧或前乘客侧车门锁操纵杆（门提钮）按下时，其他几个车门及行李舱门都能自动锁定，如用钥匙锁门，也可同时锁好其他车门和行李舱门；

（2）将驾驶员侧或前乘客侧车门锁操纵杆拉起时，其他车门和行李舱门锁扣都能同时打开，如用钥匙开门也可实现该动作；

（3）在车室内个别车门需要打开时，可分别拉开各自门锁操纵杆。

[**技师指导**] 一般中控锁没有遥控功能，车外锁门和开锁只有钥匙一种方法，车内开门和锁门只有车门操纵杆一种方法，这种中控锁多安装在两门货车上。

中控锁与电子防盗器组合工作后，中控门锁系统的作用是能通过遥控器或钥匙对车门及行李舱锁进行集中控制。当驾驶员对左前门（或驾驶员侧前门）进行控制（锁门、开门）时，所有的门锁及行李舱锁能同时实现相同的控制效果。在中控门锁系统不工作时，乘客仍可使用各车门的机械弹簧锁来开关车门。

[**技师指导**] 中、低档轿车一般原车中央控制门锁和后加装防盗器组合一起作用。中控锁和防盗器组合后，车外有遥控开锁/锁门功能，车外还有钥匙锁门/开锁功能，这样车外开门有两种方法，车内开门和锁门通过车门操纵杆或车内遥控开锁和锁门也是两种方法。若原车中控锁盒有车速信号输入，则一般当车速超过10km/h时自动上锁。图5－1所示为机械钥匙和防盗遥控器分体，只要拿其中一个即可开门和锁门，当然启动还是需要钥匙，看到机械钥匙和防盗遥控器分体就说明原车不是变码送码防盗。

图5－1　机械钥匙和防盗遥控器分体

二、中控锁的类型

中央控制门锁有以下几种类型。

（1）电磁线圈式：两个位置不同的电磁线圈形式是其中一个线圈通电生磁吸引铁芯移动至一个位置，另一个铁芯通电生磁吸引铁芯移动至另一个位置，这种中控门锁已经被淘汰。

（2）双压力泵式：双压力泵式则是利用双向空气压力泵产生压力或真空，通过门锁执行元件（膜盒）来完成门锁的开关动作，也接近淘汰。

（3）直流电动机式：目前使用最广泛的是直流电动机式，直流电动机式是通过改变各个车门门锁电动机的旋转方向来实现门锁动作的。

图5－2所示为电动车门锁执行器的内部结构。由于电动机转速很高，故需要多级齿轮组成的减速机构控制齿条移动。一个小功率电动机带动一系列起减速作用的圆柱齿轮，最后一个齿轮驱动齿条，该齿条与执行杆相连。

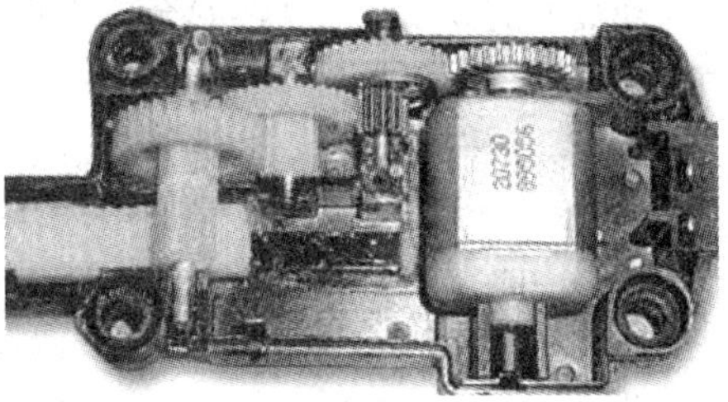

图5－2　车门锁电动机和减速机构

三、直接控制型中控锁

1. 组成及工作原理

直接利用开关控制直流电动机的正反转来实现门锁的开、关动作称为直接控制型。其主要由电动机、继电器、门锁开关及连杆操纵机构组成。直接控制型中控门锁操纵机构的电路如图5－3所示。

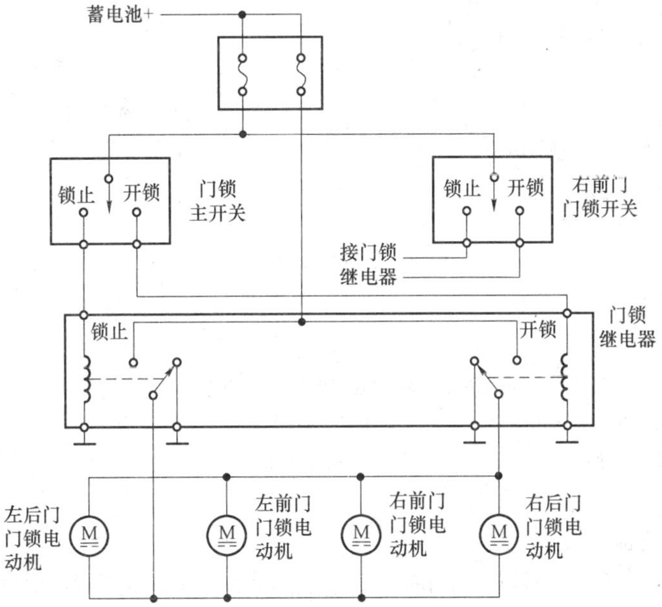

图5－3　中控门锁电路

工作原理：四个电动机的旋转方向由经过电动机电枢的极性正负决定。主门锁开关控制锁门继电器和开锁继电器的线圈，控制两个继电器的那个接负（地）引脚变为接正。这样利用电动机的正转或反转，就可完成车门的闭锁和开锁动作。右前车门一般不设计门锁开关，若像图 5－3 中所示设置的话，也应像主开关一样接到开锁/锁门继电器线圈上，相当于两个控制开关并联。

2. 带有电子器件的中控门锁控制器工作原理（电子控制）

门锁机构在工作时要消耗电能，为缩短工作时间，门锁电路装有定时装置。这种装置的工作原理为：利用电容器的充放电特性，在超过规定时间后，输送给门锁机构的电流就自行中断。正常锁门或开门也是如此，定时装置可以保护电路和用电器的安全。四门轿车使用电动机较多，为防止电控门锁开关过载，一般增装继电器，通过门锁开关控制继电器来控制电动机。

为门锁执行机构提供锁/开脉冲电流的控制装置称为门锁控制器，常用形式有以下 3 种。

1）晶体管脉冲电流式

晶体管式门锁控制器内部有两个继电器：一个控制锁门，另一个控制开门。继电器线圈电流由晶体管开关控制，其利用电容器的充放电过程控制通过一定时间的脉冲电流（比如 1～2s），使执行机构完成锁门和开门动作。晶体管式门锁控制器电路如图 5－4 所示（要说明的这个例子是电磁线圈式不是电动机式）。

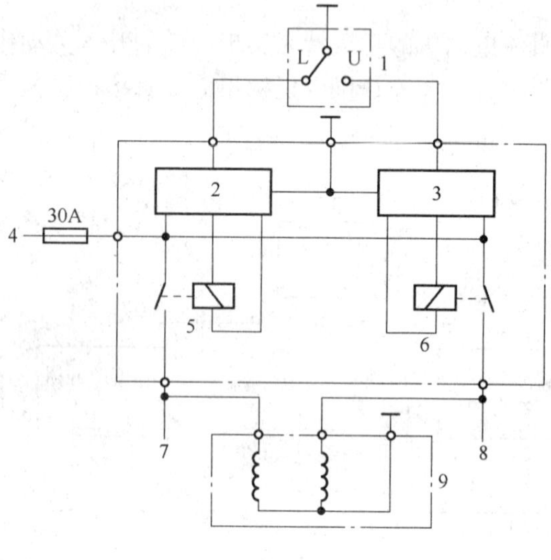

图 5－4　晶体管式门锁控制器

1—门锁开关；2—锁门控制电路；3—开门控制电路；4—接电源正极；5—锁门继电器；6—开门继电器；7，8—接其他车门锁；9—门锁执行机构（电磁式）；L—LOCK（锁门）；U—UNLOCK（开门）

2）电容脉冲电流式

该门锁控制器是利用电容充放电特性来进行控制的，平时电容器充足电，工作时把它接入控制电路使电路放电，令两电路中的一个通电而短时吸合。电容器完全放电后，通过继电器的电容中断而使其触点断开，门锁系统不再工作，其电路如图 5－5 所示（要说明的这个例子是电磁线圈式不是电动机式，只在两门货车和微型面包车上有使用）。

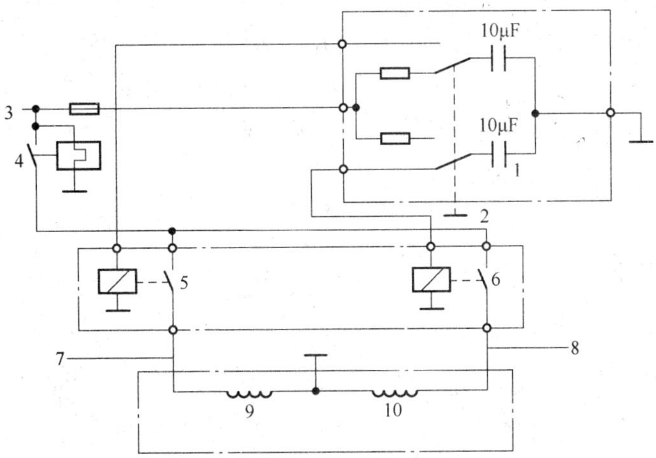

图 5－5 电容式门锁控制器

1—电容器；2—门锁开关；3—接电源正极；4—热敏断路器；5—锁门继电器；
6—开门继电器；7—接其他车门（锁）；8—接其他车门（开）；9，10—门锁执行机构（电磁式）

3）带车速感应的脉冲电流式

在中控门锁系统中加载车速为 10km/h 的感应开关，当车速达 10km/h 以上时，若车门未上锁，驾驶员不需动手，则门锁控制器将自动锁上车门。如果个别车门要自行开门或锁门，则可分别操作，其电路如图 5－6 所示。

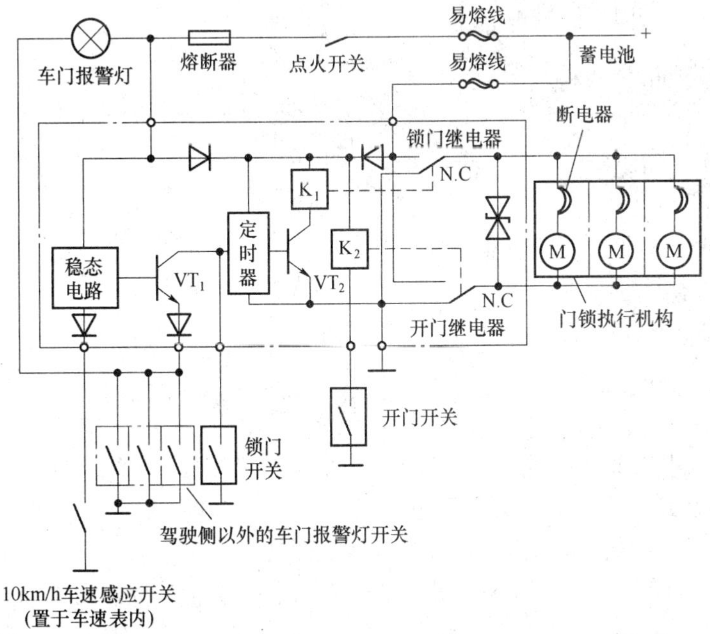

图 5－6 带车速感应的脉冲电流式中控门锁系统电路

当点火开关接通时，电流流经报警灯，可使 3 个车门的报警灯开关（此时门未锁）搭铁，报警灯亮。若按下锁门开关，定时器使三极管 VT_2 导通一下，在三极管 VT_2 导通期间，

锁定继电器线圈 K_1 通电，动合触点闭合，门锁执行机构通正向电流，执行锁门动作。若按下开锁开关，则开锁继电器线圈 K_2 通电，动合触点闭合，门锁执行机构通反向电流，执行开门动作。汽车行驶时，若车门未锁，且车速低于 10km/h，则置于车速表内的 10km/h 开关闭合，此时稳态电路不向三极管 VT_1 提供基极电流；当行车速度高于 10km/h 时，10km/h 车速感应开关断开，此时稳态电路给三极管 VT_1 提供基极电流，VT_1 导通，定时器触发端经 VT_1 和车门报警开关搭铁，如同按下锁门开关一样，使车门锁定，从而保证行车安全。

四、中控锁门锁块

中控锁的门锁块实物如图 5－7 所示，直流电动机的正向与反向转动带动伸缩杆伸出和缩回，实现开锁和锁门（落锁）动作，车内的门提钮和车外的机械钥匙通过杆的传动可强制电动机减速机构的齿条反向推齿轮转动，电动机伸缩杆伸出或缩回。车内的开门手扣和车外的开门拉手只有在电动机、车内门提钮、车外机械钥匙三个中的一个处于开锁状态时才能开门。

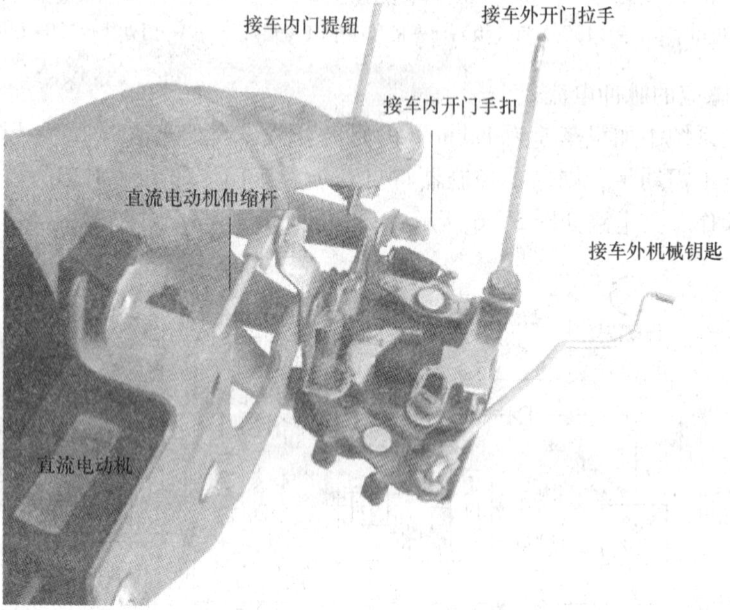

图 5－7　中控锁门锁块实物

这种一个电动机形式的中控锁锁块在防一般窃贼时较有用，但对于懂中控锁锁块的修理人员来说，则难以起到保护的作用（其可通过主车门的车门和玻璃的门饰条插入金属钩，提出车内的门提钮实现开门，或用大螺丝刀直接强制机械钥匙转动，以及破坏玻璃钢窗拉出门提钮等多种方式打开）。日系车通常不在车门窗边设计门提钮，它把门提钮设计到开门手扣里。

安全的中控锁锁块采用两个电动机，一个为锁门电动机，实现锁门和开锁；另一个为锁止电动机，以防止强制开锁。当然，如果强制开锁到一定程度，锁止电动机也就没有用了。

[完成任务] 中控锁锁块是个重要的实习项目，学会了它，才能和电路图真正联系起来，才能在脑中实现电气和机械部分联动。找一个中控锁锁块仔细研究一下，汽车厂中损坏的锁块很多，可收集来研究一下。

五、加装中控锁

1. 加装电动机式中控锁

主司机门门锁块共有五根线，分别是电动机蓝线和绿线两根为一个插头，棕、白两根信号线和一根黑搭铁为一个插头。此时如果是开门，则钥匙操作（也可以是上拉门提钮）将棕色信号线和搭铁线接通，电动机此时由中控盒供电，向中控盒发出信号以证明司机门的开启状态，从而同时控制其他几个车门电动机和主门锁电动机动作一致。如果是锁门，则钥匙操作将白线和黑色搭铁线接通。一种是钥匙操作（也可以是上拉门提钮）产生信号给中控锁控制门锁块；另一种是利用遥控器来控制，在原中控盒上多了一个信号接收器来接收发自遥控器的信号，以控制门锁电动机动作。

手动机械式由司机操纵主门锁电动机完成，从而带动其他车门电动机动作，这种情况很少。中央控制门锁大多是加装的，一般它与防盗器配套使用，例如铁将军防盗器等，这种情况在讲完加装防盗器时再讲。现在只讲第一种情况。加装中控锁有两种方式：一种是“二控二”式（如图5－8所示），另一种是“一控三”式（如图5－9所示）。

[**完成任务**] 分析图5－8所示“二控二”式接法，若用钥匙开副驾驶侧车门，则其他门是否开启：________。

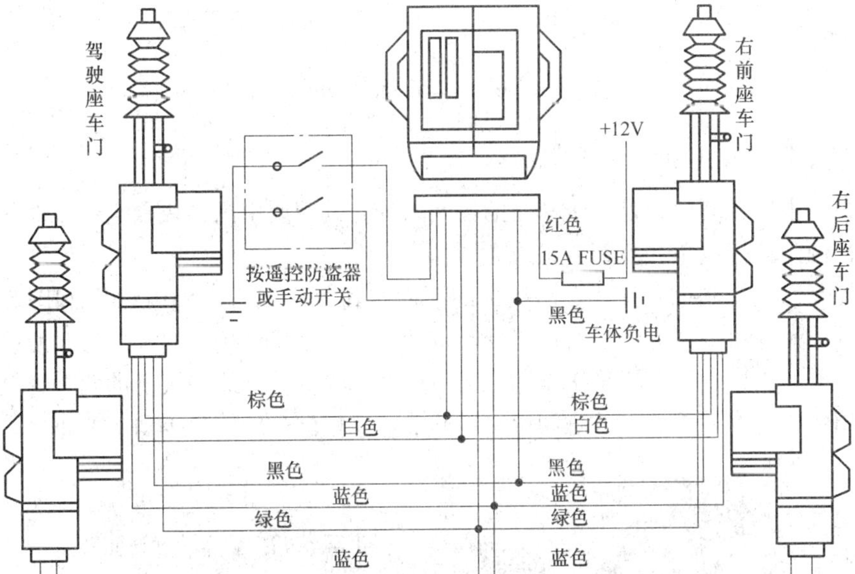

图5－8 “二控二”式接法

“二控二”指主司机门和副司机门都采用五线门锁块，其他两后门采用两线门锁块，主、副钥匙都可以控制其他车门的开或锁。

“一控三”指司机侧车门电动机采用五根线，可以控制其他三个车门，司机侧车门电动机锁门后其他门锁再锁门，开门也是主门电动机先动作，其他三门电动机后动作。

[**完成任务**] 分析图5－9所示“一控三”式接法，若用钥匙开副驾驶侧车门，则其他

门是否开启：________。

参考铁将军防盗器原理图中的JR2和JR3继电器，说明如图5－9所示“一控三”式接法中虚线框内的两个开关是什么开关：________。

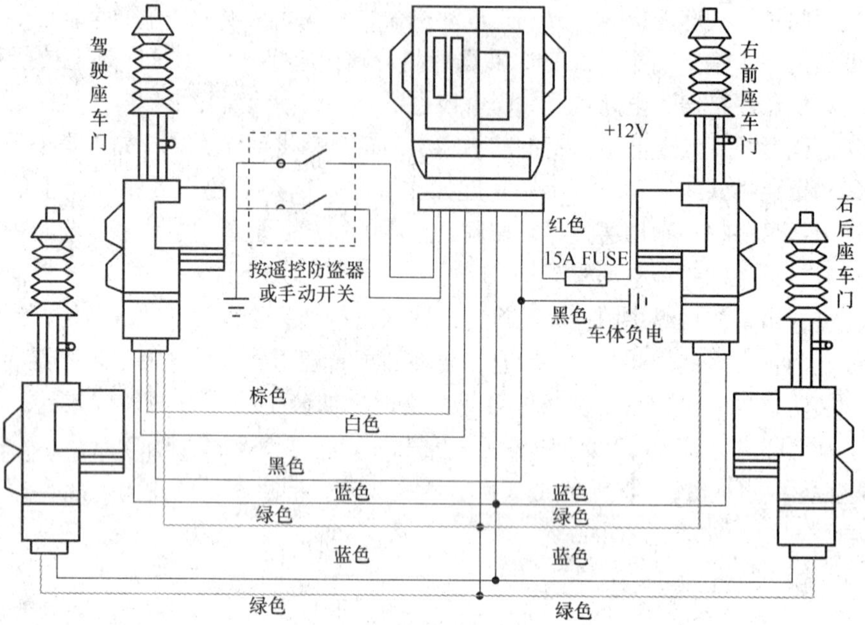

图5－9　“一控三”式接法

2. 加装双压力泵式中控锁

双压力泵中央控制门锁是一个独立的控制系统，其主要由门锁块真空膜盒部分、空气管路和中央控制门锁控制单元三部分组成。

中央控制门锁控制单元安装在后座椅的下面，其内部如图5－10（a）和图5－10（b）所示，控制单元内由一个电动机通过正反转带动一个电动泵产生吸气和压气，所以也称双压泵。真空泵上的出口分出四根管接至四个车门的真空膜盒上。线路板上的两个继电器是为电动机换向用的，另有一个放气电磁阀用来控制上边这根红色软管是否与大气相通。

（a）

图5－10　奥迪100双压力泵式中控锁

(b)

图 5-10　奥迪 100 双压力泵式中控锁（续）

外部用五个插头与中央控制门锁线束来连接，插座的 1 端子接电源，2 端子接搭铁，3 端子接右前门锁开关，4 端子接左前门门锁开关，5 脚为空脚，6 端子接点火开关 75 号线（来自卸荷继电器）。

1）工作原理

图 5-11 所示为奥迪 100 中控门锁控制系统控制电路示意图。

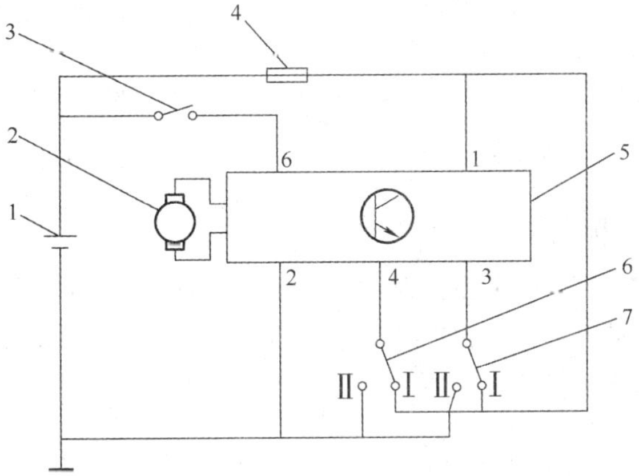

图 5-11　奥迪 100 中控门锁控制系统控制电路示意图

1—蓄电池；2—双向压力泵；3—点火开关；4—熔断器；5—中控锁控制单元；
6—左前门门锁开关；7—右前门门锁开关

（1）当通过钥匙或拔出两前门的任一门锁操纵杆来打开门锁时，由于门锁通过连接杆与车门锁执行元件相连接，故连杆被向上拉起，车门锁执行元件中门锁开关的开锁触点Ⅰ闭合，控制单元收到此信号后，立即控制双压泵转动以压缩空气，系统管路中的气体呈正压，气体进入 4 个车门及行李舱的执行元件（膜盒）内，膜片推动连杆向上运动将门锁打开。

（2）当通过钥匙或按下前两门的任一门锁操纵杆来锁住车门时，连接杆被压下，车门锁执行元件中门锁开关的车门锁触点Ⅱ闭合，控制单元收到此信号后，立即控制双压力泵向另一个方向运转，用以抽吸真空，系统管路中呈负压，各门锁的执行元件进入真空状态，膜片带动连接杆向下运动将车门锁住。

(3) 后车门及行李舱门锁执行机构元件与前车门有所不同的是，它们没有门锁开关及接线，只是一个气动执行元件（真空膜盒）。

(4) 如图5-12所示，在装有控制单元和双向压力泵的塑料盒内有一个双触点开关，压力泵不转动时两对触点都断开，压力泵转动3~7s后，无论是正压还是负压，都会使一对触点闭合，控制单元收到此信号后，立即使双压力泵停止转动。如果管路或膜盒出现漏气，压力泵虽然转动，但建立起的正压或负压不足以使触点闭合，经过约7s后，压力泵仍然转动。控制单元具有压力泵强行保护功能，即延迟电路每次只允许压力泵转动30s便自动停转，其作用是当管路出现漏气故障后，防止压力泵因长时间运转而损坏。塑料盒内的系统管路上还装有一个放气电磁阀，每当压力泵停止转动后，此阀打开，使系统中管路与大气相通，以备下次操作，每当压力泵转动之前，此阀立即关闭，使系统管路与大气隔绝。

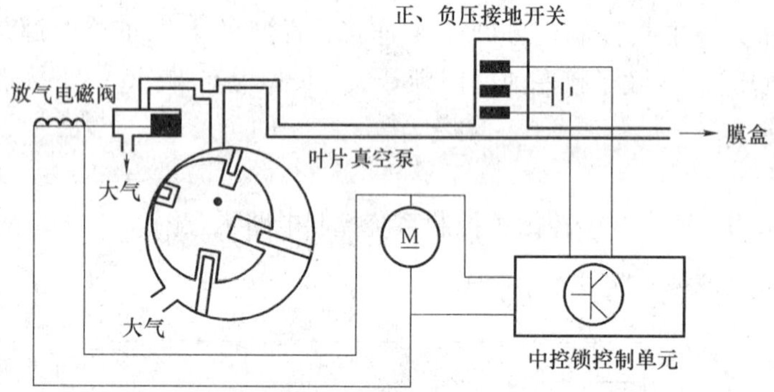

图5-12　奥迪100中控门锁控制系统

2）气动中央控制门锁的常见故障

在门锁系统失灵时，应该首先观察是全部门锁失灵还是某个车门锁失灵，如果是全部门锁失灵，则一般是由电源开路、空气管路破裂、控制单元损坏等原因造成的，若打开或关闭前门锁，双压泵工作时间长达30s，但门锁不动作，说明系统中有漏气处；如果只是某个车门锁失灵，则一般是由于该门锁机械方面的故障，只要拆检故障所在车门即可查出。

[**技师指导**] 气动中控锁控制机构太复杂，故障也较多，噪声也大，2000年之前的奥迪、奔驰车用过，现在已经极少应用了。

第二节　铁将军防盗器

一、防盗系统的功用与种类

1. 防盗系统的功用

汽车防盗系统的任务是必须达到使偷盗者放弃偷盗汽车的目的。理想的防盗装置应能使偷盗者不能开动汽车，使之迷惑不解，并能使汽车发出一种报警信号，给偷盗者一种心理上的冲击。警报一般以灯光闪烁与发声报警形式发出，警报发生后持续时间约为1 min，但发动机起动电路直到车主用车钥匙打开汽车门锁之前都始终处于断路状态。

2. 防盗系统的种类

常见的汽车防盗装置有 3 类：机械式、电子式和网络式。

1）机械式防盗装置

机械式是在拔掉钥匙后，用一个锁舌锁住方向盘。几乎现在车上全有这种功能，要记住的是转不动钥匙时，可左右转动一下方向盘再转动钥匙。

2）电子式防盗装置

电子式防盗装置国内有汽车加装防盗器和原车配装防盗止动器两类（本书重点讲解）。

3）网络式防盗装置

该类系统利用卫星进行定位跟踪（GPS）。网络式防盗主要用于出租车事后寻车，其并不能阻止第一现场用发动机动力盗走车辆，只有车主或家人让指挥中心寻车时，才能停止车辆。它必须在没有盲区的网络下才能工作，更主要的是需要公安部门设立监控中心。发达国家已开始试用，我国还没有正式批量使用。不过，随着智能交通（ITS）和通信技术的发展、成熟，该技术必将广泛应用于汽车领域。

总体来说，汽车加装防盗器和原车配装防盗止动器这两类几乎为全部国内汽车所使用。其中原车配装防盗止动器是目前最安全的防盗方式，因为其他方式的防盗器都能通过简单的改线或拆除防盗装置起动发动机盗走车辆。防盗止动器的优点就是不能利用汽车发动机的动力行驶。

二、加装防盗器的应用方式

防盗器应用一般有两种情况，一种是防盗器单独使用，通过声光报警来吓走盗贼，通过断点火功能（或断起动机启动功能）来阻止汽车起动，原车无中控锁模块，防盗器又配了四个锁门/开锁螺线管电磁阀，也可遥控开门/锁门；第二种是原车有中控锁，防盗器要和原车中控锁联合使用，实现阻吓、断点火及遥控开锁/锁门功能。

三、铁将军防盗器的功能

铁将军防盗器外接各元件的功能如下（如图 5－13 所示）。

（1）喇叭用于报警，转向灯用于远距离识别是否接收到遥控信号，当遥控锁门和开锁时转向灯应闪烁。

（2）振动传感器用于测量外界施加的振动，以触发声光报警。

（3）车门开关要接在左前车门开关上，开门时实现负触发，用于识别车门是否关严，以进行语音提示。

（4）后备厢电动机通过继电器控制，防盗器控制线圈搭铁，可遥控后备厢开锁/闭锁。

（5）断电继电器（常闭继电器）可以在设定防盗时，断开起动电路或点火线圈电路。

（6）接刹车灯开关的目的是在车辆行驶的过程中防止误开车门，修理人员一般情况下不用这个功能。

（7）天线用于接收遥控器发出的信号。

（8）LED 灯在进入防盗状态时闪烁。

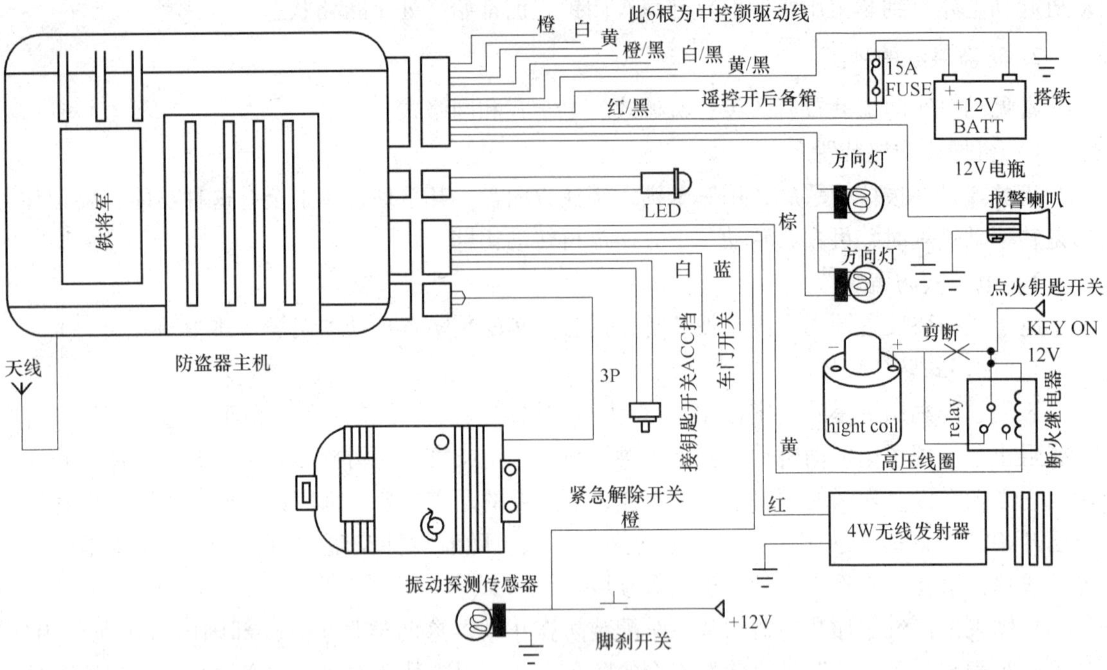

图 5-13　铁将军 G191FAA1 汽车防盗报警器接线

(9) 粗红和粗黑用于供电，点火开关“KEY ON”在这里是作为信号输入，是为了识别汽车钥匙是否在点火开关内。

[完成任务] 请对照铁将军 G191FAA1 汽车防盗报警器主机接线图 5-13 和原理图 5-14，找出原理图中五个继电器（继电器型号 NT37CS10 和 D12-SHS）的作用。

※提示：在接线图 5-13 中，靠近 LED 灯的那边是 JR4 双触点左右转向灯继电器，而在原理图 5-14 中 CN7 为 LED 灯。

JR1：________；JR2：________；JR3：________；JR5：________。

请对照铁将军 G191FAA1 汽车防盗报警器主机接线图 5-13 和原理图 5-14，写出连接器外接元件 CN5（3 根线，也称 3 针）：________；CN6（7 根线）：________；CN8（12 根线）：________________________；接收头板电路（3 根线）：________。CN8 的第 4 引脚是什么：________；CN8 的第 6 引脚是什么：________；CN8 的第 5 引脚是什么：________。JR5 本质是几脚继电器：________；JR2 线圈不通电时为 8 和 9 之间导通，一旦通电时是 8 跟________之间导通。

JR5 线圈不通电时为 11 和 12 之间导通，一旦通电时是 11 跟________之间导通。

[技师指导] 本人在开夏利 N3 轿车时，车上配有铁将军防盗器，用遥控器遥控开锁时，转向灯还能闪，但就是无法遥控开锁。后用钥匙直接开锁，中控锁能正常开锁和闭锁。本人怀疑继电器 JR2 和 JR5 有故障，一时找不到 NT37CS10 继电器，采用两个五脚欧姆龙微型继电器替换了 JR2 和 JR5 后，故障消失，以后从未出现过此故障。本车为“一控三”式接法。

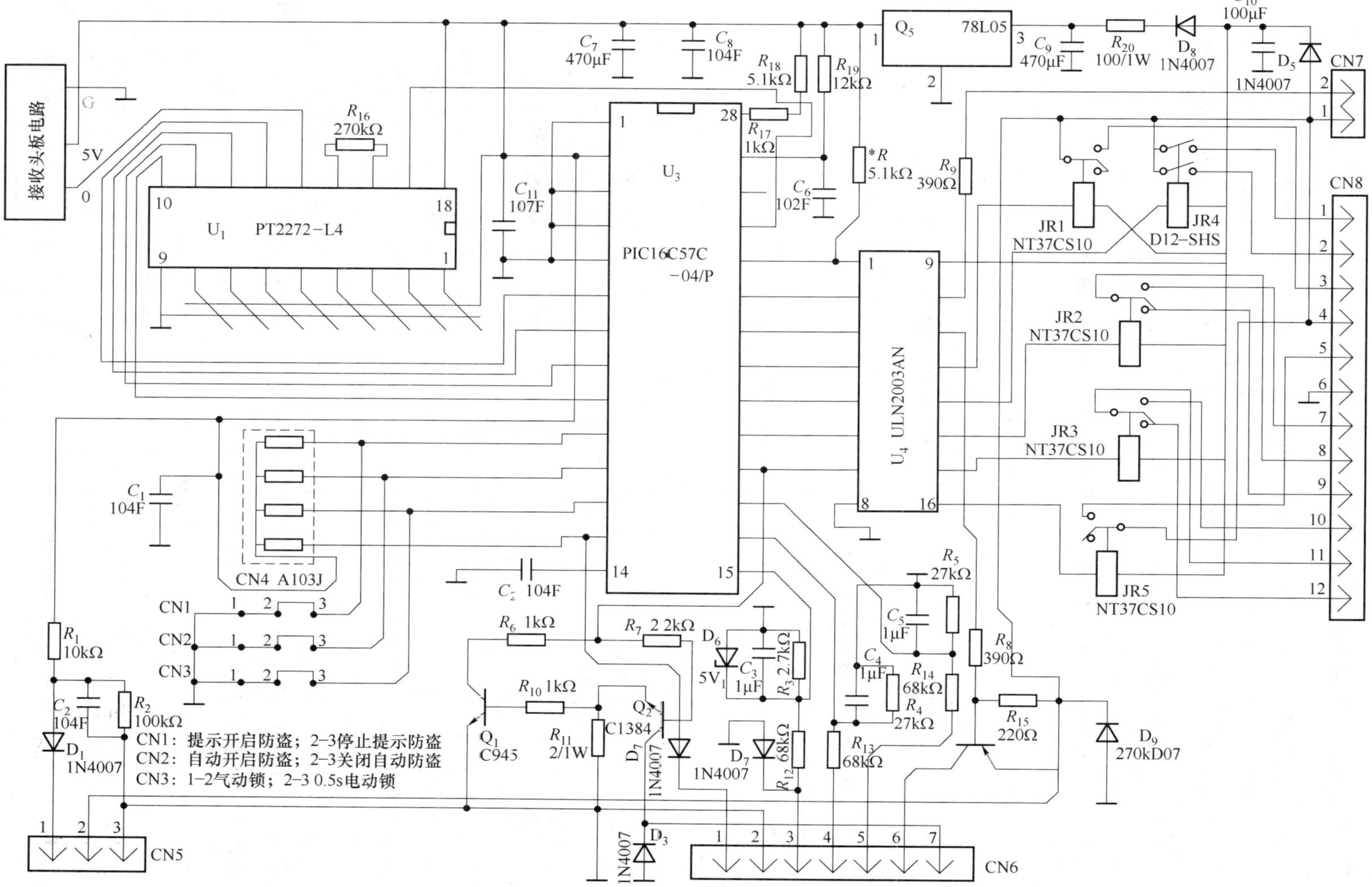

图5-14 铁将军G191FAA1汽车防盗报警器主机原理

四、防盗器对中控锁的遥控控制

在中央控制门锁电路中，如果信号线和搭铁（0V）接触后，会产生一个开启或关闭门锁的信号，称为负触发信号；如果信号线和火线（12V）接触后，会产生一个开启或关闭门锁的信号，称为正触发信号。在个别控制中既使用了正触发，也使用了负触发来产生信号。

1. JR3 和 JR2 继电器

不遥控时，JR3/JR2 如图 5－15 所示。

（1）遥控锁门时，防盗器内的锁门继电器 JR3 通电动作触点开关下移 1～2s 后回位；

（2）遥控开锁时，防盗器内的开锁继电器 JR2 通电动作触点开关下移 1～2s 后回位。

所以，实际要依据 JR3、JR2 继电器在遥控器遥控下的动作灵活接入。

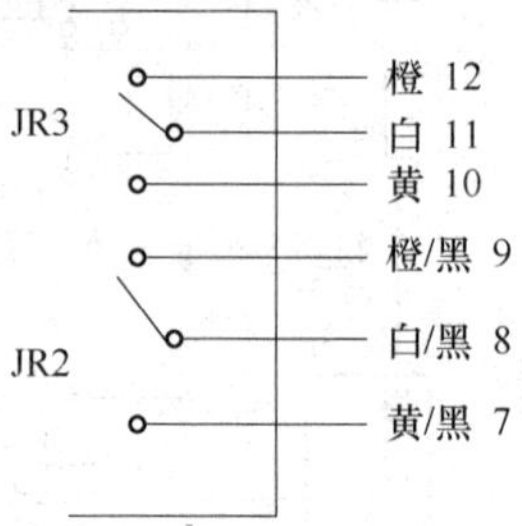

图 5－15　内部原理

2. 防盗器主机对中控锁的输入方式

负触发接线：如图 5－16 所示，防盗器的关信号（白）和开信号（白/黑）要与中控锁控制单元相接，事先已知中控锁控制单元是采用负触发的。遥控开锁时，开信号（白/黑）与黄/黑搭铁，拉低了中控锁的开信号电位，控制开锁；遥控锁门时，关信号（白）与黄搭铁，拉低了中控锁的关信号电位，控制开锁。

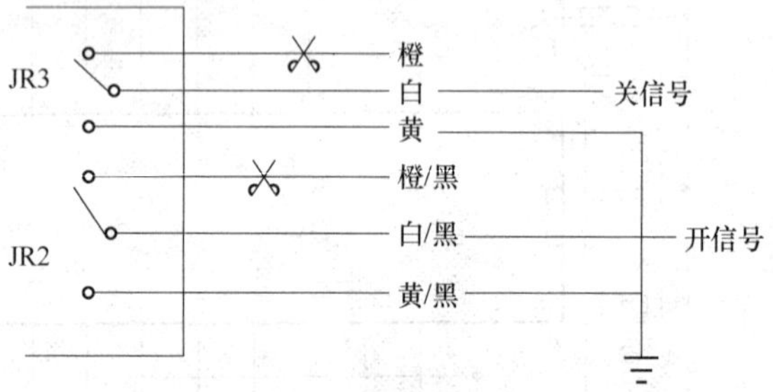

图 5－16　负触发接线

正触发接线：如图 5－17 所示，防盗器的关信号（白）和开信号（白/黑）要与中控锁控制单元相接，事先已知中控锁控制单元是采用正触发的。遥控开锁时，开信号（白/黑）与黄/黑 12V 相通，拉高了中控锁的开信号电位，控制开锁；遥控锁门时，关信号（白）与黄 12V 相通，拉高了中控锁的关信号电位，控制开锁。

正负触发接线：如图 5－18 所示，其是不剪线的触发方式，因为开锁或锁门信号只控制一个继电器工作，恰好直接形成了电动机的换向电路，这种电路可用防盗器直接电动机控制锁门或开锁，而不用中控锁控制单元。

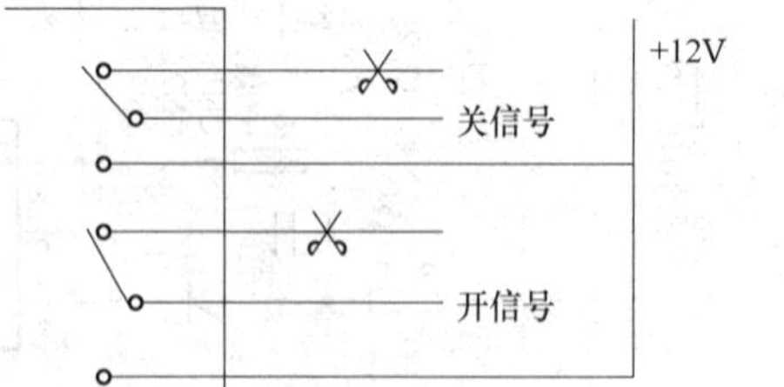

图 5－17　正触发接线

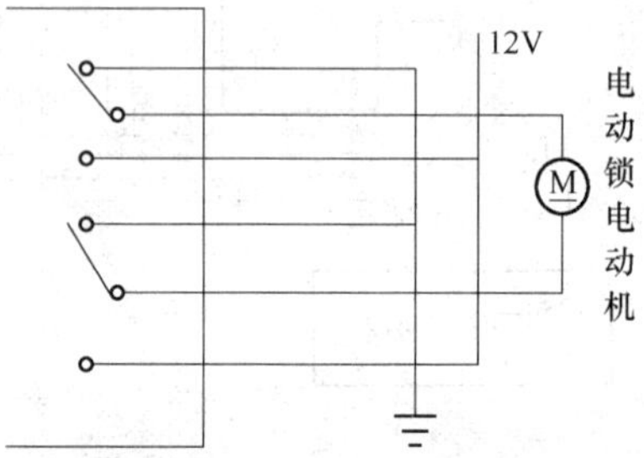

图 5－18　正负触发接线

［完成任务］根据铁将军 G191FAA1 汽车防盗报警器主机原理图 5－14，分析开锁、锁门、静音、开启后备厢电路是如何工作的，按键可参考图 5－19 所示铁将军遥控器。

遥控信号从铁将军的哪个元件输入：____________；

防盗控制器如何区分不同遥控信号：____________。

图 5－19　铁将军遥控器

五、原车中控锁单线负触发电路防盗改装

1. 原车中控锁单线负触发电路防盗改装

图 5－20 所示为天津一汽威志轿车原车单线负触发中控锁电路（接地开锁），原车单线负触发是指中控触发线接地电动机开锁，断开接地，电动机实现上锁。防盗器对中控锁遥控控制，图 5－21 所示为原车中控锁单线负触发电路加装防盗器电路方式（静态）。

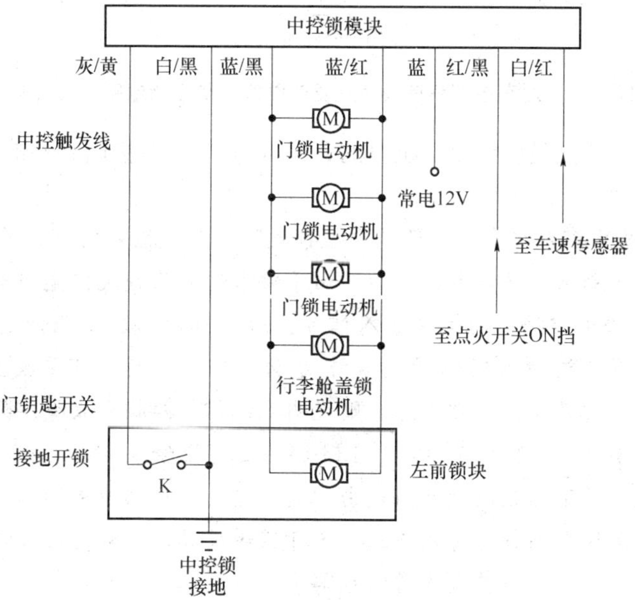

图 5－20　天津一汽威志轿车原车单线负触发中控锁电路（接地开锁）

2. 控制过程

（1）如图 5－21 所示，当防盗器处于不动作状态时，防盗主机内继电器 JR3 和继电器 JR2 处于静态，信号线经防盗主机的白/黑色线→橙/黑色线→橙色线→白色线→驾驶员车门门锁主开关 K，中控系统可以照常工作，在车外用钥匙或在车内拉动驾驶员门锁提钮都能正常开或锁全车所有门锁。车辆行驶，车速达到 10km/h 以上时全车门锁均能自动上锁，停车后关闭点火开关，全车门锁均能自动开启。

（2）当遥控防盗器执行锁门动作时，继电器 JR3 动作（瞬间的，1～2s 恢复），信号线检测到与接地断开信号，全车门上锁，驾驶员门锁电动机里的开关 K 被电动机动作联动断开（在开门状态时 K 是闭合的）并保持，信号线保持与接地断开，全车门保持上锁。当遥控防盗器执行开锁动作时，继电器 JR2 动作（瞬间的，1～2s 恢复），信号线检测到接地信

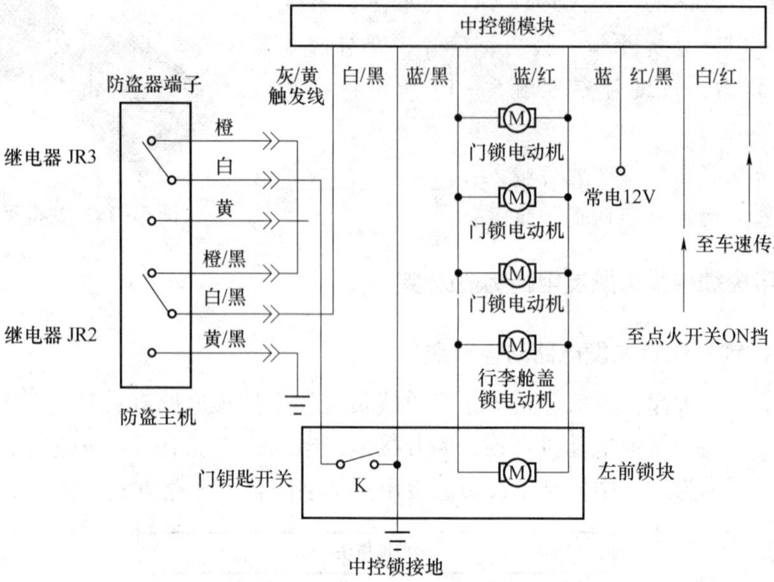

图 5－21　原车中控锁单线负触发电路加装防盗器电路方式（静态）

号，全车门锁开启，驾驶员门锁电动机里的开关 K 闭合（在锁门状态时 K 是断开的）并保持，全车门保持开锁。

［**技师指导**］是防盗系统有故障还是中控锁故障，可先检查门锁开关 K 控制中控锁是否正常工作。多数中控锁采用防盗器控制后，由于要通过主门锁块内主门电动机先动作，促使门锁开关 K 动作后给中控锁控制模块输入信号，所以可以出现主门能遥控锁门，但其他三门却不能锁门的情况，这时为门锁开关 K 未连动动作造成的，可更换主门锁块排除故障。如果遥控锁门或开门时只有转向灯闪烁，则说明无线信号接收无故障，故障多在防盗主机的两个继电器 JR3 和 JR2，一般更换继电器 JR3 和 JR2 可排除。

多数防盗器遥控时不能锁门或开门是由于遥控器电池用完造成的。另外，遥控器摇控中控锁锁门或开锁时出现个别锁有时锁不上或不开锁等故障，多数是门锁机械生锈导致不顺畅造成的，可通过换门锁块、调整或润滑门锁解决。

［**技师指导**］超声波监控防盗和加装防盗器的振动防盗。

例如，铁将军防盗器的振动传感器在感应到车辆被振动时会进行声光报警，在低档车中应用还可以，在高档轿车中（如奥迪）若用振动传感器直接触发喇叭和转向灯进行声光报警，那就有损奥迪的形象了。

奥迪在汽车 B 柱采用 4 个超声波传感器（左、右侧各两个），以 40Hz 的频率发射波（人耳无法听见）到车门窗，同时传感器又接收反射回来的波信号，超声波控制单元分析反射回来的波是否受到诸如车门和门窗振动，如果必要，则触发报警，防盗报警器控制单元使扬声器发出声音警报，同时闪烁转向信号交替发出。当司机侧车门打开后，内部监控功能主动中断。内部监控开关装在司机侧 B 柱上，只需按一下该开关，就能中断防盗器的监控功能，以防止意外触发报警器。如果 4 个超声波传感器中的某一个传递信号失败，则将中断对该车窗的监控。

第三节　安装汽车防盗器

一、安装汽车防盗器的注意事项

（1）首先拆装车辆时要认真仔细，并对各种车型结构要了解清楚，在无把握的情况下不可拆装，以免给客户造成损失。

（2）对各种车型的电路要按规定方式科学查找，不可凭经验。只查找与安装防盗器有关的线路，千万不要好奇，严禁测试电脑线路和安全气囊及 ABS 线路。

（3）因为很多车都带电脑，故会因断点火线造成电脑故障。刹车带助力及方向盘带助力的车型，若断开点火线（ON），则在设定防抢时会在 30s 左右灭火，若此时的车辆在高速行驶，则熄火后车辆的刹车以及转向都很沉重或失效，将会给第三者造成重大伤害。因此，建议断接起动电动机线，不要断点火线。

（4）当可断 ON 线的车型安装时（如化油器、柴油车类不带电脑的），30A 断电器的小白线要接在 ON 线上，防盗器上输出负电的小黄线要接在断电器的小黄线上。

二、安装汽车防盗器的程序

（1）先查验车辆的状况：如电瓶电压、水温表、机油表、大灯、小灯、转向灯、刹车灯、室内灯、气囊灯、ABS 灯、SRS 和天窗等。

（2）安装：查找要接的 +12V 常火线、负电（搭铁）、转向灯线、门边线、刹车线、起动电动机线、中控线、开/关信号线等。

（3）查接安装后必须要自检车辆全部功能是否正常，之后再把所拆下饰板件装回原样。

（4）交车给车主：将遥控器上按键的使用方法、功能一一介绍给用户，并做演示，让用户掌握使用方法。向用户强调：如果车子被借出，归还后要把遥控器清码。

（5）说明书最后一页需用户保留，为安装之后的售后服务凭单。

三、安装工具与工艺

（1）安装时需正确使用工具，正确拆装车辆装饰板、车门及仪表盘（需要时）。注意工具使用规格尺寸的正确，工具包括：不同规格的十字改锥、剥线钳、内梅花、内六角和剪钳等。

（2）正确剥线、接线和缠线，根据线径粗细不同，将接线端外缘皮剥去 25mm 左右，剥皮时要注意内部铜线可能受损或被剪断。铜线应完好无损，线皮剥好后，将露出的铜线绕束扭紧在一起，用绝缘胶布缠好。在搭接起动线或点火线时，剥线应长至 30mm，线皮剥好后，先将铜线一分为二扭紧在一起，然后将两条线一分为二的部分分别扭紧在一起，再将它们合二为一扭紧，用胶布缠好。使用的胶布要符合电工标准，注意其绝缘性和有效期。缠绕胶布时，要稍用点力将胶布稍稍拉长，然后再缠绕，这样缠好的胶布会自然地抢紧在搭接好的导线上，不易松开，安全、牢固性较好。缠绕常火线、起动线和 ON 线时，需按胶布的使用方法缠绕两次。缠绕时胶布要有外延，不得有铜线丝露出。断电继电器下的几条粗线，接好后不要用胶布大面积长长地将几条粗线缠绑在一起，否则不易散热，且易发生危险。

（3）应注意正确使用试电笔和万用表等仪器、仪表，注意万用表的挡位应设置正确。

四、安装汽车防盗器的技术要求

（1）车辆各个门及部分车的后行李箱、引擎舱盖要有保护，加门开关，如金杯经济型、夏利等。

（2）布线要求：先找好主机固定的位置，分两路，一路为方向盘底盖、电源线（红色）、ON线（白色）、控制30A断电器线（黄色）、转向灯线（两条棕色）；另一路为保险盒及左前方、前盖（喇叭线米红色）、车门开关线（蓝色）、中控锁线、仪表台上（LED灯线、天线）。

注意事项：安装前，先将线全部接上，自检的线路正确无误后，再分别把电源、振动器、LED灯插上主机，主机及振动感应器的位置应避开音响喇叭等高磁场的地方。固定主机、振动感应器的位置应注意是否为有高温产生的电器部位并注意防水（漏水）。防盗器装的好与不好，反映在查找车线是否正确、接线质量是否过关等方面。线的查找必须正确，线不能虚接，不该搭铁的地方不能搭铁，搭铁的地方必须搭实。接线处必须紧固、绝缘，否则极易烧毁防盗器主机或烧损车辆电路。安装时，认为防盗器主机、遥控器或其他元件有问题时，应将有问题主机元件原封不动地退回经销商，任何单位或个人请勿擅自拆卸主机、遥控器等任何元件。

第四节　汽车防盗器的常见故障疑难解答

一、问题和可能原因

（1）按一下遥控器按键，显示符号全显示一遍，并且有装电池时一样的叫声。

出现此问题最大的可能性为遥控器电池已没有电，当按遥控器时发射需要电流较大，有些品牌的电池低压特性不好，使电池电压降低很多，引起复位，更换电池即可，一般7号碱性电池可以使用一个月左右。当电池电压不足时，遥控报警距离会变近，更换电池后即可，建议使用7号AAA碱性电池，不要使用一般锌锰干电池。如果更换电池后仍有此现象，则可能是遥控器主板有问题，更换一个遥控器，重新学习一下即可。

（2）按遥控器时，主机没有任何反应，但主机可以报警，开门会闪灯。

当出现此问题时，检查另外一个遥控器能否遥控，如果能遥控，则说明主机是正常的。不能工作的遥控器重新学习对码，看能否学习成功，如果能，说明遥控器正常，只是主机丢了一个密码，重新学习即可；如果不能够学习对码，则可能是遥控器有问题，建议更换一个新的遥控器，重新学习对码。如果另外一个遥控器也不能遥控操作，则重新学习一下遥控器（即重新对码），如果重新对码后遥控器操作正常，则说明主机密码丢失，重新学习即可；如果重新学习不成功，则问题不在遥控器方面，检查一下主机天线及其他连接线，如果没有问题，则应该是主机接收电路出了问题，建议更换主机。一般解码电路采用双备份密码形式，丢失密码的机会很少，但并不能完全避免，如果有的主机经常丢码，则建议更换主机，其可能是主机解码电路有问题。

（3）遥控器上没有显示或显示状态不会改变，按遥控器，主机有反应，上下锁正常，遥控器不会报警。

汽车在行驶状态下，按遥控器上下锁时遥控器上显示的状态不会改变，此属正常现象，因为在此状态下没有必要改变显示，踩脚刹可以下锁，改变显示容易引起混乱，故其设计就是不改变显示的。但在其他状态下，遥控器上的显示应该随防盗状态的不同而改变，如果按遥控器，主机有反应，但遥控器上显示不改变或无显示，则检查另外一个遥控器是否正常，如果另外一个遥控器出现相同的情况，则可能主机发射报警电路有问题；如果另外一个遥控器正常，则说明遥控器报警接收电路有问题，更换一个新的遥控器重新学习，故障应该可以消除。如果只有一个遥控器，建议去安装商处先更换一个遥控器对码之后看是否正常，若还不行，则可能是主机的问题。

（4）遥控器遥控和报警距离变近，有时有电池符号出现。

这种情况应该为电池没电了，更换电池即可，一般 7 号碱性电池可以使用一到两个月。当电池电压不足时，遥控报警距离会变近，更换电池后即可，建议使用 7 号 AAA 碱性电池，不要使用一般锌锰干电池。如果更换电池后仍有此现象，则可能遥控器有问题，更换一个遥控器，重新学习一下即可。

（5）遥控器报警距离近，或者遥控报警距离有时近有时远。

遥控报警距离有时远有时近，有可能为周围环境的电磁波干扰，如果地处无线电台、电视台附近，或者 BB 机发射台、移动电话中继站、雷达站或其他发射台站附近，电磁干扰很大，距离较近属正常。也有一些工业设备如高周波塑压机等也可产生很大干扰，如果在这些设备附近，也会引起报警距离近，排除这些设备的干扰，并检查一下接收天线接触是否良好、天线安装位置是否正确，如果天线安装在金属柱或铁板上会对距离有很大影响，应该安装在玻璃内侧离边缘 5 ~ 10cm 处。另外，天线安装位置应该避开贴太阳膜的部分，因为太阳膜中含有金属成分，也会对距离产生影响。

一般情况下，在空旷地，620C - FM 型直线遥控距离有 1 000m 左右，报警距离有 1 500m 左右，800m、900m、1 100m 都属正常。因为周围环境不同，620B - AM - FM 混合型遥控距离有 100 ~ 200m、50 ~ 100m 也属正常，报警距离 1 000m、700 ~ 1 000m 都属正常；在居民区中，620C 型 300 ~ 500m 都属正常，主要看中间的障碍物有多少、有多高、有多大，一般隔两栋多层楼房仍可以正常遥控和报警，隔更多栋楼房时要看具体情况，可能会不太稳定；但一栋楼房周围无论如何都应该很轻松可以遥控报警（不管是在正面或背面）；如果在地下停车场，车在地下一层时，在地面 100 ~ 200m 可以遥控已算比较好的情况，如果在地下二层，可能连地面都不能走到即已不能遥控，主要看楼房是钢筋混凝土结构还是钢架结构，但在地下停车场均有人值守，距离应无太大问题。

（6）遥控器报警时，开锁和关锁符号同时出现。

此属正常现象，出现这种现象有两种情况，一是此遥控器没有进入防盗状态，可用另外一个遥控器进入防盗状态，当有报警时，此遥控器显示状态会有开锁和关锁两个符号同时显示；另外，在行驶状态，如果用遥控器进入防抢状态，遥控器上也会有开锁和关锁两个符号同时显示，这些都属正常现象。

（7）更换电池后，遥控器无反应，显示不正常。

注意电池极性有无装反、电池是否为电量正常的新电池，换过电池后需要查询一下汽车状况才会显示出来，或重新进入或取消防盗才会显示正常，一般碱性电池可以使用一至两个月，换电池一般不会引起其他问题。

（8）安装后主机没有反应，喇叭不叫。

首先检查按遥控器时主机继电器有无滴答声，如果有，再检查喇叭是否正常（直接接到电瓶上试即可），喇叭正常，看喇叭驱动线上的保险丝是否正常，如果正常，则再用试电笔看有无输出，无输出，拍打几下主机看是否有插座接触的问题，一般主机没有输出的可能性较小；如果主机继电器无滴答声，说明主机根本没有加电，检查电源线上有无12V电压、电源线上的保险丝是否正常、插座接触是否正常、重新插一下主机大插座看有没有反应，一般上电无反应的机会很少。

（9）安装后进入和取消防盗中控锁不动作，锁没有反应，叫声正常。

如果只是锁没有反应，则首先看中控锁连线上的两个保险丝是否正常、插座是否插好，然后再看接线方式是否正确，如果有原厂中控盒或加装中控盒的，一般为负触发，具体需要测量一下，如果为奥迪、奔驰、红旗等车型，接法比较特别，需仔细参考安装图，加装的中控盒一般为负触发，首先实验中控盒是否能正常操作，再看接线是否正确，用测电笔测试防盗器能否输出负电。如果没有中控盒，只是加装中控电动机，则应采用正负触发的方式，可以在锁两端直接测能否输出正负电，再看接地是否可靠、接线是否正确，然后再怀疑主机的问题。但是，如果换过主机后还是不行，则肯定不是防盗器的问题，应检查电线或连接等其他问题、锁有无问题、电线有无问题等。

（10）对气动锁驱动车辆（奥迪、奔驰、红旗等）中央控制门锁不动作或者能开不能关。

如果接线检查无误，出现此问题，最大可能性为中央控制门锁驱动时间不够，因为这些车型的中央控制门锁为压缩气体驱动的气动型，驱动时间必须达到3s以上，这样必须剪断主机上的选择线，然后再插上主机，注意剪断后主机需要断一下电，这样中央控制门锁驱动时间会延长为3～4s。一般电动门锁的驱动时间只有0.5s，另外注意这种驱动的接线比较特别，需要仔细参看说明书，如果接线正确一般不会有问题。

（11）进入防盗后，开门不报警。

开门不报警很大可能性为门线接错，如果接线正确，在没有进入防盗时，打开车门，车灯会闪烁一段时间，如果不闪，则可以把门线直接接地，看车灯是否闪，如果闪，说明门线没有接对；如果不闪，检查接线插座是否连接良好。如果主机报警而遥控器不报警，则可能遥控器有问题，需要更换遥控器，重新学习。

（12）进入防盗后，振动不报警，或进入防盗10s后就开始振动报警。

进入防盗10s后才开始检测振动感应器，这样是为了避免关门时的振动没有停止，如果10s后振动还不报警，首先检查振动感应器灯能否亮、连线是否正确、插座是否可靠连接、灵敏度调节是否合适（灵敏度调到最低时根本不能触发），一般振动器采用双段调节，轻振动报警时间短，重振动报警时间长。如果还不行可更换感应器试一下，但若更换感应器后仍不能报警，则可能是主机问题。

进入防盗10s后就开始振动报警，此种情况一般是由振动感应器太灵敏引起的，可以先拔掉振动感应器看是否还有此现象，如果还有，应是主机的问题；如果没有，则是振动感应器问题，降低灵敏度应该可以消除此现象。

注意：一般不要把振动感应器灵敏度调得太高，否则经常会出现莫名其妙的振动报警，灵敏度调到用力拍打玻璃会叫就可以了。

（13）进入防盗后，用钥匙打火不报警，或者报警时可以用钥匙启动汽车。

进入防盗后用钥匙打火不报警，最大可能为接错线。取消防盗，把钥匙扭到 ON 位置，此时按遥控器开锁、关锁，主机应该只上下锁，喇叭不叫，如果喇叭还叫，则应是 ON 线接错了或者连线和插座接触不良、线的次序接错等。

在防盗状态用钥匙打火时，还可以打着汽车，但报警是正常的。如果停止打火，汽车不会自动熄火，则需要检查断电器是否正常、主机有无输出断电信号、断电器接线是否正确、插座有无插好等。如果汽车还会自动熄火，则此种情况一般为汽车电瓶电量不足，打火时电池电压被拉得很低，导致断电器不能正常断开，但在打火停止时，电压会回升，断电器会重新起作用，所以还会熄火防盗，此情况属正常。

（14）进入防盗后，防盗器 LED 指示灯不闪。

一般情况下此问题为连线问题，应检查插座连接是否可靠，如果不行应换一条 LED 灯线，主机出问题的可能性很小。

（15）按遥控器进入遥控起动状态后，主机叫四声，不起动。

发生此种情况的可能原因为起动模块未加电、起动模块和主机连接信号线未连接好、手刹未拉起、手刹接线不正确，检查起动模块的电源保险丝是否正常、手刹线接线是否正确、主机模块连线是否正常。

（16）打着火后又熄火重打火，如此反复打 6 次。

此现象为起动检测信号线信号太弱或者信号线接线不正确，导致车辆已经起动但检测不到已经起动的信号而熄火又反复起动，一般需在高压线上绕 5 ~ 10 圈。对于有一些电喷车，高压线不在外面，可能无法检测到信号，只能接到机油灯上或者直接接到电源上，如果接到电源上无法打 6 次火，可能导致已经打火成功而实际并未起动成功的情况出现。

注意：现在许多中、高档车都带有电子防盗系统，此种汽车没有检测到原厂钥匙是不打火的，所以这类带有电子钥匙的汽车不能安装遥控起动模块。

（17）打火 6 次后还打不着火。

很大可能性为低档汽车比较难起动或者冷天比较难起动，对于这种情况，应下车把风门拉起来，以利于起动。

（18）打着火后，暖车一会就熄火。

这种情况一般也是汽车的问题，起动后怠速可能较低，不能维持长时间的运行，可能会偶尔熄火，把风门拉起也有利于避免此情况。

（19）在平时偶尔或经常有振动报警（遥控器上显示有锤子）。

此种情况一般是由于振动感应器太灵敏，可以先拔掉振动感应器看是否还有此现象，如果还有，则应是主机的问题；如果没有，则是振动感应器问题，降低灵敏度应该可以消除此现象。

（20）正常使用时主机有时有反应有时没有反应。

出现此问题最可能为接触问题，仔细检查连线接触是否良好、保险丝是否接触良好、各种连线连接是否良好、接地是否良好，如果都没有问题，则可能是主机内部有接触问题，应更换主机。

（21）进入防盗下锁后，主机叫三声，半分钟后开始报警。

出现此现象有两种可能，一是门未关好关紧、门接线有问题或门线被磨破短路；二是有些车有关门延时功能，可以识别30s的关门延时，但延时超过此时间会引起报警，出现此问题可以和售后服务部联系，更改设计。使用中可以关门一会儿后再进入防盗，也可以避免此问题。

（22）行驶过程中车灯闪、喇叭叫，一会儿会熄火。

此现象为进入了防抢状态，可能在行驶过程中有意或无意按了两次遥控器的查询键，或者由于撞击等其他原因碰了这两个键，才会进入防抢状态，如果进入此状态，按取消防盗键即可消除。如果由于受到强烈干扰使主机工作混乱进入此状态，则先减速把车停到一边，再熄火按遥控器把此状态取消，不过强烈干扰使主机工作混乱的可能性很小。

（23）行驶过程中不能进入防抢状态。

进入防抢状态，先按一次查询键，遥控器会叫三声，然后在3s内再按一次查询键，主机才会进入防抢状态，进入防抢状态后，主机先闪灯30s，喇叭再叫30s，然后汽车会熄火一直报警。

二、单向防盗器安装时会出现的问题及解决方法

问题1：设定防盗后，经常出现振动误报警，喇叭间歇鸣叫；设定防盗后，振动不灵；设定防盗后，振动不会报警。

解决方法：

（1）检查振动感应器灵敏度是否太高。若太高，则应逆时针方向调整感应器调节旋钮位置。

（2）检查振动感应器灵敏度是否太低。若太低，则应顺时针方向调整感应器调节旋钮位置。

（3）检查是否关闭了振动感应器功能。请查阅功能说明书十四项：开/关振动感应器功能。

问题2：设定防盗状态10s后，报警喇叭连续鸣叫不停，用遥控器解除重新设定防盗后，情况未得到改善。

解决方法：

（1）检查车辆所有车门是否关妥。若车门未关妥，则设定防盗后车方向灯会闪三下，提示关好车门。

（2）检查边门感应线是否接错。若接错，则应重新接正边门感应线。

（3）检查原车所有边门开关有无漏电、损坏或短路现象。若有，则修理或更换边门开关。

问题3：用遥控器不能进行上锁和开锁。

解决方法：

（1）检查原车中央控制门锁系统动作是否正常。关好车门，操作原车中央控制门锁开关。

（2）检查防盗器主机与中央控制门锁之间连接线是否有松动、错接现象。请重新详阅中央控制门锁线路安装说明，接正中控配线。

（3）检查防盗器主机配线、保险丝是否有烧断现象。若有，则应先查明原因，再更换

保险丝。

问题4：设定防盗后，车辆触发时方向灯会闪，但报警时喇叭不鸣叫。

解决方法：

（1）检查静音功能是否开启。若开启，则应解除静音。

（2）检查喇叭与主机间接线是否有问题。

（3）检查报警时主机喇叭线是否有+12V电压输出。可用试灯作喇叭测试。

（4）检查报警喇叭是否有问题。直接供给报警喇叭正极+12V电源，观察是否正常发声。

三、双向防盗器安装时会出现的问题及解决方法

问题1：解除防盗后，打开车门转向灯不会闪。

解决方法：只有锁匙开ON位置处或车在发动中，打开车门后方向灯才会闪。

问题2：设定防盗后，振动报警太灵敏或不灵敏。

解决方法：调节振动感应器灵敏度。

问题3：设定、解除或车报警时车灯会闪，但车喇叭不会响。

解决方法：检查车是否设定为静音功能或喇叭线是否连接良好。

问题4：设定防抢功能后，车不会报警和熄火，其他功能正常。

解决方法：车必须在没有熄火或行驶中，用遥控设定防抢并保证车离开遥控器500m后，此功能才有效。另外，若断电器接在电动机线上，防抢报警并不会熄火；若断电器接在ON线上，防抢报警并同时熄火。

问题5：遥控器装上电池后，按键有符号显示，但是汽车无任何反应。

解决方法：用手按下主机上的“配遥控器/紧急解除”按钮，若车灯或喇叭有反应，则检查射频头天线与主机间的插头是否插牢，或重新配码。

问题6：车发动后，放下手刹，不会自动上锁；关车锁后，不会自动开锁。

解决方法：检查手刹线和白色ON线是否接在正确位置。

问题7：使用一段时间后，用遥控器能开锁但不能上锁，其他功能正常。

解决方法：检查开锁保险丝是否烧断。

问题8：在使用中，遥控器有时有报警声，但车辆状况正常。

解决方法：检查遥控器电池是否有电。

问题9：装在气锁车型后，不能开锁和上锁，其他功能正常。

解决方法：检查防盗器主机气锁延时插销是否去掉、开关锁信号线是否接对。

问题10：装遥控启动型，用遥控启动后，有二次打火现象。

解决方法：检查棕色感应线是否正确接在充电指示灯线或机油压力指示灯线上。

问题11：装车后，用遥控器能开锁和上锁，但报警喇叭不会响，车转向灯不闪。

解决方法：防盗器主机白色ON线错接在常有电的线位上。

问题12：装车后，用遥控器不能开启行李箱，其他功能正常。

解决方法：确定原车是否有电子开关控制开行李箱功能，若原车无此功能，则可另加装二线电动机控制开启后行李箱。

问题13：设定有声防盗后，有时会转成无声防盗，有时正常。

解决方法：检查遥控器电池是否接触良好、遥控器是否受静电干扰（遥控器上电时为静音防盗）。

第五节　发动机止动系统 Immobiliser

大众汽车“原车”第一代防盗为固定码防盗，而在国内 1998 年以后，在中、高档汽车原车上采用了一种变码送码防盗系统，称为第二代防盗，设计思想为阻止利用发动机动力盗走车辆，称为 Immobiliser，译为阻止车辆移动，也简称为防盗止动器。防盗止动器发展到今天已经从第二代发展经历了五代，不过核心仍是第二代的变码送码防盗原理。

[完成任务] 铁将军不是第一代防盗器，为什么：____________________；第一代防盗器是：____________________，是否能装铁将军这类防盗器：________；第二代防盗器（止动防盗器）能否装铁将军这类防盗器：________，为什么：________；

[技师指导] 阻吓式防盗的特点为用声光来阻吓人，其不是汽车厂随车装置。其通过一个常闭触点继电器控制点火供电或控制起动机 50 接柱，但并不能阻止盗贼强行起动发动机而利用发动机动力盗走车辆。变码送码式防盗是利用防盗器控制单元来确认钥匙和发动机控制单元，三者必须全是原车配置才能驱动汽车，盗贼要偷这种车要么将车整体拖走，要么就将钥匙单元、防盗器单元和发动机单元全部更换掉。

一、第二代防盗系统组成

系统组成：防盗器控制单元、点火开关上的读写线圈（天线）、点火钥匙（内置送码器）、发动机控制单元，如图 5－22（a）和图 5－22（b）所示。

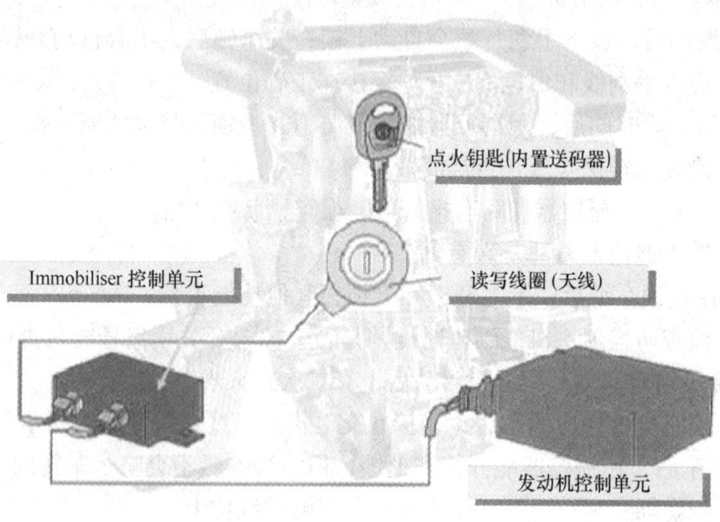

（a）

图 5－22　第二代防盗系统组成（Immobiliser 控制单元在仪表内）

（a）单独 Immobiliser 控制单元

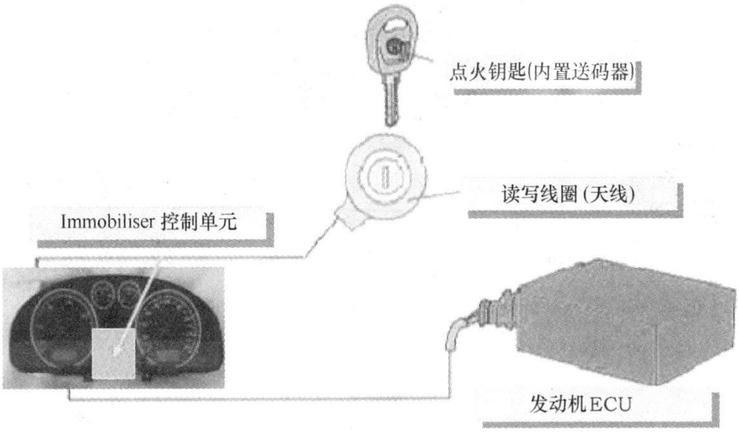

（b）

图 5 – 22　第二代防盗系统组成（Immobiliser 控制单元在仪表内）（续）

（b）Immobiliser 控制单元在仪表内

近几年，汽车厂家将中控锁遥控和电子防盗钥匙系统集成在一把钥匙上，这样的钥匙有机械开/锁门、中控锁遥控开/锁门和防盗识别功能，如图 5 – 23 所示。中控锁模块采用了电子控制，并且与其他控制单元有通信功能和自诊断功能，可用检测仪进行通信协助检查故障。

（a）　　　　　　　　　　　　（b）

图 5 – 23　中控锁遥控和电子防盗系统集成在一起的钥匙

（a）机械钥匙 + 防盗识别；（b）机械钥匙 + 防盗识别 + 中控锁功能

二、第二代防盗系统工作原理

如图 5 – 24 所示，第二代防盗系统工作原理如下：

1. 固定码的传输

点火开关打开，防盗止动器 ECU 通过改变天线磁场能量，向送码器传输数据提出质询，然后钥匙发送回来它的固定码（首次匹配中这个固定码储存在防盗止动器中），传送的固定码与储存的码在防盗止动器中进行比较，如果相同，则开始传送可变码。

2. 可变码的传输

防盗止动器随机产生一可变码，这个码是钥匙和防盗止动器用于计算的基础。在钥匙和防盗止动器内有一套公式列表（密码术公式）及一个相同且不可改写的 SKC（公式指示

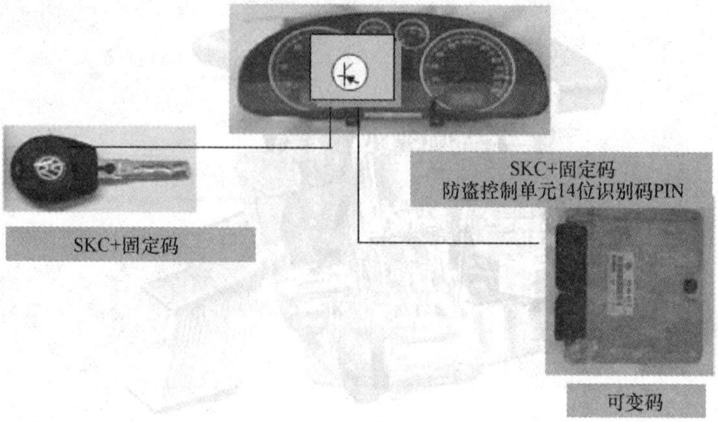

图 5-24　第二代防盗系统工作原理

器），在钥匙和防盗止动器中分别计算结果。钥匙发送结果给防盗止动器，防盗止动器把这个结果和自己的计算结果进行比较，如果相同，则钥匙确认完成。

发动机控制单元随机产生一变码并传送给防盗止动器，防盗止动器把这个码和存储的码进行比较，如果相同，则发动机被允许起动。发动机控制单元每次起动后按照随机选定原则产生一密码（变化的码），并把这个码储存在发动机控制单元和防盗止动器中，用于下次发动机起动时计算（大众车系由 w 线传输），见表 5-1。

表 5-1　第二代防盗系统的密码传输过程

			第1阶段
步骤	防盗器控制单元	传送	钥匙的发射机应答器
1	打开点火开关		
2		→ ←	能量 固定密码
3	如固定密码正确则给予准许指令		
以上过程属于普通的固定密码发射机应答器			第2阶段
4	产生变换式密码 →	变换式密码 →	
5	按固定的公式进行计算		按固定的公式进行计算
6	控制单元的计算结果 ←	钥匙发射应答器的计算结果 ←	
7	如果 控制单元的计算结果=钥匙发射应答器的计算结果		
控制单元准许点火指令（发动机控制单元）			

钥匙和防盗器的互相确认是通过无线传输来完成的，原理是在机械钥匙中内置智能芯

片，芯片上接有线圈，在防盗器内也引出一个线圈接到点火锁底座上，这个线圈用于和钥匙内的线圈互相通信。智能钥匙芯片内存有出厂时通过无线信号写入的码，防盗器控制单元内也有 8 个码存储器，通常出厂时 3 把钥匙要占有 3 个存储器。无论用哪把钥匙插入点火锁，两者通信后钥匙码均会被防盗器获知，这个码只要在 8 个存储器中找到一个相同的即可确定钥匙是原车的。若钥匙码不在 8 个之中，则防盗器确认钥匙不是原车的，可向发动机控制单元发送停止发动机工作的信号。

防盗器控制单元确认钥匙单元后，发动机控制单元和防盗器控制单元之间互相确认，其是通过防盗器和发动机控制单元之间的一根信号线来进行确认的。发动机控制单元和防盗器控制单元内在出厂时写入了相同的密码公式，防盗器控制单元生成一个随机数，随机数通过在防盗器控制单元的密码公式计算可得一个结果。同时，防盗器控制单元也把这个随机数通过信号线传给发动机控制单元，在发动机控制单元内经相同的密码公式计算得一结果，这个结果返回给防盗器控制单元。正常情况下，两结果应相同，这样防盗器控制单元就能确认发动机控制单元是原车的，防盗器继续让发动机工作。若防盗器和发动机控制单元之间密码公式不同，则发动机控制单元返回防盗器控制单元的计算结果不相同，可向发动机控制单元发送停止发动机工作的信号，发动机停止工作。

变码送码过程：正常情况下，防盗器控制单元确认钥匙单元和发动机控制单元后，防盗器再产生一个随机数存入 8 个存储器中的一个存储单元，同时通过无线传输把这个随机数写入钥匙芯片。

［技师指导］ 对于要增加 1 把钥匙的情况，车主只要提供合法手续，服务站人员即可在新钥匙上做出与旧钥匙相同的凹槽，再通过操作诊断仪向防盗器发出指令增加钥匙，然后防盗器单元向新钥匙注入新随机数到新钥匙芯片，同时防盗器单元 8 个存储器增加一个钥匙数量。

对于丢钥匙的情况，要先更换门锁芯和点火锁芯，两锁芯的弹子锁是相同的。然后再通过诊断仪删除 8 个存储器的数据，这样原来的钥匙即全部作废。最后通过诊断仪配出相应数量的智能钥匙。

三、第三代电子式防盗系统

固定码的传输与第二代防盗系统相同。在可变码传输上，防盗止动器随机产生一可变码，这个码是钥匙和防盗止动器用于计算的基础（同第二代防盗系统）。可变码的传输发动机控制单元随机产生一变码，在发动机控制单元和防盗止动器内有另一套密码术公式列表及一个相同的 SKC 隐秘钥匙代码，防盗止动器返回这个计算结果到发动机控制单元内与其计算结果进行比较，这个数据由 CAN 总线进行传递。如果结果相同，则发动机被允许起动（第三代由 CAN 总线传输），如图 5－25 所示。

第三代防盗系统和第二代防盗系统的区别如下：发动机控制单元是防盗系统的一部分，不接受没有 PIN 的自适应，自适应后应答器（钥匙）被锁止，不能再用于其他车辆；提供对第二代防盗器功能的支持；由 CAN 总线进行数据传递；防盗控制单元被集成在仪表内。

四、第四代网络、GPS 防盗系统

对于迈腾轿车，和奥迪 A8、A6 及 A3 一样，应用第四代防盗器；第四代防盗器在线连接；维修站的防盗器匹配过程对于大众和奥迪是相似的；从技术角度讲，车型之间是有差异

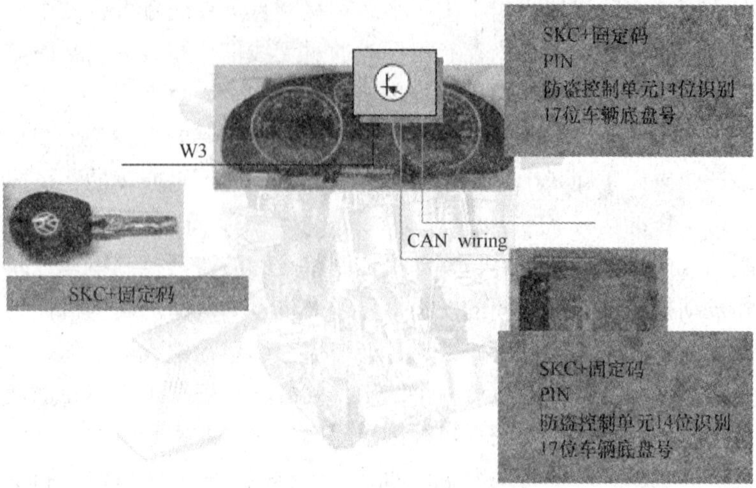

图 5-25　第三代防盗系统密码传输过程

的。第四代防盗器不是一个单独的控制单元，而是一项功能。其包括：位于沃尔夫斯堡的 FAZIT 中央数据库，存储了与防盗相关的控制单元参数；舒适系统中央控制单元（集成了防盗器控制单元）与其他防盗系统包含的部件之间的数据通信；各控制单元间经过加密的防盗系统进行信息传递。如图 5-26 所示。

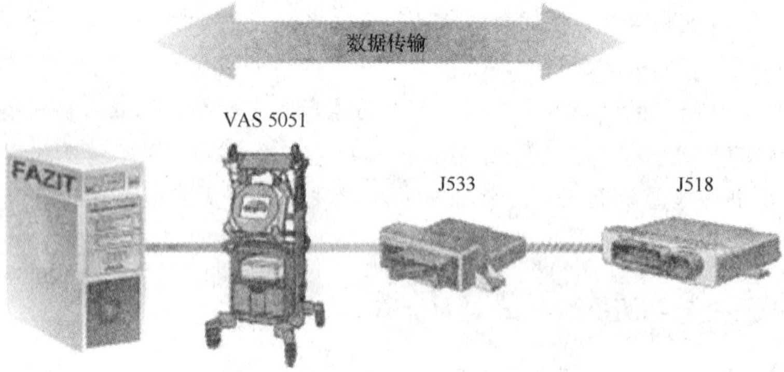

图 5-26　第四代防盗数据传输过程

位于沃尔夫斯堡的中央数据库（见图 5-27）是第四代防盗器的核心部分；FAZIT 为“车辆信息和核心识别工具”的缩写，集成在防盗器控制单元中，防盗信息存储在其中；除非在线，否则无法完成防盗器匹配。

第四代防盗器的构成如下：

（1）舒适系统中央控制单元 J393：防盗器集成在舒适系统控制单元中，更换后需要在线匹配调整。

（2）进入和起动授权开关 E415：进入和起动授权开关 E415 中集成了防盗钥匙读写线圈。该件更换后无须调整匹配。

（3）发动机控制单元 J623：发动机控制单元是防盗器的一部分，更换后需要在线匹配。

（4）调整转向柱锁止控制单元 J764：转向柱锁止或是解锁必须得到位于舒适系统控制

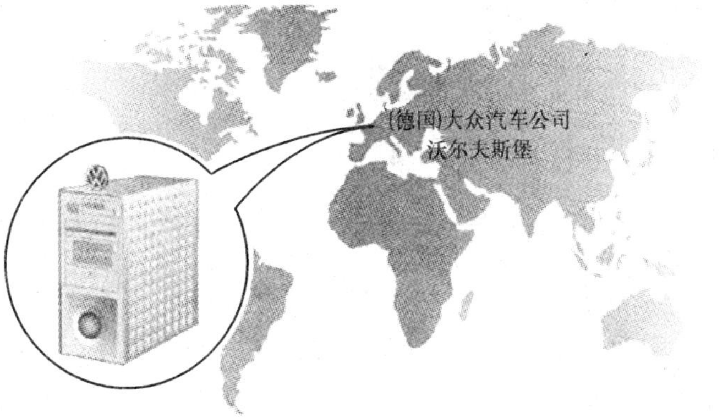

图 5－27　位于沃尔夫斯堡的中央数据库

单元中的防盗器的认可，J764 必须与舒适系统控制单元 J393 同时更换和匹配调整。

第四代防盗器组成如图 5－28 所示。

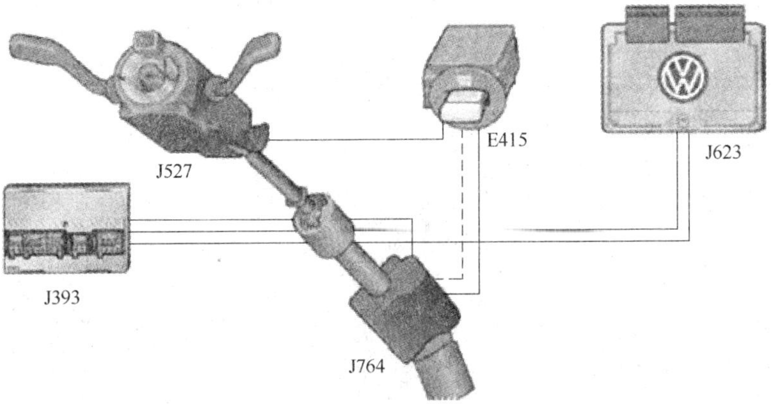

图 5－28　第四代防盗器组成

第四代防盗系统工作过程如图 5－29 所示。

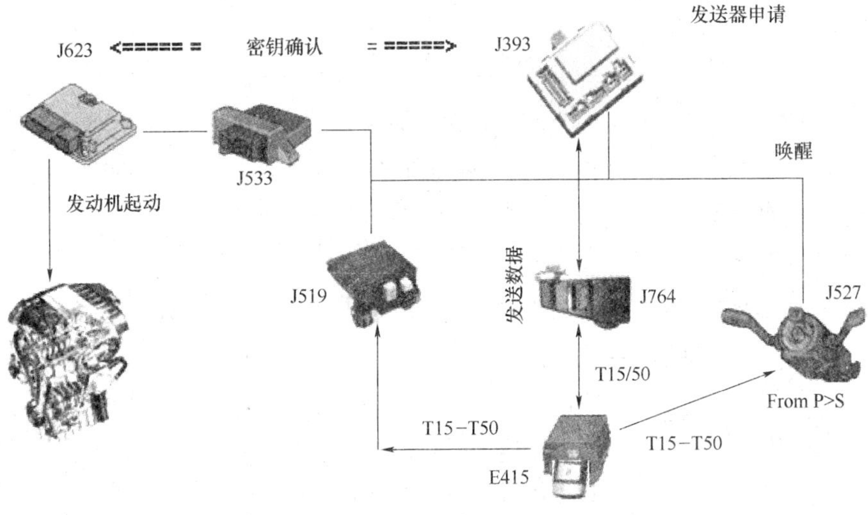

图 5－29　第四代防盗系统工作过程

在线匹配的过程如图 5 - 30 所示。

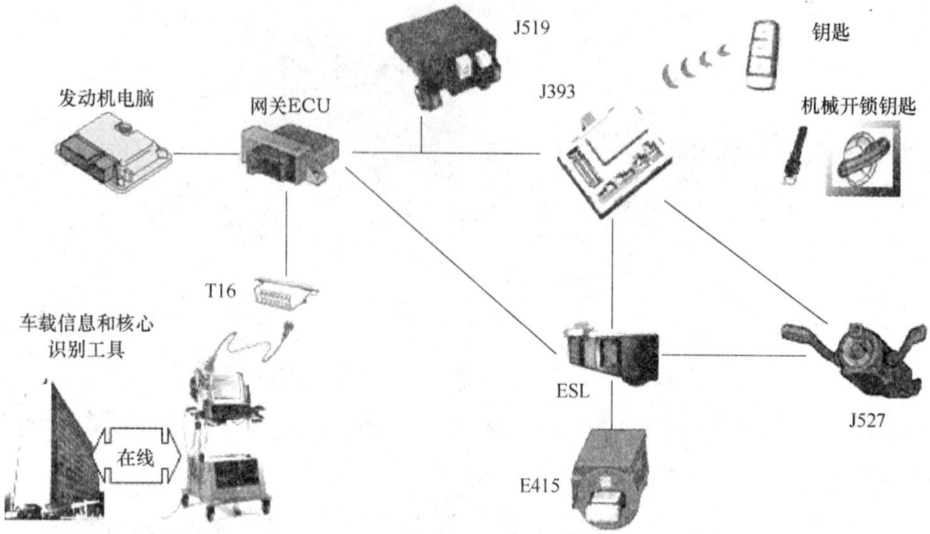

图 5 - 30　第四代防盗器数据下载

J519—电源管理控制单元；J527—转向柱控制单元；T16—诊断插口

第四代防盗系统同第三代防盗系统的区别如下：

第四代防盗系统是网络的防盗系统，防盗止动器不是一个单独的控制单元，而是一项功能，包括位于沃尔夫斯堡的 FAZIT（FAZIT 为“车辆信息和核心识别工具”的缩写）中央数据库，存储了与防盗相关的控制单元参数。舒适系统中央控制单元（集成了防盗器控制单元）与其他防盗系统包含的部件之间进行数据通信，这些通信信息传递必须经过加密才能进行，控制单元必须在线匹配。

五、第五代“一键恢复”式

1. 第五代防盗器简介

图 5 - 31 所示为第五代防盗器的组成，奥迪 A5 Coupé 车上首次使用了第五代防盗器，第五代防盗器具有“一键恢复”的强大功能。作为第四代防盗器的升级版，第五代系统在维修服务方面与第四代系统基本一致，只是极大简化了使用诊断仪进行有关防盗器方面的工作程序（比如，更换防盗器元件以后的匹配）。第五代防盗器中的许多操作步骤更倾向于自动化，而且为了简化操作，一些询问步骤已经删除。

2. 控制单元简介

舒适系统控制单元 J393 是防盗器主控单元，在该控制单元内集成了智能进入启动控制单元 J518。图 5 - 31 中加深边框标注的组件都是防盗锁组件，而未做加深边框标注的组件仅用于传输防盗信息，例如数据总线诊断接口 J533 和电子点火锁 E415。配置了第五代防盗锁的车辆，在防盗系统执行任何操作之前必须先通过诊断仪与 FAZIT 数据库建立在线连接。在新款奥迪 A5 中，电子转向柱锁控制单元 J764 与以往车型一样固定在转向柱上，如果电子转向柱锁发生故障，则必须整体更换转向柱，转向柱锁由两个旋入式螺丝连接到转向柱上。

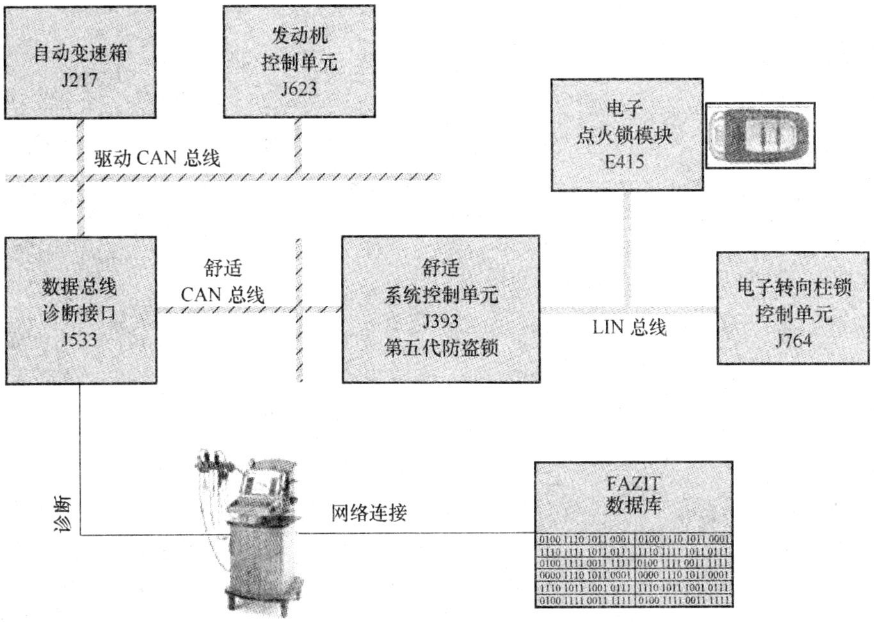

图 5-31　第五代防盗器组成

发动机控制单元 J623 是防盗器的主动用户，它在更换后必须进行自适应匹配。通信联系是通过驱动数据总线来实现的。

舒适系统中央控制单元 J393 相当于防盗系统的主控制单元，它包含诊断地址 05（进入和起动）以及 46（舒适系统中央模块）。防盗器功能和元件保护由地址 05（进入和起动授权）来接管，如果更换了 BCM2（BCM2 是车身控制模块 2，即舒适系统中央模块，地址为 46），那么必须进行自适应匹配。通信联系是通过驱动数据总线来实现的。

进入和起动授权开关 E415，这是一个电子点火锁，它通过 LIN 总线与 BCM2 相连接。如果更换了点火锁，则不必进行自适应匹配，因为它只传送点火钥匙的防盗信息。

电子方向盘锁控制单元 J764 的地址码为 05，即进入和起动授权控制单元，ELV 与点火锁采用同一条 LIN 总线连接到 BCM2 上，因此没有自己专用的诊断地址，在更换后必须与防盗器进行自适应匹配。诊断是用地址 05（进入和起动授权）来进行的。ELV 是一个组件，它只能与转向柱一同更换。

在高速发动机上要采用双发动机控制单元，J623 为发动机控制单元 1，地址为 01，J624 为发动机控制单元 2，系统诊断地址为 11，J624 是防盗器的主动用户，它在更换后必须进行自适应匹配。J624 是选装件，它与发动机代码有关。通信联系是通过驱动数据总线来实现的。

自动变速器控制单元 J217（诊断地址 02）是防盗器的主动用户，它在更换后必须进行自适应匹配。J217 是选装件。通信联系是通过驱动数据总线来实现的。

数据总线接口 J533（诊断地址 19），Gateway 是防盗器的被动用户，它在更换后不必进行自适应匹配。Gateway 是舒适数据总线和驱动数据总线之间的支持部件。

车钥匙 KD5708。车钥匙是防盗器的主动用户，它在更换后必须进行自适应匹配。可以适配 0～8 把车钥匙。

3. 功能检查

每个控制单元有“新件”和“已进行过适配或者从别的车上拿来用”两个状态，前者称为状态1，后者称为状态2。状态3仅用于舒适系统中央控制单元J393（在诊断地址“05－进入和起动授权”下），这个状态的意思是钥匙适配功能目前处于激活状态。在已完成适配的状态时，所有控制单元都处于状态2，且它们都具有相同的“车辆识别号”。

下面的功能检查可以引入到检查表中。

4. 更换控制单元

1）如何更换中央舒适系统控制单元J393

如果更换了舒适系统中央控制单元J393，且该车安装的是手动变速器，那么因默认编码的原因，车钥匙的防拔出锁是激活的。编码只能通过“软件版本管理”（SVM）来进行，为此需要先适配后才会激活，在更换舒适性控制单元时必须考虑下面的内容：在功能检查中自动执行“＊＊——检修防盗器”这个程序。这样的话，暂时就只能配一把车钥匙，但是之后必须继续执行该程序。随后自动执行“元件保护”的适配，“软件版本管理”编码也执行了，并可能开始回写读出的适配值。通过再次自动执行“＊＊——检修防盗器”这个程序，即可适配所有其余的钥匙了。

2）更换发动机控制单元

更换控制单元的说明：在更换了控制单元后，应该在相应功能中执行名为“……更换……”的功能，然后执行控制单元所有必要的功能，“＊＊——检修防盗器”这个功能可以随后执行，也可引入到检查表中。

5. 维修防起动锁功能程序

图5－32所示为维修防起动锁。为了能运行“＊＊——检修防盗器”这个程序，需要

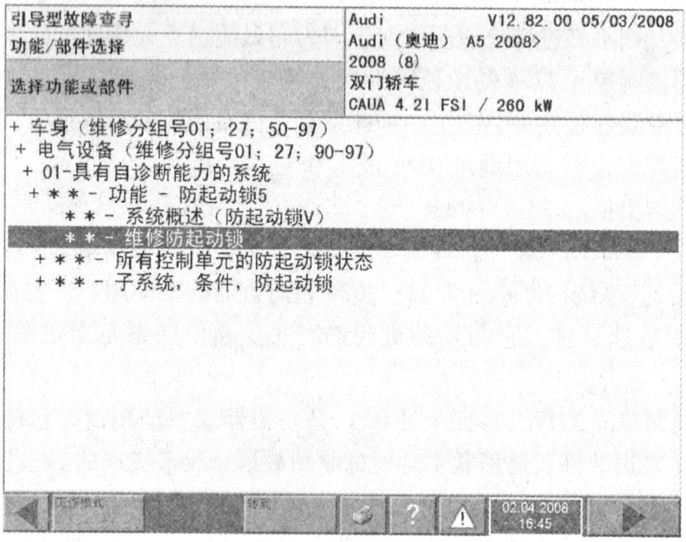

图5－32 维修防起动锁

舒适系统中央控制单元 J393、方向盘锁控制单元 J764 和一把相关的车钥匙，随后就能对现有的系统进行适配。有问题或者损坏的控制单元可以在稍后通过重复进行功能检查来适配。

1）钥匙匹配的说明

在“＊＊——检修防盗器”这个功能中可以适配车钥匙，但只能适配同一锁芯组的钥匙。一个新锁芯会给车辆分配一个“新身份”。读取了插入的第一把钥匙，系统就可自动判断出“新身份”是否已适配，不需要操作者在诊断仪上做任何决定。在适配车钥匙的过程中，仪表板内控制单元 J285 显示屏和诊断仪 VAS 505X 都能显示出要适配钥匙的数目（规定数目和实际数目）。在达到规定的数目时，功能检查会自动继续进行。如果没能匹配所有钥匙，则可以用朝右的箭头继续这个程序，继续进行钥匙适配。可以适配 0 ~ 8 把车钥匙。如果适配了 0 把钥匙，那么就无法起动车辆了。只有在结束了“＊＊——检修防盗器”这个步骤后，才能起动发动机（否则根本起动不了）。

非本车钥匙匹配，FAZIT 数据库反馈信息是“钥匙分配给不同底盘号”，如图 5－33 所示“Key assigned to different VIN”。

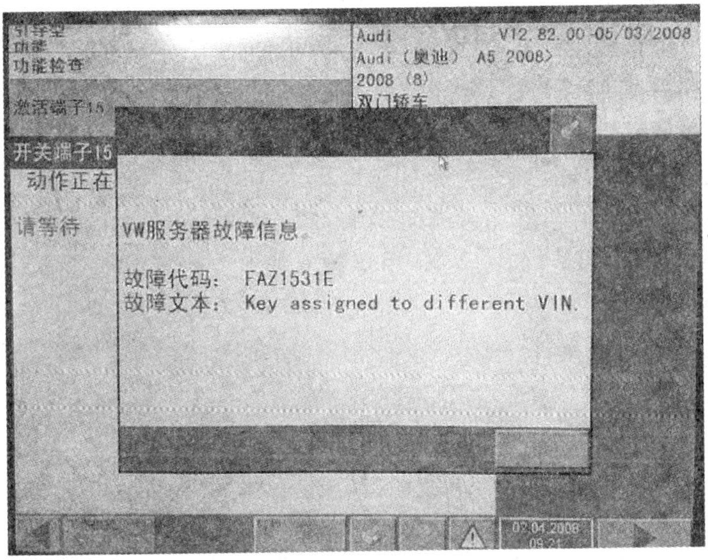

图 5－33　非本车钥匙匹配显示信息

2）钥匙丢失处理办法

若匹配过的点火钥匙丢失，则可参考以下两种方案：一是重新匹配预留的汽车钥匙，这样丢失的汽车钥匙将无法起动车辆（注意：该钥匙仍然可以打开驾驶员侧车门）；二是更换全车锁套件并为车辆定制一套新的汽车钥匙，这种方法虽较昂贵却更安全，其优势在于可以确保拾获钥匙者无法打开车门。这时车辆会形成新的识别系统，已丢失的钥匙或以前剩下的钥匙将再也不能在该车上进行操作。

6. 发动机起动时防盗器的工作流程

如果奥迪 A5 使用电子点火锁中的汽车钥匙起动，发动机起动前防盗器将发出若干个问询信号并做出相应的反应。在识别到 S 触点后，汽车钥匙将和舒适系统控制单元 J393 交换防盗器数据，然后舒适系统控制单元评价该钥匙是否为被授权的钥匙。舒适系统控制单元J393与电子转向柱锁控制单元J764交换防盗数据，确认转向柱锁是否在该车上匹配过，如果确认通过，则舒适系统控制单元将打开转向柱锁止。舒适系统控制单元J393接通端子15，接线端15连接后，舒适系统控制单元会与发动机和变速箱控制单元进行通信。若这些控制单元已经在该车上匹配过，则可以起动发动机。

第六节 Immobiliser 诊断

一、自诊断地址码和功能码

由于有独立控制单元和仪表共用两种情况，所以大众汽车防盗止动器的自诊断地址码为17（仪表）或25（防盗）。

功能码如下：

01——查询控制单元版本号；

02——查询故障存储器；

05——清除故障存储器；

06——结束输出；

08——读取测量数据块；

10——自适应；

11——安全登录。

要求使用VAG 1551第9代卡、VAG 1552第6代卡、VAS 5051、VAS 5052及其更高版本的检测设备。

二、数据流08

数据流如表5-2所示。

表5-2 数据流

通道组号	第一区	第二区	第三区	第四区
022	发动机是否允许起动	发动机控制单元应答/发动机控制单元询问防盗止动器	钥匙状态/应答器可读否	已配置钥匙数量（0~8）（0=否，1=是）
023	可变码适配（在钥匙内的SKC和防盗止动器内的是否相同）	钥匙应答器是否锁止	钥匙的ID是否授权（固定码适配）	防盗止动器状态（4~7） 说明：4——正常； 5——被锁止； 6——防盗器自适应； 7——适配钥匙（0=否，1=是）

续表

通道组号	第一区	第二区	第三区	第四区
024（第三代）	三次登录失败后组合仪表锁止时间（0～255min）	三次登录失败后发动机锁止时间（0～255min）	通过组合仪表菜单功能（不用VAG 1551，使用应急起动）三次登录失败后锁止时间（0～255min）	未授权钥匙连续20次打开点火开关后的锁止时间（0～10min）
025（第三代）	CAN与发动机控制单元通信，0＝不正常，1＝通过（CAN正常通信）	空	空	空

三、更换组合仪表

更换组合仪表后的自适应：

（组合仪表与发动机控制单元，组合仪表与钥匙）

（1）地址01→车辆底盘号，14位识别码→查取PIN；

（2）地址19→功能07→输入编码00006或00007。

对于用过的组合仪表：

（1）地址17→功能11→输入原车PIN→功能10→通道50→输入本车PIN→显示车辆底盘号→Q键确认→指示灯灭并出现确认信号；

（2）进行钥匙与防盗器的适配。

对于新组合仪表：

地址17→功能10→通道50→输入本车PIN→显示车辆底盘号→Q键确认→指示灯灭并出现确认信号。

四、匹配钥匙

防盗止动器识别/写入SKC和记录钥匙ID的过程：地址17（25）→功能11→输入本车PIN→功能10→21（01）→钥匙数量（最多为8）→退出到地址码状态→关闭点火开关→用另一把钥匙打开点火开关（警报灯亮1s）再关闭……直到最后一把钥匙匹配完毕（警报灯亮2s），确认信号：灭0.5s，亮0.5s，灭。

说明：匹配前应查询故障存储并清除。每把钥匙匹配时间不可超过30s，否则匹配失败。增加点火钥匙，需重新对所有钥匙进行匹配。如果车钥匙丢失，则剩下的钥匙应重新匹配一次，这样丢失的钥匙就不能再起动车辆了。装备第三代防盗止动器的车辆的钥匙，不能再与其他防盗系统进行匹配。

五、更换发动机控制单元

更换发动机控制单元后的自适应：

第二代防盗止动器：地址17（25）→功能10→地址00→确认并退出。

第三代防盗止动器：

（1）对于新发动机控制单元：

①地址 17→车辆底盘号，14 位识别码→查取本车 PIN；

②地址 01→功能 10→通道 50→输入本车 PIN→显示车辆底盘号→Q 键确认出现底盘号→确认并存储底盘号。

（2）对于旧发动机控制单元：

地址 01→功能 11→输入原车 PIN→功能 10→通道 50→输入本车 PIN→显示车辆底盘号→Q 键确认出现底盘号→确认并存储底盘号。

六、检测仪显示

图 5 – 34 所示为诊断仪显示的 17 位 VIN（车辆识别码）和 14 位防盗器识别码。

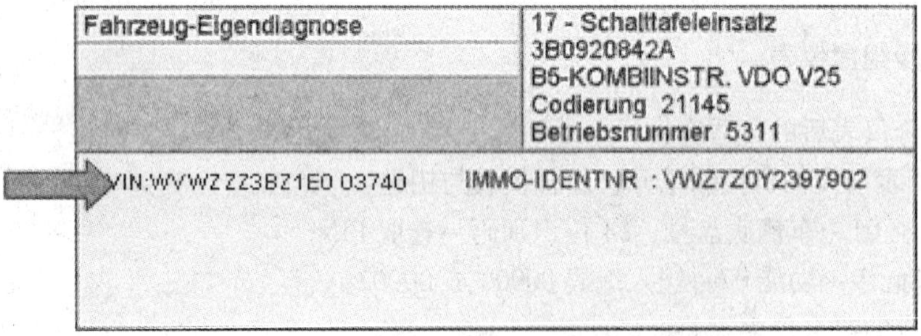

图 5 – 34　诊断仪显示的 VIN 和防盗器识别码

打开点火开关，进入 01 发动机电控系统→屏幕显示→选择 10 功能→进入 50 通道→输入查询到的防盗止动器密码（PIN 码）→选择键盘输入 PIN 码→用 Q 键确认 PIN 码→5s 后底盘号将出现在显示屏上→仪表盘上防盗止动系统警告灯亮，如图 5 – 35 所示→对底盘号进行确认，如图 5 – 36 所示→对底盘号进行存储→重新进入地址 01 查看底盘号和 AUZ 代码。

图 5 – 35　防盗器指示灯

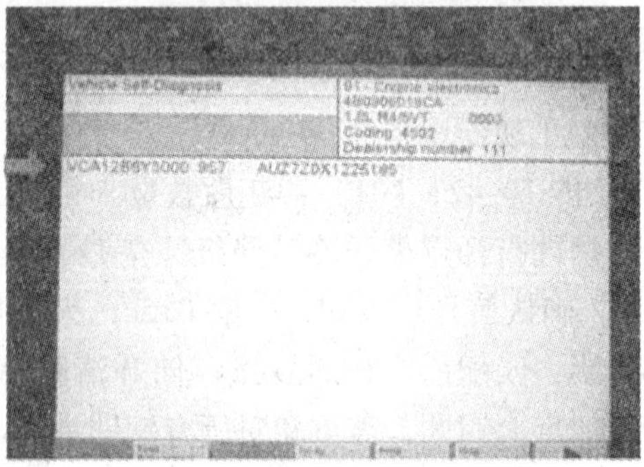

图 5 – 36　对底盘号进行确认

七、同时更换发动机控制单元

同时更换发动机控制单元、组合仪表控制单元后的自适应：

只针对装备第三代防盗止动器的车辆：地址 17（25）→选择“Transfer vehicle ID number”功能（传递车辆底盘号功能）→输入底盘号后确认并存储→做更换发动机控制单元后的自适应→适配所有车钥匙。

说明：所有钥匙（应答器）应更换；进行其他元件自适应前，必须输入底盘号（17 位）到防盗止动器内；只能使用 VAS 5051 进行操作。用触摸式键盘输入底盘号，如图 5－37 所示，确认并存储。

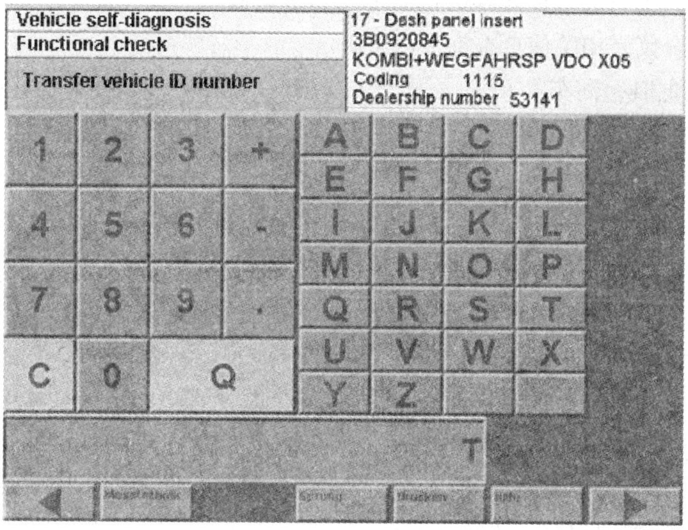

图 5－37 用触摸式键盘输入底盘号

八、7 位密码控制系统

以前采用 4 位密码，考虑到安全因素，现通常采用 7 位密码；密码必须当日查询，且当日有效；VAS 5051 基础盘版本 V02.00 以上；日期时间、服务站代码、进口商代码对 7 位密码均有影响。

1. 防盗器“7 位”密码使用方法

（1）10—Adaption（匹配）。

（2）通过 50 通道匹配传输车辆底盘号，完成自适应。

（3）11—Login—Prozedur（登录）。

2. 匹配钥匙解锁或者安装使用过的发动机控制单元/组合仪表

（1）Adaption（匹配）通道 50（PIN）。

（2）通道 50 匹配传输车辆底盘号信息。

（3）Enable 解码（PIN）。

（4）解锁，用于匹配钥匙或安装使用过的发动机电脑/组合仪表。

3. 更换组合仪表后匹配（适用于第三代防盗器）

（1）7 位 PIN 码根据发动机控制单元内的底盘号和 14 位识别码通过 R3 系统查询。

（2）输入地址 17，回车。

说明：使用过的组合仪表必须先使用“Enable”（PIN）功能输入其自己的 7 位密码 PIN

解锁。

（3）选择“Adaption Kanal 50”（PIN）匹配 50 通道，确认。

（4）输入 7 位密码 PIN（通过发动机电脑信息获得），确认。

（5）将发动机电脑中的底盘号和仪表批次号写入到组合仪表，同时在检测仪上显示出来。

4. 更换发动机电脑后进行匹配（用于第三代防盗器）

（1）通过组合仪表相关信息查询 7 位密码。

（2）输入地址 01，回车。

说明：使用过的发动机电脑必须先使用“Enable”（PIN）功能输入其自己的 7 位密码 PIN 解锁。

（3）选择“Adaption Kanal 50”（PIN）匹配 50 通道，确认。

（4）输入 7 位密码 PIN（通过仪表信息获得），确认。

（5）将仪表中的底盘号和仪表批次号写入到发动机电脑，同时在检测仪上显示出来，确认并存储。

5. 匹配钥匙（适用所有防盗器）

（1）通过发动机电脑相关信息查询 7 位密码 （仪表中也有）。

（2）输入地址 17，回车。

（3）启动功能“Enable”（PIN）。

（4）输入 7 位密码，回车。

（5）启动功能 10—Adaption。

（6）进入通道 21。

（7）输入要匹配钥匙总数，回车。

（8）存储改变的数据。

（9）关闭点火开关，然后依次插入要匹配的钥匙，同时注意防盗警报灯的亮灭提示。

6. 更换舒适系统控制单元和转向柱锁控制单元

对第四代防盗系统，防盗功能集成在舒适系统控制单元中（地址码 25）。

电子转向柱锁控制单元通过串行数据总线与舒适系统控制单元相连，只能被舒适系统控制单元进行一次防盗确认；只有新的电子转向柱锁控制单元才可以进行匹配，此时舒适系统控制单元必须同时更换；舒适系统控制单元可以单独更换，但必须更换出厂设置好的新件。

7. 更换/匹配发动机控制单元

操作步骤：登录锁止查询→防盗器检查→从防盗器中读取数据→用户身份查询→在线连接登录→将数据传输到发动机控制单元。

8. 匹配钥匙操作步骤

登录锁止查询→防盗器检查→从防盗器中读取数据→用户身份查询→在线连接登录→进行匹配/学习过程→确认读写线圈数据→将确认信息回传到数据库。

9. 新的车辆身份确认

新的车辆秘密信息：

（1）新的电子转向柱锁控制单元（ESL）；

（2）新的舒适系统控制单元；

（3）新的钥匙（发射器）；

（4）新的发动机控制单元或者是已经在车上进行过适配的发动机控制单元（FAZIT 已经分配了车辆 VIN）。

第六章

电动车窗和观后镜及其微机控制

第一节　汽车电动车窗的作用和分类

一、电动车窗的作用

电动车窗采用直流电动机对车窗玻璃进行升、降控制。

二、升降机结构

目前电动车窗的玻璃升降机构有绳式和齿条式两种，如图 6－1 所示。

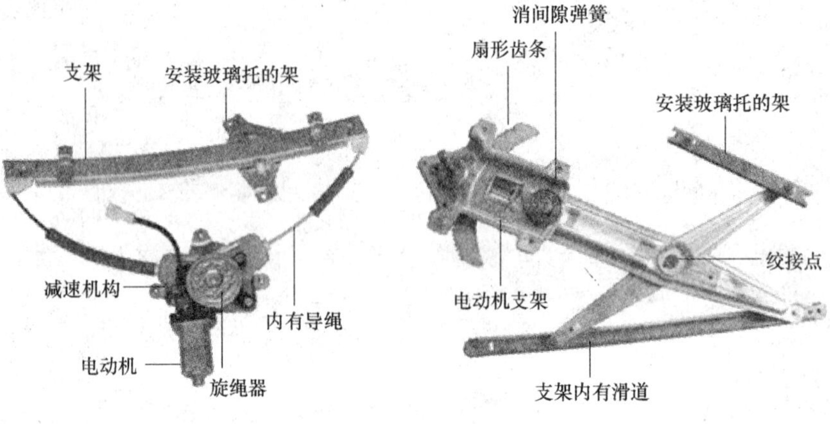

图 6－1　绳式玻璃升降机构和齿条式玻璃升降机构

(a) 绳式；(b) 齿条式

绳式玻璃升降机构的电动机经蜗轮蜗杆减速机构带动旋绳器转子转动，并拉动导绳在空心管中移动，支架竖立固定放在车门内部，玻璃固定在玻璃托架上，玻璃托架安装到安装玻璃托的架上。

齿条式玻璃升降机构的电动机经蜗轮蜗杆减速机构带动一个齿轮转动，推动齿扇上、下移动；支架固定在车门内部，调节好位置后固定不动；玻璃固定在玻璃托架上，玻璃托架安装在安装玻璃托的架上；为了消除齿条和齿轮工作的噪声，采用了消除间隙的弹簧，这个弹簧还可以减轻上升时电动机的电流。显然，扇形齿条的上、下运动导致“X 形”的左下点在滑道移动，并使安装玻璃托的架上、下运动。

[**技师指导**] 更换电动玻璃升降器是修理中的一个主要作业项目，其过程需要两人合作，以保证拆装过程中玻璃窗不会损坏。升降器损坏的主要原因是调节不正确，导致玻璃窗在轨运行阻力过大，车门框变形以及垂直导槽中进入雨水等都会增加运行阻力，使齿条式玻璃升降器的齿条磨损严重，严重时在上升扇形齿条的末端扇形齿会出现缺失而无法啮合，并产生噪声。安装玻璃升降器后，有的车型需要在支架的滑道内使用滑润脂润滑。

三、电动车窗的分类

汽车电动车窗从控制角度上可分为三类：直接控制型、微机控制型和网络微机控制型。

1. 直接控制型

直接控制型的一种方式为采用开关直接控制电动机换向，电动机电流流过控制开关。直接控制型的另一种方式为开关控制继电器，电动机电流流过继电器开关。

在第一种直接控制型中，电动机电流流过开关，损坏率增加，同时开关裸露在空气中，易受灰尘影响。不过整体来说，第一种直接控制型可靠性较高，成本也低。目前，很多新款的低档和中档日系车仍采用开关直接控制。

第二种加装继电器后，电器线路增多，但电流不经开关，可靠性增加。

2. 微机控制型

驾驶员位置的开关作为开关输入给车窗的控制单元，由车窗控制单元通过内置电子开关来控制内置丁控制单元内部的几个微型继电器线圈通电或断电，即通过这几个微型继电器触点闭合或断开来控制电动机的电刷在电源和地之间交换，从而控制电动机的电流方向。一个电动机电流换向需要两个继电器，四个车门门窗共需要 8 个微型继电器。

采用微机控制技术后，可在系统中增加自诊断功能，在修理中可以用诊断设备来检查系统的故障。

3. 网络微机控制型

电动车窗控制开关由一个微控制器组成，通过网络向各个门的玻璃升降控制器发送信号，玻璃升降控制器根据网络上的控制信号分析控制哪个门的玻璃动作（是升还是降）。采用网络微机控制技术后，可靠性显著提高。

第二节　车门集中控制基础

目前用于连接分布式 ECU 模块的标准汽车协议有两种，分别是 CAN 和 LIN。通过 CAN/LIN 接口可实现一些主要的车门控制功能，其中最普遍的是“车门区域模块”（或简称为“车门模块”）的方法。在这种方法中，如门锁、后视镜、车窗升降和辅助照明等主要车门功能模块都由车门内的 ECU 控制。

一、电动机换向的几种基本电路

1. 开关直接控制电动机换向

早期车窗直接控制电路完全是由开关直接控制电动机正负极调换，易烧开关的触点，功能也较少。但若门窗轨道设计阻力小，则出故障率也不高，且成本低，日系车仍广泛采用。

2. 开关控制继电器的直接换向电路

使用继电器后，电动机的电流可以增大，而不致烧开关触点。

图 6－2 所示为继电器电动机换向电路，车上的电动机转向都可参考此图。不控制时，电动机两端都是蓄电池电压，通过图 6－2 中的控制开关来实现电动机电流方向的调换，以实现电动机正反转。控制开关向上接通上部五脚继电器线圈时，换向继电器触点下移，此时电动机电流向上；若控制开关控制下部的换向继电器线圈通电，下部换向继电器开关触点下移接地，电动机电流方向向下。

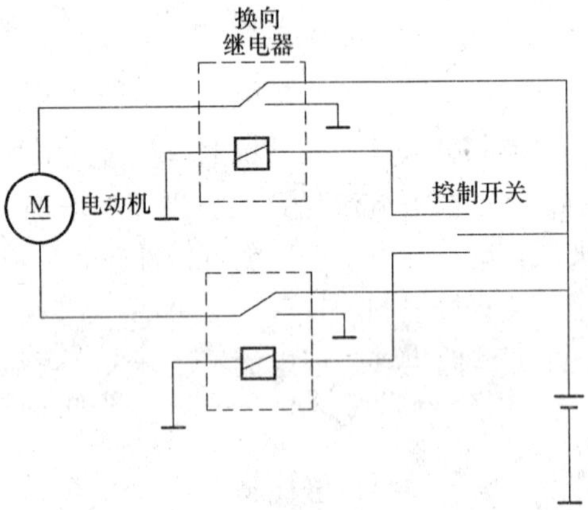

图 6－2　由控制开关直接控制继电器的电动机换向电路

为了防止电动机过载，在电路或电动机内装有一个或多个热敏电路开关，用来控制电流。当车窗玻璃上升到极限位置或由于结冰而使车窗玻璃不能自由移动时，即使操纵控制开关，热敏开关也会自动断路，以避免电动机因通电时间过长而烧坏。

［**完成任务**］如图 6－2 所示，直接控制继电器的电动机换向电路是汽车中电动机正反向控制电路的基础，必须掌握。换向用的继电器必须是五个引脚，即常闭接火型，控制开关控制继电器线圈通电后，实现其中“一个继电器开关”由通正变接地的转变，电动机就会有电流流过。

把图 6－2 的控制开关换成电子开关（三极管或场效应管），由微控制器控制，即微机控制的电动机正反转电路，试画出这样的电路。

将控制开关的两个机械触点开关换成两个电子开关：____________________。

更高的微控制器控制方式采用了 H 桥驱动电动机专用芯片（可承受电动机电流的芯片）来实现正反向控制，但不如继电器用的普遍。

3. H 桥芯片电动机换向电路

图 6－3 所示为一个典型的直流电动机控制电路。电路之所以命名为“H 桥驱动电路”，是因为它的形状酷似字母 H（4 个三极管组成 H 的 4 条垂

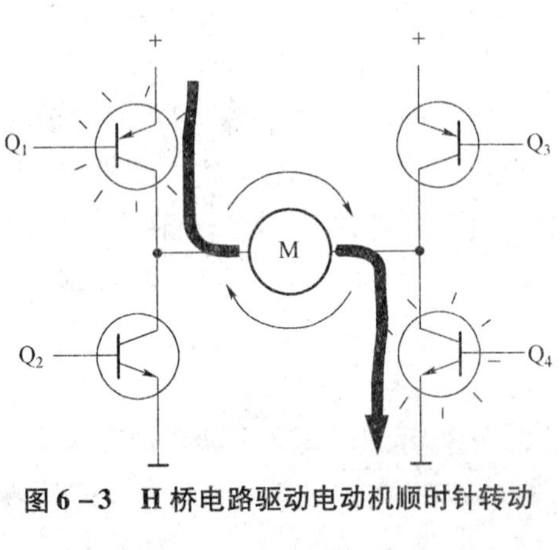

图 6－3　H 桥电路驱动电动机顺时针转动

直腿，而电动机就是 H 中的横杠）。H 桥式电动机驱动电路包括 4 个三极管，要使电动机运转，必须导通对角线上的一对三极管。根据不同三极管对的导通情况，电流可能会从左至右或从右至左流过电动机，从而控制电动机的转向。

如图 6－3 所示，当 Q_1 管和 Q_4 管导通时，电流就从电源正极经 Q_1 从左至右穿过电动机，然后再经 Q_4 回到电源负极。按图 6－3 中电流箭头所示，该流向的电流将驱动电动机顺时针转动。

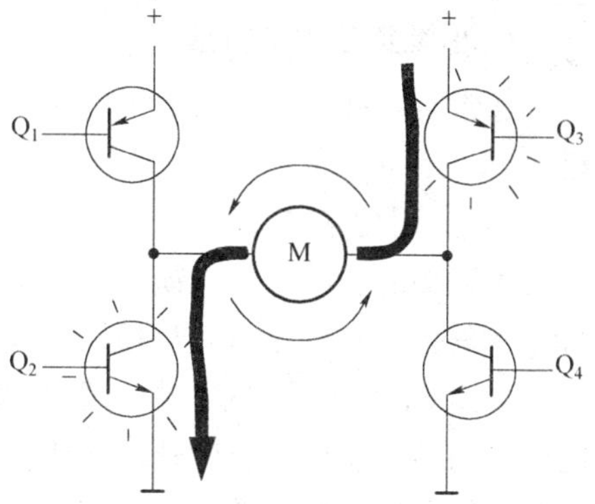

图 6－4　H 桥电路驱动电动机逆时针转动

图 6－4 所示为三极管 Q_2 和 Q_3 导通的情况，电流将从右至左流过电动机。当三极管 Q_2 和 Q_3 导通时，电流将从右至左流过电动机，从而驱动电动机沿另一方向转动（电动机周围的箭头指示为逆时针方向）。

［**技师指导**］通常我们见到的电路仍以图 6－2 所示的电路为多，即把控制开关替换为两个三极管来控制继电器线圈。

二、车门负载功率

车门集中控制概念是指在车门上所有执行器由所在车门控制单元实现。车门模块的负载类型包括电动机、灯、LED 和加热线圈。表 6－1 列出了它们的负载功率。

表 6－1　主车门负载功率

执行器	一般电流或功率	峰值电流
观后镜加热	3 A	
后视镜水平 *X* 调节电动机	0.3 A	1 A
后视镜垂直 *Y* 调节电动机	0.3 A	1 A
门锁电动机	2.5 A	6 A
车窗电动机	10 A	30 A
转向灯	5 W/10 W	
门下照明灯	5 W	

车门模块中的负载特性和功能差异很大。车门模块通常由微控制器模块，电源、CAN/LIN 通信以及执行外部事件监视和信号探测电路在内的系统基本功能模块，与外部负载相接的驱动器和功率电路三大主要功能模块组成。

三、车门集中控制负载驱动方法

目前车门集中控制硬件架构有两种。一种是小功率采用一片专用芯片驱动（高度整合的功率芯片较为理想），大功率由专用大功率芯片控制或采用继电器控制。第二种是小功率采用多个标准的专用芯片驱动，大功率仍由专用大功率芯片控制或采用继电器控制。

1. 小型负载驱动方法

通常有两种方法驱动小型负载（后视镜电动机、灯、LED、后视镜加热，甚至门锁电动机）。

1）专用功率芯片

可驱动的负载包括门锁、后视镜折叠和位置调整电动机、后视镜加热器和 4 个 5 W 的灯（如转向灯、安全灯、后视镜灯或控制面板照明灯）。

如图 6－5 所示，车门执行器有观后镜调节电动机、观后镜加热器、观后镜折叠电动机、门灯、门锁电动机、玻璃升降电动机等。对于小功率电动机、灯泡和加热器可采用小功率智能螺线管驱动芯片。玻璃升降电动机的功率较大，要通过大功率的智能芯片驱动。芯片不仅可驱动线圈工作，也会把监测的故障反馈给微控制器。外界开关输入通过总线模块实现，可采用低速 CAN，也可采用高速 CAN。

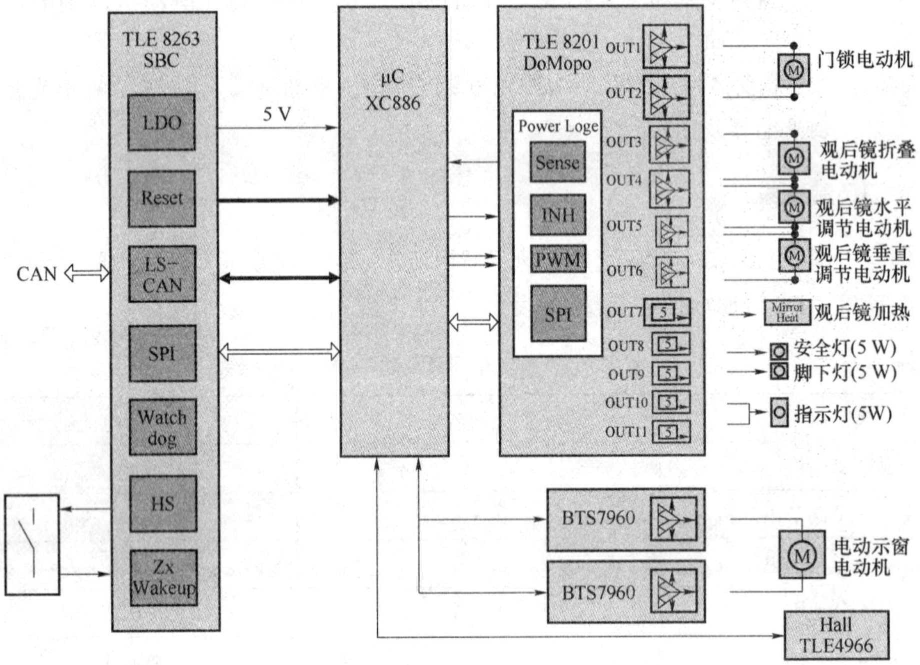

图 6－5　小功率负载的一个芯片驱动结构

2）使用标准分离式组件

标准芯片在系统配置中独立控制元件的方法有其灵活性，特别是在一些中档车门模块控制上，一些负载如后视镜折叠和门灯等不需要配置时，可采用半导体组件驱动车窗升降电动机，用分离式的标准组件驱动其他小型负载。

从数毫安的 LED 到 30 A 左右的车窗升降电动机，一个典型车门模块 ECU 控制的不同负载需要不同的驱动芯片。像车窗升降电动机这样的大功率负载，可以用继电器和保险丝等驱动，但更好的解决方案是采用智能半导体组件，因为智能半导体组件除了开关功能外，还能提供更多保护功能。对于只有少量负载的基本型车门模块来说，采用多个单功能芯片驱动形式较多，如图 6－6 所示。

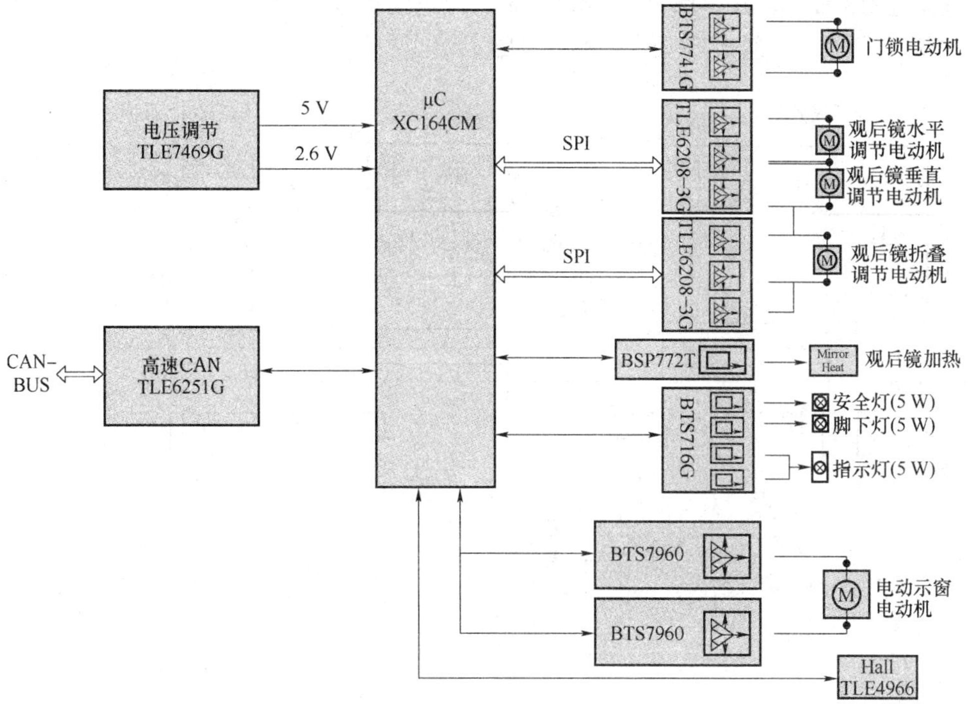

图 6-6　小功率负载的多个芯片驱动结构

2. 大功率负载的电子驱动方法

对车窗升降电动机等大功率负载来说，通常有两种不同的驱动方法：第一种是基于继电器的方法，第二种是使用电子半导体组件。

至今采用继电器的策略仍在被广泛使用，主要原因是硬件成本较低、技术成熟，且能很好地处理大电流。然而，该方法也有许多缺点：

（1）继电器解决方案需要较多的外部组件组成基本电路，如保险丝，而且驱动器通常是一对达林顿管和稳压二极管。

（2）继电器不能为继电器自身和系统提供任何保护。

（3）继电器不具备任何诊断功能。它需要分流电阻和运算放大器等外部组件才能实现电流监测，且会增加成本。

（4）继电器解决方案无法实现脉冲宽度调制（PWM）控制。

（5）继电器较大，需要保险丝盒。

（6）当用于要求开关次数较多的部件时，如观后镜上的转向灯，继电器的电子寿命相对有限。

（7）保险丝和继电器有发热量较大的问题，因为继电器线圈和继电器触点以及保险丝本身和分流电阻都有较大的功率损失。

一些新的组件可作为高功率（大电流）电动机的桥芯片，例如 BTS 7960 是大电流半桥独立芯片。驱动器 IC 直接与微控制器相连，可执行全面的保护和诊断功能。保护功能包括限流、欠压/过压闭锁、过温和完全短路保护；诊断功能包括故障状态标志和电流监测，后者在实现防夹断策略时通常是必需的。一些特殊功能如整合的空载时间产生也被整合在内，以辅助直流电动机驱动。用 BTS 7960 驱动车窗升降电动机等大功率负载的典型应用电路如图 6－7 所示，两个半桥组成 H 型全桥换流电路。

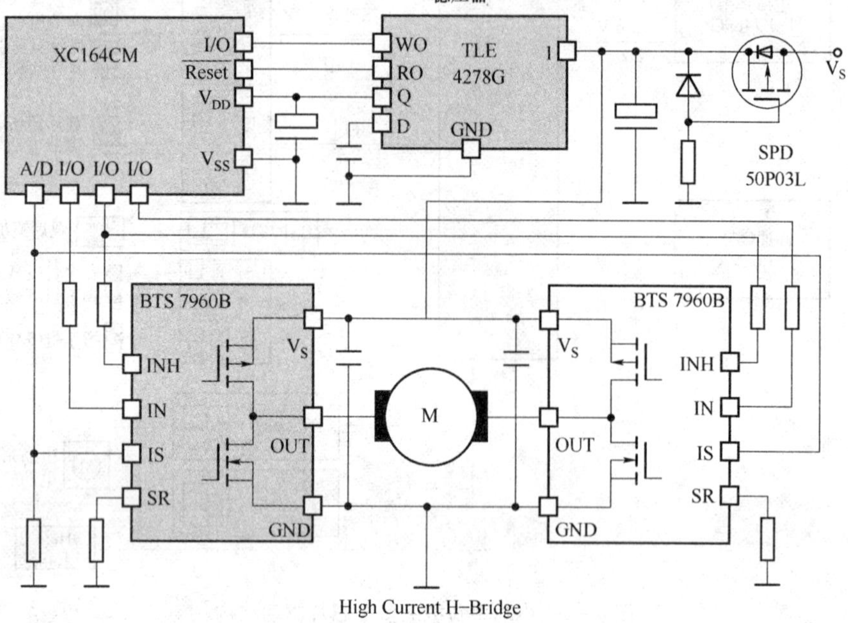

图 6－7　两个半桥芯片的 H 型全桥驱动电子电路

［**技师指导**］在实际的汽车线路中，H 桥驱动电路的线路部分只有两端的 OUT 端口线（电动机电刷的供电线）为电气线束，其他全在控制 ECU 内部。

其工作原理如下：SPD 50P03L 提供电源反接保护，稳压管稳压，电解电容滤波，输出普通的稳定 12 V 电源为 H 桥供电。TLE 4278G 为高稳定精度的电源电压调节芯片，Q 为其输出的电源到左边的微控制器 XC164CM 的 V_{DD}，V_{SS}为微控制器 XC164CM 的负极。

四、半桥“三态门”驱动的应用

由于 OUT 端口采用半桥设计，每个 OUT 端口都有高电位、低电位和高阻抗三种状态，用两个 TLE 6208－3 实现后视镜电动机驱动的例子如图 6－8 所示，三个 OUT 端口需要三个半桥，一个车门后视镜的两个位置调整电动机（Mx 和 My）共用 OUT2 端口，同时后视镜折叠电动机因电流稍大，电动机的一端采用 OUT3 和 OUT1 并联，另一端采用 OUT2 和 OUT3 并联，可增加带载能力。半桥的三态功能可在驱动两个同样的电动机时节省一个半桥驱动器。正转、反转、停转和高阻抗等操作模式可由 SPI（SPI 是驱动芯片和外界芯片进行控制指令和电机状态信息交换的通道）进行控制，来自桥臂的诊断信息也能透过 SPI 反馈输出。

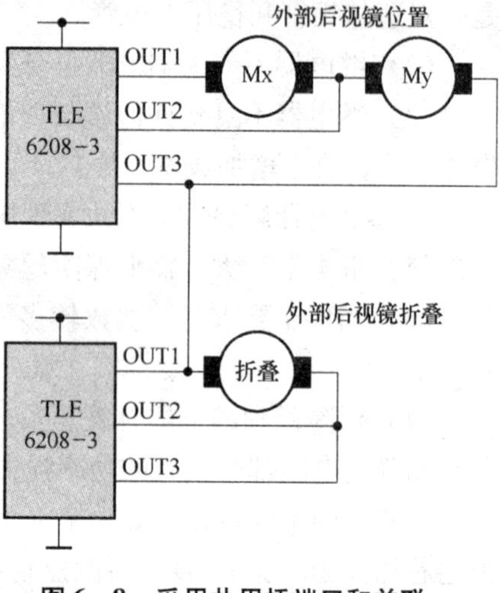

图 6－8　采用共用桥端口和并联使用端口后视镜电动机驱动

与车窗升降电动机相比，门锁电动机在尺寸和电流上都要小得多，也可采用类似的驱动。

［技师指导］在图 6－8 所示的实际电路中，三个电动机只有 5 根线，其他全在控制 ECU 内部。

第三节　直接控制型车窗

一、直接控制电动窗分类

不同汽车所采用的电动车窗的控制电路不同，按电动机是否直接搭铁分为电动机不搭铁和电动机搭铁两种控制方式。

［技师指导］其他按电路的具体元件分为有供电继电器型、有延时继电器型、有限流断电器型等，这是修理人员为了识别电路而简化的一种说法。其他分法比如有点触功能型和防夹功能等，虽是不太专业的分法，但实际工作中很管用，主要是为了交流理解上方便。

二、直接控制电动窗工作原理

1. 电动机不搭铁的控制电路

电动机不搭铁的控制电路是指电动机定子线圈不直接搭铁，其搭铁受开关控制，通过开关改变电动机的电流方向来改变电动机的转向，从而实现车窗的升降。控制电路如图 6－9 所示。

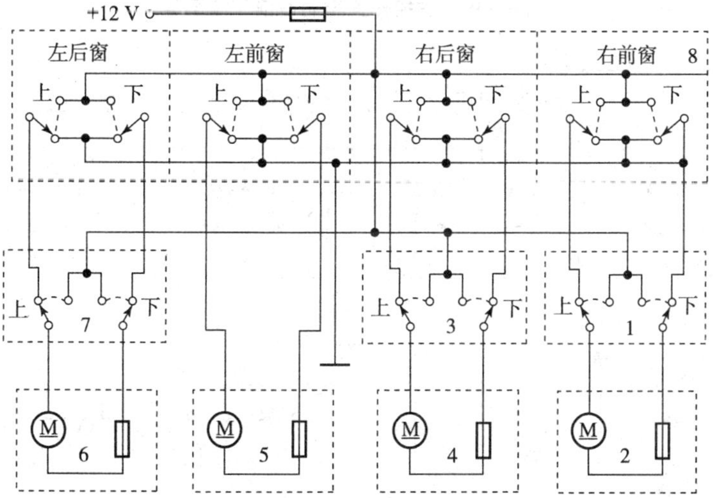

图 6－9　电动机不搭铁的电动车窗控制电路

1—右前车窗开关；2—右前车窗电动机；3—右后车窗开关；4—右后车窗电动机；
5—左前车窗电动机；6—左后车窗电动机；7—左前车窗开关；8—驾驶员主控开关组件

因为开关既控制电动机的电源线，又控制电动机的搭铁线，所以开关结构和线路比较复杂。但电动机结构简单，应用比较广泛。

图 6－10 和图 6－11 所示为电动机不搭铁电动车窗系统的工作原理。驾驶员和乘客分别操作，控制右前车窗下降时的电流方向。驾驶员操作主控开关中的右前车窗开关，使其在“下”的位置时，右前车窗电动机的一端通过主控开关与搭铁断开后接电源而通电转动，使

右前车窗向下运动，电流方向如图 6 - 10 所示中箭头所指。乘客操作右前车窗的独立操作开关，使其在“下”的位置时，右前车窗电动机的一端通过独立操作开关与搭铁断开，并与电源供电接通，使右前车窗向下运动，电流方向如图 6 - 11 所示箭头所指。

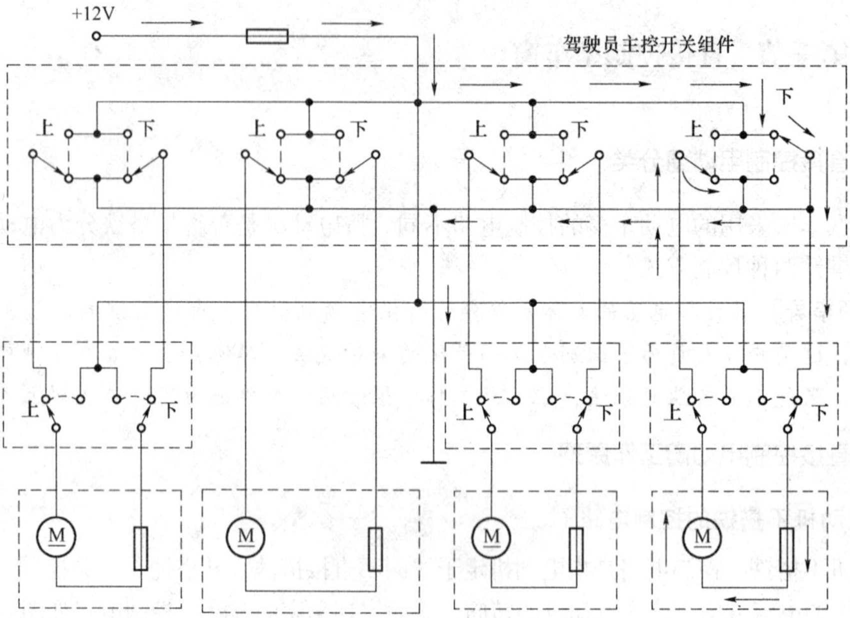

图 6 - 10　主控开关控制右前车窗下降

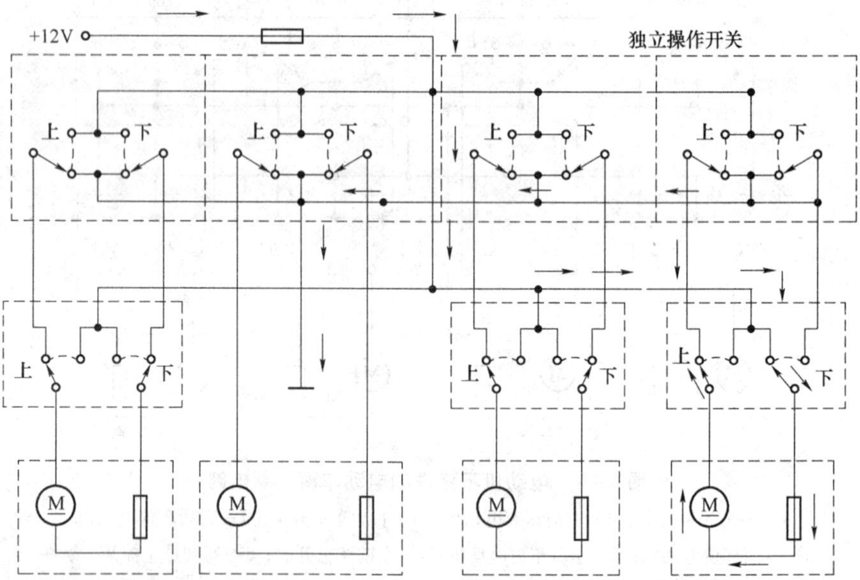

图 6 - 11　独立操作开关控制右前车窗下降

2. 电动机搭铁型控制电路

电动机搭铁的控制电路是指电动机电刷一端直接搭铁，而电动机定子有两组磁场绕组，上升或下降过程每次只接通一个磁场绕组，由于两线圈的缠绕方式相反，故定子线圈对转子线圈的力矩方向相反，使电动机的转向不同，从而实现车窗的升降。控制电路如图 6 – 12 所示。

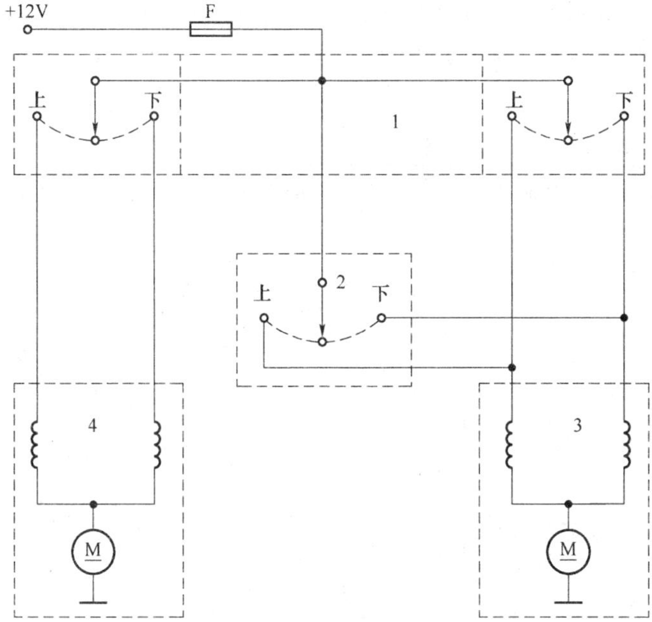

图 6 – 12　电动机搭铁的电动车窗控制电路

1—驾驶员主控开关组件；2—右前车窗开关；3—右前车窗电动机；4—左前车窗电动机

［完成任务］在电动机搭铁电动窗控制电路中，电动机外接线数目和电动机不搭铁外接线数目相同，全是两根线，如何通过万用表来区分是电动机搭铁型，还是电动机不搭铁型：________；同上问题，通过开关接线的数目能否分清是搭铁型还是不搭铁型：________________。

图 6 – 13 所示为五线电动窗开关，分析其是车窗电动机搭铁型的开关还是电动机不搭铁型的开关：________。

［技师指导］许多直接控制的车窗开关不灵敏，通常要操作几次才能响应一次，这种情况多数为灰尘沉积所致，如图 6 – 14 所示，若清洗一下仍可和新的一样使用，但大多数情况是被换成新的。有些开关是独立地组合放在右前门主控位置；有些开关是和几个开关放在一块印刷电路板上的，若一个开关损坏，则需要全部更换。

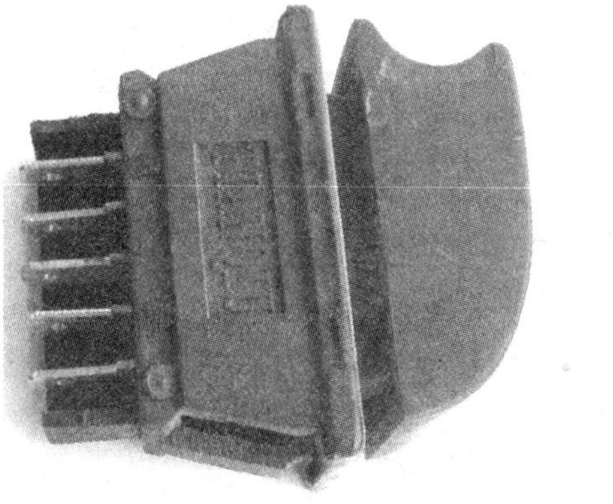

图 6 – 13　五线电动窗开关

图 6 – 14　沉积灰尘的开关内部

3. 带电动窗主继电器和单触（点触）继电器的电动机不搭铁型电动窗电路

在电动车窗控制电路中，驾驶员侧采用集中控制的主控开关，其余三个车门采用独立操作开关。有些汽车的主控开关备有安全开关，可以切断其他各车窗的电源，使其余三个车窗的操作开关不起作用。

1）带供电主继电器的电动窗电路

图 6－15 所示为日本凌志 S400 轿车电动车窗控制系统线路，在其电路的供电线路上装有电动窗主继电器。

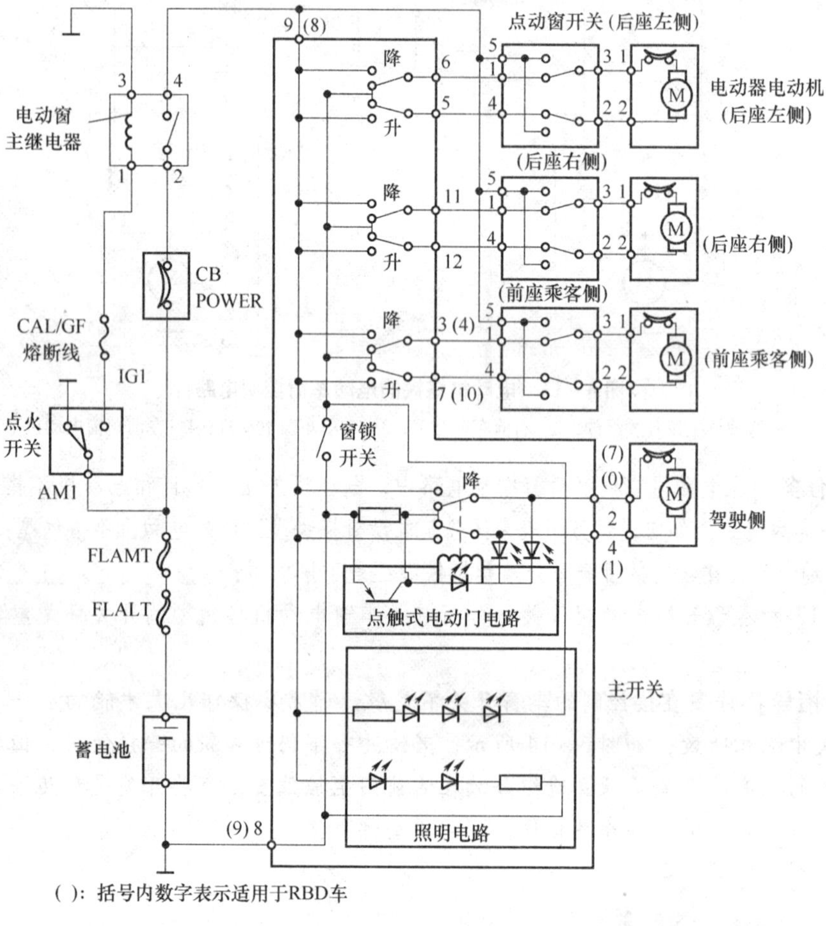

图 6－15　日本凌志 S400 轿车电动车窗控制系统线路

当点火开关打至点火挡 IG1 时，电动窗主继电器工作，触点闭合，给电动车窗提供了电源。如将主开关上的“窗锁开关”闭合，那么所有车窗都可随时进入工作状态；若主开关上的“窗锁开关”断开，则其余三个车门由于无搭铁，所以无法工作，这时只有驾驶员侧车窗可进行工作，设计目的是防止儿童在后排的误操作。

2）点触功能

由于日本丰田 LEXUS 400 轿车电动车窗控制系统线路图的“点触功能”电路细节并不全，所以要分看下部分的电路，它们具有相同的原理。首先在电路中，驾驶员侧的车窗开关采用“手动开关”外套“自动开关（点触开关）”结构，由“点触式继电器”控制，驾驶员要使车窗玻璃下降时，只要点触一下下降开关，车窗玻璃就会自动下降到最低点，在下降过程中，如果要使玻璃停止在某一位置，只要同方向再点触一下开关即可。

［**完成任务**］在图 6-16 中，螺线管是继电器的什么部分：________；柱塞是继电器的衔铁（铁芯），止板是和铁芯在一起联动的。在柱塞下部弹簧的作用下，止板有上移的趋势，当螺丝管继电器通电后，止板是上移还是下移：________；点触开关（自动旋钮）和滑销是保持垂直还是两者之间有夹角：________。这种机械式单触功能技术基本淘汰，可以当文化记忆，也可不做讲解，但日本丰田 LEXUS 400 轿车电动车窗控制系统仍在现有中档甚至高档轿车上采用，故不能说其淘汰。

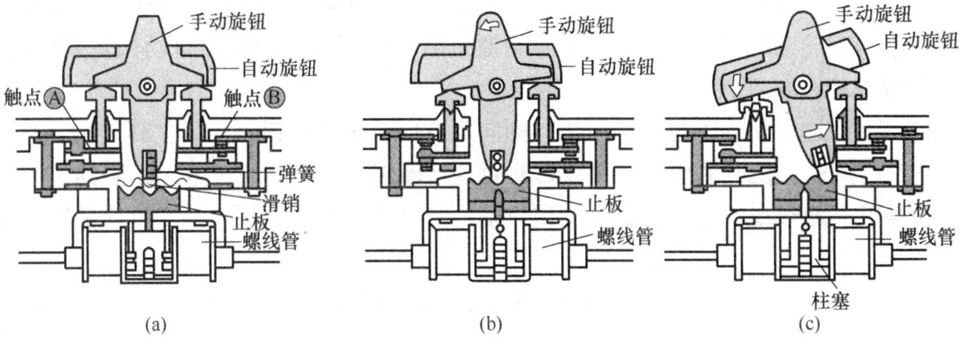

图 6-16　机械控制的单触功能

机械控制的单触功能工作原理如下：当把自动按钮向前方按下时，如图 6-17 所示，触点 A 与 UP 侧相连，电动机按 UP 箭头方向通过电流，车窗玻璃上升；与此同时，检测电阻 *R* 上的电压降低，此电压加于比较器 1 的一端，它与参考电压 Ref. 1 进行比较。Ref. 1 的电压值设定为相当于电动机“堵转”（被迫停转，此时工作电流瞬间增大）时的电压。

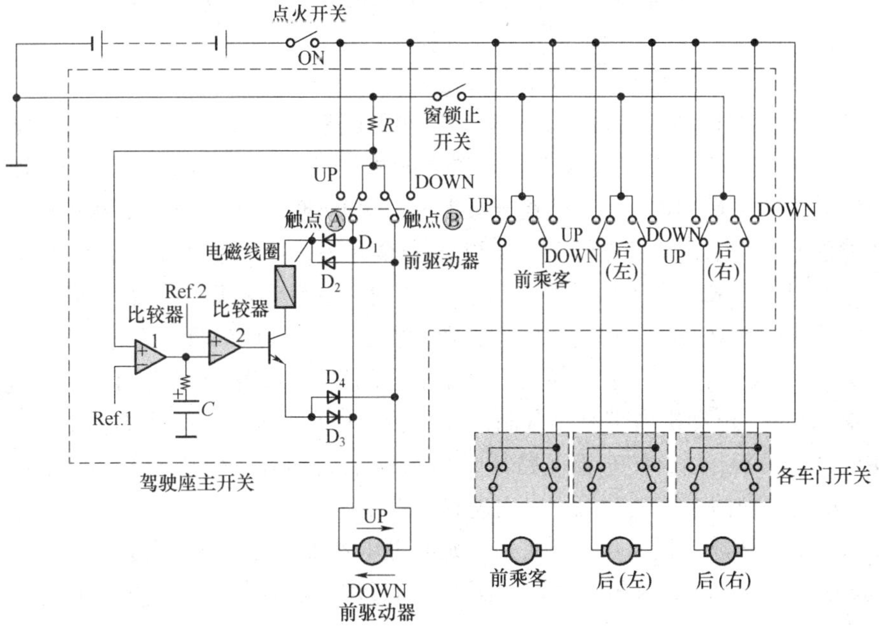

图 6-17　机械控制的单触功能工作原理

在正常不“堵转”的情况下，同向比较器 1 的输出为负位。反向比较器 2 的基准电压 Ref. 2 设定为小于比较器 1 的输正电位，所以比较器 2 的输出电压为正电压，晶体管接通，电磁线圈通过较大的电流，其路径为：蓄电池“+”→点火开关→UP→触点 A→二极管 D_1→电磁线圈→三极管→二极管 D_4→触点 B→电阻 R→搭铁（蓄电池“-”）。此电流产生较大的电磁吸力，吸引驱动器开关的柱塞，于是把止板向上顶压，越过止板凸缘的滑销于原来位置被锁定，这时即使把手离开自动旋钮，开关仍会保持原来的状态。

当玻璃上升至终点位置时，在电动机上有“堵转”电流流过，检测电阻 R 上的电压降增大，当此电压超过参考电压 Ref. 1 时，比较器 1 输出低电位，此时电容 C 开始充电，当 C 两端电压上升至超过比较器 2 的参考电压 Ref. 2 时，比较器 2 则输出低电位，三极管立即截止，电磁线圈中的电流被切断，止板被弹簧通过滑销压下，自动旋钮自动回复到中间位置，触点 A 搭铁，电动机停转。

在自动上升过程中，若想中途停止，则向反方向扳手动旋钮，然后立刻放松。这样触点 B 将短暂脱离搭铁，使电动机因回路被切断而自动停转。同时，通过电磁线圈的电流已被切断，止板被弹簧通过滑销压下，自动旋钮自动回复到中间位置，触点 A、B 均搭铁，电动机停转。

车窗玻璃自动下降的工作情况与上述情况相反，操作时只需将自动旋钮压向车辆后方即可。

[**完成任务**] 分析加装电动窗继电器后，有什么好处：________；如果在实车上见到这种带开关套开关的开关结构是否能识别出是“点触型（自动开关）”开关：________；点触开关中的采样电阻是在什么情况下为比较器 1 提供参考电压 Ref. 1 的：________。

什么是反向放大器：________；什么是同向放大器：________；什么是参考电压 Ref：________。

如果“点触控制继电器”触点因故障不能闭合，点触功能是正常还是不正常：________；

在进行点触控制时你是否听到了点触继电器的声音：________。

4. 带电动窗主继电器、发动机熄火延时控制继电器和点触功能的不搭铁型电路

桑塔纳 2000 型轿车采用的电动车窗装置由翘板按键开关、传动机构、升降器及电动机组成，控制电路如图 6-18 所示。按键开关 E39、E40、E41、E52 和 E53 被安置于中央通道面板的开关盘上，其中，黄色按键开关 E39 为安全开关，可以使后车窗开关 E53 和 E55 不起作用；E40、E41、E52 和 E54 分别为左前、右前、左后和右后门玻璃升降开关；为使左后和右后门玻璃能独立升降，在两后门上分别设置了 E53 和 E55 两个按键开关；V14、V15、V26 和 V27 分别为左前、右前和左后、右后车窗电动机，电动机为永磁直流电动机，正常工作电流为 4~15 A，电动机内带有过载断路保护器，以免电动机超载烧坏；延时继电器 J52 是保证在点火开关断开后，使车窗电路延时约 50 s 后再断开，使用方便、安全；自动继电器 J51 用于控制左前门车窗电动机，以实现点动控制。

工作原理如下所述：接通点火开关后，延时继电器 J52 与 C 路电源相通，其常开触点闭合，按键开关内的 P- 通过该触点接地，而 P+ 通过熔断器 S37 与 A 路电源相通，此时，按动按键开关便可使车窗电动机转动。

1）发动机熄火后的延时控制

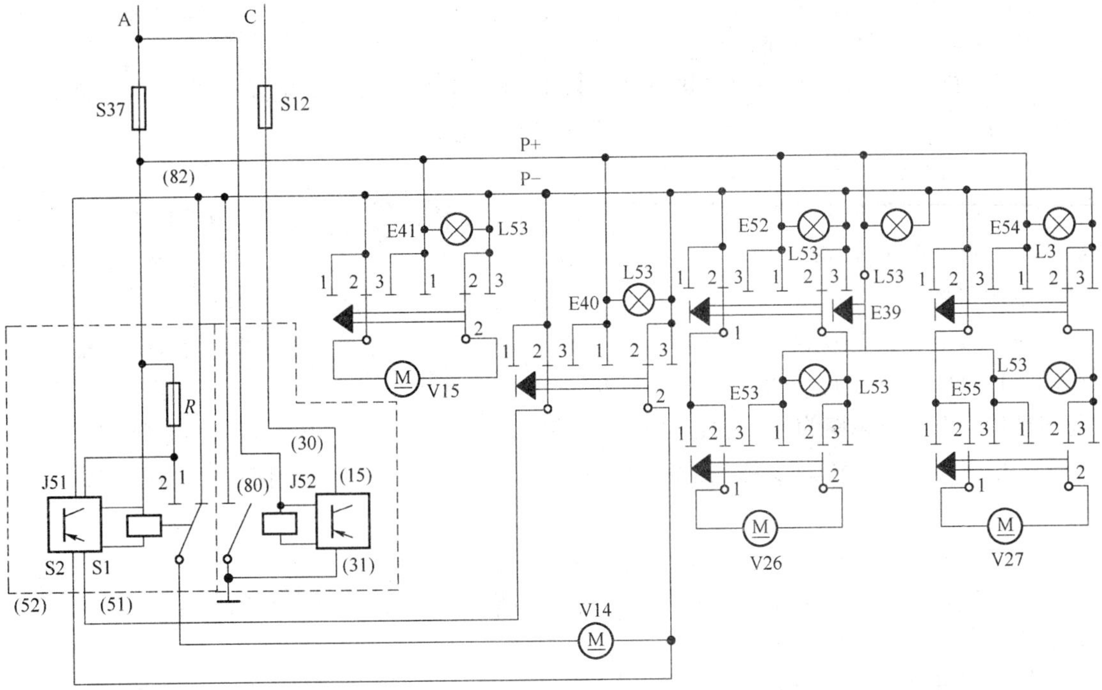

图 6－18　桑塔纳 2000 型轿车电动车窗控制电路

关闭点火开关后，C 路电源断电，延时继电器 J52 由 A 路电源供电，延时 50 s 后，继电器触点断开，按键开关的搭铁线被切断，所有按键开关失去控制作用。

2）后车窗电动机的控制

左后门和右后门的车窗电动机各由两个按键开关 E52、E53 及 E54、E55 控制，E52 和 E54 安装在中央通道面板上，供驾驶员控制；E53 和 E55 分别安装在两后门上，供后座乘客控制。同一后门的两个开关采用级联方式连接，当两个开关被同时按下时没有控制作用，只有当某一个开关被按下时，才有控制作用。在安全开关 E39 被按下的情况下，E39 的常闭触点断开，切断了后车门上控制开关 E53 和 E55 的电源，使其失去了对各自车窗电动机的控制，以起到防止儿童误操作的作用。

（1）车窗玻璃上升。

在安全开关 E39 没有被按下的情况下，将 E52（E54）置于上升位，车窗电动机 V26（V27）正转，带动左后（右后）车门玻璃上升。其电路为：A 路电源正极→熔断器 S37→P＋→E52（E54）→E53（E55）→左后（右后）门窗电动机 V26（V27）→E53（E55）→E52（E54）→P－→J52 触点→接地→电源负极。如果按下左后（右后）车门上 E53（E55）的上升键位，则车窗电动机 V26（V27）同样可带动车门玻璃上升，此时其电路为：A 路电源正极→熔断器 S37→P＋→E39→E53（E55）→左后（右后）门车窗电动机 V26（V27）→E53（E55）→E52（E54）→P－→J52 触点→搭铁→电源负极。

（2）车窗玻璃下降。

在安全按键开关 E39 没有被按下的情况下，按下 E52（E54）或 E53（E55）的下降位，车窗电动机 V26（V27）电枢电流的方向与车窗玻璃上升时情况相反，电动机反转，带动左后（右后）车门玻璃下降。

3）前车窗电动机的控制

右前门车窗电动机 V15 由按键开关 E41 控制；而左前门车窗电动机 V14 由按键开关 E40 和自动继电器 J51 控制，且具有点动自动控制功能。

（1）车窗玻璃上升。

按下按键开关 E41 的上升键位时，车窗电动机正转，带动右前门车窗玻璃上升，其电路为：A 路电源正极→熔断器 S37→P＋→E41→车窗电动机 V15→E41→P－→J52 触点→搭铁→电源负极。

按下按键开关 E40 的上升键位时，P＋和 P－经 E40 分别接至自动继电器 J51 的输入端 S2 和 S1，此时，自动继电器 J51 触点 1 闭合，触点 2 断开，车窗电动机 V14 正转，带动左前门玻璃上升，其电路为：A 路电源正极→熔断器 S37→P＋→E40→车窗电动机 V14→J51 的常闭触点 1→P－→J52 触点→搭铁→电源负极。按键开关 E40 复位时，上述电路被切断，电动机 V14 停转。

（2）车窗玻璃下降。

按下按键开关 E41 的下降键位时，车窗电动机 V15 反转，带动右前门车窗玻璃下降，其电流通路与上升时相反。

按下按键开关 E40 的下降键位时，P＋和 P－经 E40 分别接至自动继电器 J51 的输入端 S2 和 S1，此时，自动继电器 J51 触点 2 闭合，触点 1 断开。车窗电动机 V14 的电路为：A 路电源正极→熔断器 S37→P＋→取样电阻 R→J51 的触点 2→车窗电动机 V14→E40→P－→J52 触点→搭铁→电源负极，流过电动机 V14 的电流方向与上升时相反，电动机反转，带动玻璃下降。将手抬起时 E40 复位，J51 的触点也复位（触点 2 断开，触点 1 闭合），切断了上述电路，电动机停转。

4）点动自动控制

当按下按键开关 E40 下降键位的时间≤300 ms 时，自动继电器 J51 判断为点动自动下降操作，于是继电器动作，使触点 2 闭合。流过车窗电动机 V14 的电流方向与正常下降操作时相同，电动机反转，车窗玻璃下降。如果在下降期间 E40 的上升键位不被按下，继电器 J51 的触点 2 将一直处于闭合状态，直至玻璃下降到底，电动机 V14 堵转，此时，电枢电流将增大，当电流增至约 9A 时，取样电阻 R 上的电压使继电器 J51 动作，触点 2 断开，自动切断车窗电动机的通电回路，电动机停转；如果在下降期间，按下 E40 的上升键位，继电器 J51 将判断为下降操作结束，触点 2 断开，车窗电动机 V14 停转。这样，通过对按键开关 E40 进行点动控制就可以使左前车窗玻璃停止在任意位置。

［技师指导］

拆装电动车窗时一定要注意正确的安装位置，其所有的螺栓连接孔为椭圆孔，定位前电动车窗玻璃升降一定不要与门框发生摩擦干涉。对车门经过钣金维修或玻璃破碎后更换的情况要认真检查安装精度和运行阻力，如果不准将严重影响车窗升降器电动机工作平顺性，阻力过大将导致电动机提前损坏。例如，阻力过大会造成齿条型升降机的齿条磨损严重、噪声增加，特别是齿扇的边界位置最易磨损。

一般电动车窗与中央门锁、电动天线等共用搭铁线，搭铁点搭铁不良将产生中央控制门锁不好用和电动天线电动机搭铁不正常工作等故障。

第三节　汽车电动观后镜

观后镜分为车外左、右两个观后镜和车内一个观后镜，由于以前车内观后镜一般没有控制功能，所以书中仅讲车外两侧的观后镜。随着汽车防炫目的发展，中、高档车开始采用有电控防炫目技术的车内观后镜。

一、车外观后镜开关功能和操作

车外每个电动后视镜是由两个微型永磁电动机来调整镜面水平和垂直位置的，也称水平电动机和垂直电动机。驾驶员坐在驾驶位置上先通过按动左侧或右侧开关选择后视镜，再按动一下观后镜四方向的调节开关，就可获得理想的后视镜的位置。

图 6－19 所示为丰田车的观后镜调节开关，一个开关要控制两个后视镜，操作上先选择调左侧/右侧后视镜，选择可通过“L”（Left）、“R”（Right）来确定，再通过四方向开关控制水平电动机和垂直电动机的动作。大众汽车的电动后视镜开关采用多开关集成于一体，并设计有后视镜加热。打开后风窗除霜开关，电动后视镜也会开始加热除霜。可加热后视镜一般在湿冷的季节使用。

（a）　　　　　　　　　　　　（b）

图 6－19　丰田观后镜调节开关和大众后视镜开关

（a）丰田开关；（b）大众开关

观后镜折叠分为手动折叠和电动折叠两种：手动折叠时，驾驶员必须把手伸出窗外或下车折叠；电动折叠是指驾驶员在车内就可以对其进行折叠，且起动车辆时后视镜会自动打开，还可以根据车速自动折叠减少风阻。

二、电动后视镜的结构

电动后视镜的结构如图 6－20 所示。电动后视镜面调节由水平转动调节电动机和垂直转动调节电动机来完成。上、下方向的转动用垂直转动调节电动机控制，左、右方向的转动由水平转动调节电动机控制。通过改变电动机的电流方向，即可完成后视镜上、下及左、右调整。车外观后镜有加热功能时，在镜片背部会有加热的供电线。电动后视镜若有折叠功能时会有一个折叠电动机，“车外”观后镜防炫目功能一般是由观后镜的材料决定的，与电路控制没有关系，“车内”观后镜防炫一般由电路控制，如果观后镜内有线，则为二极管转向灯的供电线。

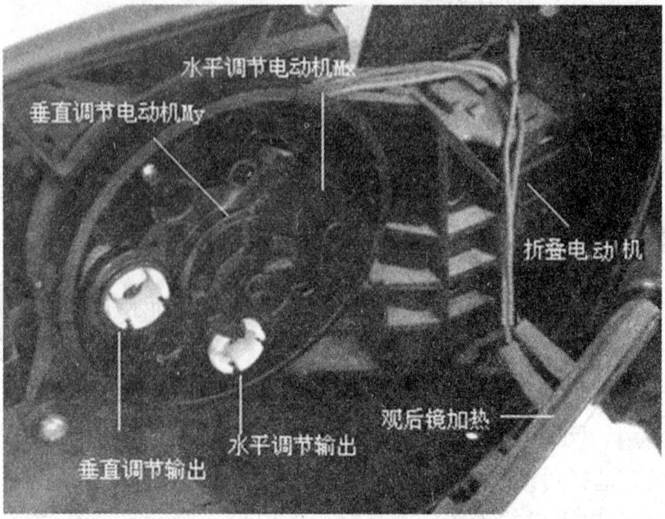

图6－20　电动后视镜的结构

三、车内观后镜防炫原理

图6－21所示为车内防炫目后视镜结构。防炫目车内后视镜由一面特殊镜子和两个光敏二极管及电子控制器组成，电子控制器接收自前方和后方光敏二极管送来的前射光和后射光信号。如果灯光照射在车内后视镜上，例如后面灯光强度大于前面灯光，电子控制器会输出一个电压到镜子的导电层上。导电层上的这个电压改变镜面电化层颜色，电压越高，电化层颜色越深，此时即使再强的照射光照到后视镜上，经防炫后视镜反射到驾驶员眼睛上时也会显示暗光，不会耀眼。镜面电化层反射强度根据后方光线的入射强度自动被控制，并持续变化以防止炫目。

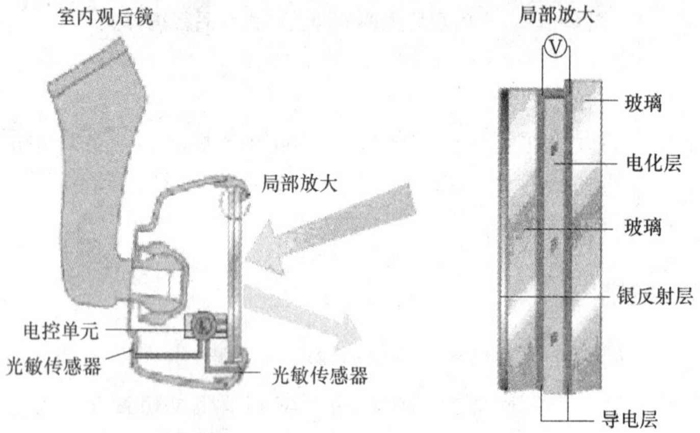

图6－21　车内防炫目后视镜结构

车内观后镜的防炫目功能会在车辆挂入倒挡倒车时被解除。

四、电动后视镜电路

1. 直接控制型电动后视镜电路

红旗轿车电动后视镜控制电路如图 6－22 所示，其工作状态如图 6－23 所示。

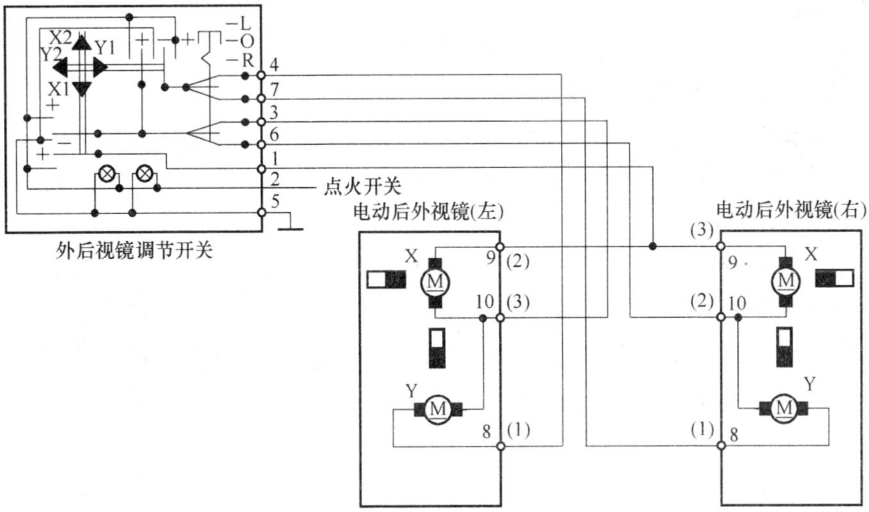

图 6－22　红旗轿车电动后视镜控制电路

外后视镜调节开关闭合表

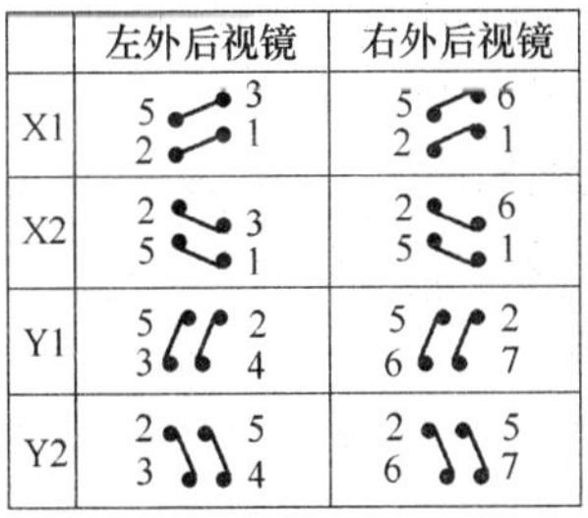

左外后视镜调节工作表

电动机X

旋转		4	3	1
外	X1	0	－	＋
里	X2	0	＋	－
上	Y1	＋	－	0
下	Y2	－	＋	0

电动机Y

右外后视镜调节工作表

电动机X

旋转		7	6	1
外	X1	0	－	＋
里	X2	0	＋	－
上	Y1	＋	－	0
下	Y2	－	＋	0

电动机Y

图 6－23　红旗轿车电动后视镜控制系统工作状态

在进行调整时，首先通过左/右选择开关选择要调整的后视镜，如果要调整左后视镜，则选择“L”，调整右后视镜则选择“R”。

1）向外旋转

如果想让左后视镜向外旋转，则按下外后视镜调节开关向外旋钮 X1，开关相应接脚的连接状态如图 6－23 所示中的左外后视镜调节工作表。电流从点火开关→外后视镜调节开关接脚 2→外后视镜调节开关接脚 1→左电动后视镜接脚（2）→左后视镜电动机 X→左电动后视镜接脚（3）→外后视镜调节开关接脚 3→外后视镜调节开关接脚 5→搭铁→蓄电池负极。

左后视镜完成向外旋转动作。

如果想让右后视镜向外旋转，则按下外后视镜调节开关向外旋钮 X1，开关相应接脚的连接状态如图 6－23 所示中的右外后视镜调节工作表。电流从点火开关→外后视镜调节开关接脚 2→外后视镜调节开关接脚 1→右电动后视镜接脚（3）→右后视镜电动机 X→右电动后视镜接脚（2）→外后视镜调节开关接脚 6→外后视镜调节开关接脚 5→搭铁→蓄电池负极。右后视镜完成向外旋转动作。

2）向里旋转

如果想让左后视镜向里旋转，则按下外后视镜调节开关向里旋钮 X2，开关相应接脚的连接状态如图 6－23 所示中的左外后视镜调节工作表。电流从点火开关→外后视镜调节开关接脚 2→外后视镜调节开关接脚 3→左电动后视镜接脚（3）→左后视镜电动机 X→左电动后视镜接脚（2）→外后视镜调节开关接脚 1→外后视镜调节开关接脚 5→搭铁→蓄电池负极。左后视镜完成向里旋转动作。

如果想让右后视镜向里旋转，则按下外后视镜调节开关向里旋钮 X2，开关相应接脚的连接状态如图 6－23 所示中的右外后视镜调节工作表。电流从点火开关→外后视镜调节开关接脚 2→外后视镜调节开关接脚 6→右电动后视镜接脚（2）→右后视镜电动机 X→右电动后视镜接脚（3）→外后视镜调节开关接脚 1→外后视镜调节开关接脚 5→搭铁→蓄电池负极。右后视镜完成向里旋转动作。

3）向上旋转

如果想调节左后视镜，则按下外后视镜调节开关向上旋钮 Y1。电流从点火开关→外后视镜调节开关接脚 2→外后视镜调节开关接脚 4→左电动后视镜接脚（1）→左后视镜电动机 Y→左电动后视镜接脚（3）→外后视镜调节开关接脚 3→外后视镜调节开关接脚 5→ 搭铁→蓄电池负极。左后视镜完成向上旋转动作。右后视镜向上旋转调节与此相似。

4）向下旋转

如果想调节左后视镜，则按下外后视镜调节开关向下旋钮 Y2。电流从点火开关→外后视镜调节开关接脚 2→外后视镜调节开关接脚 3→左电动后视镜接脚（3）→左后视镜电动机 Y→左电动后视镜接脚（1）→外后视镜调节开关接脚 4→外后视镜调节开关接脚 5→搭铁→蓄电池负极。左后视镜完成向下旋转动作。右后视镜向下旋转调节与此相似。

[**技师指导**] 如图 6－22 和图 6－23 所示的电路原理在工作中几乎没有意义，讲解的目的是让大家消除疑惑。没有太大意义的原因是观后镜不工作，通过换开关大多数情况可排除，不会有技师去测量的，因为观后镜中的电动机可靠性还是很强的，对于这种电路采用换件法和排除法最有效。排除法操作是若左侧观后镜不正常，则可先试右观后镜是否调节正常，因为它们共用方向调节电路，两个观后镜都不正常时可确定开关确实损坏。以上是在电源和搭铁正常的情况下做出的推断。

2. 有折叠（伸缩）功能的电动后视镜

电动后视镜的伸缩功能是由伸缩开关控制伸缩电动机工作，使整个后视镜回转伸出或缩回。丰田皇冠轿车可伸缩式电动后视镜控制电路如图 6－24 所示。

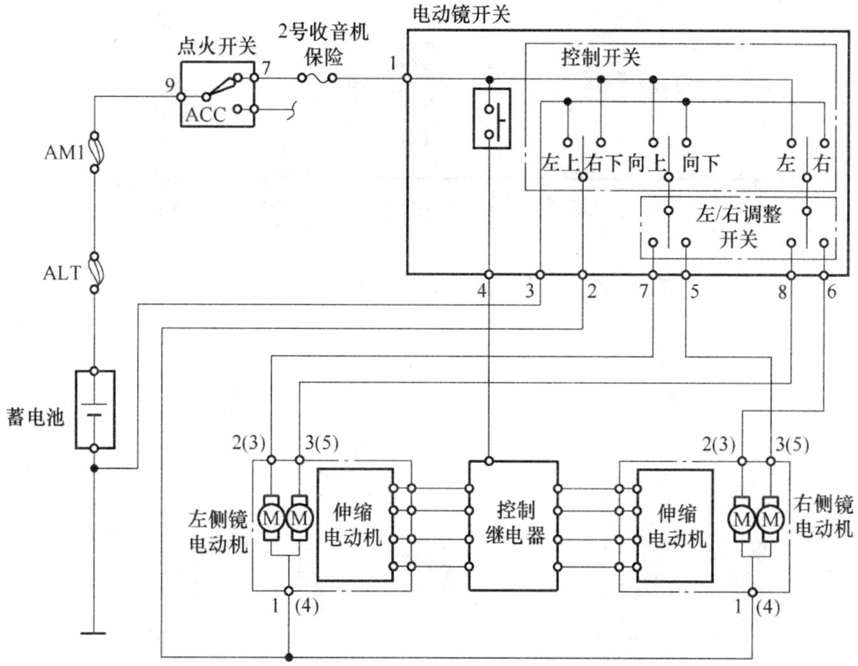

图 6－24　丰田皇冠轿车伸缩式电动后视镜控制电路

在进行调整时，首先通过左/右调整开关选择好要调整的后视镜，如调整左镜时，开关打向左侧，此时开关分别与 7、8 接点接通，再通过控制开关即可进行该镜的上下或左右调整。如果进行向上调整，则可将控制开关推向上侧，此时控制开关分别与向上接点、左向上接点结合。电路由蓄电池正极→熔断器→点火开关→控制开关向上接点→左/右调整开关→7 接点→左侧镜上下调整电动机→接点→电动镜开关 2 接点→控制开关左上接点→电动镜开关 3 接点→蓄电池负极，形成回路，左镜上下调整电动机运转，完成调整过程。其他调整过程与向上调整过程类似，通过接通不同的开关即可完成。

电动后视镜的伸缩是通过电动镜开关上的伸缩开关控制的，该开关控制继电器动作，使左右两镜伸缩电动机工作，完成伸缩功能。

第四节　捷达轿车“镜和窗”任务训练

一、电动车窗主控开关

图 6－25 所示为捷达电动窗开关和锁门开关，捷达车电动窗开关采用集成方式，主控有四个车窗的玻璃升降功能；前部有车门开启和锁闭功能；为阻止后排儿童的开窗操作，中间设有禁止后窗操作的连锁开关。

[**完成任务**] 请将图 6－26 中的六个开关标上名称和大众代码，并写出带“星”开关操作后的作用。

图6－25　大众捷达轿车电动窗开关和锁门开关

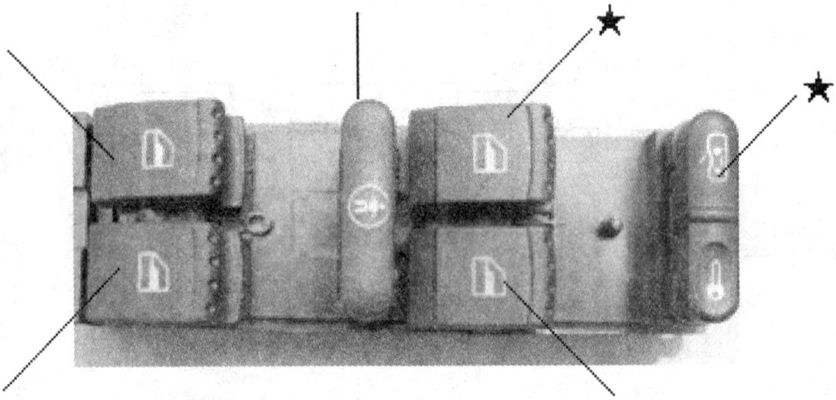

图6－26　大众捷达轿车主门控制开关

其他三个车门是否有控制开关：________；若有的话，分别写出其他三个车门开关的名称和大众代码：________、________、________；这三个开关为什么是双线双开关：____________________。

［**技师指导**］车窗现代微机控制电路分为普通型和智能型。

普通型仅是实现开关输入后转化为电动机正反转控制，有的有一定的保护功能，但不具备接诊断仪的功能。智能型微机有自诊断功能，通过检测仪可读出微机诊断出的故障码，还可读取数据流，也可进行元件诊断。

可针对车型找到相关电路图，分析线路。电控系统进行自诊断时，可以读取各操作开关的输入，同时可直接对电动机进行诊断仪驱动。

［**完成任务**］你操作电动窗的车型是什么：________；电动窗是直接控制型、普通电子控制型还是微机智能控制型：________；另外，开关输入方式是普通开关还是利用不同电阻改变线路工作电流，导致内部采样电阻的电压发生相应变化的这种“电压区间”识别方式是：________。

二、车外观后镜电路

捷达2005款将水平和垂直调节开关集成到J200内部，所以在电路中不显示，如图6－27所示；水平调节开关控制水平调节电动机，垂直调节开关控制垂直调节电动机。

[完成任务] 根据图 6－27 所示分析：

为什么 V20 内部是两个电动机：________；它们分别称为：________、________。

为什么在图 6－27 中没有开关输入：________；拆开开关盒看一看是继电器换向还是晶体管开关换向：____________。

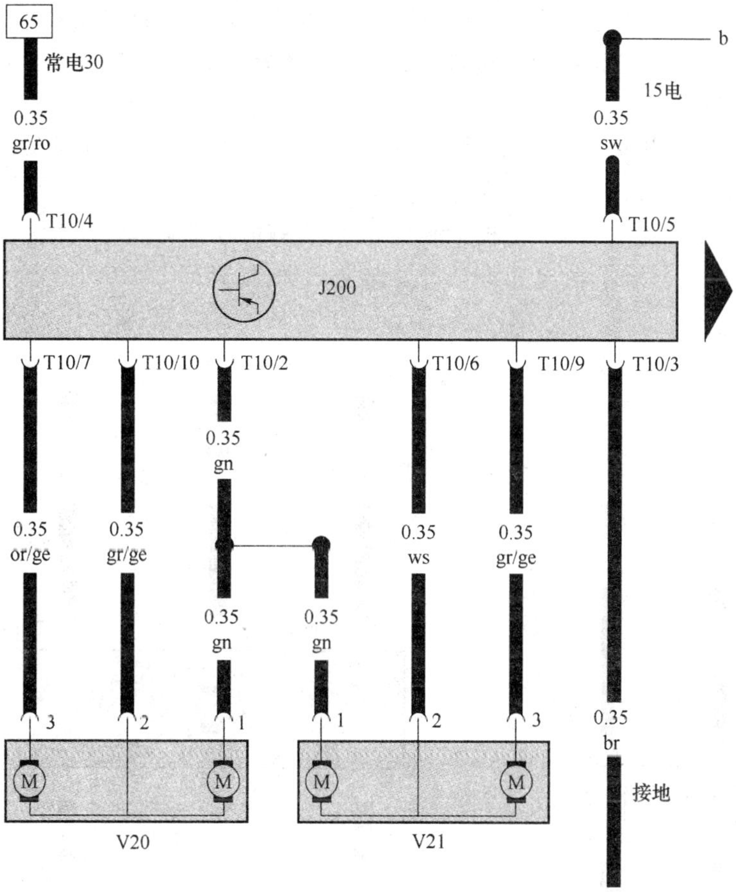

图 6－27　捷达外电动后视镜电路

三、电动车窗

电动窗单触功能：点动升降器开关后，玻璃会自动升降，ECU 通过监测电动机转动的脉冲数确定车窗位置，目的是当在上升过程中阻力上升时能进入退避功能；遥控锁门功能是用遥控锁门时，若车窗和天窗未关，则先把四个车窗依次关闭，以防止四个电动机同时工作导致电路过流，待车窗关闭后，再关闭天窗，最后控制锁门；退避功能是指关闭车窗时检测到阻力后反转下降至车窗全开。

电动窗退避功能，也叫防夹功能，实现有两种方式：一种是在车窗电动机上利用检测电动机转速的霍尔传感器，当霍尔传感器检测到电动机转速下降时，信号进入电动车窗

ECU，ECU 控制电动机停转或下降；二是直接检测电动机回路的电流来确定电动机是否反转。修理上为了让车窗 ECU 记住车窗全开和全闭的位置，需要对 ECU 初始化，通常手动让电动机把车窗打开，然后再关窗，ECU 即可记住全程所需的脉冲数，下次当车窗升至车顶时，计数器直到达到车顶才给电动机断电，这时阻力不会导致进入退避功能。

图 6－28 所示为电动机 V56 和 V147 电路，图 6－29 所示为电源和电源分布电路。

［**完成任务**］单触功能是利用位置计数功能还是利用转速功能（电动机降低电流增加）来识别：____________；防夹功能是利用位置计数功能还是利用转速功能（电动机降低电流增加）来识别：____________。

如图 6－30 所示捷达 2005 年以后车内防炫目电路。根据图 6－29 所示，分析倒挡信号为什么要输入车内防炫目控制单元 Y7：________。

根据图 6－28 分析，中控锁电机 V56 的 2、3 引脚的作用是：________；各门玻璃钢升降电机采用 5 根线，除了电源和搭铁外，其余三根线 T6m/1/5/6 的作用是：________、________、________。

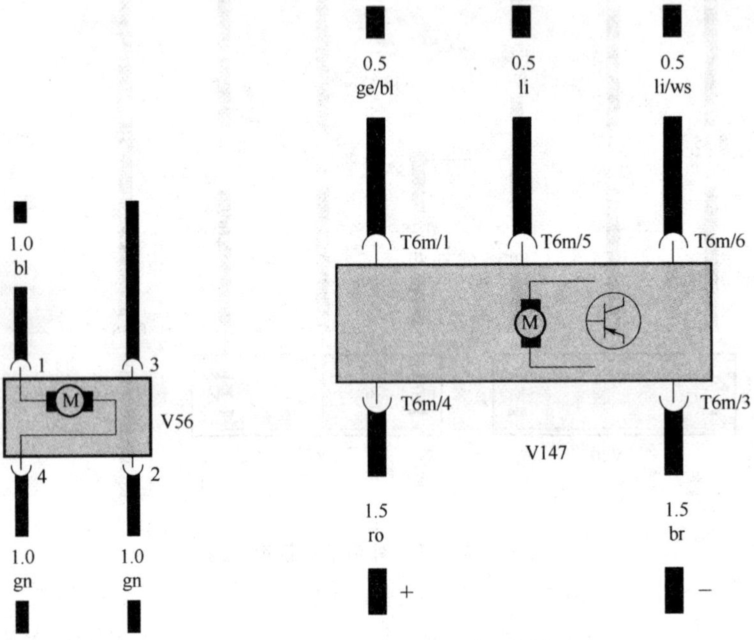

图 6－28　电动机 V56 和 V147 电路

（a）V56 电路；（b）V147 电路

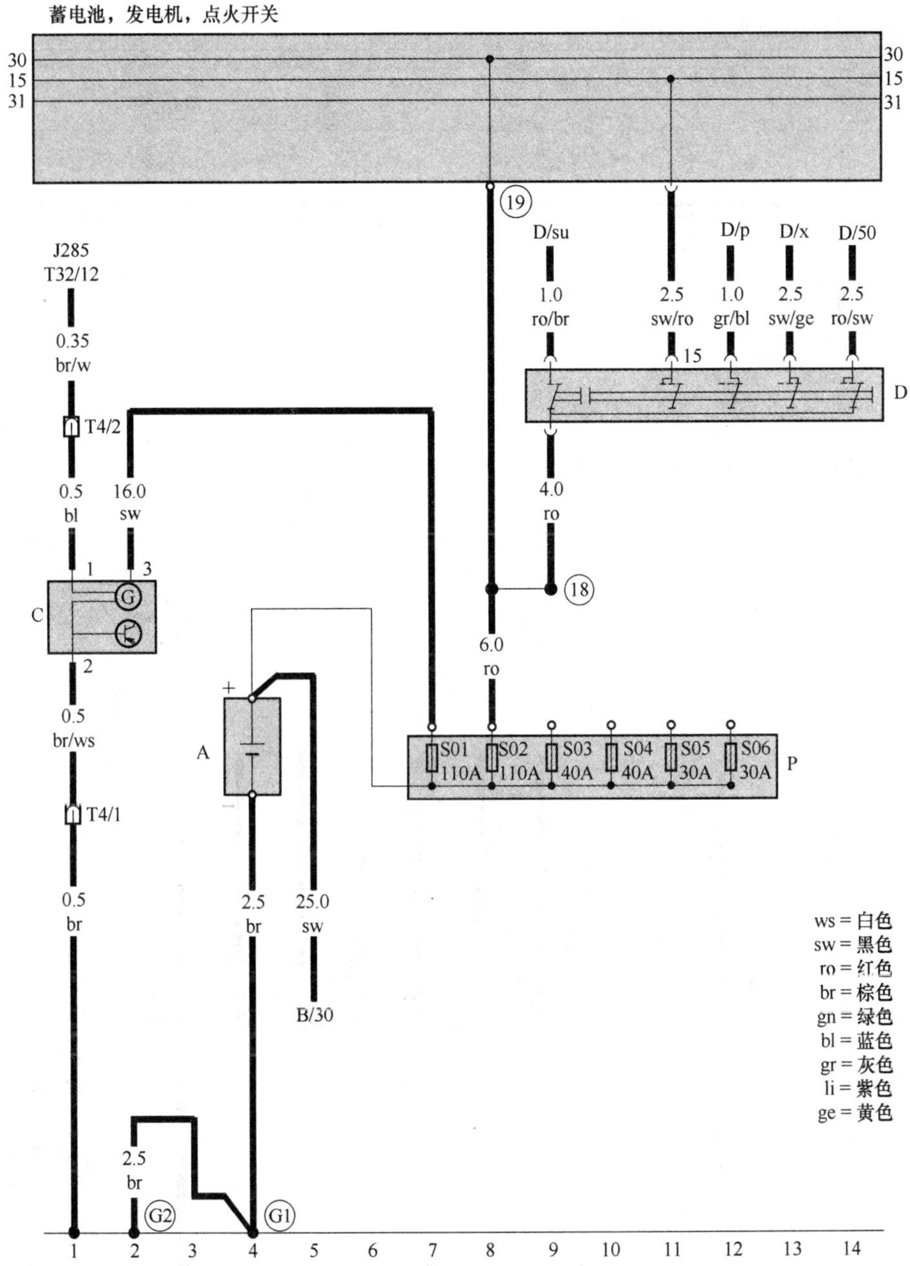

图 6－29　电源和电源分布电路

A—蓄电池；
B/30—起动机；
C—发电机；
D—点火开关；
J285—组合仪表；
P—主保险丝盒，位于蓄电池上方；
S01—主保险丝盒上保险丝 1；
S02—主保险丝盒上保险丝 2；
S03—主保险丝盒上保险丝 3；
S04—主保险丝盒上保险丝 4；
S05—主保险丝盒上保险丝 5；
S06—主保险丝盒上保险丝 6；
T4—4 孔播头连接；
T32—32 孔播头连接；
18—螺栓连接（30），在继电器支架上；
19—正极连接，在仪表板线束内；
G1—接地点，蓄电池；
G2—接地线，变速箱

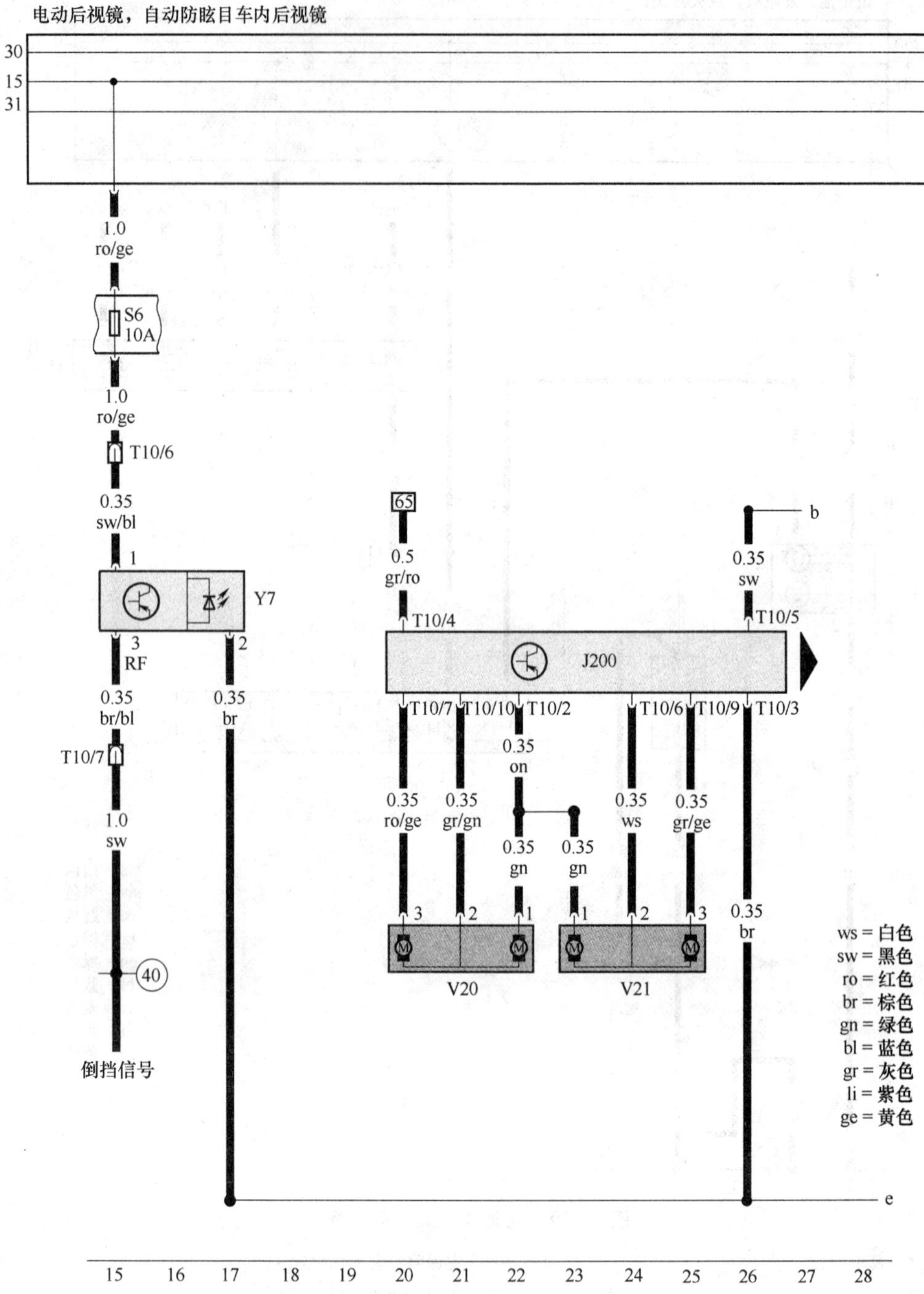

图 6－30　车内观后镜防眩和车外观后镜调节电路

J200—电动后视镜调整开关；

V20—左电动后视镜；

V21—右电动后视镜；

S6—保险丝支架上 6 号保险丝；

T10—10 孔插头，插接电动后视镜调整开关；

Y7—自动防炫目后视镜；

40—连接（RF），电动防炫目视后镜

［完成任务］根据图 6－31 分析，K 线的作用是什么：________；能否由诊断仪通过 K 线读出 J386 的故障码、数据流：________；能否通过执行元件自诊断打开车门：________。

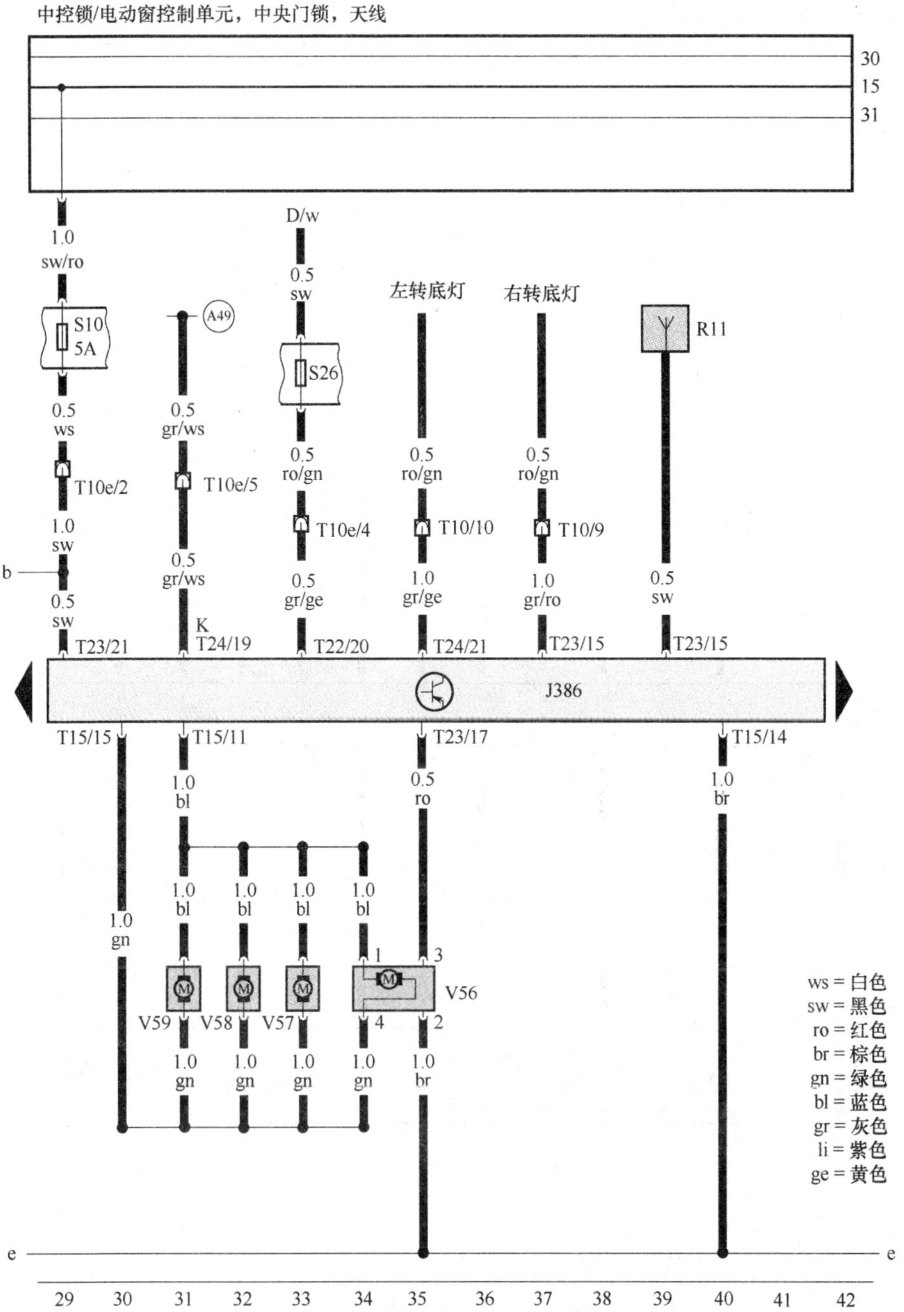

图 6－31　J386 供电、中控锁、天线和转向灯电路

J386—中央门锁/电动窗控制单元；
V56—左前门中控锁电动机；
V57—右前门中控锁电动机；
V58—左后门中控锁电动机；
V59—右后门中控锁电动机；
R11—遥控锁天线；
S10—保险丝支架上 10 号保险丝；
S26—保险丝支架上 26 号保险丝；
T10e—10 孔紫色插头，在继电器支架上；
T15—15 孔插头，插接中控锁/电动窗控制单元；
T23—23 孔插头，插接中控锁/电动窗控制单元；
T24—24 孔插头，插接中控锁/电动窗控制单元；
A49—连接（自诊断 K 线），在仪表板线束内根据图 6－32 分析，由于无论是升还是降，一根信号线只接搭铁信号，控制单元 J386 如何区分驾驶员是要升还是要降的意图：______；分析 J386 需要结合什么信号才能确定：______。

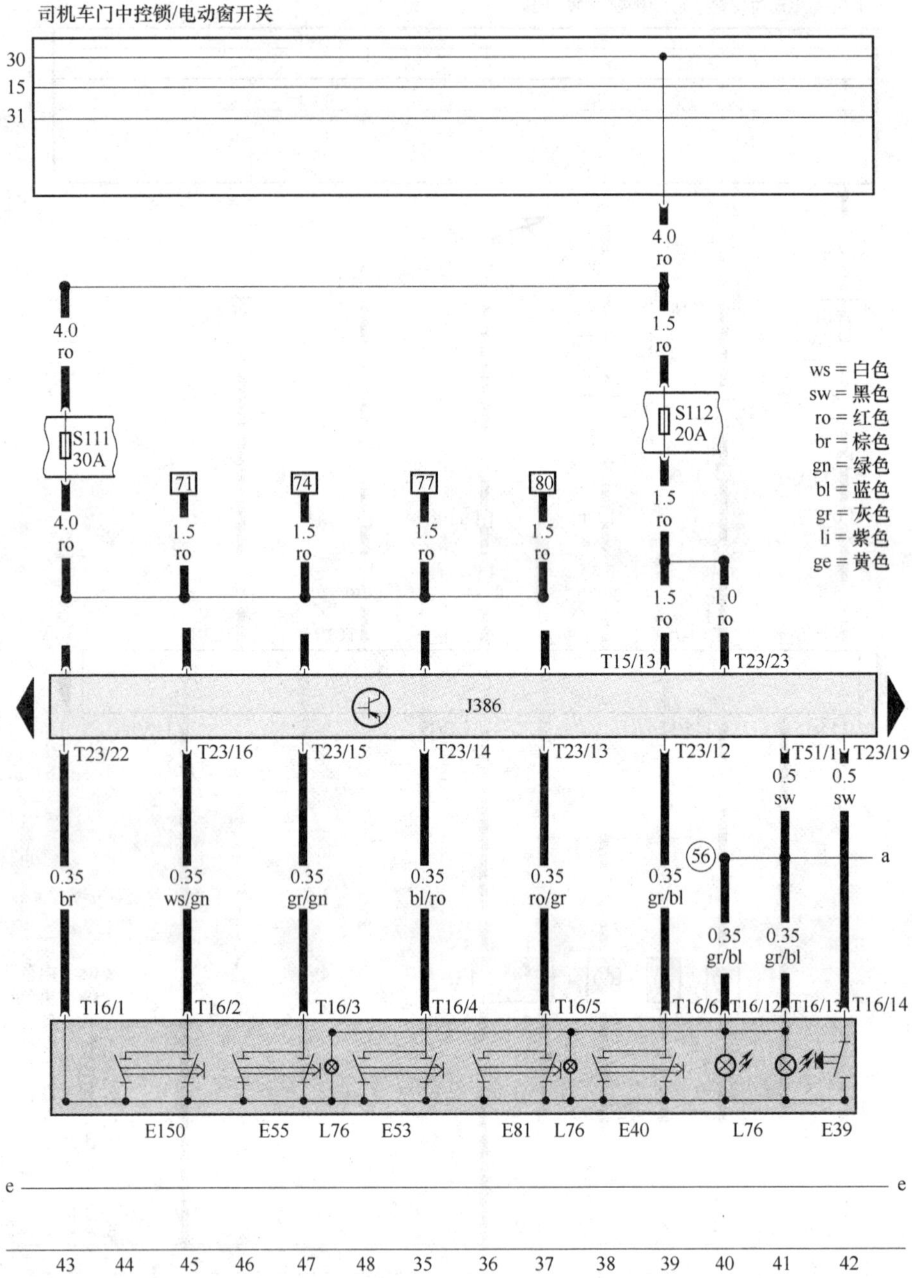

图 6－32　玻璃升、降开关电路

E39—后车门玻璃升降器联锁开关；
E40—左前门玻璃升降器开关；
E53—左后门玻璃升降开关，司机侧；
E55—右后门玻璃升降开关，司机侧；
E81—右前门玻璃升降开关，司机侧；
E150—车内锁开关，司机侧；
L76—左前门玻璃升降开关照明；
J386—中央门锁/电动窗控制单元；
S111—电动窗升降电机供电保险；
S112—中央锁/电动窗单元供电保险；
T16—16 孔插头，插接左前门玻璃升降开关；
T15—15 孔插头，插接中控锁/电动窗控制单元；
T23—23 孔插头，插接中控锁/电动窗控制单元；
56—连接（56b），夜光指示照明

根据图 6－33 分析，a 线是电源还是搭铁：________；e 线是电源还是搭铁：________。根据图 6－33 分析，主门控开关是搭铁控制型还是搭火控制型：________。

电动窗开关

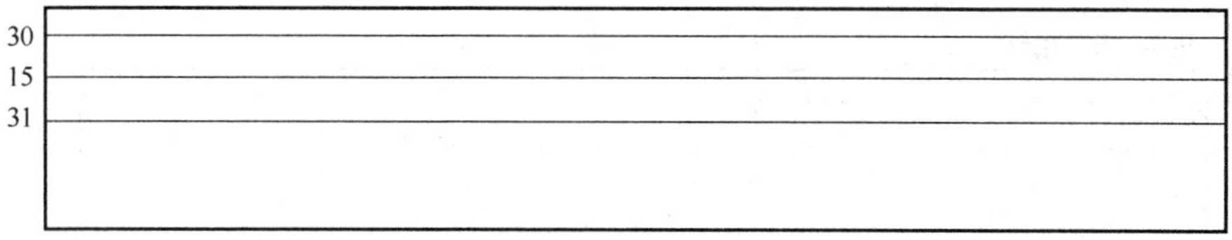

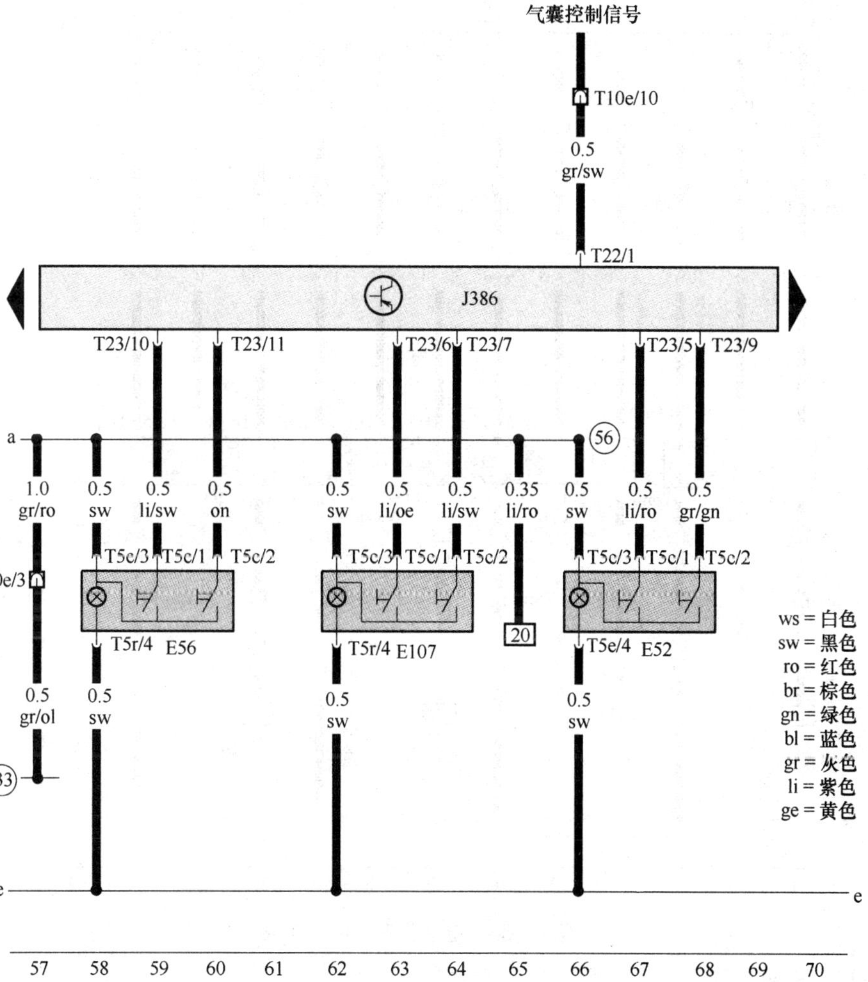

图 6－33　其他三个车门的电动窗开关电路

E52—左后门电动窗开关；

E56—右后门电动窗开关；

E107—右前门电动窗开关；

J386—中央门锁/电动窗控制单元；

33—正极连接（58），在车内线束内；

56—连接（56b），夜光指示照明；

T5r—5 孔插头，插接右前门电动窗开关；

T10e—10 孔紫色插头，在继电器支架上；

T23—23 孔插头，插接中控锁/电动窗控制单元

图 6－33 中安全气囊信号的作用是：________；图 6－31 中两个转向灯在这里的作用是：________；天线 R11 的作用是只与中控锁有关，还是也与玻璃钢升降有关：________。

请根据捷达 GIF/CIF 电路图 6－31 至图 6－35 分析车门控制单元 J386 的功能，本电路

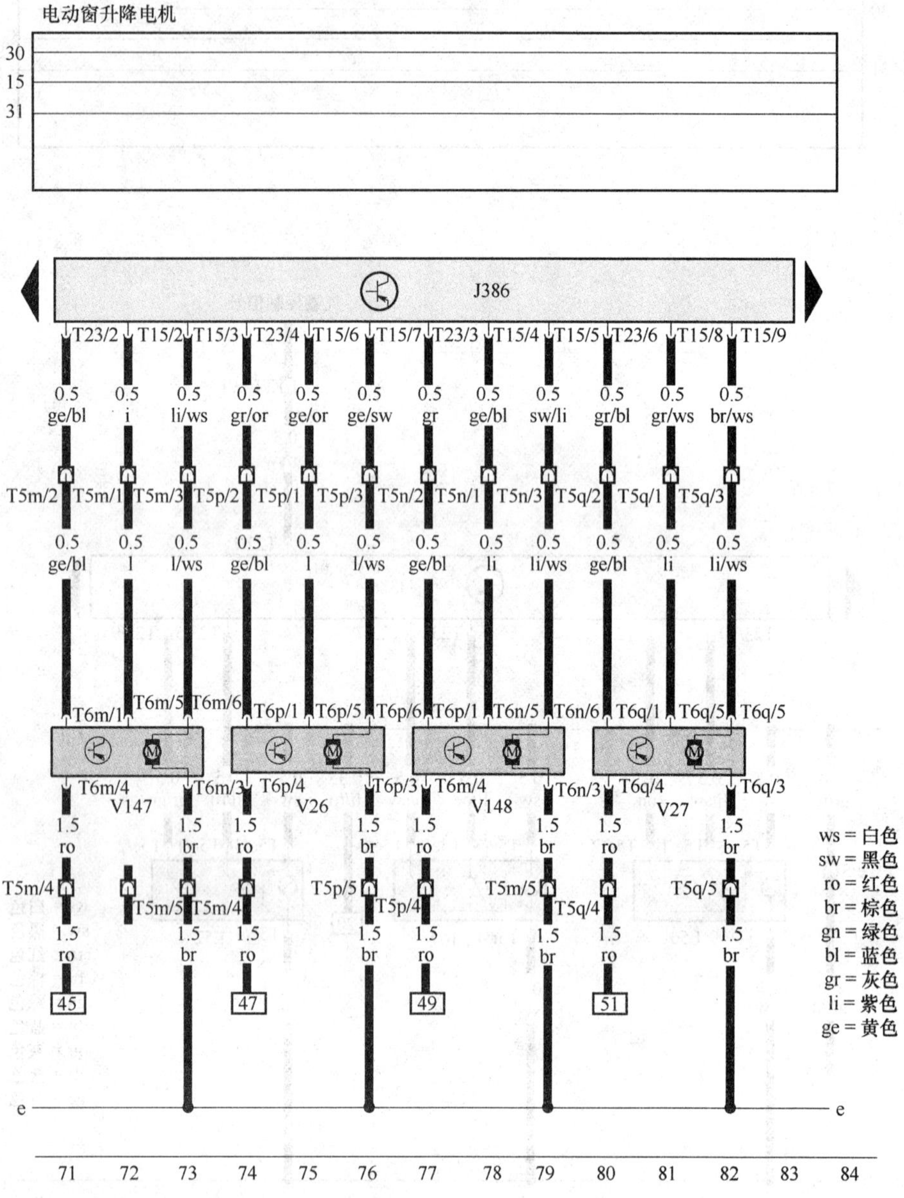

图 6－34　电动窗升、降机电路

J386—中央门锁/电动窗控制单元；

V26—左后门玻璃升降电动机；

V27—右后门玻璃升降电动机；

V147—司机侧玻璃升降电动机；

V148—副司机侧玻璃升降电动机；

T5m—5 孔对接插头；

T5n—5 孔对接插头；

T5p—5 孔对接插头；

T5q—5 孔对接插头；

T6m—6 孔插头，插接司机侧玻璃升降电动机；

T6n—6 孔插头，插接副司机侧玻璃升降电动机；

T6p—6 孔插头，插接左后门玻璃升降电动机；

T6q—6 孔插头，插接右后门玻璃升降电动机；

T23—23 孔插头，插接中控锁/电动窗控制单元；

T15—15 孔插头，插接中控锁/电动窗控制单元

室内灯，联锁开关

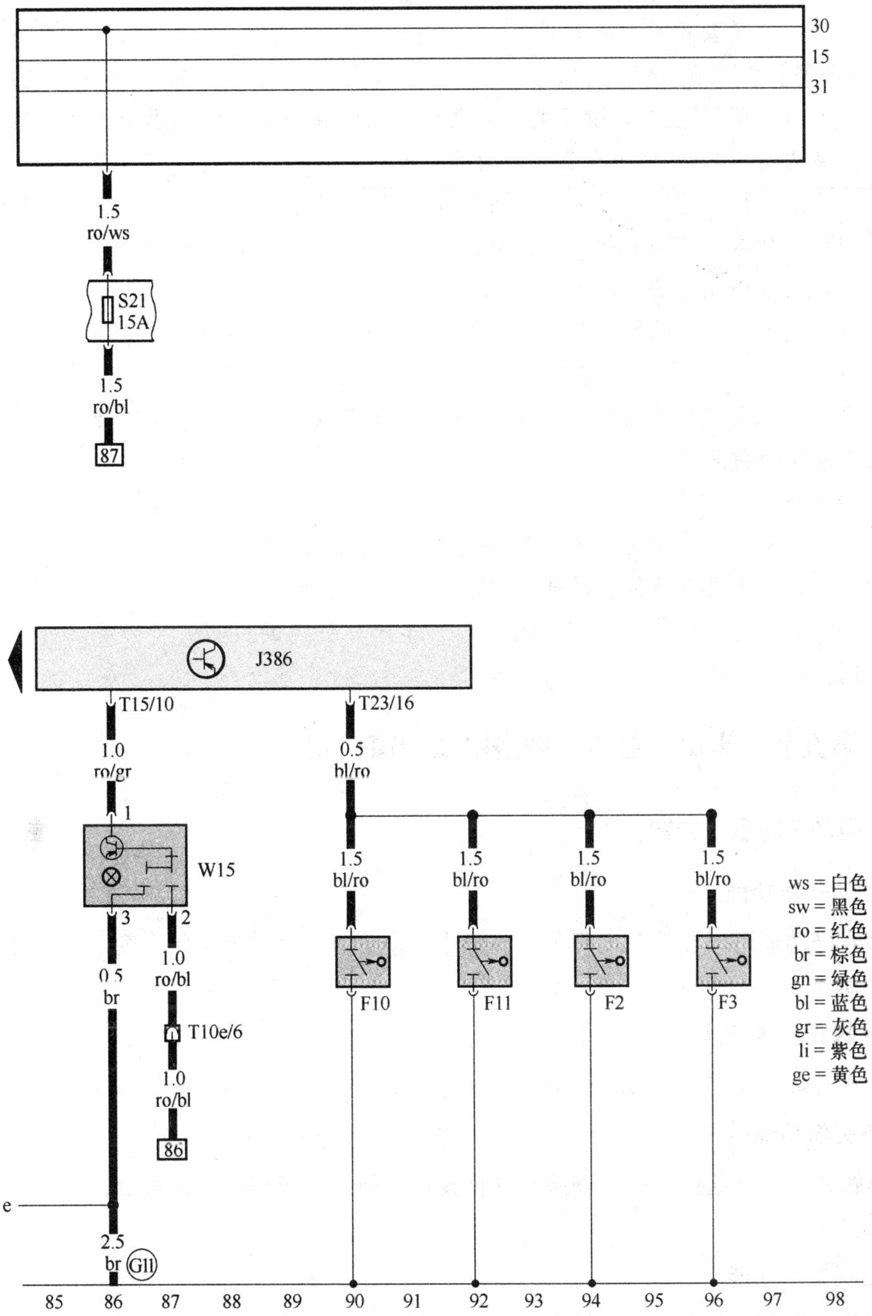

图 6-35　室内阅读灯（也是门控灯）和四个门控开关电路

F2—左前门联锁开关；

F3—右前门联锁开关；

F10—左后门联锁开关；

F11—右后门联锁开关；

J386—中央门锁/电动窗控制单元；

W15—室内灯；

S21—保险丝支架上 21 号保险丝；

T15—15 孔插头，插接中控锁/电动窗控制单元；

T23—23 孔插头，插接中控锁/电动窗控制单元；

G11—接地点，左侧 A 柱下端

图中没有 LIN 总线通信功能，同时也取消了防夹功能。

J386 门控单元的集中控制功能是：________、________、________。

［完成任务］在图 6－35 中，四个门控开关在关闭车门时是断开状态还是闭合状态：________；室内灯 W15 上有两个开关，分别称为门控顶灯开关和读书灯开关，在读书灯开关闭合时，室内灯 W15 还受不受四个门控开关控制：________________。

新款捷达前卫轿车的车窗升降器有随钥匙锁门/开门功能，电动车窗有升、降联动功能。在升降过程中，如再按一下或抬一下开关，车窗自动停止运动。当中控锁/电动窗控制单元断电后，两前门电动车窗的自动开/关功能将消失，例如蓄电池电缆脱开或熔丝熔断后，再次连接蓄电池或更换上新的熔丝时，要按下述步骤进行初始化，才能恢复单触功能。

操作步骤：

（1）用钥匙通过驾驶员侧车门或前排乘员侧车门从车外锁闭轿车，操作时必须确保所有车门及门窗完全关闭。

（2）再次开启车门。

（3）再次闭锁车门，钥匙必须保持在关闭位置至少 1 s。

至此，两前门电动车窗的自动开/关功能即被自动恢复。

若电动车窗系统发生故障，则两前门电动车窗开关内的照明灯将闪亮。打开点火开关后，若车门内饰板上的所有照明灯闪亮约 15 s，则应检修系统。

第五节　丰田皇冠轿车网络电动门窗控制

一、电动车窗系统功能

1. 手动升降功能

手动升降功能可以在电动窗开关半拉起或半按下时，开启或关闭车窗。松开开关后，车窗停止移动。

2. 单触式升降功能

单触式升降功能可以在按下电动窗开关时，完全打开或完全关闭所有车门的车窗。

3. 防夹伤功能

在单触式自动升起操作中，如果有异物夹在任何一个车窗内，则可以自动停止电动窗并将其降低。

4. 远程操作功能

前乘员侧门车窗和后车车窗的升降操作可由电动窗主开关控制。

5. 切断操作功能

如果驾驶员车门没有开启，则驾驶员车门的切断操作功能可以在点火开关转到 ACC 或 OCK（没有配置智能进入和起动系统的车型）/OFF（带有智能进入和起动系统的车型）大约 43 s 后进行电动窗操作。

6. 钥匙联动升、降功能

当点火钥匙未在钥匙孔中，驾驶员车门锁止时，驾驶员车门钥匙向锁止方向转动并保持

1.5 s或更长时间，驾驶员车门ECU激活电动窗电动机升起所有车门的车窗。同样，驾驶员车门开锁时，向开锁方向转动并保持1.5 s或更长时间，所有车门车窗将降落。

7. 发射器联动升降功能

当车身ECU接收到来自发射器持续2.5 s或以上的一个开锁或锁止信号时，车门ECU按照相应的开/闭车窗信号控制车窗的电动机。电动窗开或闭时发出蜂鸣声。

8. 开闭功能

通过钥匙转动锁止开关至ON将所有车门锁止后，按下锁止开关并保持3 s或更长时间，所有电动窗将开始关闭。通过钥匙转动开锁开关至ON将所有车门开锁后，按下开锁开关并保持3 s或更长时间，所有电动窗将开始开启。通过转动车门把手的锁止开关至ON使锁止信号输出至所有车门后，继续保持3 s或更长时间，所有电动窗将开始关闭。电动窗开启或关闭时均会发出蜂鸣声。

二、电路图和元件位置

[**完成任务**] 写出如图6－36所示中元件的位置和作用。

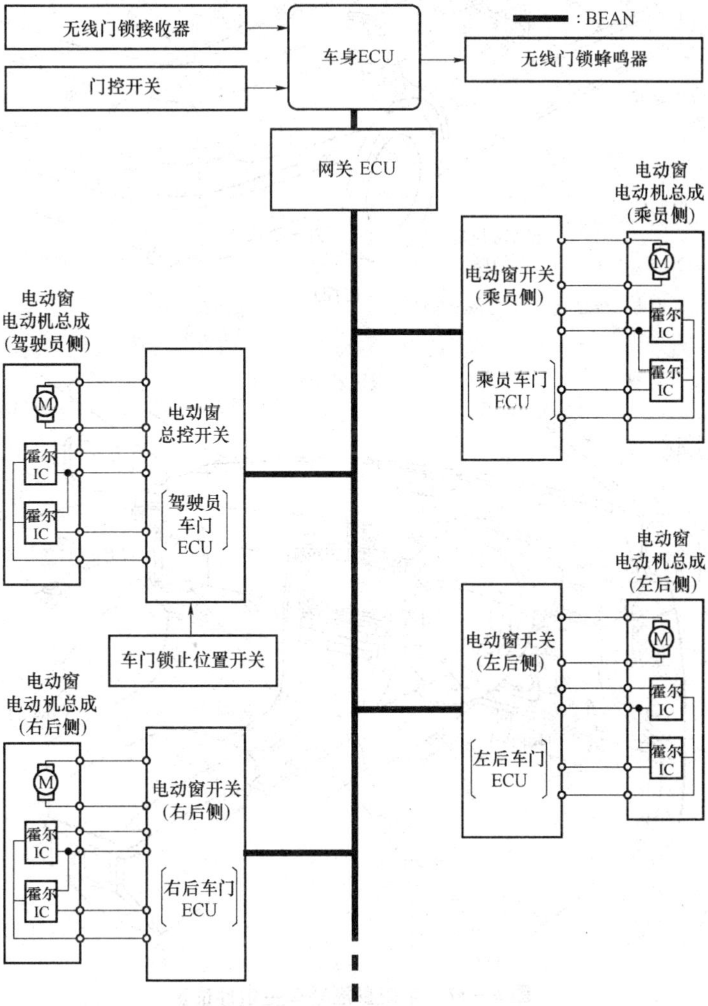

图6－36　皇冠轿车车窗网络化控制电路系统

无线门锁接收器位置：________；作用：________。

门控开关位置：________；作用：________。

车门锁止位置开关位置：________；作用：________。

无线门锁蜂鸣器的位置：________；作用：________。

皇冠轿车车窗网络化控制电路系统如图 6－36 所示，主组件位置如图 6－37 所示。

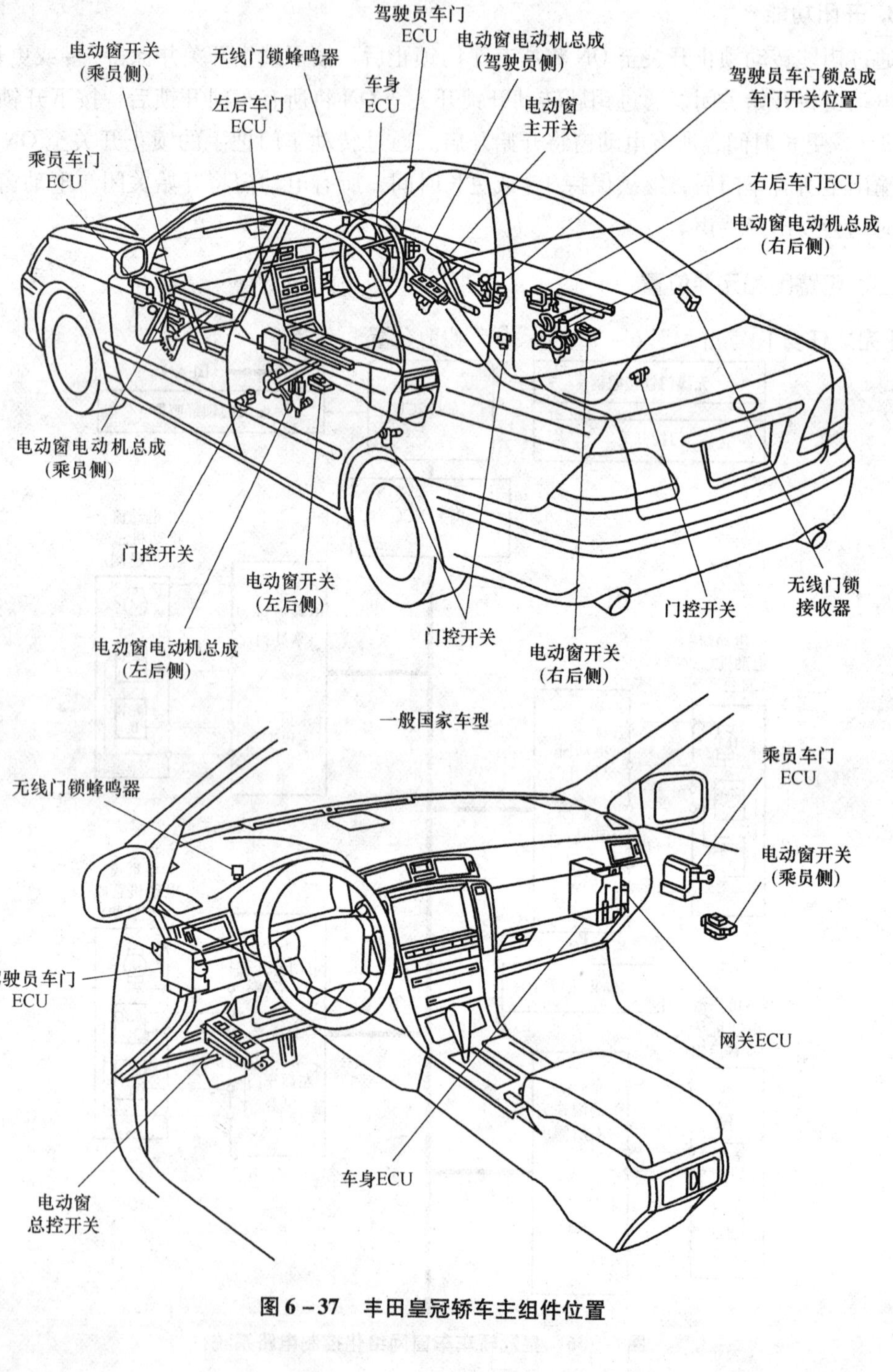

图 6－37　丰田皇冠轿车主组件位置

三、防夹伤功能

在单触式自动升起操作中，如果有异物夹在任何一个车窗里，则防夹伤功能可以自动停止电动窗并将其降低。在以前的车型中，电动窗的夹紧由限位开关和脉冲传感器检测。在新车型中，该功能改为由整合在电动窗电动机中的霍尔 IC 完成。

防夹伤功能的激活描述如下：车窗距完全关闭的位置大于 200 mm，防夹伤功能的操作下降车窗 50 mm 或 1 s；小于等于 200 mm，下降车窗 5 s 或直至车窗开启达到 200 mm。

防夹伤车窗检测机构：如图 6－38 所示，防夹伤车窗检测机构由电动窗电动机总成中蜗杆上的磁铁和连接器部分上的两个霍尔 IC 组成。霍尔 IC 将蜗杆旋转产生的磁通量变化转换为脉冲信号并将其输出到电动窗主开关/电动窗开关。为了控制防夹伤功能，电动窗主开关/电动窗开关根据霍尔 IC1 的脉冲信号确定车窗玻璃的移动量和夹伤程度，并根据霍尔 IC1 和霍尔 IC2 的脉冲相位差确定车窗玻璃的移动方向。

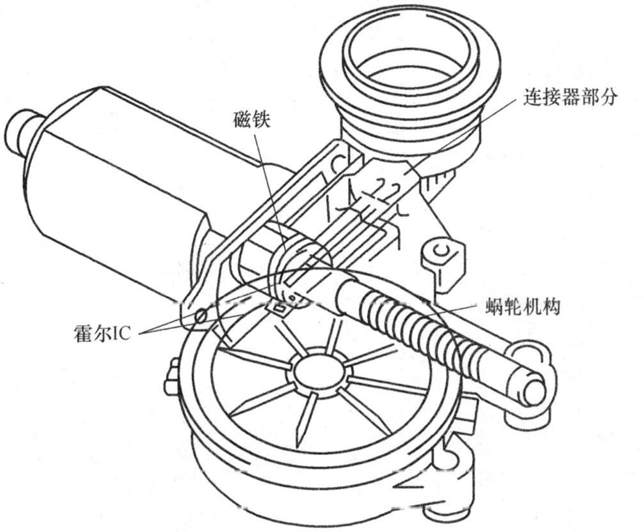

图 6－38　电动窗电动机利用内置的两个霍尔传感器进行防夹控制

车窗玻璃的移动量和是否夹住异物的判断如图 6－39 所示。

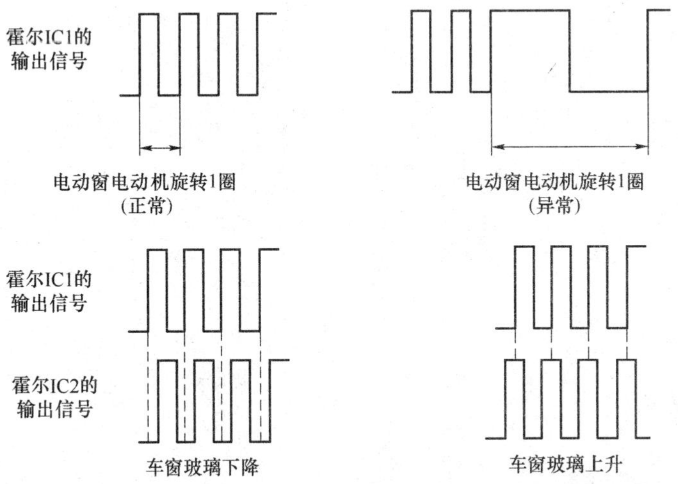

图 6－39　车窗玻璃的移动量和是否夹住异物的判断

维修提示：电动窗主开关和每个电动窗开关都储存每个车窗的初始位置。如果蓄电池端子、保险丝或各电动窗开关断开，则此数据便会丢失，那样只能手动操作。因此，重新连接蓄电池端子、保险丝或各电动窗开关后（以丰田皇冠为例），可按下列步骤对系统进行初始化。

（1）打开驾驶员侧车窗最小 1/4。

（2）按住电动窗开关 UP，车窗完全关闭后，按住开关大约 1 s，则电动窗主开关会存储车窗的初始位置。

第七章

转向柱控制单元 J527

一、转向柱开关模块

转向柱控制单元 J527 的信号形式不同，但都代表的是某个开关的信号，所以转向柱控制单元也称转向柱开关模块。

1. 输入的开关信号

转向柱控制单元 J527 的转入信号有点火开关 D、方向盘转角传感器信号 G85、雨刮器开关信号、转向开关和喇叭开关信号 H。

2. 中继板电路

J527 的另一个作用是作为点火开关、巡航开关、喇叭开关和安全气囊的一块中继板，以进一步使线束更加规整。如图 7－1 所示，点火开关可控制 15 号电和 50 号电输往中央电

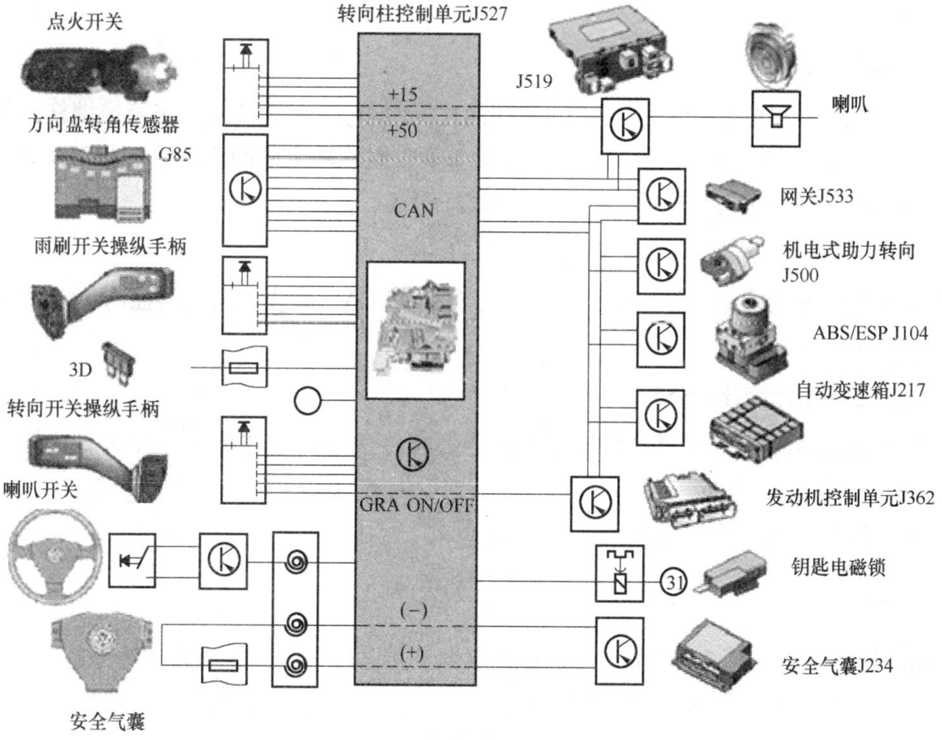

图 7－1　大众汽车 J527 转向柱控制系统

网控制单元 J519；安全气囊控制单元 J234 通过正、负螺旋电缆可控制安全气囊内的传爆管电路是否起爆；喇叭开关把信号先送入电子控制器，再经单线螺旋电缆把信号传给转向柱控制单元 J527；巡航开关通过 GRA ON/OFF 线把信号传给发动机控制单元 J362，发动机控制单元 J362 再控制电子节气门开度来控制汽车车速。

［**完成任务**］根据图 7－1 所示大众汽车 J527 转向柱控制系统分析：

点火开关与转向柱控制单元 J527 共有五根线相连，请写出这五根线代表的挡位：________、________、________、________、________。

方向盘转角传感器 G85 已用并行方式将 7 对光电耦合器件的导通状态传给 J527，为什么还要使用 CAN 总线：________；巡航控制开关用 6 个开关信号并行进入 J527，这 6 个开关信号分别是：________、________、________、________、________、________。

按下喇叭开关后，信号先经________，再进入 J527，J527 再通过 CAN 将信号输出，先经过________控制单元改变速率后，传给 J519，由 J519 控制喇叭工作。

安全气囊 J234 在控制方向盘衬垫内的传爆管引爆安全气囊时经过 J527，本质上是直接通过 J527，还是输入之后先经过处理再输出：________。

3. 转向柱控制单元 J527 的供电

转向柱控制单元 J527 的供电线路为 30 号常电线和 31 接地。

4. ABS/ESP ECU

ABS/ESP ECU 把汽车四个车轮的转速平均后作为车速信号传递到 CAN 总线上去，主要是发给电动转向系统 J500，其他控制单元也可把此车速作为车速的备用信号，如自动变速箱控制单元 J217。

5. 自动变速箱控制单元 J217

自动变速箱控制单元 J217 通过总线向转向柱控制单元 J527 发送变速箱换挡杆的位置是否在 P 位的信号，若在 P 位，同时点火开关为 OFF，则钥匙电磁阀将断电解除对钥匙锁芯的锁止，驾驶员可将锁芯转向 OFF 位，同时可拔除钥匙。

6. 喇叭控制

喇叭开关信号到转向柱控制单元 J527 后，再通过 CAN 总线控制电网控制单元 J519 来控制喇叭。

7. 方向盘转角传感器 G85

方向盘转角传感器 G85 可直接将光电编码信号传递给转向柱控制单元 J527，同时也可将信息发到 CAN 总线上共享。

转向柱控制系统 J527 工作原理如图 7－2 所示。

二、点火开关

［**完成任务**］根据图 7－3 所示大众速腾点火开关电路和点火锁总成进行分析：

请写出点火开关这五个输出挡位的名称：______、______、______、______、______。

点火开关为几挡开关：________；S 开关是几挡开关：________。

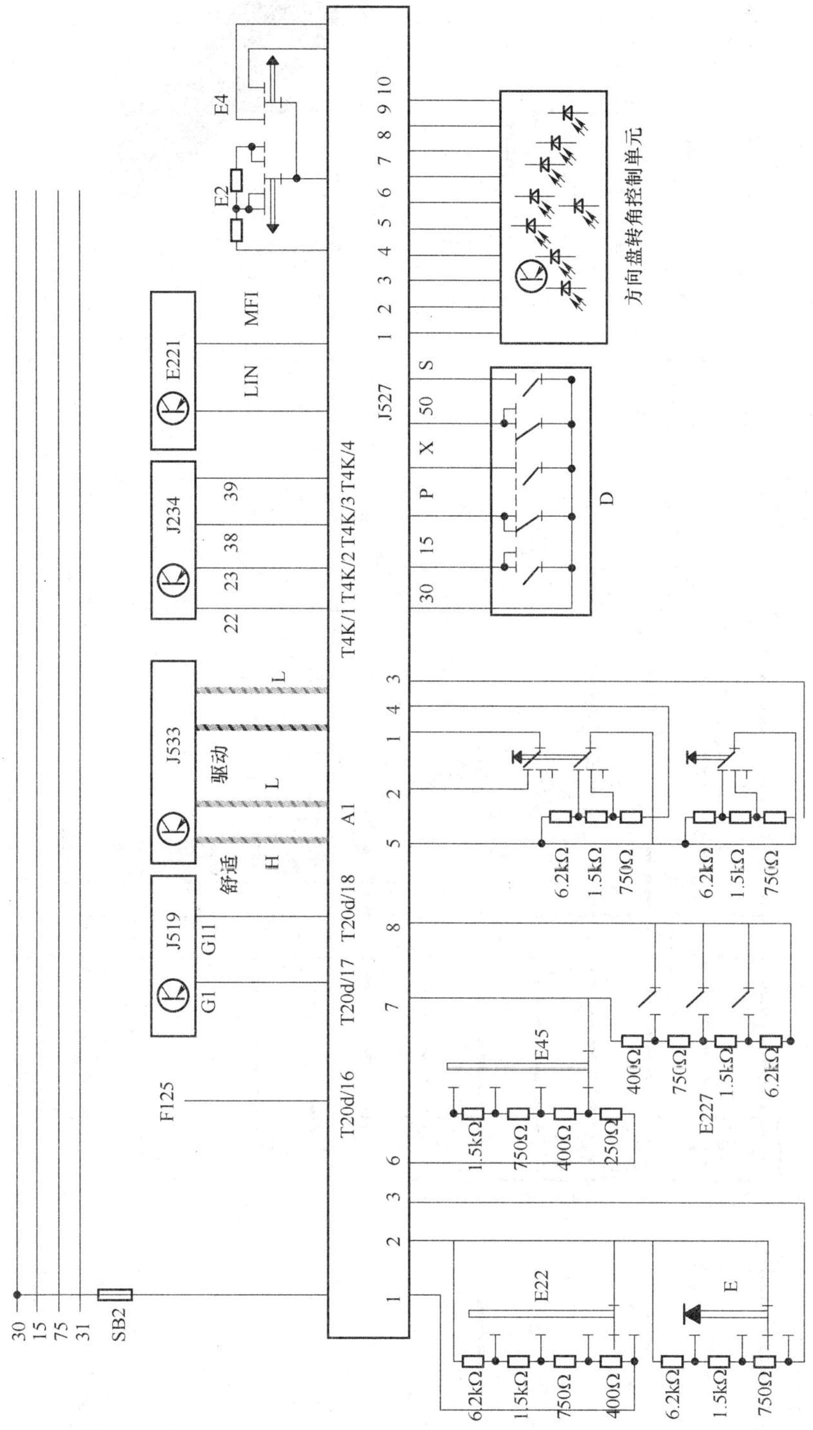

图7-2 转向柱控制系统J527工作原理

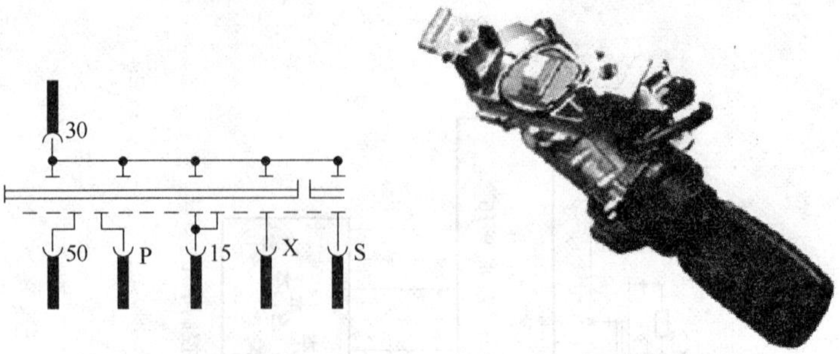

图7-3　大众速腾点火开关电路和点火锁总成

[**完成任务**] 根据图7-4所示大众速腾点火开关电路进行分析：

N376名称：________；作用是什么：　________；受图7-4中哪个开关控制：________。

E227：________；E48：________。

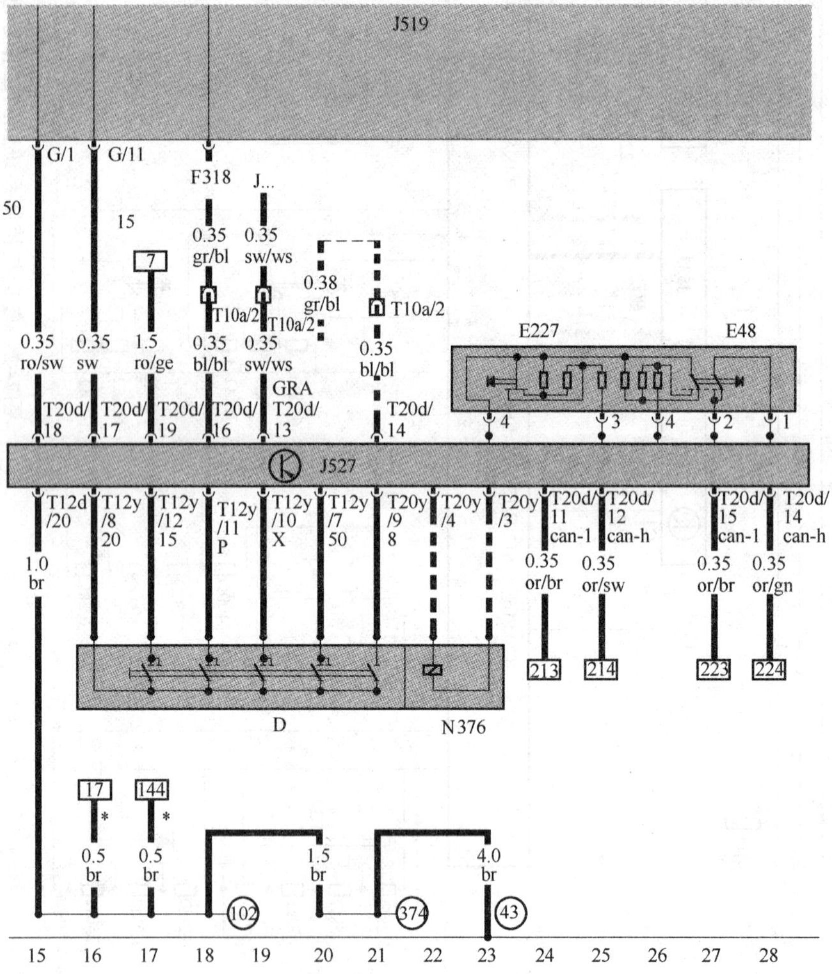

图7-4　大众速腾点火开关电路

三、点火开关各种正电的形成

1. 15 号正电的形成

[完成任务] 根据图 7－5 所示原理，再结合图 7－4 所示大众速腾点火开关电路进行分析。

车内 15 号供电继电器 J329 工作过程：________________________。

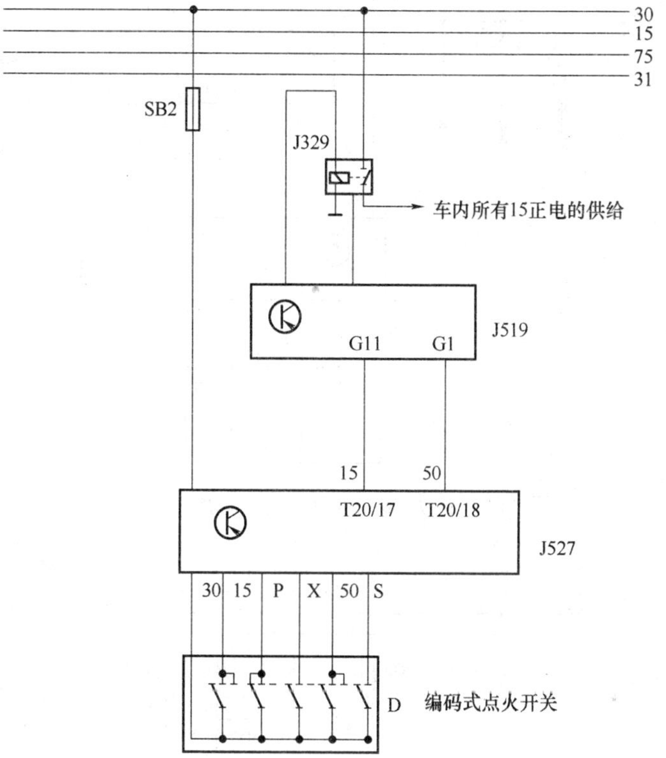

图 7－5　15 号正电的形成

2. 50 号正电的形成

[完成任务] 根据图 7－6 所示 50 号正电的形成原理，分析电路。

钥匙 50 端子对起动继电器 J382 的控制：________________________

____。

3. 75 号正电的形成（X 卸荷正电）

[完成任务] 根据图 7－7 所示 75 号正电的形成（X 卸荷正电）原理进行分析。

车内 X 线供电继电器 J59 工作过程：________________________；

图 7－7 中的“信封”代表什么：________。

4. P 正电的形成（停车正电）

[完成任务] 根据图 7－8 所示 P 正电的形成原理进行分析：

车内 X 线供电继电器 J59 工作过程：________________________；

图 7－8 中的“信封”代表什么：________。

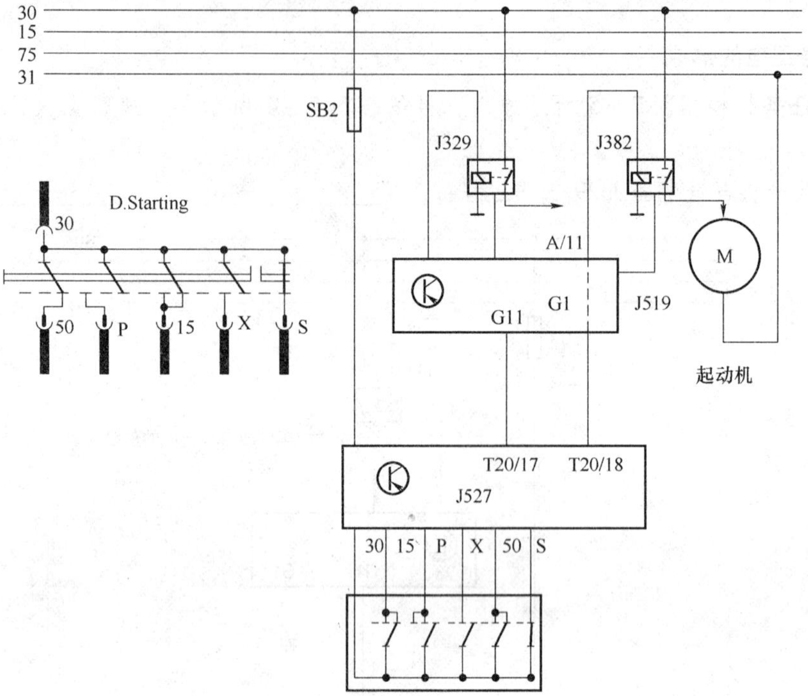

图 7－6　50 号正电的形成

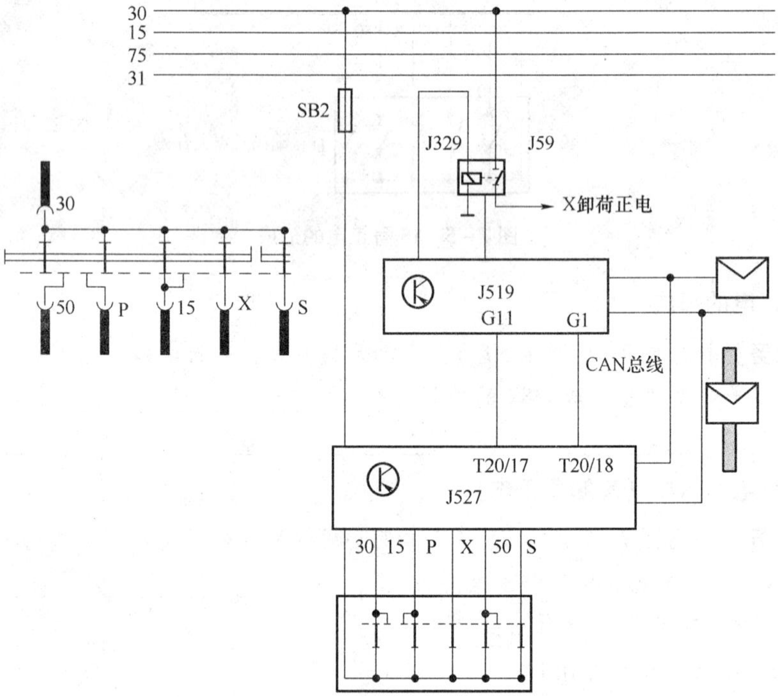

图 7－7　75 号正电的形成（X 卸荷正电）

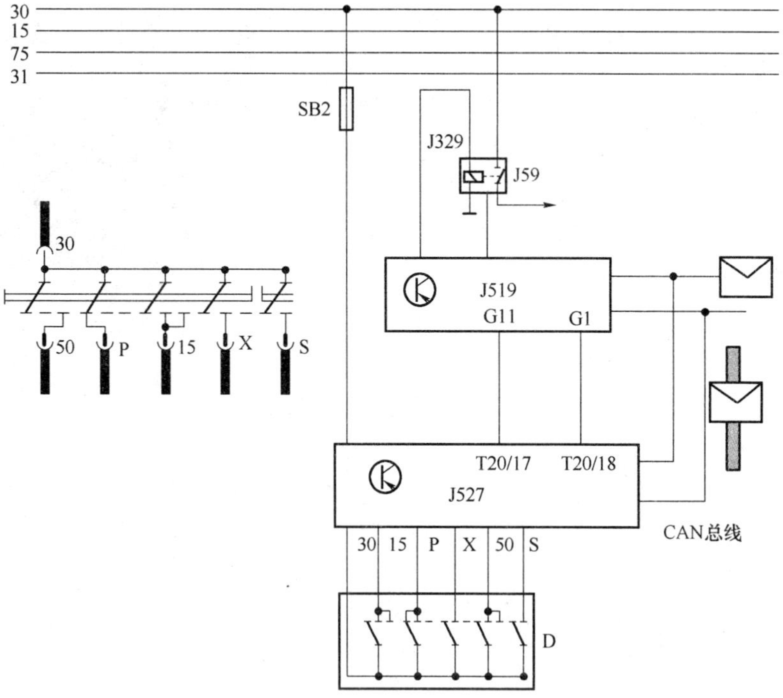

图 7－8　P 正电的形成（停车正电）

5. S 触点正电的形成（86S）

［完成任务］根据图 7－9 所示 S 触点正电的形成原理进行分析。

车内 S 挡工作过程：______________________________；

图 7－9 中的"信封"代表什么：________。

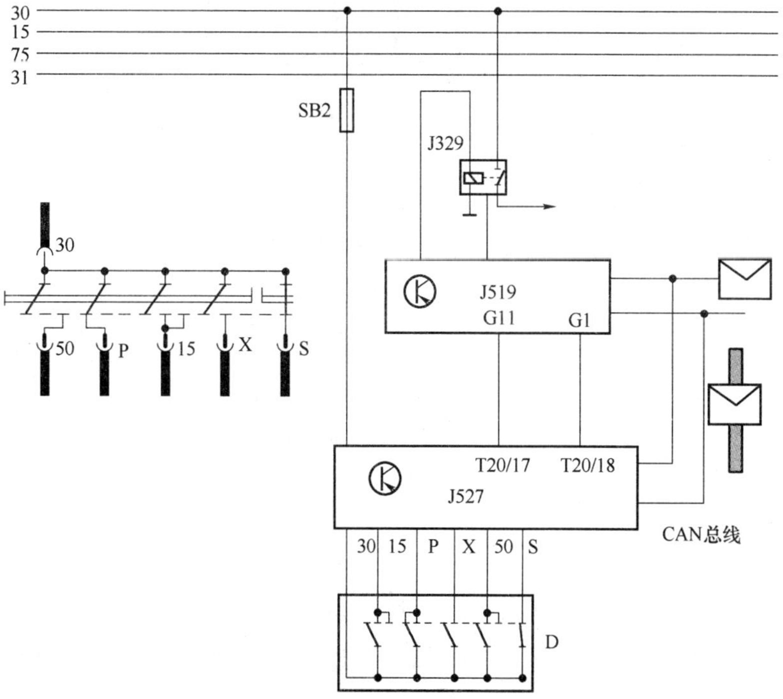

图 7－9　S 触点正电的形成（86S）

四、转向开关及变光灯开关

方向盘底部的转向开关有四个功能，在垂直方向向上为临时远光，开关为自动复位式，可以用个性化设置进行功能改变；向下为远光，开关为手动复位。前、后方向位置：前移为右转向，后移为左转向。图 7－10 所示为转向开关。

图 7－10　转向开关

［**完成任务**］根据图 7－11 所示转向开灯开关 E2 和远/近光组合开关 E4 进行分析（提示：临时（应急）远光信号引脚 7，远光灯信号引脚 8，转向信号引脚 9，30 灯负触发接地引脚 10）。

J527 通过一根线接左/右转向开关 E2，其是如何来识别是左转向开关还是右转向开关的：________；另外，仪表 J285 的左向灯指示是通过什么方法传递出去的：________。

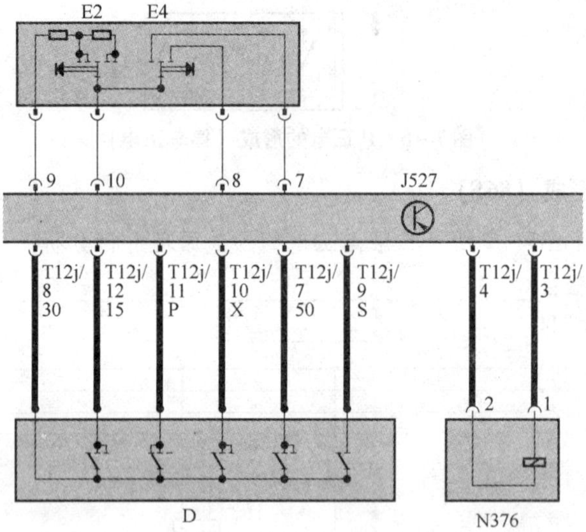

图 7－11　转向开灯开关 E2 和远/近光组合开关 E4

五、巡航开关

［**完成任务**］如图 7－12 所示，在巡航开关 E45 中，J527 的 1 号引脚为 15 线供电，5 脚为接地，2、3、4 为信号线，其中 2、4 为几位几线开关组合：________；最多可以识别几个位置：________。

E227 在这里是什么开关：________。

六、雨刮开关

如图 7－13 所示，在雨刷电路中，J519 的 1 号引脚为雨刷开关信号，2 号引脚为雨刷开关接地，3 号引脚为清洗开关信号，6 号引脚为接地，7 号引脚为雨刷间歇速度调节。

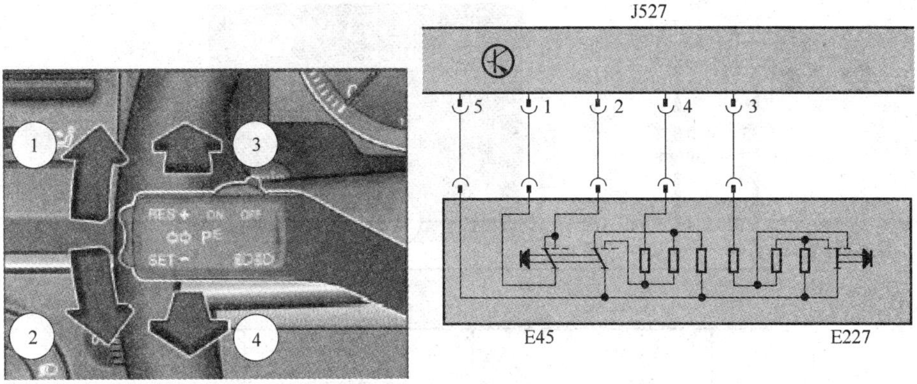

图 7－12　巡航开关及其电路

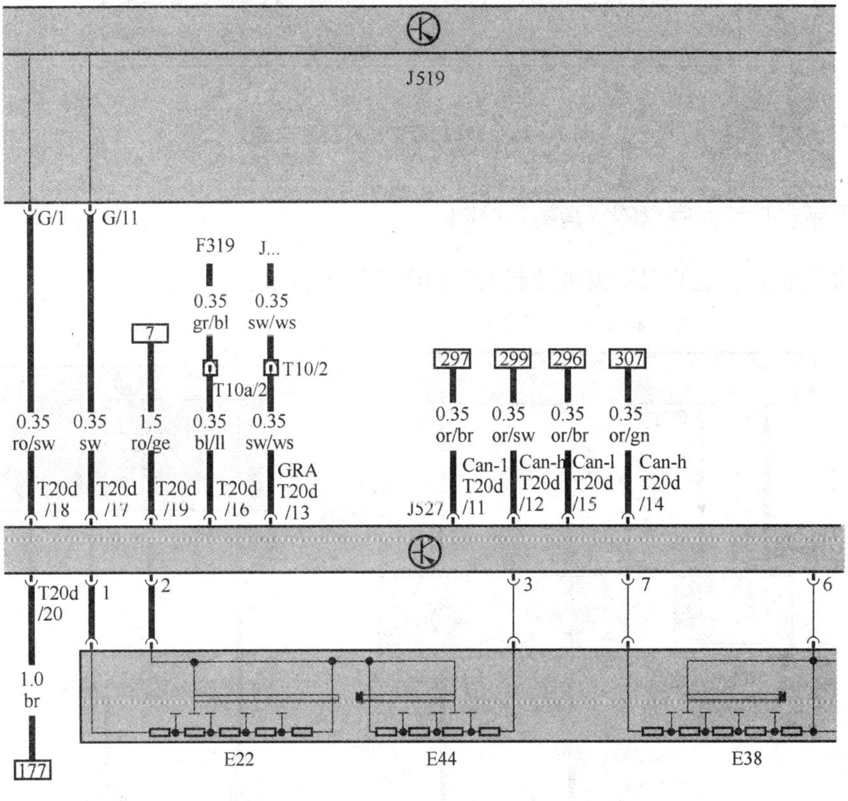

图 7－13　雨刮、喷水和雨刷间歇速度调节

七、MFI 调节开关

MFI 是 Multiple Function Indicator 的缩写，译为多功能显示操纵开关。

如图 7－14 所示，A 为仪表多功能显示调用键 E86，B 为 RESET 复位开关 E92。

[**完成任务**] MFI 调节开关的缩写是什么：________________；译为：____________。根据电路图 7－14，操作实车，写出 E86 功能：________________；E92 功能：________________；并对仪表显示的一个项目进行复位。

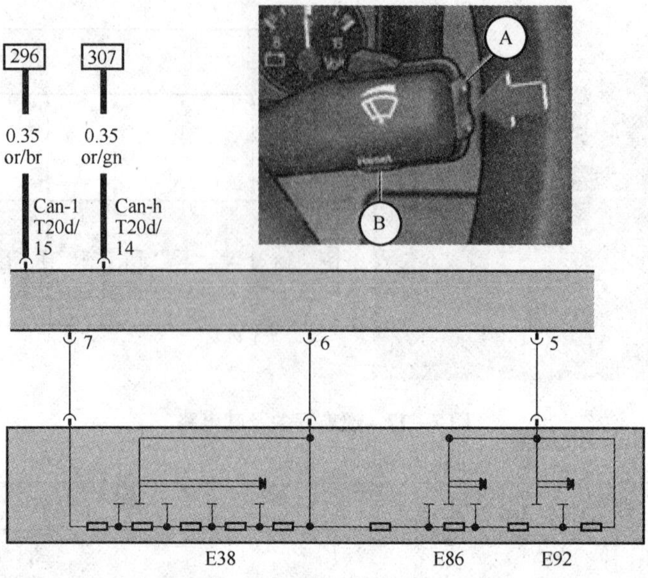

图 7－14　MFI 调节开关及其电路

八、不带多功能方向盘的双音喇叭控制

不带多功能方向盘的双音喇叭控制电路如图 7－15 所示。

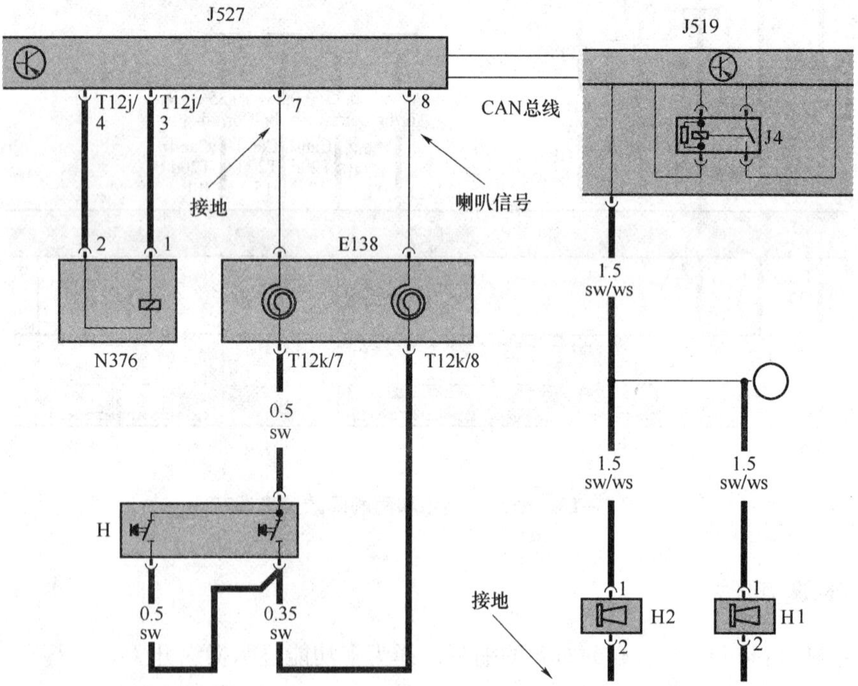

图 7－15　不带多功能方向盘的双音喇叭控制电路

［**完成任务**］根据不带多功能方向盘的双音喇叭控制电路图 7－15，写出其工作原理：____

____。

九、带多功能方向盘的双音喇叭控制

[完成任务] 根据图 7－16 所示带多功能方向盘的双音喇叭控制电路，写出其工作原理（H 为喇叭双开关）：____。

J453 的名称是什么：________；N95 是什么：________；Z36 是什么加热器：________；J527 的 T10x/1 引脚为加热器 Z35 搭铁，LIN 线在喇叭工作中的作用是：________。

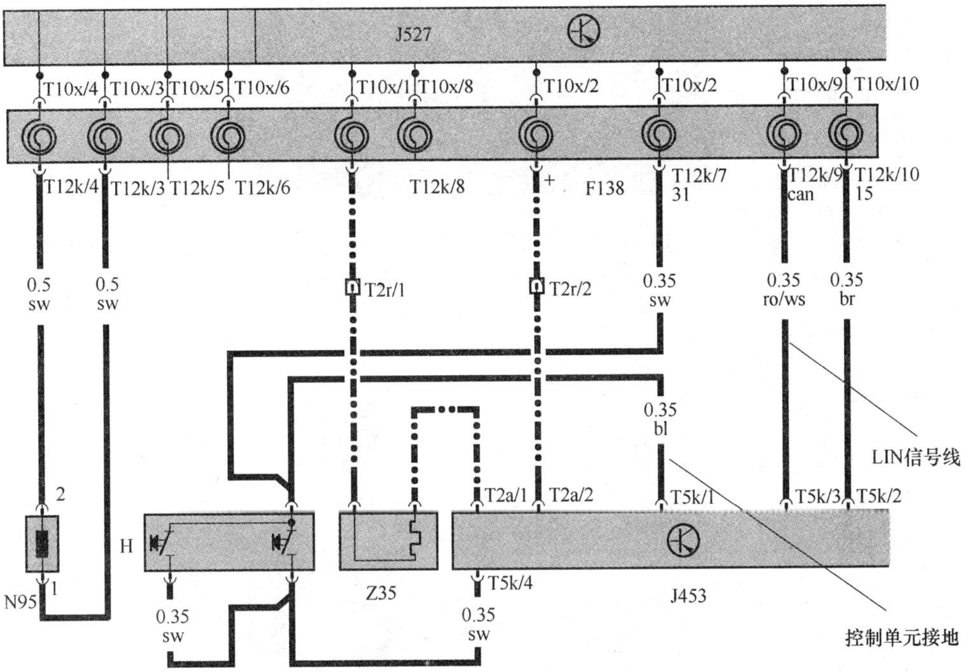

图 7－16　带多功能方向盘的双音喇叭控制电路

十、G85 方向盘转角传感器

[完成任务] 如图 7－17 所示，画出方向盘转角传感器 G85 电路图。

方向盘转角传感器 G85 的电源和搭铁是什么引脚：________________________；

写出哪些引脚是 G85 与 J527 直接信号输入：________________________；

写出哪些引脚是 G85 与 J527 的 CAN 信号输入：________________________。

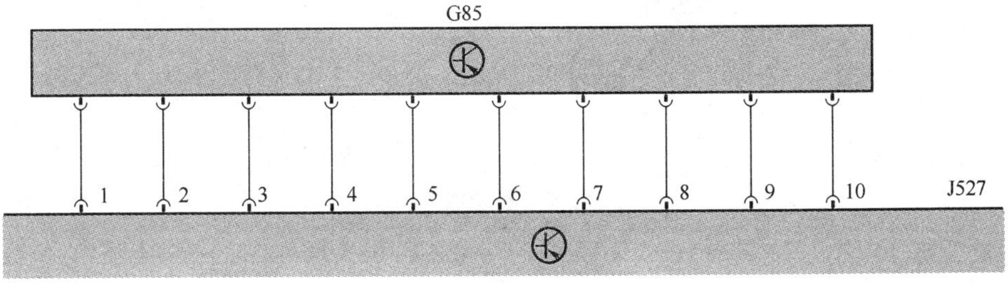

图 7－17　G85 方向盘转角传感器

十一、多功能方向盘（J453/E221）

多功能方向盘及其电路如图 7－18～图 7－22 所示。

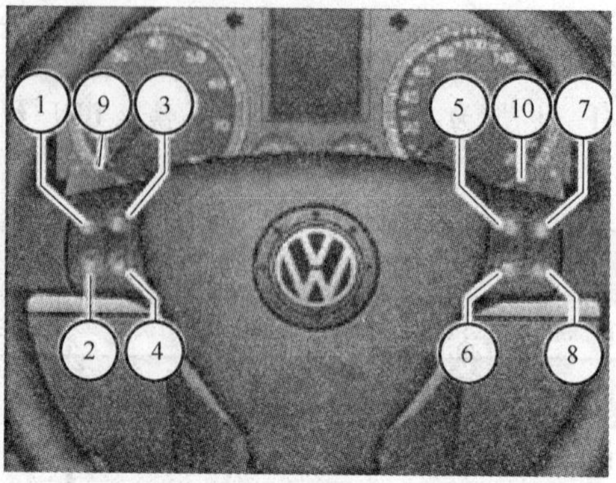

图 7－18　多功能方向盘（J453/E221）

1—音量“+”；2—音量“-”；3—静音；4—免提；5—菜单；6—OK；7—向上；8—向下；9—Tiptronic“-”；10—Tiptronic“+”

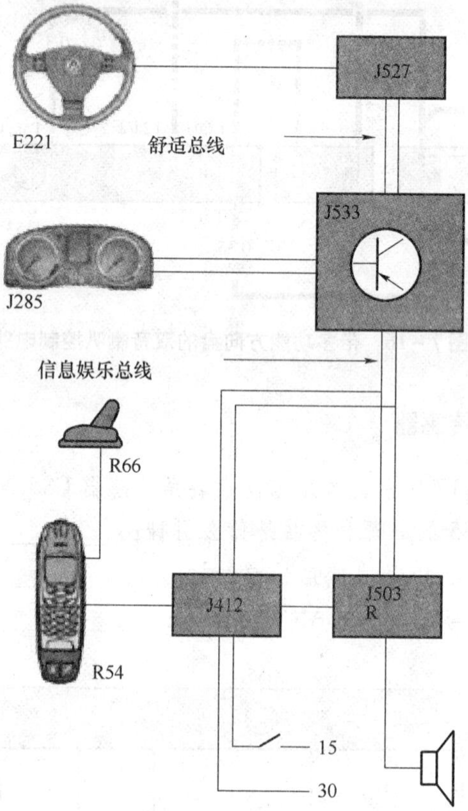

图 7－19　多功能方向盘

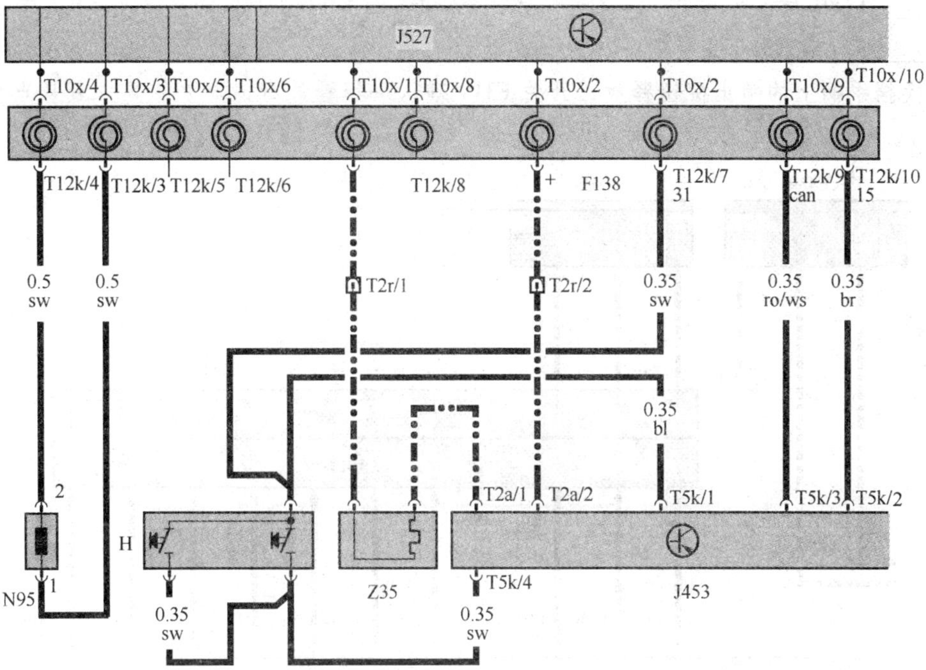

图 7－20　多功能方向盘电路 1

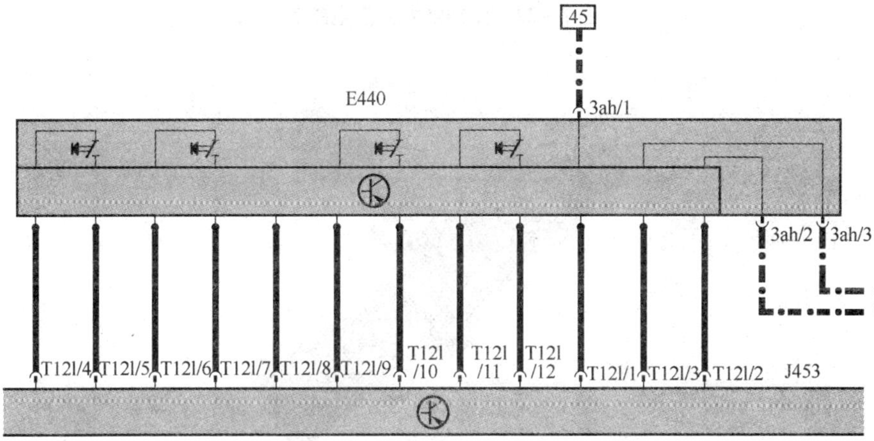

图 7－21　多功能方向盘电路 2

十二、点火开关锁止电磁铁 N376

在装备自动变速箱的车辆上，只有当换挡手柄在 P 挡，换挡手柄上的锁止按钮释放时，点火钥匙方可从点火开关中拔出。

［**完成任务**］如图 7－23 所示，点火开关锁止电磁铁 N376 是通电允许拔钥匙还是断电允许拔钥匙：________；点火挡工作一会儿时，用手摸车上这个电磁阀 N376 是否有温度：________；电磁阀 N376 动作是否能听见声音：________。

［**完成任务**］根据大众速腾轿车电路图资料（见图 7－24），写出 J217 是什么控制单元：

________；F189 是什么开关：________；F189 和自动变速箱的多功能开关 F125 有什么区别：________；F319 开关受驾驶员的什么动作控制：________（提示：只有当换挡手柄在 P 挡，换挡手柄上的锁止按钮释放，开关 F319 确认按钮释放时，点火钥匙方可从点火开关中拔出）。

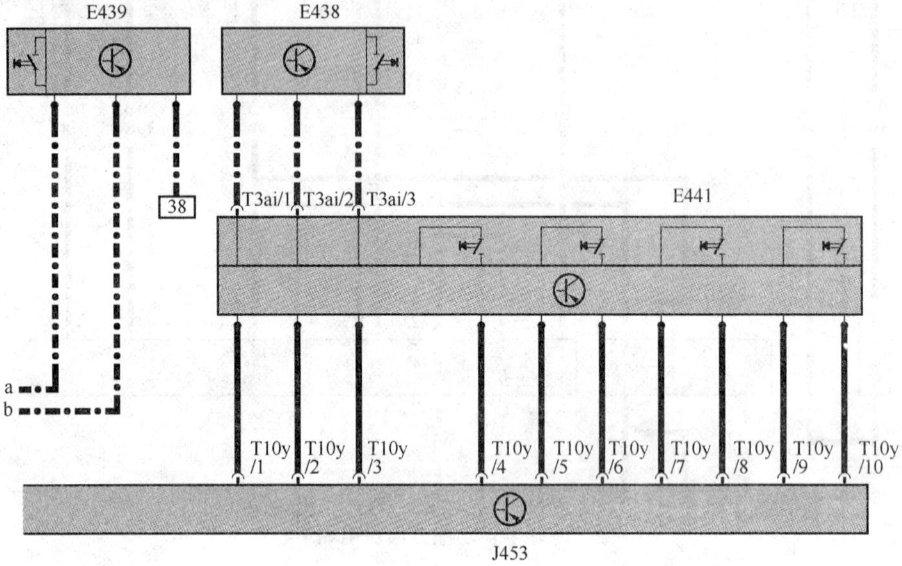

图 7－22　多功能方向盘电路 3

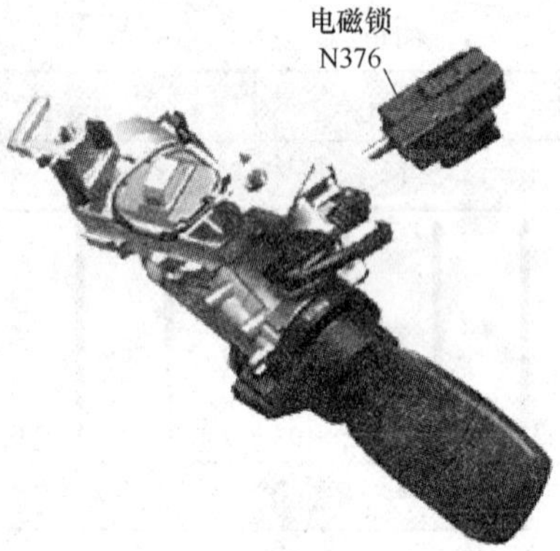

图 7－23　点火开关锁止电磁铁 N376

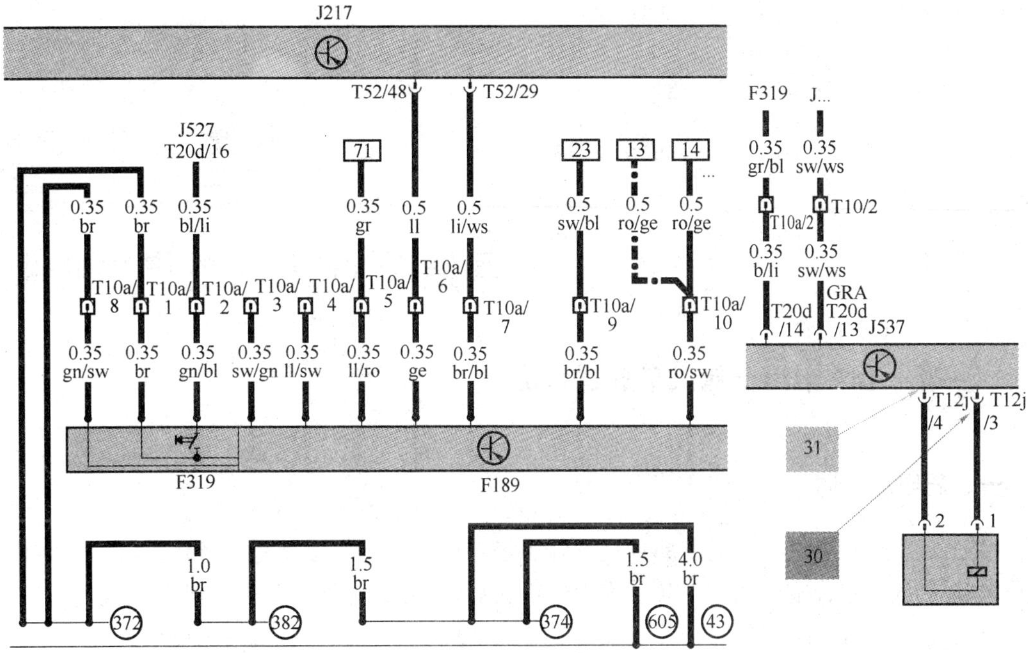

图 7－24　点火开关锁止电磁铁 N376

第八章

网络化舒适系统集中控制

第一节　丰田皇冠汽车舒适系统

一、后电动座椅

皇冠的驾驶员座椅为坐垫前部垂直升降、坐垫前后水平、坐垫垂直整体升降、靠背前后以及电动腰部的前后振动调节，共计为10方向调节，开关在驾驶员坐垫侧面。

乘员座椅为四方向调节，开关在乘员坐垫的侧面。另外，驾驶员或后座椅人员可通过乘员座椅侧后靠背侧面的滑动和倾斜按钮进行调节，高档座椅还可设计电动腰部支撑。

[**完成任务**] 写出如图8－1所示前排电动座椅的功能。

驾驶员侧五个：________；________；________；________；________。

乘员侧两个：________；________。

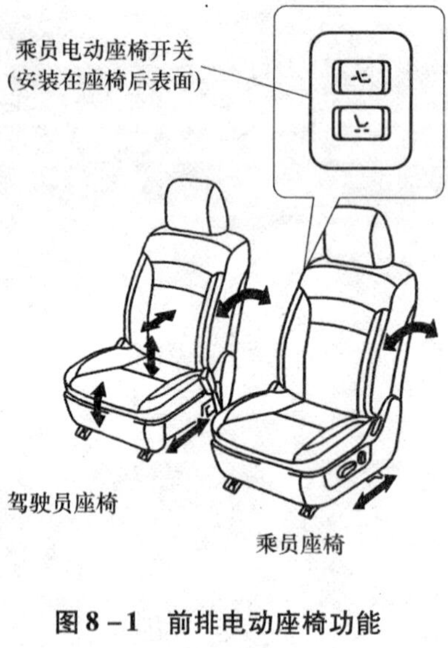

图8－1　前排电动座椅功能

1. 电动座椅电路

图8－2所示为不带存储器的驾驶员电动座椅电路，电动座椅微动开关内置于具有电子控制功能的印刷电路板上，电动座椅开关上的前后滑动开关、坐垫前部垂直升降开关、座椅座垫整体升降开关和后靠背倾斜信号直接输入到电子控制器，电子电路直接控制相应电动机

的电流方向。在高档座椅上的腰部支撑开关把信号直接输入腰部支撑开关电子控制器，电子控制器控制腰部支撑电动机高速转动，以致产生振动的按摩效果。

[**完成任务**] 根据图 8－2 所示不带存储器的驾驶员电动座椅电路，分析开关在什么位置：________；

为什么这样画图：____。

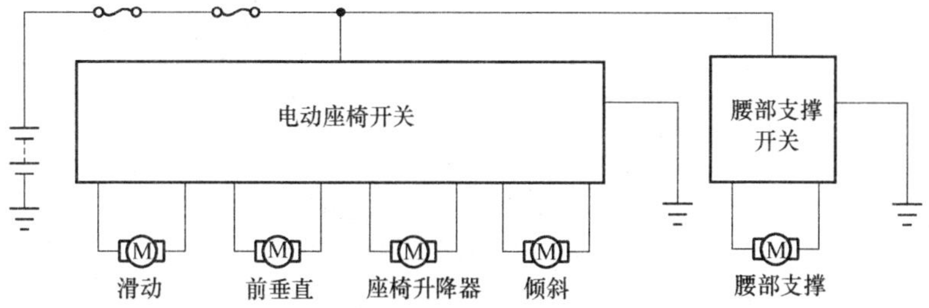

图 8－2　不带存储器的驾驶员电动座椅电路

图 8－3 所示为带存储器的驾驶员电动座椅电路，电动座椅开关信号要输入到驾驶员座椅 ECU，由 ECU 按照输入开关的名称和方向来控制相应的电动机转动，电动机的位置由 ECU 根据电动机在供电线上的电流脉冲来判断，这里腰部支撑不在驾驶员座椅 ECU 的控制范围。

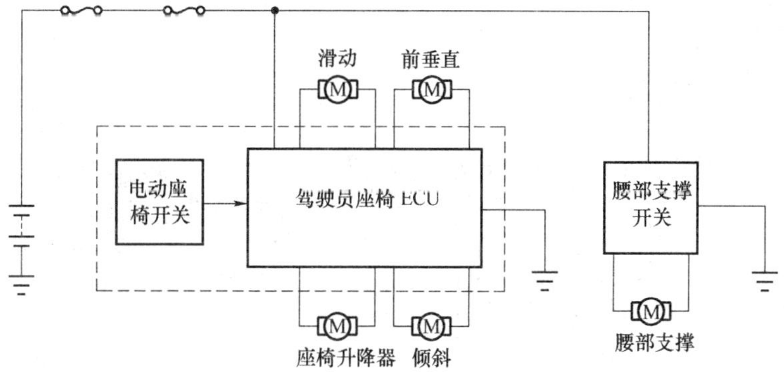

图 8－3　带存储器的驾驶员电动座椅电路

[**完成任务**] 根据图 8－3 所示带存储器的驾驶员电动座椅电路，分析开关在什么位置：________；

为什么这样画图：____。

图 8－4 所示为乘员（副驾驶员）电动座椅电路，本电路仍为电子控制型，并非微控制器控制型。乘员侧面的电动座椅开关把信号传递给安装在座椅后部的乘员电动座椅开关，以控制座椅的前后滑动和座椅倾斜。

[**完成任务**] 根据图 8－4 所示乘员（副驾驶员）电动座椅电路，分析开关在什么位置：________；

为什么这样画图：____。

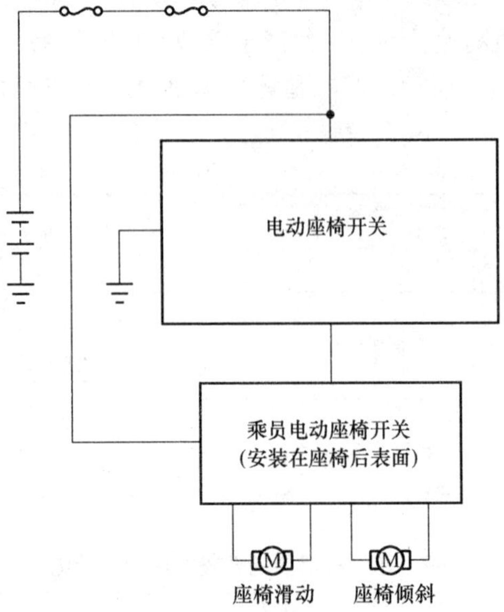

图 8－4　乘员（副驾驶员）电动座椅电路

图 8－5 所示为后排电动座椅功能，将皇冠轿车后排电动座椅中间位置扳下后会显示出后排电动座椅开关控制面板，右座椅和左座椅可独立调整。仪表台上布置有后电动座椅重设（复位）开关，可以使已经调整好的后排电动座椅恢复原位。

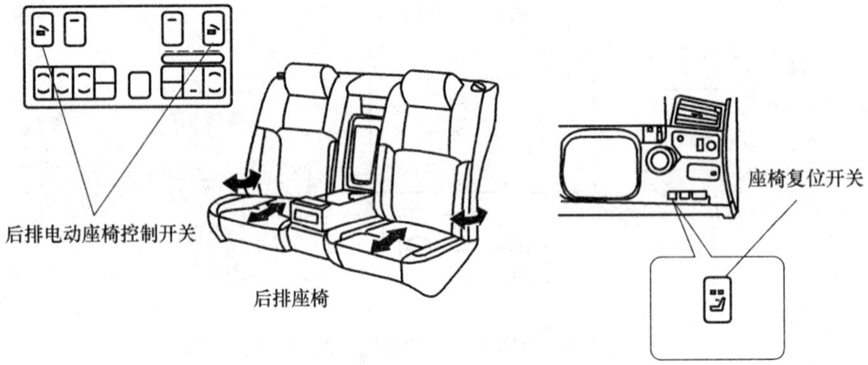

图 8－5　后排电动座椅控制开关、座椅方向控制功能及座椅复位开关

图 8－6 所示为后排电动座椅电路，后排座椅控制开关也为电子控制型，左、右座椅倾斜开关分别控制相应的电动机转动。只有座椅复位开关闭合的情况下，才能进行调节。

［**完成任务**］根据图 8－6 所示后电动座椅电路，分析座椅复位开关的作用：________；为什么叫复位开关：____。

2. 存储器系统

在其他国家中，皇冠轿车将驾驶员座椅的存储器系统作为选装配置，而在中国，则将座

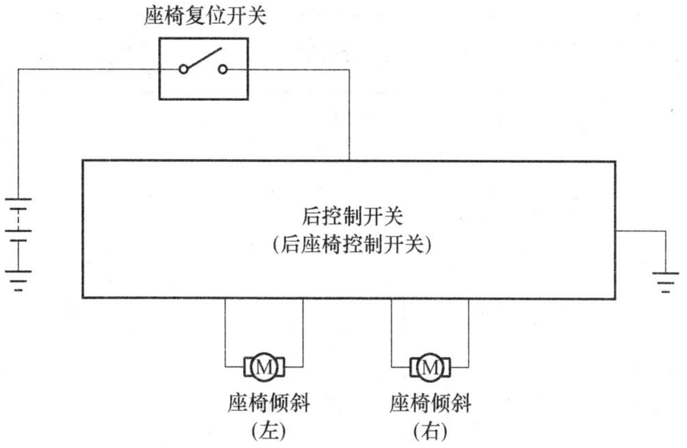

图 8－6　后电动座椅电路

椅的存储器系统作为标准配置。驾驶员座椅 ECU 通过座椅存储开关操作，将座椅的位置、转向柱的倾斜和伸缩位置存储起来，以实现针对同一驾驶员座椅和转向柱的双重控制。

在存储器系统中，座椅位置检测有两种方法：一种是通过电动机转动产生的电流脉动信号经 ECU 处理后的方波脉冲来检测，这是一种间接测量，成本降低，如图 8－7（a）所示；另一种是由安装在电动座椅电动机内部霍尔 IC 产生的方波脉冲来检测，这是一种直接测量，成本较高，如图 8－7（b）所示。

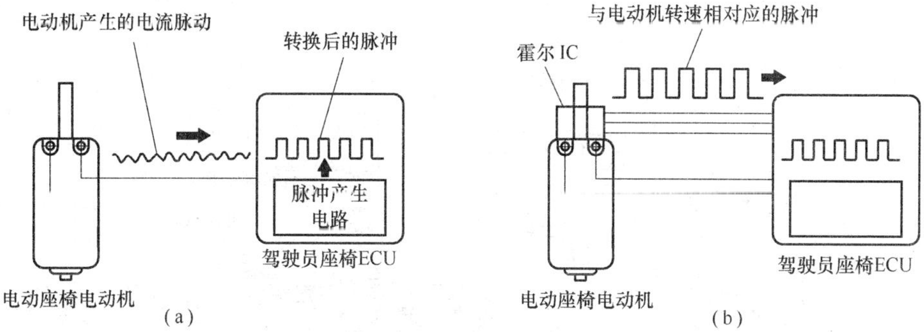

图 8－7　座椅位置检测

（a）电动机转速通过电流脉动进行间接测量；（b）电动机转速通过霍尔传感器直接测量

3. 驾驶员座椅 ECU

如图 8－8 所示，驾驶员座椅 ECU 通过对存储器系统的总体控制来实现对驾驶员座椅位置的存储和操作。另外，驾驶员座椅 ECU 通过转向柱的倾斜和伸缩 ECU 开始存储及执行它们各自的位置。驾驶员座椅位置由驾驶员座椅 ECU 存储，转向柱倾斜与伸缩位置通过转向柱倾斜和伸缩控制 ECU 存储。通过 CAN（控制器局域网）和 BEAN（车身电气局域网），两个 ECU 在网络内能获得存储开关、驾驶员门控灯开关和空挡起动开关信息。

图 8－9 所示为皇冠座椅网络系统组件名称，其中存储开关即座椅位置存储开关，也为转向柱存储开关，可以设定三组存储数据。

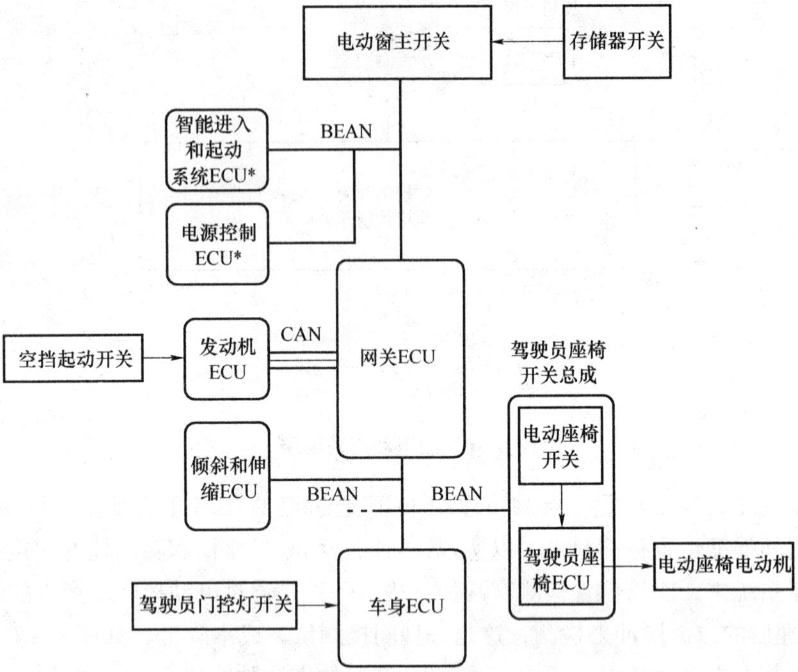

图 8－8　驾驶员电动座椅 ECU 网络系统

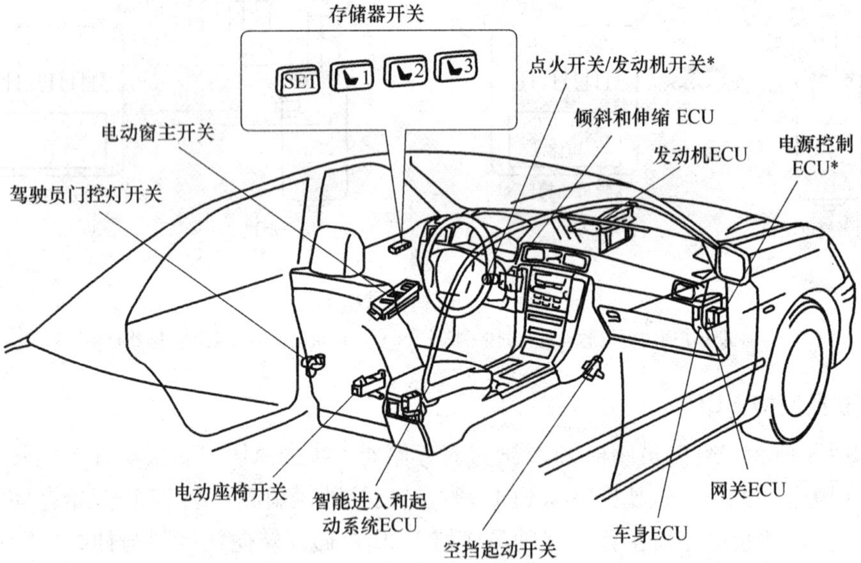

图 8－9　皇冠座椅网络系统组件名称

4. 存储器呼叫功能

在无线门锁的相关操作中，存储器的呼叫功能可使适合于三个驾驶员的座椅位置、电动倾斜和伸缩位置得到恢复。

存储器呼叫的基本功能如下：

（1）存储器呼叫登记：在存储开关1（或者2或者3）持续按下的情况下，按下钥匙的锁止或开锁按钮，系统就会将按下钥匙的ID赋予可用的存储器开关。

（2）存储器呼叫取消：在存储器开关上的SET按钮持续按下的情况下，按下钥匙的锁止或开锁按钮，系统将取消已登记的存储器呼叫。

（3）存储器呼叫恢复：当用钥匙打开车门，驾驶员车门相应打开后，系统会恢复驾驶员座椅位置及转向柱的倾斜和伸缩位置，这些位置和预先设置在钥匙上的存储开关号码相对应。

5. 座椅加热器

前、后座椅加热器控制如图8－10和图8－11所示，前座椅和后座椅的座椅加热器是一般国家车型的选装配置，通过操作中央仪表饰板两边的数字式座椅加热器控制开关调节前座椅的温度为30℃～50℃，通过操作在后扶手上的后座椅加热器开关调节后座椅加热器。数字式前座椅加热器控制开关和后座椅加热器开关上有指示灯，乘员可以据以检查座椅加热器的工作状况。

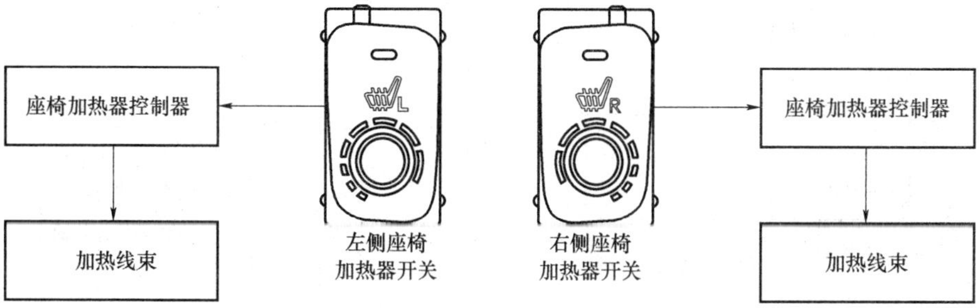

图8－10　前座椅加热器控制

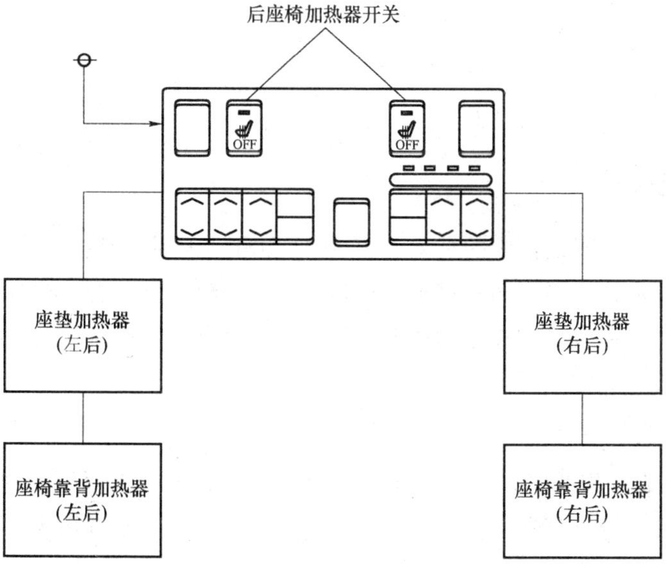

图8－11　后座椅加热器控制

二、外侧后视镜

图 8－12 所示为外侧后视镜控制，新型皇冠轿车采用电动收缩和遥控收缩功能的后视镜，即后视镜面的遥控增加了收缩/恢复遥控功能。随着智能进入与起动系统的引入和采用，使用了外侧后视镜装置，这种装置在外侧后视镜的下部装了外侧脚灯。

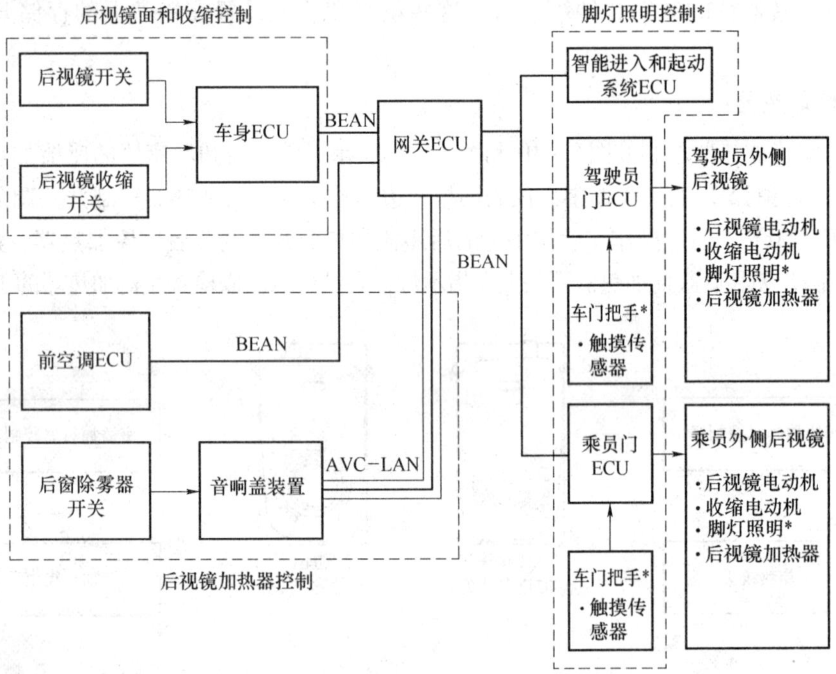

图 8－12　外侧后视镜控制

［**完成任务**］在如图 8－12 所示的外侧后视镜控制中，大的虚线框有几个：________；控制 ECU 有几个：________；后视镜开关的作用是：________；后视镜收缩开关的作用是：________；接收后视镜加热控制开关的装置是：________。

三、滑动天窗系统

如图 8－13 所示，虚线框中的滑动天窗 ECU 和滑动天窗电动机被集成在一起，以减少组件数目。一个电动机采用了两个霍尔传感器，具有遇阻回落功能，在执行单触自动关闭或自动倾斜操作时，如果有异物夹在滑动天窗轨道中，会自动停止滑动天窗电动机，并将天窗回调到遇阻行程位置点的一半位置。

1. 滑动天窗电路

［**完成任务**］在如图 8－13 所示的滑动天窗系统中，滑动天窗开关的开和关的作用是：________；倾斜开关的上倾和下倾的作用是：________；分别参考图 8－13 和图 8－18，其中两个霍尔传感器的作用是：____。

滑动天窗 ECU 存储滑动天窗的初始位置。如果蓄电池端子断开或者滑动天窗电动机总

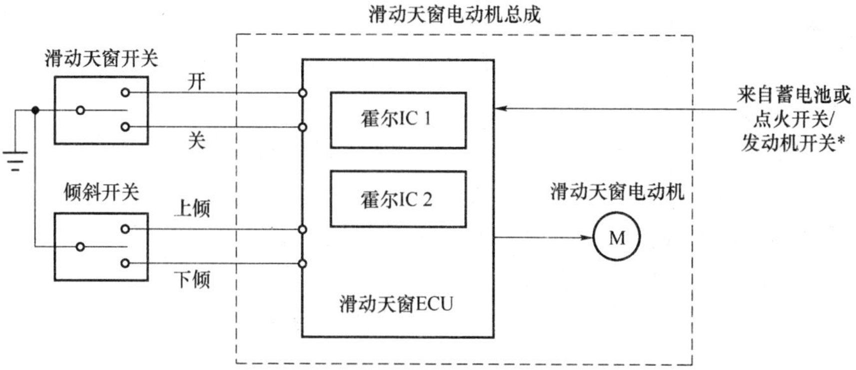

图 8－13　滑动天窗系统

成被拆除，则这项数据会丢失，只能手动操作滑动天窗。重新连接蓄电池端子或者重装滑动天窗电动机后，用手动方式控制，一次性移动滑动天窗到完全上倾位置，并在这个位置维持 1 s，即可初始化系统。然后，按顺序执行下倾、开窗和闭窗操作。这将使滑动天窗 ECU 重新存储初始位置。在系统初始化过程中，要按住开关。如果在存储过程中松开开关，则需要重新初始化系统。

滑动天窗元器件及开关组件位置如图 8－14 和图 8－15 所示。

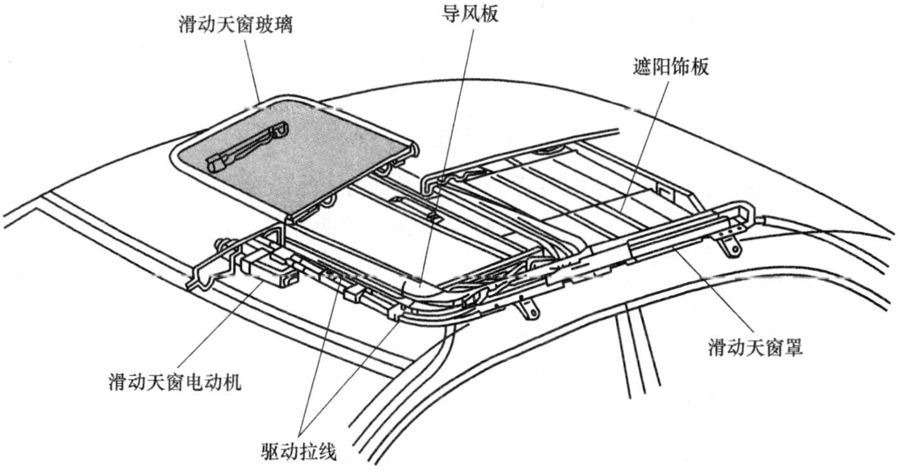

图 8－14　滑动天窗元器件位置

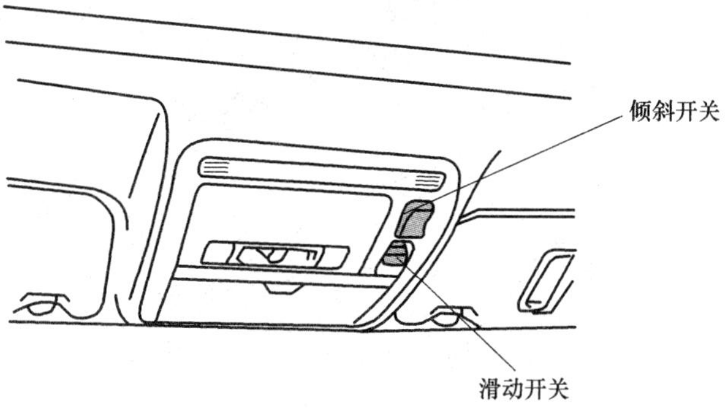

图 8－15　滑动天窗开关组件位置

滑动天窗有以下功能：

（1）手动开关：当滑动开启开关（或滑动关闭开关）被按下时间最长为0.3 s时，会使滑动天窗打开（或关闭）。松开开关，滑动天窗就会停止。

（2）单触自动打开和关闭：当滑动开启开关（或滑动关闭开关）被按下时间最短为0.3 s时，会使滑动天窗完全打开（或完全关闭）。

（3）手动上倾和下倾：当上倾开关（或下倾开关）被按下时间最长为0.3 s时，会使滑动天窗上倾（或下倾）。松开开关，滑动天窗就会停止。

（4）单触自动上倾和下倾：当上倾开关（或下倾开关）被按下时间最短为0.3 s时，会使滑动天窗完全上倾（或完全下倾）。

（5）防止夹伤：在执行单触自动关闭（或单触自动下倾）操作时，如果在滑动天窗中挤进异物，则防夹伤功能会自动停止，滑动天窗并将其打开至一半（或完全上倾）。

（6）点火开关断开操作：如果前车门没有打开，则点火开关断开操作功能可以在点火开关转向ACC或者LOCK位置后，对滑动天窗继续操作43 s。

（7）钥匙联动开关：若点火钥匙不在钥匙孔中，驾驶员门锁止，转动驾驶员门钥匙至锁止位置并保持1.5 s或更长，则在钥匙转动时，滑动天窗ECU将激活滑动天窗电动机而关闭滑动天窗。同样，若驾驶员门未锁，转动驾驶员门钥匙至开锁位置并保持1.5 s或更长，将使滑动天窗打开。

（8）发射器联动开关：当车身ECU接收到发射器的持续时间超过2.5 s的开锁/锁止信号后，滑动天窗ECU根据信号控制滑动天窗电动机来打开/关闭滑动天窗。

（9）无线门锁联动开关*：如果锁止/开锁开关在车门锁止操作完成后仍被持续按下3 s或更长的时间，滑动天窗将执行与电动窗上或下操作相联系的开启或关闭操作。

最后，车身电气功能还可能定制，可通过诊断仪修改初始化寄存器的数值来实现。

2. 防夹伤功能

如图8－16所示，滑动天窗电动机的两个霍尔IC套在蜗轮轴外部静止不动，而蜗轮轴

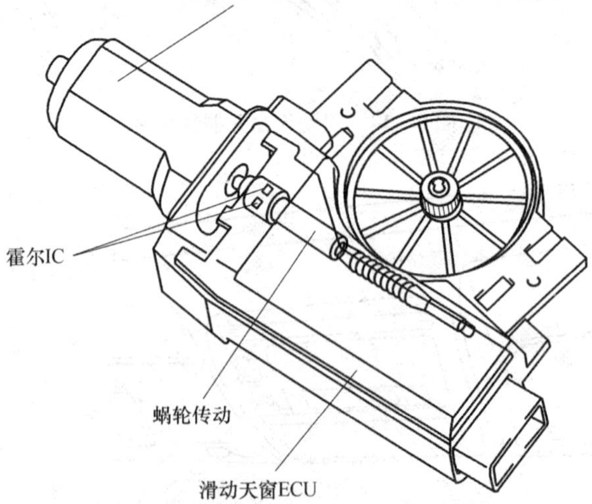

图8－16　滑动天窗电动机和滑动天窗ECU总成

的转动将导致通过两个霍尔 IC 时，分别产生等幅脉冲信号并输出给 ECU。

为了实现防夹伤功能，ECU 要根据霍尔 IC1 的脉冲信号来确定滑动天窗的位移量和阻塞情况，如图 8－17 所示，并根据霍尔 IC1 与霍尔 IC2 的脉冲相位差确定滑动天窗的移动方向，如图 8－18 所示。

［**技师指导**］在图 8－17 滑动天窗位移量和阻塞情况的判定中，是通过检测电动机转动周期来确定是否阻塞的，在 ECU 内部有个正常周期值，超过这个值后，电动机哪边还通着电，就确认为哪边阻塞不转。

在图 8－18 滑动天窗移动方向的判定中，把这个正常周期分成四份，IC1 两次都为 1100；而 IC2 在打开/下倾中为 0110，在关闭/上倾中为 1001。ECU 通过这个数字信号来区分电动机转动方向。

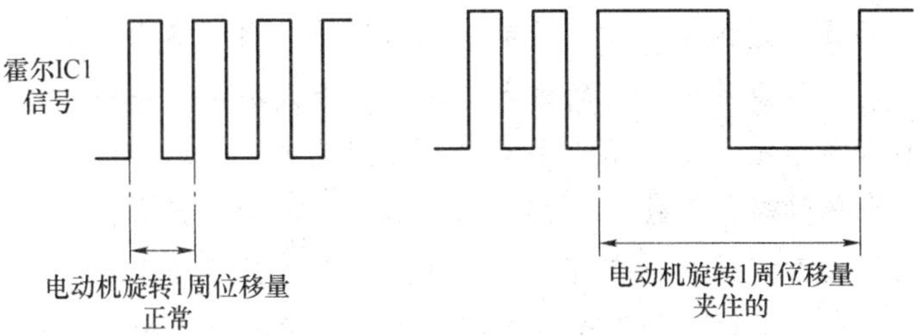

图 8－17　滑动天窗位移量和阻塞情况的判定

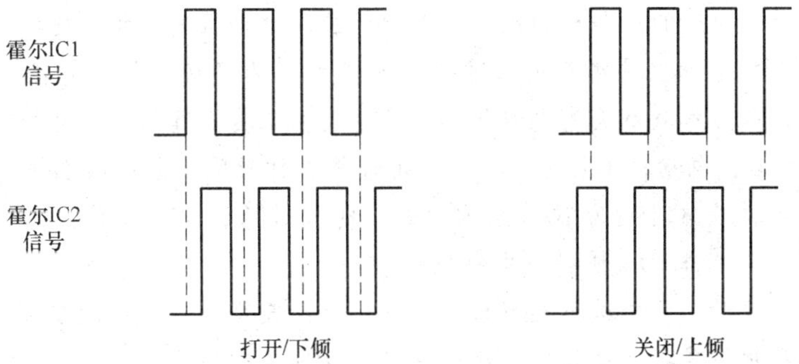

图 8－18　滑动天窗移动方向的判定

［**技师指导**］天窗的日常维护和检修要点。

1. 天窗保养

对于手动天窗，有许多故障是因使用者人为因素造成的，如锁扣或摇柄不慎拧反方向而对天窗造成的损害。

对于电动天窗，在颠簸的道路上最好不要完全滑开天窗，否则可能因天窗和滑轨间的振动太大而引起相关部件变形，甚至损坏电动机。对于后加装的天窗，若想使其正常运行，且尽量降低其故障率，就要保证以下四点：合格的产品、专业的安装、正确的使用和定期的保养。为了确保天窗完全防水，它由橡胶密封圈密封，经常使用时要注意密封圈的防尘。尤其在冬季，要经常用除尘掸进行清洁，但要注意的是，不能在有冰冻的情况下开启天窗。在风沙较大的春秋两季，要每两个月用湿海绵清洁 1 次密封圈。另外，带天窗的车辆在长久停放前，要用滑石粉（用滑石粉保养，可延长密封圈的使用寿命）彻底清洁1次，以免因时间过长造成密封圈在空气中发生化学反应而自然老化。在用高压水枪对车辆进行清洁时，不要将水柱直接对准密封圈，否则不仅容易使密封圈在高压水柱压力下变形而使车内进水，还有可能损坏密封圈。

天窗保养的程序如下：将天窗完全打开，用干净软布轻擦天窗滑轨上的灰尘；选择不易吸附灰尘的润滑剂（这样的润滑剂能防止滑动部分和传动管道在运动过程中过早磨损，还能防止其他不正常的天窗故障，能起到延长天窗使用寿命的作用），对天窗活动部分和传动管道进行润滑；将天窗完全打开、关闭几次，再用软布擦掉多余的润滑剂，以免污染车内饰品。

2. 天窗常见故障检修

天窗出现最多的故障是机械故障，特别是漏水故障。当天窗出现电气故障而无法电控关窗时，大多数厂家均有应急关闭天窗的方式。例如，大众公司的车辆，在天窗开关面板附近的顶棚内放置有内六角摇把，可以用于手动强制关闭天窗。

当天窗出现漏水故障时，应检查天窗排水孔和滑轨附近是否有杂物。天窗在设计时已经考虑到了防水要求，在天窗的四周布置有导水槽，四角设计了出水口，排水管隐藏在车身A柱内，A柱底端安装有排水口。如果天窗周围的排水管被沙土或树叶堵塞了，水无法顺利排出，则必然会向车内泄漏。

当天窗出现运动缓慢或无法向某方向运动时，首先应排查机械方面的原因，例如是否因为滑轨积尘过多导致电动机工作阻力过大，必要时应对电动机进行初始化操作，应避免长时间按压操纵开关导致电动机过热而进入过热保护模式（为了防止长时间操纵天窗开关导致电动机过热烧毁，很多车辆的天窗电动机和门窗电动机都具有过热保护功能。天窗的连续工作时间是120 s左右，电动机工作时，控制单元计算工作时间，电动机在工作时间内可以连续工作。电动机停转散热时间为10 s左右。散热时间过后，电动机能继续工作10 s左右。反复工作状态下，每工作10 s进行一次散热）。

出现下面的情况时，需要进行天窗系统的初始化：天窗系统第一次安装；只有TILT UP开关工作正常；利用应急扳手关闭天窗后；更换蓄电池及相关熔丝；更换天窗电动机或维修天窗。进行初始化操作时，出现按到其他开关、操作过程中松开开关或电源被切断的情况时，必须重新进行初始化。

四、后遮阳板

通过前排座椅操作中心控制板上的后遮阳板开关（SHADE开关）或者后座椅扶手上的SHADE开关，可以使遮阳板很容易地展开或者收回，如图8-19和图8-20所示。

为防止向后看时视线被展开的遮阳板阻碍，后遮阳板开关具有倒挡联动的自动落下功能，当挡位在倒挡时会自动降低遮阳板，以防止向后看时视线被遮阳板阻碍。当驾驶员换到倒挡时，发动机ECU通过CAN（控制器局域网）将转向信号从空挡起动开关传送到网关ECU。

网关ECU通过BEAN（车身电气局域网）将接收的信号传送到后接线盒ECU，后接线盒ECU再将信号传送给后遮阳板控制微机的CPU，CPU控制电动机工作，极限开关的作用

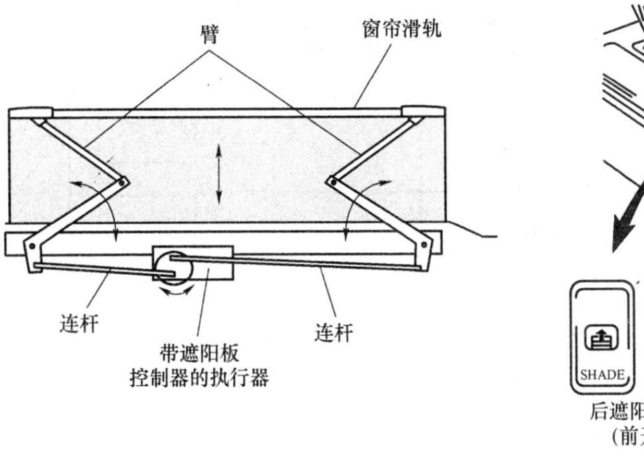

图 8－19　前座控制台的后遮阳板开关

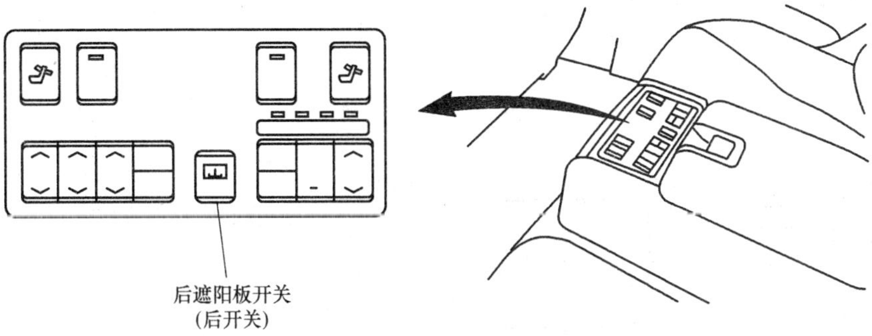

图 8－20　后座控制台的后遮阳板开关

是反馈电动机是否停止，并等待换向。

[完成任务] 如图 8－21 所示遮阳板系统，极限开关、电动机、CPU 在遮阳板控制器总成中，而遮阳板控制器总成在图 8－21 中哪个位置，找出来。后排的后遮阳板开关是否直接将信号传给遮阳板控制器总成：________；前排的后遮阳板开关是否通过网络将信号传至遮阳板控制器总成：________。

五、行李箱开启器

行李箱开启器电路如图 8－22 所示，按下行李箱开启器开关，信号经驾驶员车门 ECU、网关到达后接线盒 ECU，后接线盒 ECU 可以使行李箱电动机工作，实现开锁。行李箱门开关作为开锁和锁门的反馈信号是输入信号，开关操纵由机械钥匙完成。为了增强防盗功能，系统还设计了行李箱开启器取消开关，行李箱门开启开关位于驾驶员侧，行李箱开启器取消开关在手套箱内，如图 8－23 所示。

[完成任务] 在图 8－23 中，行李箱门开启开关在什么位置：________；试画出开关符号：________。行李箱开启器取消开关在什么位置：________；试画出开关符号：________。

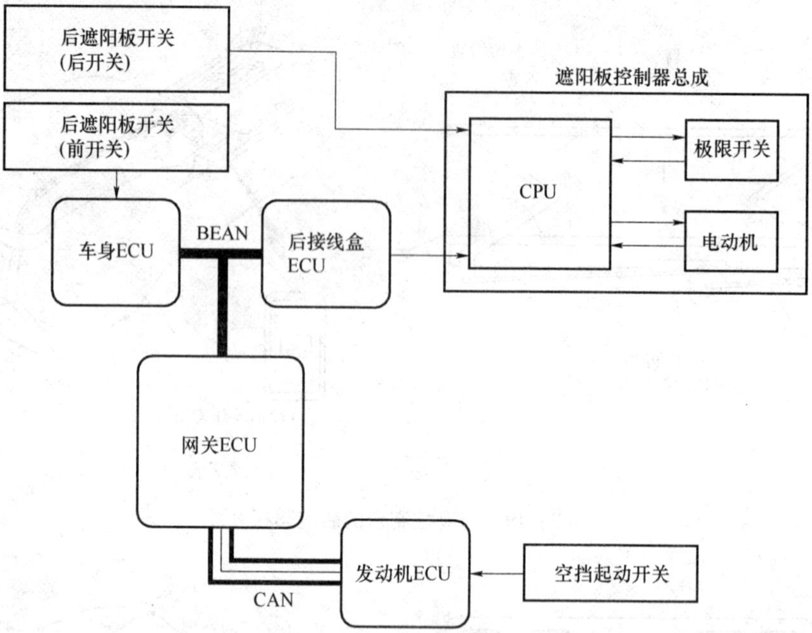

图 8－21　遮阳板系统

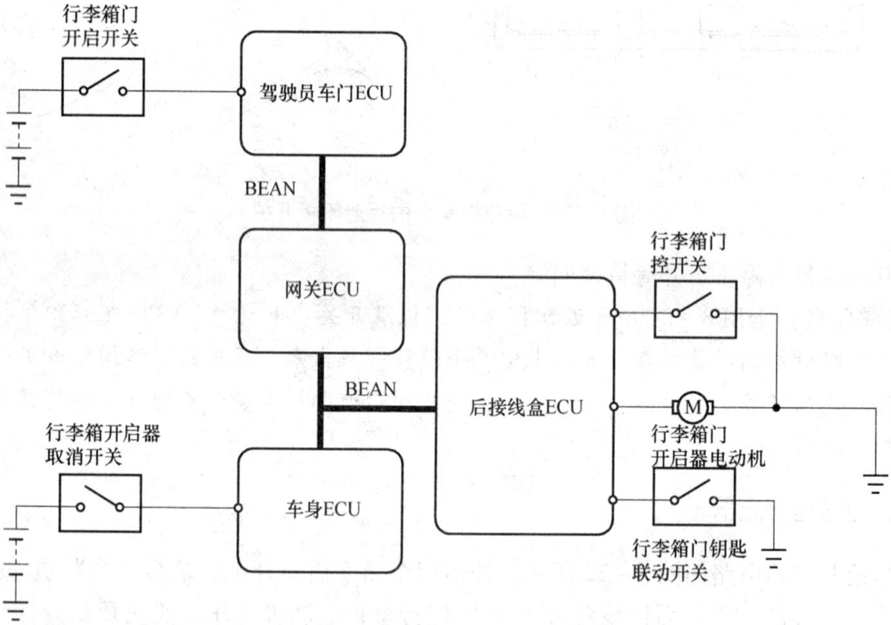

图 8－22　行李箱开启器电路

在图 8－22 中，行李箱门控开关的作用是：________；行李箱门钥匙联动开关的作用是：________。

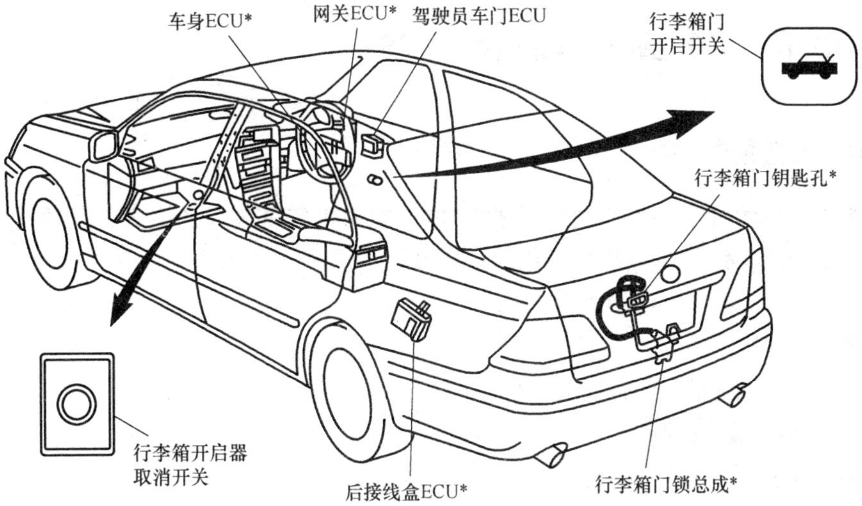

图 8－23　行李箱开启器组件位置

六、加油口盖开启器

按下加油口盖开启器开关，加油口盖开启电动机，打开加油口盖，其电路如图 8－24 所示。这项功能是独立于车身 ECU 的一个分立电路，加油口盖开启器开关位置如图 8－25 所示。

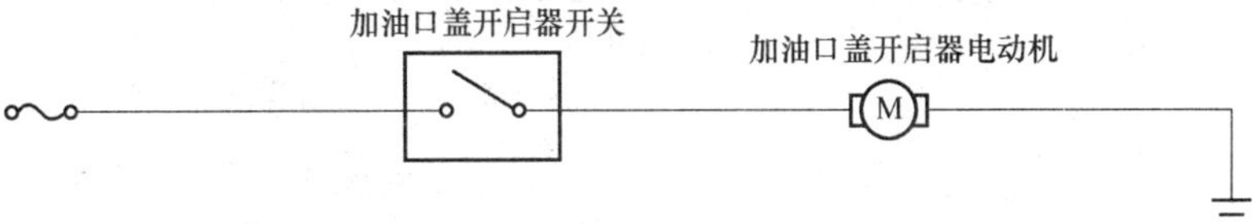

图 8－24　加油口盖开启电路

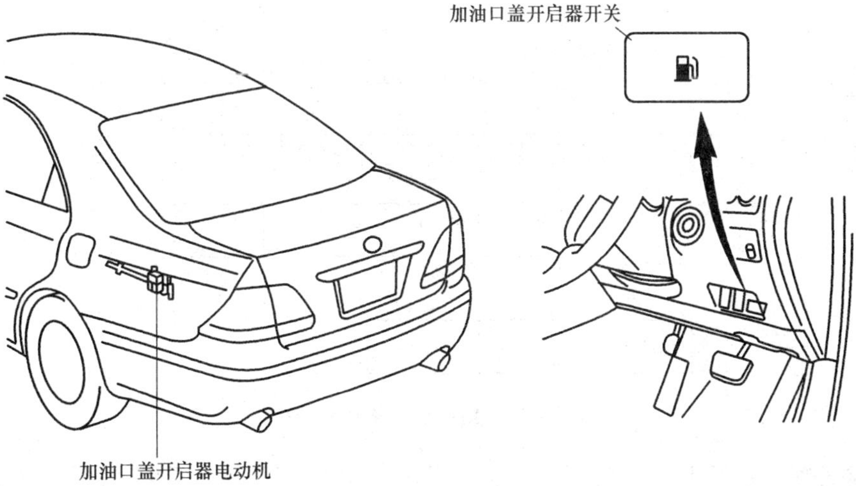

图 8－25　加油口盖开启器开关位置

第二节　大众速腾汽车舒适系统 J393

一、速腾舒适系统功能

大众速腾轿车的舒适系统控制单元 J393 位于副司机安全气囊的下方，其插接器接口名称如图 8－26 所示，J393 的网络拓扑结构如图 8－27 所示。

舒适系统控制单元 J393 的功能如下：

（1）中控锁的控制；

（2）前后车门控制单元的控制；

（3）油箱盖解锁的控制；

（4）后行李箱盖开锁的控制；

（5）滑动/外翻式天窗的控制；

（6）防盗报警装置通过 LIN 总线的控制；

（7）防盗锁止系统的控制（迈腾）。

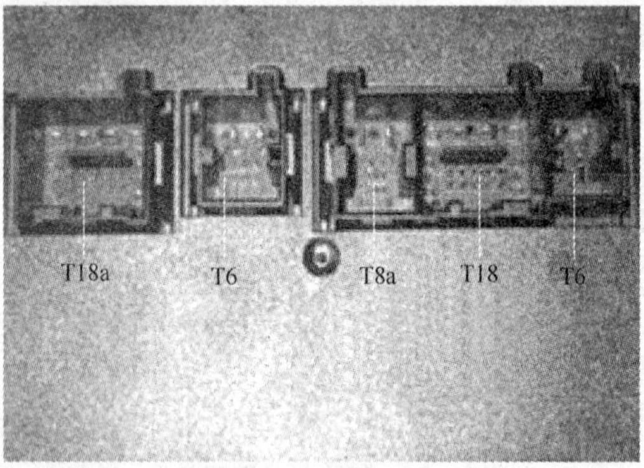

图 8－26　大众速腾汽车舒适系统 J393 插接器

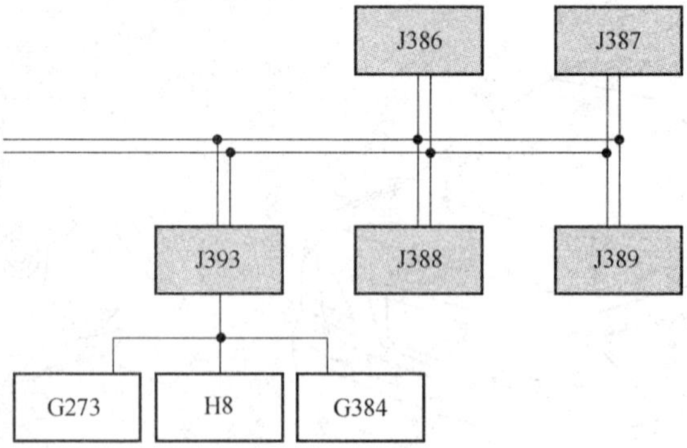

图 8－27　J393 的网络拓扑结构

［**完成任务**］查找大众速腾轿车资料，写出如图 8－27 所示 J393 的网络拓扑结构中 CAN 线五个节点的名称及 LIN 线三个节点的名称。

J393：________；J386：________；J387：________；J388：________；J389：________；G273：________；H8：________；G384：________。

二、速腾舒适系统构成

如图 8－27 所示，车门控制单元 J386（左前）、J387（右前）、J388（左后）和 J389（右后）通过 CAN 总线与舒适系统控制单元 J393 相连，防盗警报喇叭 H8、内部监控传感器 G273 与车身倾斜传感器 G384 通过 LIN 总线和舒适系统控制单元 J393 相连。要注意的是，与宝来 A4 不同，速腾四个车门有单独的地址码，因此功能更加强大，能控制本门区域内的所有功能，这样就进一步减少了整车线束数量。

三、遥控功能信号传递

如图 8－28 所示，舒适系统中央控制单元 J393 控制中控锁的全部功能，即车门、后行李箱盖和油箱盖都属于中控锁机构。锁车可通过车内上锁开关按钮以及汽车钥匙无线遥控器来实现。另外，通过更改舒适系统控制单元 J393 的编码，还可实现按解锁键一次，四门全开或仅驾驶员侧车门单独开启。

遥控功能只有在 S 触点断开后才可以进行操作；也可通过编码/多功能方向盘对车门锁进行舒适性关闭。

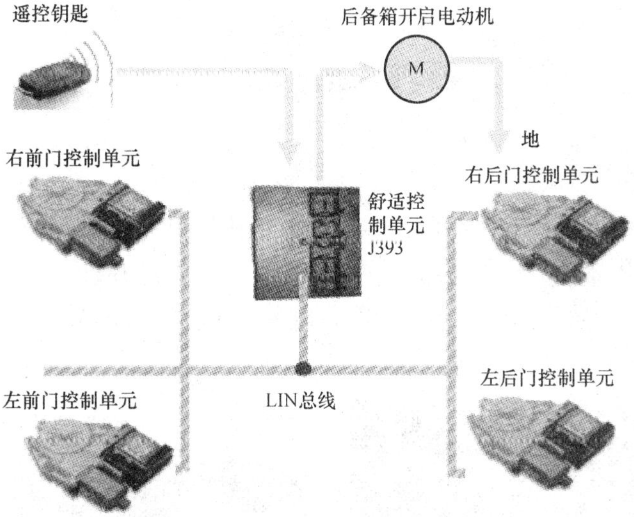

图 8－28　大众速腾汽车遥控功能

四、后行李箱电路

［完成任务］查找大众速腾轿车资料，写出如图 8－29 所示后行李箱开关电路元件名称。

J393 名称：________；F124 名称：________；E234 名称：________；V139 名称：________。

J393 控制供电工作还是控制搭铁工作：________；电动机 V139 能否进行执行元件诊断：________。

F256 名称：________；作用是：________。

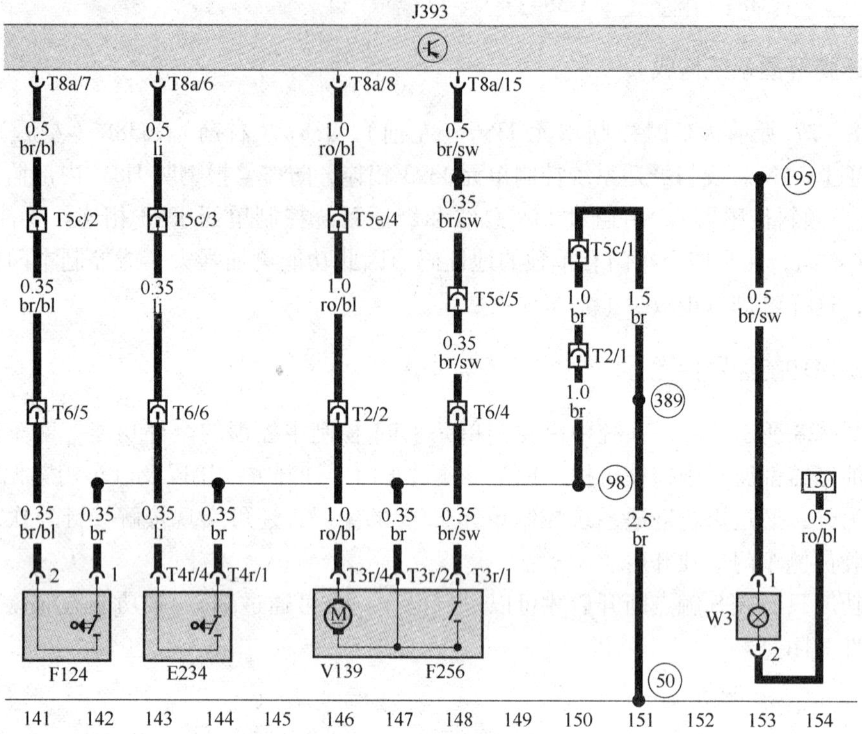

图 8－29　后行李箱开关电路

五、油箱盖开启装置

如图 8－30 所示，油箱盖开启开关 E319 位于驾驶员侧门上，如果驾驶员操纵了油箱盖 E319 开关，开关的闭合信号输入给左前门控制单元 J386，左前门控制单元 J386 通过 LIN 总线将信号传递给舒适系统中央控制单元 J393，由舒适系统中央控制单元 J393 控制油箱盖开启电动机工作。

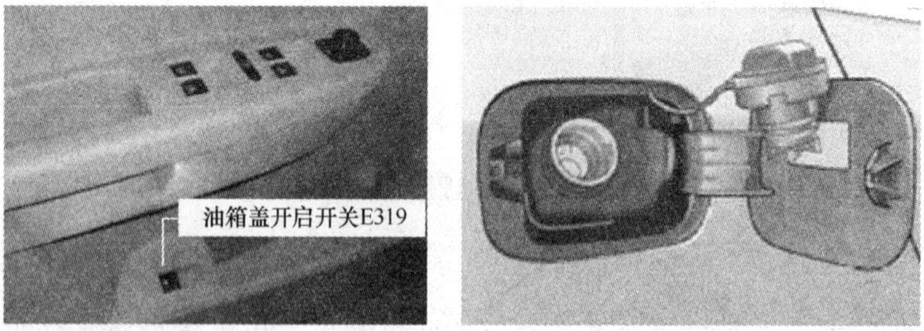

（a）　　　　　　　　　　（b）

图 8－30　油箱盖开启开关 E319 位置和作用

（a）油箱盖开启开关 E319 位置；（b）开启油箱盖

［**完成任务**］查找大众速腾轿车资料，写出如图 8－31 所示油箱盖开启电路元件名称和作用。

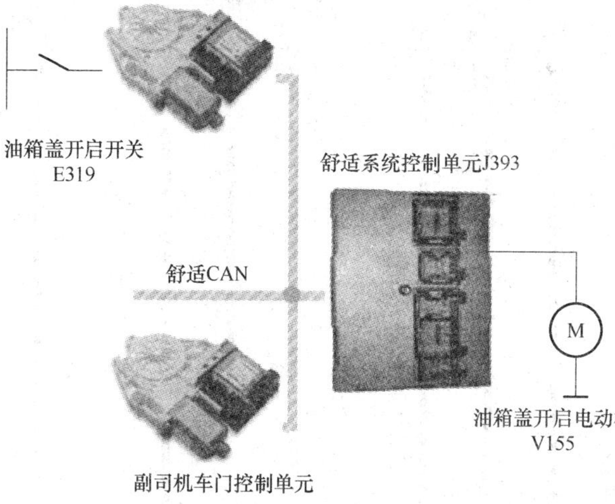

图 8－31　油箱盖开启电路

E319 名称：________；是正触发还是负触发：________；左前门控制单元的大众代码是：________。

V155 名称：________；是否有开关电路反馈油箱开启：________；电动机 V155 能否进行执行元件诊断：________。

六、防盗警报装置（选装）

内部监控传感器关闭开关 E267 及车身倾斜传感器关闭开关 E380 位于驾驶员侧 B 柱上（如图 8－32 所示），用于开启/关闭内部监控传感器及车身倾斜传感器（国产迈腾无此功能）。图 8－33 中 G384 和 G273 为内部监控系统的传感器，H12 报警器为内部监控系统的执行器。

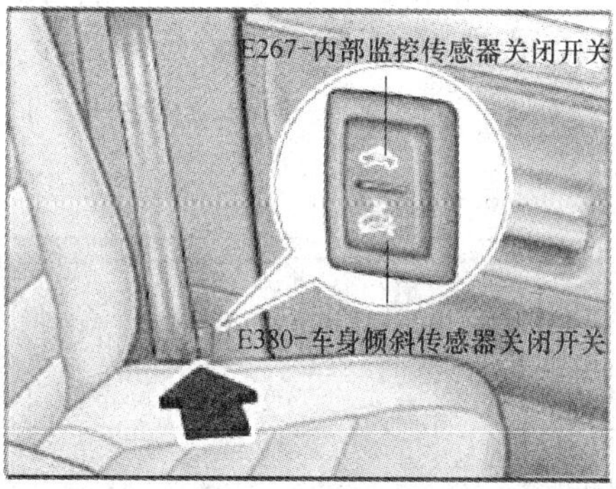

图 8－32　内部监控传感器关闭开关 E267 和车身倾斜传感器关闭开关 E380

［完成任务］请查找大众速腾轿车资料，写出图 8－33 防盗警报电路元件名称和作用。

E380 名称：________；设计作用是：________；不关闭此开关时，车辆进入防盗状态，一旦车身发生倾斜会用什么形式报警：________。

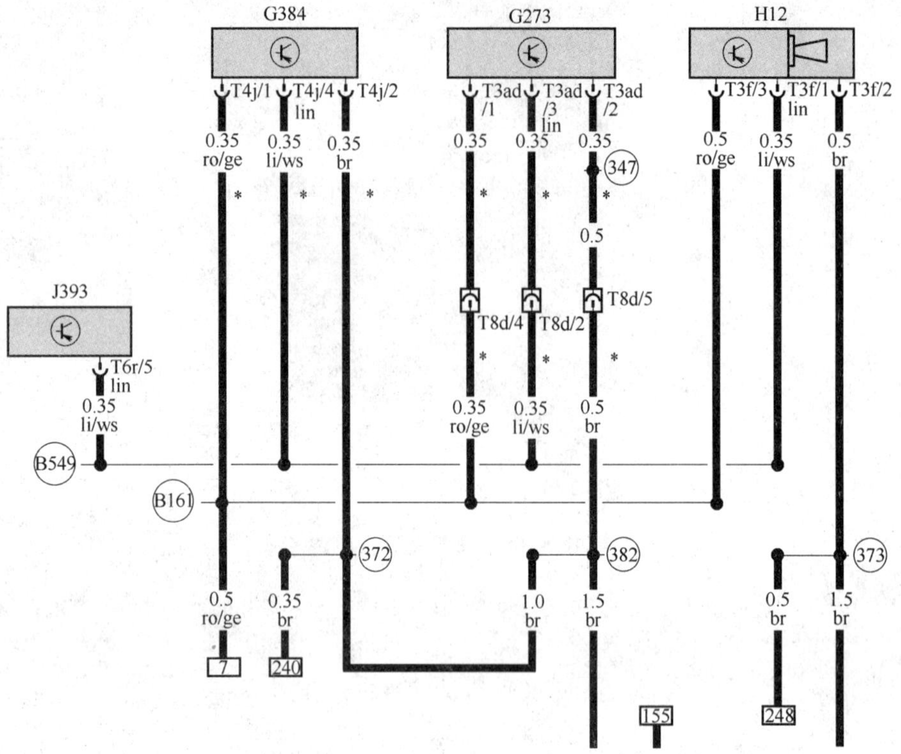

图 8－33　防盗警报电路

E267 名称：________；内部监控传感器的作用是：________；传感器的性质是：________；国产大众速腾轿车是否有这两个开关：________。

七、关闭天窗功能

天窗控制开关如图 8－34 所示，电路如图 8－35 所示，打开点火开关 D 时，T8/1 为 12 V，T18/18 为 12 V；关闭点火开关 D 的 10 min 内，T8/1 为 12 V，T18/18 为 12 V；打开前车门，T8/1 为 12 V，T18/18 为 0 V；锁车后，T8/1 为 12 V，T18/18 为 0 V；遥控关天窗，T8/1 为 0 V，T18/18 为 0 V。

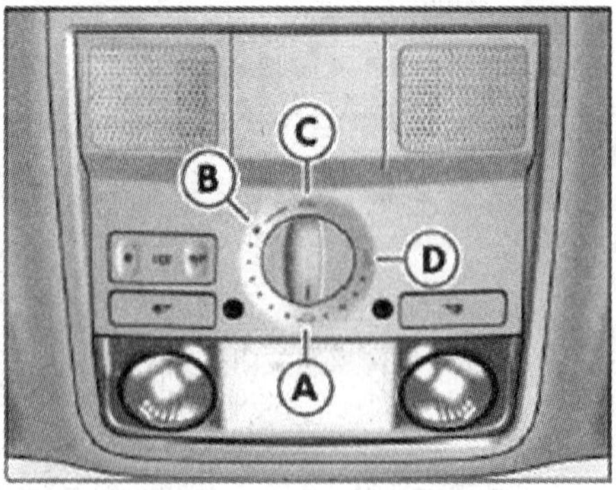

图 8－34　天窗控制开关

［**完成任务**］查找大众速腾轿车资料，写出如图 8－35 所示天窗控制开关电路名称和作用。

J245 名称：________；E325 名称：________；E139 名称：________。

J393 在电路中的作用是：________；仪表 J285 在电路中的作用是：________。

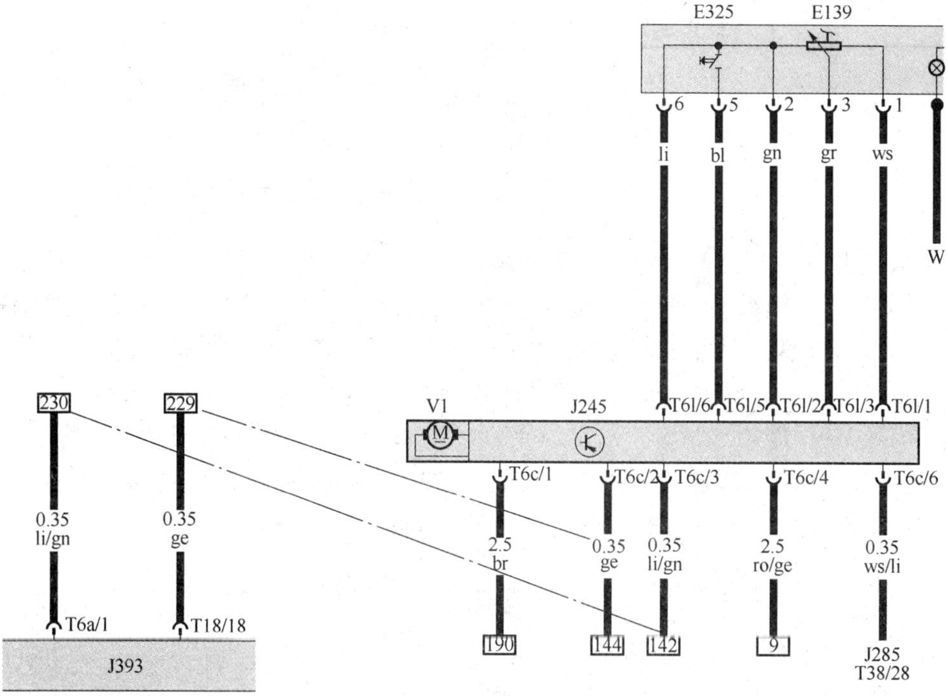

图 8－35　天窗控制开关电路

［**技师指导**］大众车型初始化天窗步骤。

1. 问题描述

用户描述在打开天窗后不能完全关闭或者起翘后不能完全关闭。

2. 产生原因

第一种原因是天窗设计时有防夹功能，当天窗的运动阻力增大与它初始化时记忆不同时，防夹功能启用，以免夹伤人；第二种是在维修中更换元件，由于断了电，元件位置和轨道阻力数值未存储。

对于上述问题描述，显然是第一种原因造成的，因此清理天窗轨道，并初始化。

3. 初始化方法

大众汽车的天窗开关如图 8－36 所示。

1）装有 MD2 电动机的天窗初始化方法

先强制关闭天窗，后将电动机断电，等待 10 s 以上再接上电源；将开关由关闭位置向开启位置转动 15°后再迅速返回关闭位置，听到电动机发出“咯哒”声后，向车顶方向垂直按动开关（平时操作为强制关闭），此时天窗将自动完成一个循环。一个循环完成后，表明天窗初始化完成，之后关闭点火开关 5～7 s 后，天窗记忆完成。

图 8-36　大众汽车顶灯（门控灯和读书灯）和天窗开关

2）装有 MD4 电动机的天窗初始化方法

将开关在关闭位置按住 25～30 s，开窗起翘到最大化，玻璃会抖动一下，松开开关，再次按下开关，此时天窗进行下落、开启、关闭一个自动循环，天窗初始化完成。如果初始化失败，天窗没有动作，请先关闭车钥匙等待 10 s，重新按照步骤再操作一次。

装有 MD2 和 MD4 电动机的初始化差异：MD2 在初始化后，要关闭点火开关等 5～7 s，初始化全过程为 60 s；MD4 电动机直接按开关即可初始化，但等待时间较长。

[**完成任务**] 在实车上进行一次天窗初始化训练。

八、司机侧车门控制单元 J386

司机侧车门控制单元 J386 功能：

（1）司机侧控制四门玻璃升降器及儿童安全锁；

（2）玻璃升降器防夹功能；

（3）车内中控锁；

（4）油箱盖开启信号；

（5）外后视镜电动调节及加热；

（6）选装外后视镜折叠功能；

（7）司机侧本身门锁控制；

（8）接收防炫目内后视镜信号 Y7 控制外后视镜防炫目；

（9）传递开锁和关锁信号。

1. 司机侧车门控制开关

[**完成任务**] 查找大众速腾轿车资料，写出图 8-37 中司机侧车门控制开关电路元件名称和作用。

E40 名称：________；E81 名称：________；L76 名称：________；E53 名称：________；E55 名称：________；E318 名称：________；K236 名称：________。

图 8-37 中内部连接线 267 是正还是负：________；内部连接线 238 是正还是负：________。

开关 E40 中电阻的作用是：________。

[**技师指导**] 四个门窗控制开关的电路工作原理：如图 8-38 所示，采用开关上电阻的

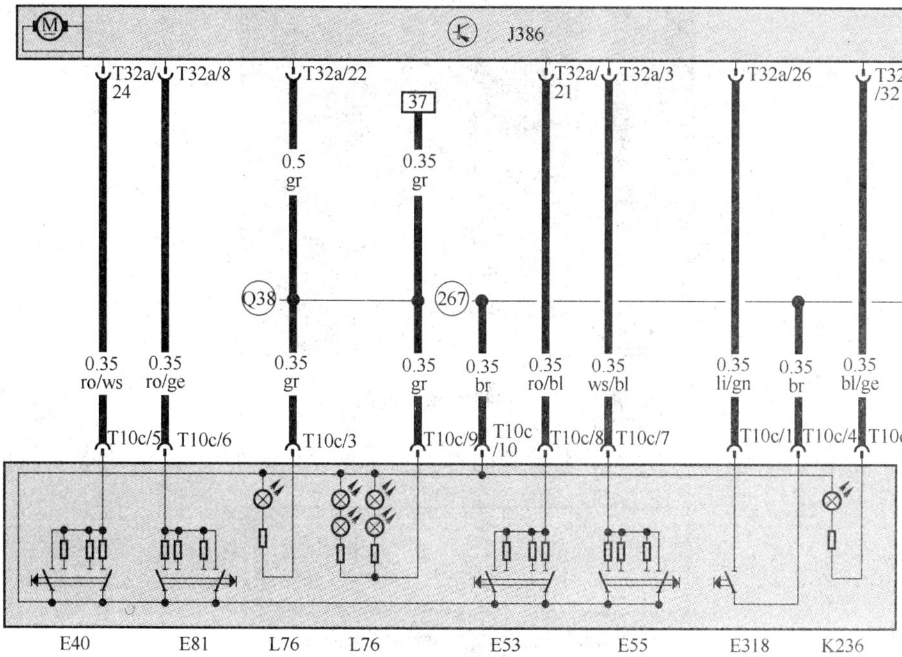

图 8－37　司机侧车门控制开关电路

分压作用使得车门控制单元上监控点电压发生变化，以此来确定开关的状态。比如 E40 开关的工作原理，12 V 的方波信号经过上拉电阻、采样点到达开关 E40，当压下和提起开关 E40 时，采样点方波电压的幅值不同，这个不同的电压经 J386 内部的模/数（A/D）转换器转换为数字电压，程序通过这个数字电压的范围来判别驾驶员的意图。

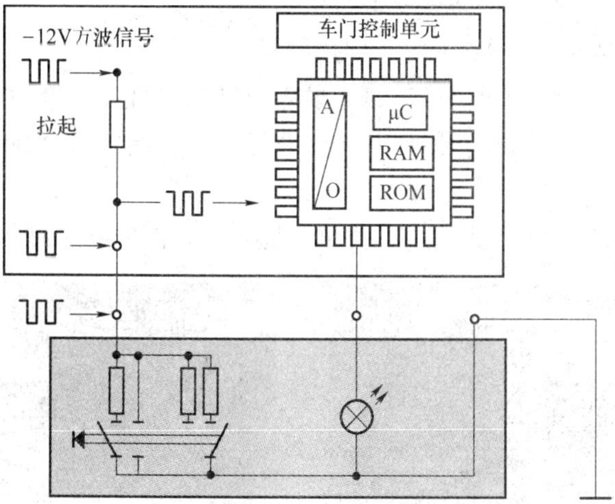

图 8－38　电动车窗挡位识别

如图 8－39 所示，司机侧车门控制单元 J386 除了控制开锁和锁门电动机之外，还接收 E40、E81、E53 和 E55 四个车门窗主控开关信号，同时还接收后窗禁降开关 E318（图 8－39 中标③）的信号输入。

［**完成任务**］查找大众速腾轿车资料，写出图 8－40 车内中控锁开关代码是：

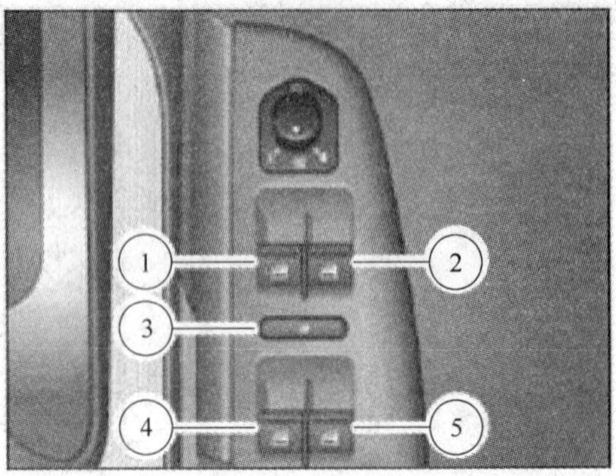

图 8－39　司机侧车门控制开关

________；输入方式是：________；接收此信号的控制单元代码是：________。

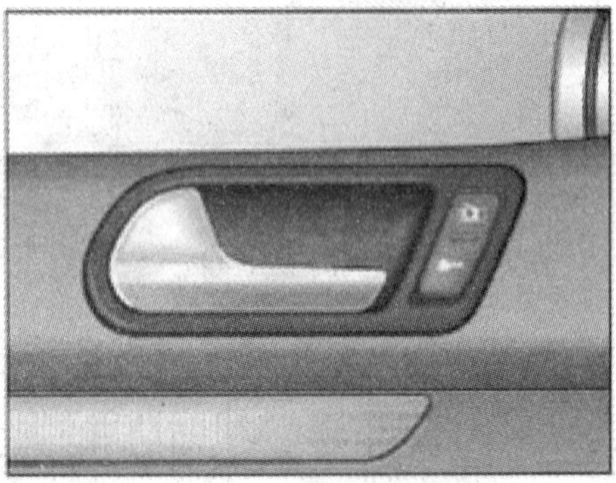

图 8－40　车内中控锁开关

2. 车外后视镜加热

通过 CAN 接收到 15 线接通信号后，如果后视镜加热打开，最初的 2 min 进行 100% 的能量输出，然后通过脉宽调制信号（PWM）进行控制，始终处于能量的均匀输出，没有跃变。

［**完成任务**］根据实车操作图 8－41 的观后镜开关，回答下列问题。

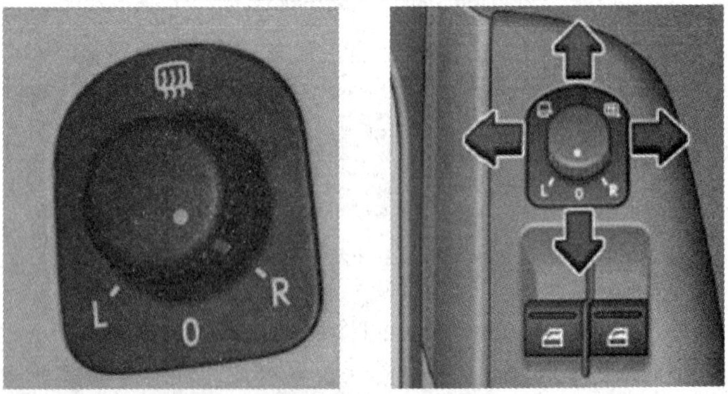

（a）　　　　　　　　　　（b）

图 8－41　左外后视镜调节及加热按钮（右图带折叠开关）

观后镜开关的点标记作用是：________；左侧开关转动有几个位置：________；摆动有几个位置：________。右侧开关转动有几个位置：________；摆动有几个位置：________。

3. 外后视镜调节、折叠及加热按钮

[完成任务] 读图 8－42 外后视镜调节、折叠及加热按钮的开关，回答下列问题。

E43 是四方向摆动开关还是转动开关：________；E48 和 E263 是转动开关还是摆动开关：________；E48 和 E263 传递给 J386 的信号是相同的，J386 如何区分：________；这些开关是接地触发还是接正触发：________。

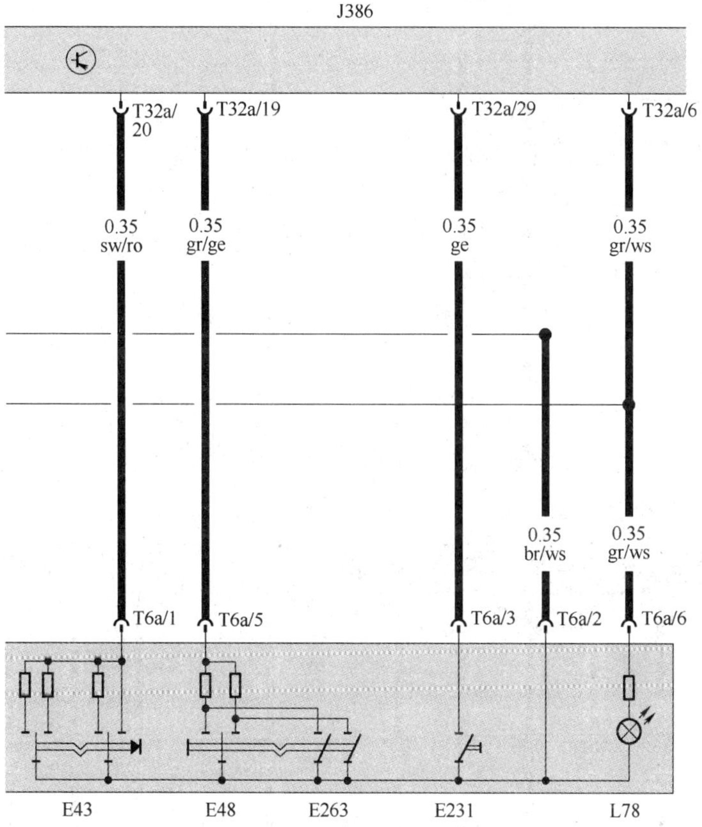

图 8－42 外后视镜调节、折叠及加热按钮的开关

E43—四方向电动调节开关；E48—L、R 转换；E263—收折；E231—加热；L78—照明灯

4. 外后视镜调节、加热及防炫目

[完成任务] 读大众速腾轿车电路图，分析图 8－43 所示后视镜调节、折叠、加热按钮和防炫目电路后，回答下列问题。

E43 开关控制图 8－43 中电动机的代码为：________；E263 开关控制图 8－43 中电动机的代码为：________。E231 开关控制图 8－43 中加热器的代码为：________。

为什么同是灯，L131 和 W52 的首字母却不同：________。

在防炫目功能中，Y7 是什么传感器：________；位置在：________。Y20 是什么执行器：________。

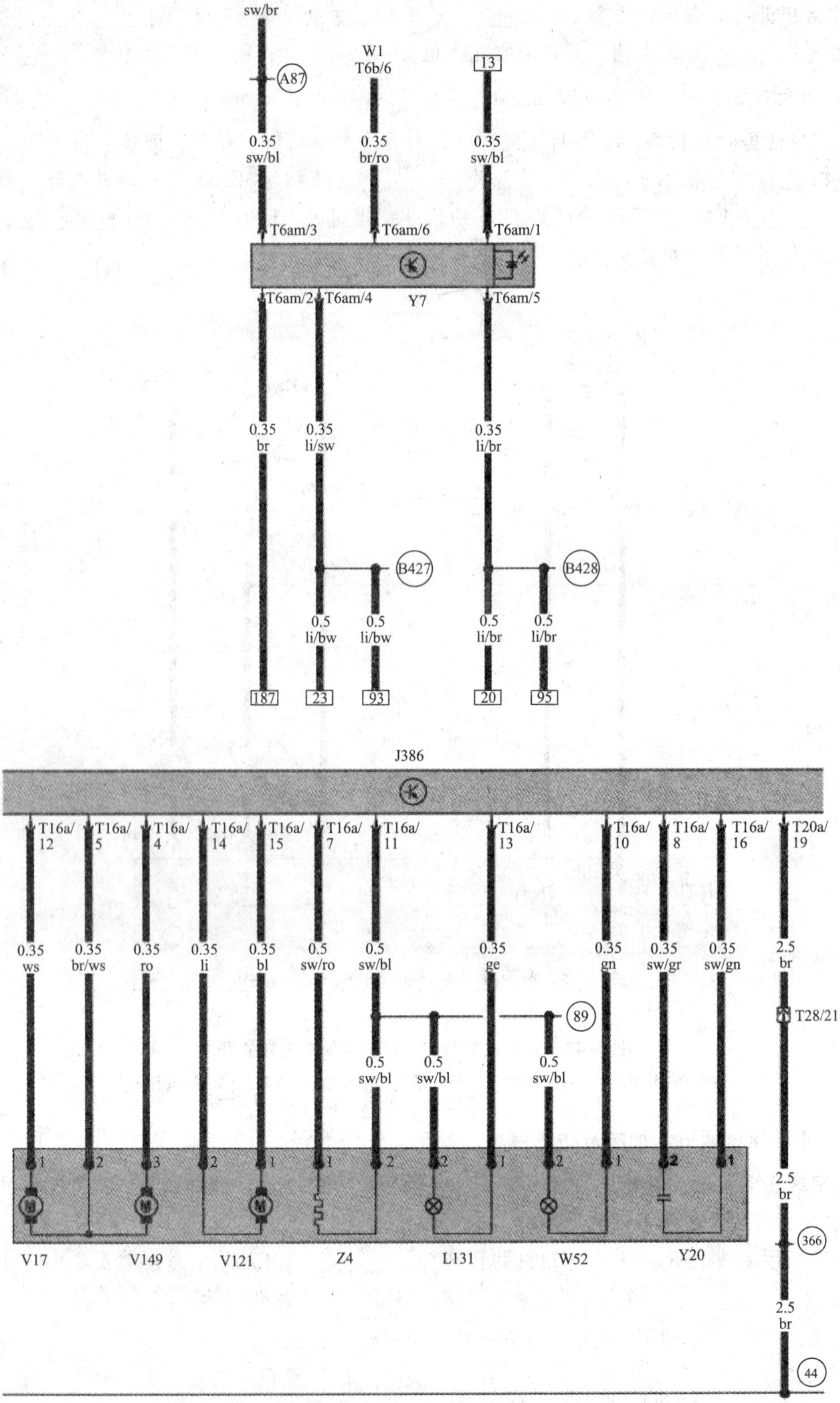

图 8－43　后视镜调节、折叠、加热按钮和防炫目电路

5. 车门锁块

［完成任务］读大众速腾轿车电路图，分析图 8-44 所示车门锁块内部电路，实车测量后回答下列问题。

F2 名称：________；F220 名称：________；V56 名称：________；V161 名称：________。

门锁块的 T10z/1 电位是：________；说明：________。

门锁块的 T10z/8 电位是：________；说明：________。

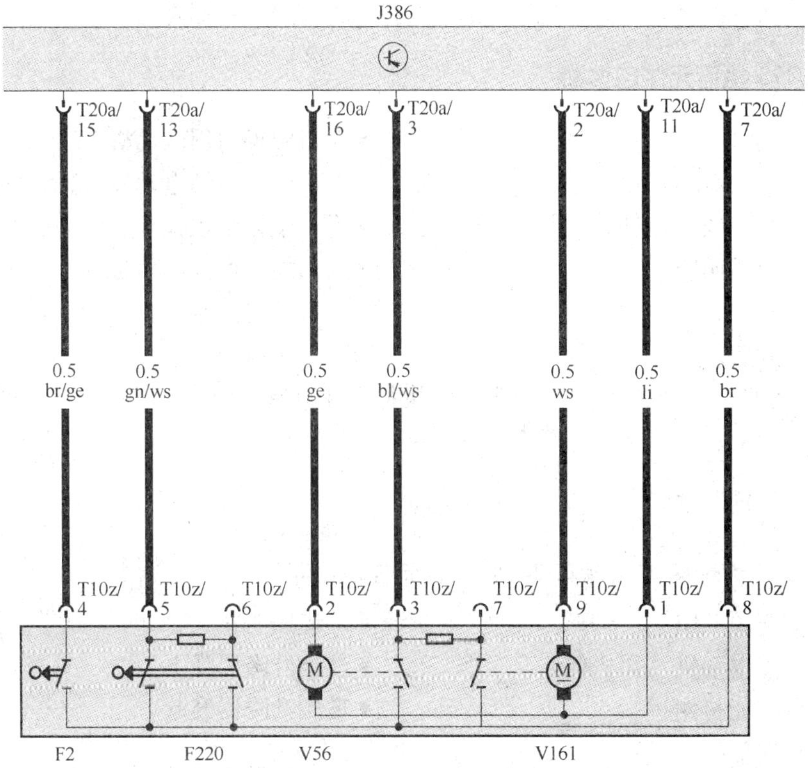

图 8-44 车门锁块内部电路

F2—门接触开关；F220—钥匙控制门锁开关；V56—锁门电动机及位置开关；V161—闭锁电动机及位置开关

九、室内灯控制

室内灯在常开位置：车门全关时亮，一旦有锁车信号后室内灯才熄灭；

开锁后不开车门：室内灯亮 25 s 后熄灭，门锁 30 s 后自动锁车。

十、舒适功能匹配

舒适性系统通过相应的通道，可改变程序开始的初始化数值寄存器，主程序根据这些初始寄存器的数值实现一些特殊功能。通道号码的功能如下：

通道号码 00：删除所有钥匙（0 = 删除）；

通道号码 01：匹配钥匙（钥匙 1 至钥匙 4）；

通道号码 03：单门开启功能；

通道号码 04：15 km/h，自动落锁；

通道号码 05：S 触点断开，自动开锁；

通道号码 17：通过遥控钥匙开启和关闭玻璃升降器和天窗（便捷功能）。

[完成任务] 什么是通道：____。

在实车上，通过检测仪进入不同的通道，输入不同的数值，可以启动相应的功能，例如单门开启功能启用要向通道内输入什么数值：________；匹配两把钥匙应如何输入：________。

什么是玻璃窗便捷功能：____________________；如何启用此功能：________。

十一、J393 执行元件自诊断

- 端子 58 s
- 外部警报灯/左后门灯
- 外部警报灯/右后门灯
- 车内门把手照明
- 开门信号
- 油箱盖开启
- 左后中央门锁电动机 V214
- 右后中央门锁电动机 V215
- 后行李箱中控锁开启电动机 V53
- 太阳能天窗开启信号
- 天窗关闭信号

[完成任务] 利用诊断仪进入 J393 进行执行元件诊断，检查是否有执行元件不能工作，若有，写出它的名称：________。

十二、车门控制单元

1. 左前车门地址码 42（编码 244）执行元件自诊断

- 司机侧开关照明
- 中央门锁电动机（司机侧）
- 后视镜功能检测
- 激活转向信号
- 环境照明
- 玻璃升降器降下
- 玻璃升降器升起

[完成任务] 利用诊断仪进入地址码 42 进行执行元件诊断，检查是否有执行元件不能工作，若有，写出它的名称：________。左前门的大众代码是：________。

2. 右前车门地址码 52（编码 244）执行元件自诊断

- 副司机侧开关照明
- 中央门锁电动机（副司机侧）
- 右后视镜功能检测
- 激活右转向信号
- 环境照明
- 副司机玻璃升降器降下
- 副司机玻璃升降器升起

[完成任务] 利用诊断仪进入地址码 52 进行执行元件诊断，检查是否有执行元件不能工作，若有，写出它的名称：________。右前门的大众代码是：________。

3. 左后车门地址码 62（编码 144）执行元件自诊断

- 左后门开关照明
- 玻璃升降器降下

- 玻璃升降器升起

[**完成任务**] 利用诊断仪进入地址码 62 进行执行元件诊断，检查是否有执行元件不能工作，若有，写出它的名称：________。左后门的大众代码是：________。

4. 右后车门地址码 72（编码 144）执行元件自诊断

- 右后门开关照明
- 玻璃升降器降下
- 玻璃升降器升起

[**完成任务**] 利用诊断仪进入地址码 72 进行执行元件诊断，检查是否有执行元件不能工作，若有，写出它的名称：________。右后门的大众代码是：________。

十三、内部集成了防盗锁止系统的舒适系统控制单元

大众第四代防盗系统的防盗锁止控制芯片位于舒适系统控制单元 J393 内部，舒适系统控制单元 J393 与其他控制单元进行通信。

位于沃尔夫斯堡的大众汽车中央数据库 FAZIT 是防盗锁止系统的重要组成部分。FAZIT 表示“车辆信息和中央识别工具”，该数据库存有所有控制单元的防盗数据，该数据是集成在防盗锁止系统中的。如果没有连接到 FAZIT 的在线连接，则无法匹配控制单元。因此，控制单元必须在更换之后进行在线匹配。

防盗锁止系统（WFS）IV 的构成如图 8－45 所示，其功能如下：

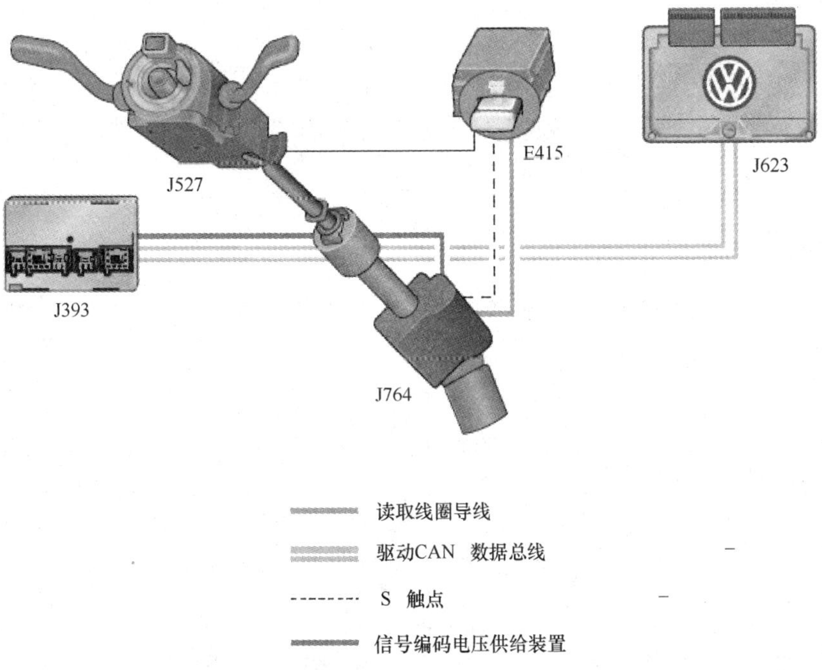

图 8－45 防盗锁止系统（WFS）IV 的构成

E415—进入及起动许可开关；J393—舒适系统中央控制单元；J527—转向柱电子装置控制单元；J623—发动机控制单元；J764—电子转向柱锁止装置控制单元

转向柱锁止控制单元（ELV）J764：转向柱锁止和开锁是通过舒适系统控制单元 J393 中的“防盗锁止系统”功能实现的。只可将转向柱锁止控制单元 J764 与舒适系统中央控制单元 J393 一起进行更换、调节。

进入及起动许可开关（E415）：在进入和起动许可开关中有用于读取汽车钥匙信息的读取线圈。进入和起动许可开关在更换后不必调整。

发动机控制单元 J623：控制单元 J623 是“防盗锁止系统”功能的一部分。控制单元 J623 必须在更换之后进行在线匹配。

[**完成任务**] 更换防盗锁止系统（WFS）IV 中的任何控制单元均要在大众汽车的服务站进行为什么不能在学校进行此操作：________。

第九章

汽车音响和导航系统

第一节 汽车音响和导航

一、汽车多媒体的发展

1906 年，美国人德福雷斯特发明了电子音响技术，1923 年，美国生产了装配无线电收音机的汽车，那时候车用无线电收音机都是用电子管，直到 20 世纪 50 年代出现半导体技术后，汽车收音机出现了技术革命，用半导体晶体管逐步取代了电子管，提高了汽车收音机的寿命，从而将汽车与音响结合了起来，开创了汽车音响领域。在汽车音响刚刚出现的时候，它还只是汽车的附属产品。一般轿车的音响多以一个卡式收放两用机与一对扬声器为基础组合，如图 9－1 所示，扬声器分左右两路声道，有的置于仪表板总成的两侧，有的置于车门，有的置于后座的后方，收放两用机输出功率很小，多在 20 W 左右。

图 9－1 20 世纪 90 年代末奥迪 100 配的 GAMMA 音响（1－DIN 规格）

20 世纪 90 年代末，汽车音响开始向大功率多路输出、多喇叭环绕声音响、多碟式激光 CD 等方向发展。世界音响制造商针对汽车的特殊环境，充分考虑车厢的音响效果，采用高新技术制造汽车音响设备，其播送的音响效果完全能与家用音响相媲美。

机械机芯结构的 CD 组合收音机结构易受汽车振动影响，但随着多媒体固态存储介质的广泛应用，此情况得到解决。如 Flash、USB、SD 卡等即插即用式的汽车音响在市场中出现，除了声音以外还出现了视频，但数字视频的数据源仍来自车主的各种存储器。

数字声音广播 DAB（Digital Audio Broadcasting）的推广，改善了汽车收音机的接收效果。它提供了接近 CD 质量声音的广播，附加商机无限的数据服务，听众可更容易地收听，且发射费用较低。

数字视频广播 DVB 是 Digital Video Broadcasting 的简写，使车载视频得以应用。DMB 全称为数字多媒体广播（Digital Multimedia Broadcasting），是在数字音频广播DAB（Digital Audio Broadcasting）基础上发展起来的面向未来的新一代广播系统。在第三代广播DAB广播已将传统AM、FM模拟广播声音质量提高至CD级别的基础上，DMB又将单一的声音广播业务推向了多媒体领域，即在发送高质量声音节目的同时，还提供了影视娱乐节目、智能交通导航、电子报纸杂志、金融股市信息、互联网信息、城市综合信息等可视数据业务，广泛应用在公交车、出租车、轻轨、地铁、火车、轮渡、机场及各种流动人群聚集地的移动载体上。

随着人们对享受指标要求越来越高，汽车制造商对汽车音响设备的应用也日益重视。经过80多年的发展，它已经由最初的汽车收音机演变成集视听娱乐、通信导航、辅助驾驶等多种功能于一体的综合性多媒体车载电子系统，成为未来汽车上一个不可缺少的组成部分和作为评价汽车舒适性的依据之一。在高档车音响系统中，典型代表包括奔驰、宝马、雷克萨斯和奥迪。

汽车音响的外围供电电路连接很简单，汽车音响的主机、功放、喇叭一般也很少修理，有故障后一般采用更换的方法。在更换之前，能准确判断并向车主说清故障，能进行音响性能的判别，能听出音响主机、功放和喇叭的匹配是否合理才是现代汽车音响修理的主业。

[完成任务] 什么是汽车音响修理的主业：________________________________。

二、汽车多媒体的发展趋势

先进和独特功能的汽车音响包括独特的防盗系统、光导纤维传送、全息激光头、CD换片机、电子防震、缘边旋转入碟防刮机芯、超低中频数字调谐器、高质量的卫星调谐器、滑动开启前操作面板、MASK新式秘密隐藏机构、智能操控转盘、动态超重低音、动态道路噪音控制、三维影音系统、话音识别系统、驾驶座声场模拟系统、声感录音等等。汽车多媒体围绕着以下特征发展：多功能、漂亮、高质量的音视频效果、综合的信息系统、系统操作的容易性等。因此，汽车多媒体也称为信息娱乐系统。

三、基础知识

声源振动的快慢可以用频率来表示。声波在1 s内振动的次数称为频率（f），单位是赫兹（Hz）。声波的频率范围很宽，正常来说，人耳所能听到的频率为20～20 kHz。我们把这段人能感觉到的声音称为声频。低于20 Hz的声音叫次声，高于20 KHz的声音叫超声。超声的频率高，波长短，指向性好，多用于雷达、探测器等。人所能听到的音调高低是由声音的频率来决定的。

通常情况下，人们将20～20 kHz划分为七个频段：20～40 Hz极低频、40～80 Hz低频、80～160 Hz中低频、160～1 280 Hz中频、1 280～2 560 Hz中高频、2 560～5 120 Hz高频、5 120～20 000 Hz极高频。

声音的反射和绕射。声音的传播特性决定了高频好的指向性和低频好的通过性。声波的干涉指系统中如果两个声波频率相同、相位相同，则两声波叠加后能加倍声波能量；频率相同，相位相反，声波能量减弱；两个声波的频率、相位都不同，叠加后的声波将是混乱的噪声。

四、汽车音响的组成

图 9－2 所示为高级汽车音响组成。

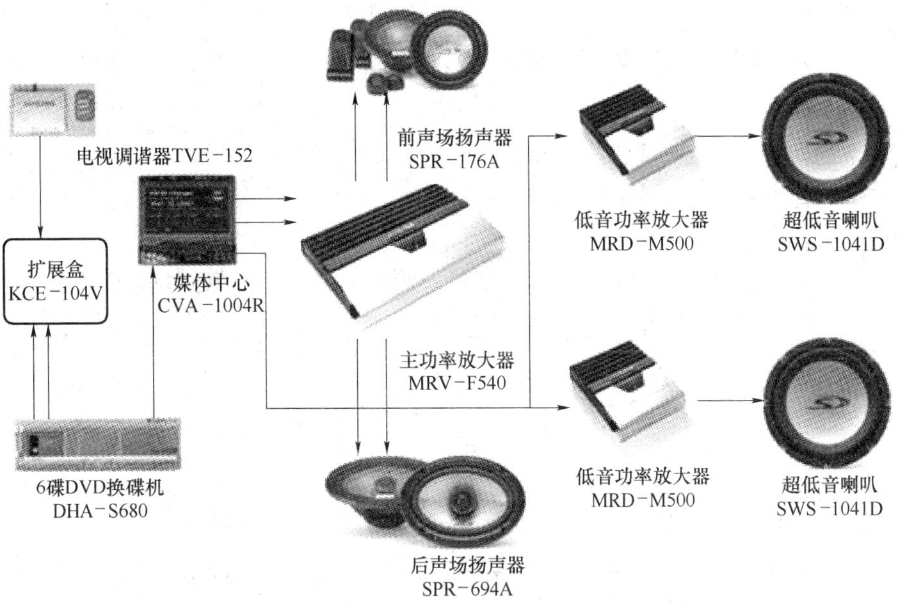

图 9－2　高级汽车音响的组成

五、主机（音源）

1. 什么是主机

通常好主机不带功放，就像家用电脑的输出显卡或声卡一样，其独立总比集成要强，好音响必须配合好功放才能产生好的效果，因此主机也俗称"哑巴机"。普通型主机一般都有内置四路功放，功率每声道为 40～60 W 不等，额定功率为 10～15 W。

从专业的角度讲，主机应定义为音源，它把音乐软件的磁信号或数字信号等转化为相应的电信号。主机装于汽车的控制台上，是音响系统的核心。主机从 AM/FM 收音机、磁带机发展至今，其功能和品质都发生了很大的变化。现在一台主机由多个音源组合在一起，音响的控制面板本身就是一个主机，通常 AM/FM 收音机、磁带机或单碟 CD 机会位于此，对于多碟 CD 音源，由于仪表台空间限制，通常位于仪表台的手套箱内或后背箱内的驾驶员侧，控制面板内的微控制器控制数据从不同地方读入，这由音响控制面板控制选通哪个音源确定，并控制如何输出，图 9－3 所示为音响控制方框图。

［**完成任务**］写出下列模块的名称：

CD：________；TUN：________；MD：________；AUX：________；

BT：________。

写出下列模块的作用：

输入选择器：________；输入增益调节：________；HPF：________；

LPF：________；FADER：________。

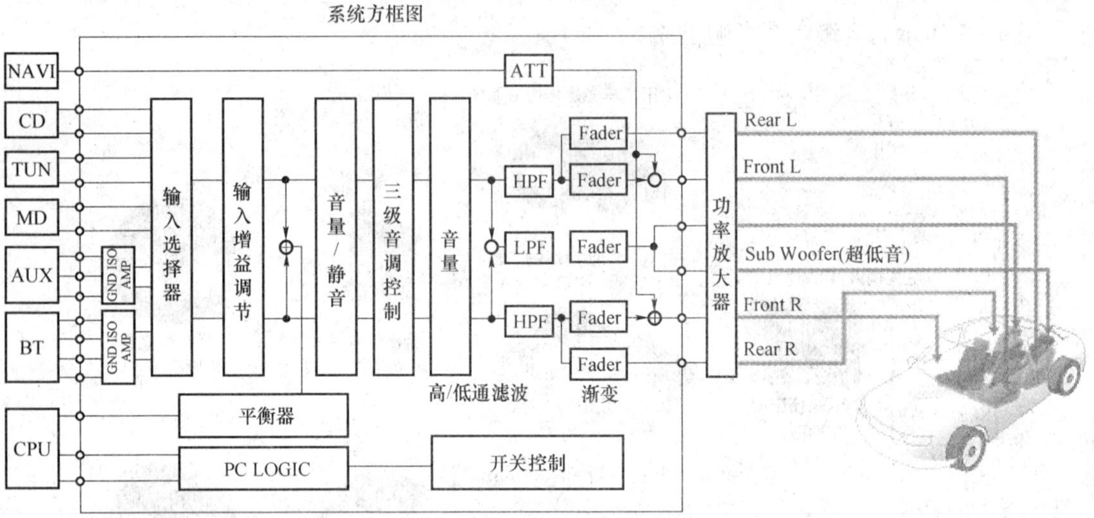

图 9-3　音响控制方框图

2. 音源

（1）AM/FM 调频器：用来接收电台模拟的调频调幅信号，现已发展为数字调频器。

（2）卡带机：用于播放磁带，但音质较差、杂音较高，趋于淘汰。

（3）CD 播放器：音乐信号的信噪比和音质都较好，是理想的音源，但容量较小，正流行。

（4）VCD 机：数字化音频压缩技术 MPEG-1 的产物，可以播放视频和音频，但音质较差，应用较少。

（5）DVD 机：采用 MPEG-2 作为视频数码电路模块，用 AC-3 作为音频信号的解码电能模块，具有高性能的演绎音频与视频，如图 9-4 所示车载 DVD 机。

（6）MD 播放器：是软盘的薄 DISC，主要特点是比 CD 小，音质良好，而且可以录音，图 9-5 所示为 MD 播放器。MiniDisc，简称 MD（中文意思即迷你光盘），它是由 SONY 于 1992 年正式量产上市的一种音乐储存媒体。在内存很贵的时候，MD 当然显得容量很大，而且 MD 可以有更好的音质，且还可以像 CD 一样换盘片（盘很小）。

图 9-4　车载 DVD 机

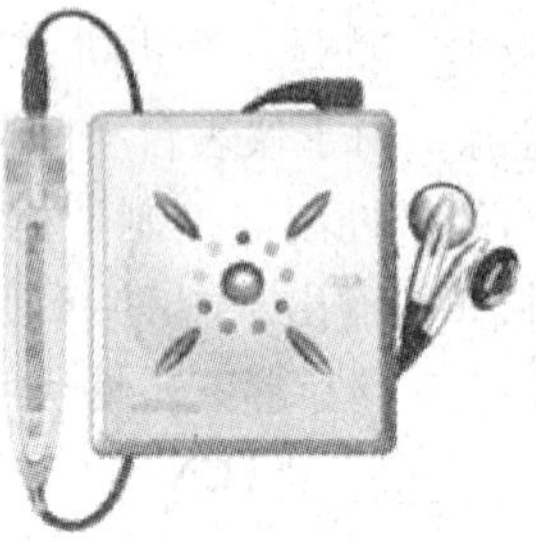

图 9-5　MD 播放器

（7）MP3 播放器：容量较大，一张碟可以储存一百多首歌，且音质良好，应用较多。

（8）硬盘播放：可直接从网络上下载音乐进行播放，可以重复录制音乐。

在以上各种信号源中，通常几种组合在一起。从音质角度，目前还是以 CD 最为理想，但其容量小，一张碟最多灌录十多首音乐。MD 比 CD 音质好，而且可以自由灌录，碟片由于有外壳保护，故不会磨损，但碟源少。实际的音源以 AM/FM 调频器、CD 播放器、多碟 DVD 机、MP3 播放器组合较多。

［**完成任务**］说出各种音源的特点。

（1）AM/FM 调频器：____；

（2）卡带机：____；

（3）CD 播放器：____；

（4）VCD 机：____；

（5）DVD 机：____；

（6）MD 播放器：：____；

（7）MP3 播放器：____；

（8）硬盘播放：____。

3. 主机规格

主机分 1－DIN 和 2－DIN（大屏幕机）两种规格。图 9－6 所示为标准 DIN（大屏幕机）规格。

按中控台的空间大小适合安装 1－DIN 机型的车有捷达、奥迪、桑塔纳、三菱、索纳塔等，适合安装 2－DIN 机型的车有丰田、本田、别克、帕萨特、日产、斯柯达（欧雅）等。有些车为了美观，采用非标准 DIN（大屏幕机）规格，如宝马 X5，奔驰 S—600，奥迪 A6L、A4，丰田锐志，马自达 6，本田 2.4 等。由于中控台不是标准的 DIN 设计，故在安装主机时需要主机模具才能稳定安装。图 9－7 所示为非标准 DIN（大屏幕机）规格。

图 9－6　标准 DIN（大屏幕机）规格

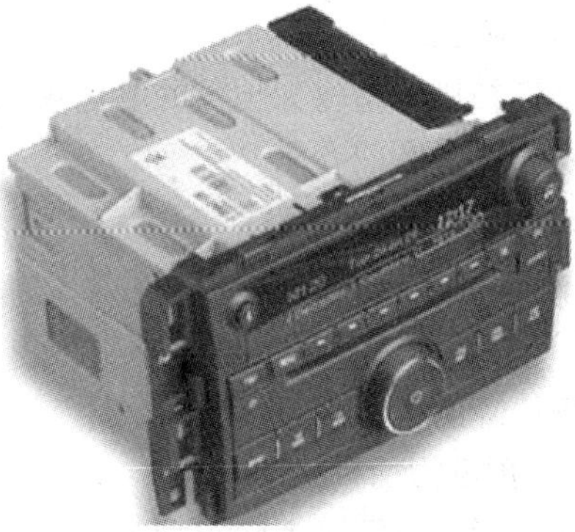

图 9－7　非标准 DIN（大屏幕机）规格

4. 主机评价

一台主机的好坏，最直观的就是看它的技术参数指标，主要有以下几个方面。

1）输出功率

现在的主机所标的功率大多数为峰值功率，为 40～60 W，其越大越好，通常输出功率太小的主机需要专用的功率放大器，一般定额功率为 9 ~ 15 W。

2）频响（Hz）

人耳所能听到的频率范围，为 20 Hz ~ 20 kHz，因此该指标最少要达到这个数值，而且越宽越好。

3）噪比（Signal/Noise）

噪比指的是音乐信号与噪声的比例，单位为 dB 分贝，该数值越大越好，一般高档的主机都在 100dB 以下，声音干净、清晰。

4）点谐度失真（THD）

点谐度通常用声音再现的还原度的百分比表示，该数值越小越好，一般高档产品的点谐度失真都在 1% 以下。

5）RCA 输出路数/电压

主机通常有 1 ~ 3 对 RCA 输出，当然越多越好，这样频率划分会更加细致。RCA 输出的低电压信号可直接传输到外加的功率放大器上，RCA 电压一般为 2 ~ 6 V，高档主机的 RCA 电压能达到 4 ~ 6 V，选择的电压高对系统的提升会有很大的帮助。

由于汽车特定的聆听空间，对声场、音质都有一定的影响，为了解决这些问题，现代主机已有响应的功能，力求达到现场聆听的效果。

1）RDS 显示功能

可以将电台发出的信息显示在主机的显示屏上（你听不到，但可以看到）。

2）响度调节功能（LOUND）

在音量较低时，用来补偿高频和中低频。通常当音量较小时，我们会发现，高音、低音好像没有了，整个声音好像没有层次感，这时只要打开 LOUND 功能，主机就会对高音、中低音进行提升。

3）预设储存

预设储存是指将你所选定完的电台的频率储存主机存储器中。

4）预设扫描

预设扫描是指将你预设的电台频段，或歌曲音乐以扫描的方式逐一播放几秒钟，以选择你喜欢的电台歌曲音乐。

5）声道调整（BAL/FAD）

用来调整左右及前后声场的平衡。

6）静音功能（MUTE）

快速降低音量。

7）预设均衡模式

此功能主要针对不同类型的音乐设置不同的频率响应曲线，如 ROCK（摇滚乐）、POP（流行音乐）、JAZZ（爵士乐）、VOCAL（唱声）、CLUB（俱乐部）、NEWAGE（前卫）及 CLASSIC（古典乐）等。

8）对比调节

可以根据喜好改变屏幕灯光的亮度。

9）唤醒功能

按压主机上的任何一个按键都可以将主机唤醒，让其开始工作。

10）防盗功能

如音响带有密码，以防音响主机被盗。

[**完成任务**] 针对实车进行一次音响控制面板操作，并进行更换音响主机操作，具体操作查阅老师给的音响资料。

六、数据存储和使用

1. 磁带存储

在磁记录中，硬、软磁材料各自起怎样的作用。在软磁盘或硬磁盘中，磁记录是通过磁头读取信号，并把信号以磁化的形式储存在磁带或磁盘形的磁介质中。在记录过程中，如图9－8所示，由于磁头上的载流线圈产生小磁场，因此，在磁导率很大的软磁材料的磁芯内出现较大的磁化强度，在介质内产生较大的磁场强度。承受大磁场作用的硬磁材料，其磁介质记忆过程的磁化曲线，去掉磁场后仍有很大的剩余磁化。在“再生过程”中，如图9－9所示，从硬磁材料的磁介质中泄漏的磁场，使软磁材料做的磁头铁芯磁化，通过线圈的磁通量随时间变化使线圈两端产生电压，因此在磁记录中，利用的是磁性材料的软、硬特性进行优化组合。

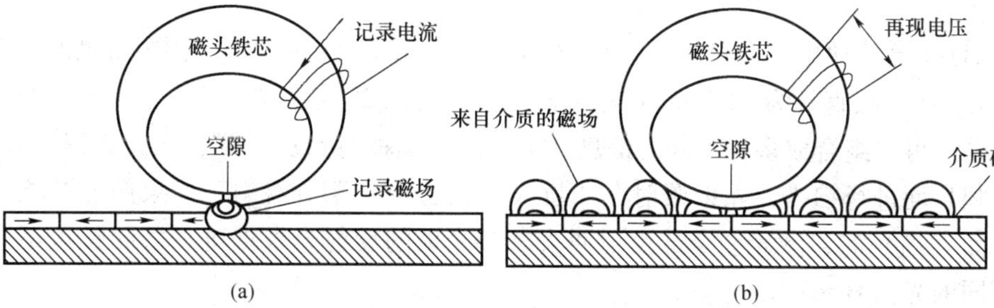

图9－8　磁记录的记录过程　　**图9－9　磁记录的再现过程**

在磁记录（数字）中，把原本的0、1信号与磁记录材料的特征相结合（例如没有DC成分，一部分数据即使被噪声毁坏也没有传播误差），在磁头的线圈内加上如图9－10（a）所示的调制记录电流。从铁芯泄漏的磁场，使磁介质上的电流的正负服从图9－10（b）所示的方向，而残余不同的磁化。在磁头通过这个磁化的过渡区时，因通过线圈的磁通量的方向发生变化，故根据法拉第定律在线圈两端产生电压。图9－10（c）给出电压的再生波形。微分这个再生波形得到图9－10（d）。设定阈值横切零水平面（相交于零），相交部分判定为“1”，未相交部分判定为“0”，就可以再生原始信号。也就是说，在磁记录中，读取的不是介质上的磁化结果，而是读取磁化的变化。可以说记录过程是安培定律的实际应用，再生过程是法拉第定律的实际应用。

2. 光盘存储

激光唱片又称CD，自20世纪80年代问世以来，得到了迅速发展，许多珍贵的音乐资料录制成激光唱片后大放异彩，开创了数字音乐的新时代，受到人们的广泛欢迎。

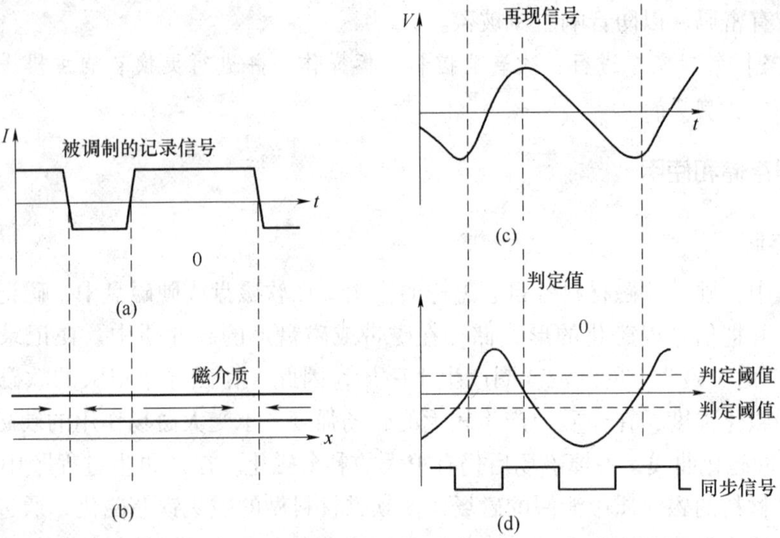

图 9－10　磁记录的产生与再生

(a) 记录信号；(b) 介质上的磁化；(c) 再现信号判定值；(d) 微分形的 01 判定

激光唱片的结构如图 9－11 所示。激光唱片分为 3in 和 5in[①] 两种，国内常见的一般多为 12.7 cm 片。在一张直径为 12.7 cm 的激光唱片上，可录 25 亿个坑点，坑点的长度和彼此间的距离不同，可以组合成多种不同的信息。坑点的表面镀有银反射膜，在激光唱片放唱时，激光束对唱片面进行扫描，光束照射在"坑"上时会产生部分绕射，光束照射在坑与坑之间的点平面（岛）时，激光会全部反射回去。激光束的反射光根据坑点之间长短不同而得到强弱不同的光信号。

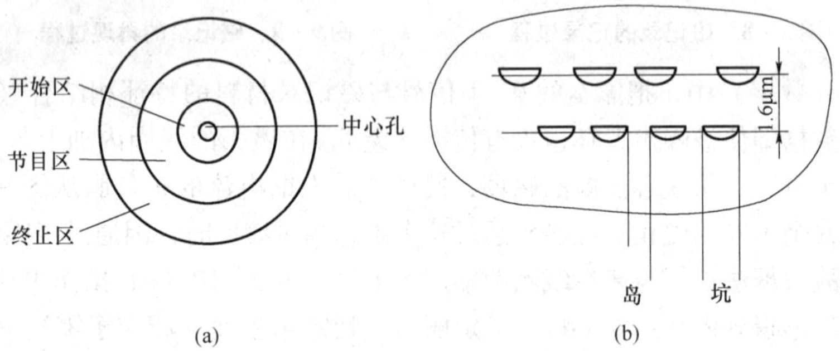

图 9－11　激光唱片示意图

激光唱片一般都为单面放唱，有坑点信号的面称为正面，印有商标的一面称为背面。放唱时，应将商标面朝上放入片仓。激光唱片的放唱时间最长为 70 min。

（1）激光拾音器：激光拾音器又称光学头，是激光唱机的信号传感器，按工作方式分为单光束和三光束两种。三光束激光拾音器是用主光束读取信号，两侧的副光束则可测量循

① 1in＝2.54cm。

迹偏离，以保证主光束准确工作。单光束拾音器则用单一光束兼顾和测量循迹偏离误差的两个功能。目前日本生产的激光唱机多为三光束方式，飞利浦生产的激光唱机多为单光束方式。三光束方式循迹准确，但成本较高；单光束方式结构简单，成本较低。

激光拾音器由激光源、聚光镜、反射镜等组成，如图9－12所示。以单激光束拾音方式为例，激光源产生一束0.8 μm的光源，通过偏棱镜和聚光镜射在CD唱片的信号凹点上，凹点的长度及间隔随音乐信号的变化不同。在凹点处，由于反射光干涉，返回聚光镜的光量少，在没有凹点处，唱片表面光滑如镜，反射光全部返回聚光镜。光电接收器根据聚光镜返回光量的多少判断出凹点的有无，并以数字0或1输出电平信号。在扫描过程中，激光拾音器随唱片的转动由内向外拾取信号。

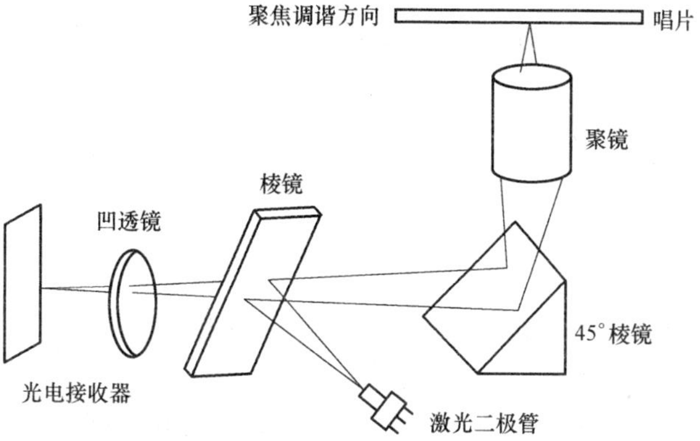

图9－12　激光拾音器的组成及工作原理

（2）信号分离与处理电路：激光拾音器输出的电信号送入信号分离与处理电路。该电路中的数据分离器能正确识别左、右声道信号及各种信号代码，分离后的信号送至信号处理器。信号处理器将含有音频信号的数字信号进行解码，使其变成标准的脉冲编码（PCM），送至数/模转换电路。同时信号处理器还将同步信号、纠错信号及电动机测速信号检出，并将有关的控制信号送至控制系统。激光唱机中的信号分离与处理均采用大规模集成电路实现。飞利浦公司的SAA7210和索尼公司的CX2305是目前比较常见的专用芯片，内含信号分离、解码、纠错、测速等多种功能。

（3）伺服系统：伺服系统采用聚焦伺服电路和循迹伺服电路来处理CD唱片转动中的误差及唱片误差。聚焦伺服可保证CD唱片的信息区正好位于聚光镜的聚焦平面上。循迹伺服用来克服唱片加工精度不足引起的误差。另外还有自动稳速伺服电路，它通过测速传感器给出的校正误差信号来控制电动机，使之转动稳定。

（4）数模转换电路（D/A）：数模转换电路又称D/A转换器，在激光唱机中也称DAC，其作用是把激光拾音器送来的数字信号转换成音频模拟信号。D/A转换电路输出的信号经低通滤波后即可直接送往放大器。

（5）控制系统和显示器：控制系统的作用是对激光拾音器等传送的数字信号进行分析，获得各种控制依据，并对电动机、伺服系统和显示器实施控制。例如，通过唱盘电动机驱动器，所得到的恒线速误差信号控制唱盘电动机做恒速运动，使CD唱片从最内圈的500 r/min逐渐变为最外圈的200 r/min。在激光唱机中，控制系统通常由一片大规模集成电路组成。

显示器用来显示各种控制信息，如正在放唱的曲目号、放唱方式和放唱时间等。显示系统由单片微处理器和 LED 显示屏组成。激光唱机的显示屏一般做得较大，以适应多种信息显示的需要。

（6）激光唱机一般具有自动存取唱片、选择放唱、编辑加工及长期记忆功能。激光唱机的多片式是指 CD 唱片仓盒中可以同时安放多张唱盘的唱机，又称换片式 CD 唱机。多片式唱机有两种装片方式，抽屉式和转盘式。抽屉式是将多张唱片平行装入一个换片盒内，最多可达 7 片，一放唱时可连续进行放音，换片时间为 5 ~6 s。转盘式激光唱机是另一种新构想，它采用在唱机上开盖的方式，转盘上平行放置 3 ~5 张激光唱片，开机后可无限循环进行放唱，中途不用打开或中断放唱换片，比传统的放唱机又进了一步。

为了克服有害振动对 CD 唱机的影响，一般激光唱机采用框架构造的基座，底板做成 2 层以上，以吸收振动。另外，采用多种吸振环的唱片盒仓及重量较大的底座，也是重要的防震措施。

七、功放

功放的功率要大于喇叭功率的 1.5 倍以上。

1）一路功放

小功率一路功放着重推中置喇叭，大功率一路功放着重于低频喇叭。

2）二路功放

大部分二路功放都用来推低频喇叭，也有少部分有带 HPF 的 FULL 开关，它可以用来推中高频喇叭。

3）四路功放

主要用来推中高频喇叭，功率相对比较大。

4）五路功放

其中四路用来推中高频喇叭，另外一路用来推低频喇叭，其功率相对比较小。

八、喇叭

1. 高音喇叭

高音喇叭两个前车门各一，也可 1 寸高音喇叭（A 柱）、3 寸或 4 寸中音喇叭（仪表台）、6 寸或 8 寸中低音喇叭（门板）。

1）频响范围

2 048 Hz ~20 kHz：其中，2 048 ~4 096 Hz 聆听感觉为敏锐；4 096 ~8 192 Hz 聆听感觉为清脆、多彩；8 192 ~16 384 Hz 聆听感觉为层次分明；16 384 Hz ~20 kHz 聆听感觉为纤细。

2）表现特征

指向性强，声音明亮、清晰，层次分明，色彩丰富。

2. 中音喇叭

一般为 6 寸中低音喇叭，两个中音喇叭放在前车门。

1）频响范围

256 ~2 048 Hz：其中，256 ~512 Hz 聆听感觉为有力；512 ~1 024 Hz 聆听感觉为明亮；

1 024 ~2 048 Hz 聆听感觉为透亮。

2）表现特征

人声还原逼真，音色干净、有力，节奏性强。

3. 低音喇叭

两个低音喇叭放置在后排放物台上，以产生低频回音效果，回音效果好的车可能装有更低频的超低频喇叭。一般为 9 ~15 寸低频喇叭（后尾厢），若为展示车用，则可在后尾厢加装一套中高频喇叭。

注：喇叭的分布要以整个音场频率配置均衡为主，喇叭输出功率小将失真。

1）频响范围

频响范围为 16 ~256 Hz：其中，16 ~64 Hz 聆听感觉为深沉、震撼；16 ~128 Hz 聆听感觉为浑厚，128 ~256 Hz 聆听感觉丰满。

2）表现特性

具有强大震撼感，雄壮有力、丰满深沉。

九、EQ 处理器和分频器

EQ 也称均衡器、等化器或分音器，是一种音频信号处理设备，可以控制不同音频点（段）的信号强度，由于汽车内部空间狭小且不规则及各种内饰材料与面板对声音的吸收和反射，使汽车音响系统所再现的声音频谱是非常不均匀的，即频谱曲线不够平滑，这就需要均衡器来弥补音响系统的不足。

1. 均衡器

用来衰减或增强某个指定频率的信号，常用的有 3 频段、7 频段、30 频段等 3 种均衡器。

1）图形均衡器

这类均衡器仅能在固定中心频率和带宽上进行小幅度的调整，通常是由一些滑动电位计组成，电位计所形成的“图形”就像频响曲线一样，故称图形均衡器。

2）参量均衡器

这类均衡器可以调整所有的均衡参数，如幅率、频度、宽度等，一般用于比赛车辆或发烧友的音响系统中，价格较贵，需专业调试。

3）数字均衡器

DSP（数字信号处理），可以编辑所有不用频段上的片率，并将它们储存在储存器中，形成如摇滚、蓝调、交响、人声等音乐风格，是均衡器中最吸引专业人士的一种。

2. 分频器

它可以把主信号分成中高低音等三种频段信号，并可以衰减或增强各自频段的信号。

十、其他

线材要求：电阻小，抗干扰要强，抗氧化要强。

匹配效果指标：低音丰满，中低音雄浑有力，中高音明亮，高音色彩丰富，音乐层次清晰。

十一、收音机天线

早期当收音机接通时，后风窗 C 柱下（也有位于前 A 柱下前侧）的天线会在电动机的带动下，伸展到收音机关闭前所使用的设定高度；也可按动收音机上的天线按钮，调整高度。如果需要在行车时降低天线（例如通过有悬枝的灌木丛时），则可按动向下箭头以降低天线（例如奥迪 100 的收音机控制面板）。在越过了障碍物后，可完全伸展天线，以取得最佳的电台接收效果。

目前，汽车天线多为固定式复合式天线，即天线杆不再伸缩，同时天线是几种天线的组合，为了信号接收得更好，通常在车顶 45°倾斜放置。复合式天线的另一种形式为后风窗的除霜加热线上部内置的不同波长的接收天线，如图 9 - 13 所示。为了接收效果好，后风窗玻璃内的天线分为横、纵两个方向放置。天线座内置有放大器，放大器后接同轴电缆。

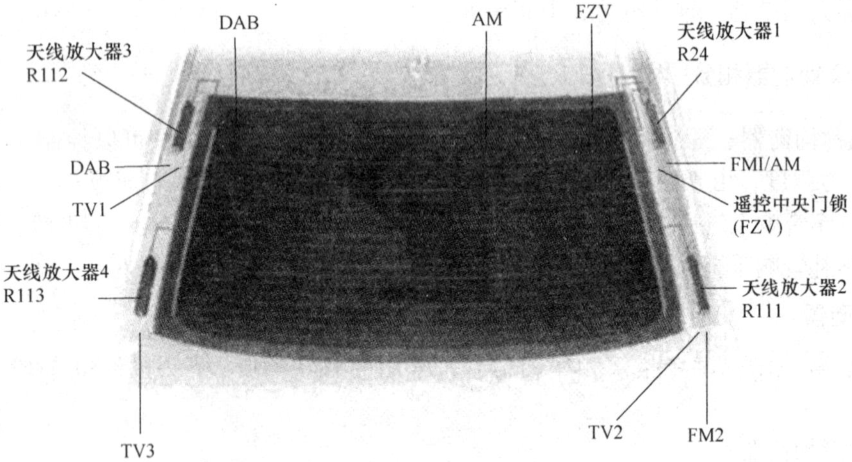

图 9 - 13　后风窗复合式天线

第二节　音响系统检修

一、光盘和磁带的使用和保养

1. 潮湿

夏季空气潮湿，很容易造成 CD 盘上结雾，潮湿的 CD 盘如果直接进入主机会令激光头读取速度跟不上，同时会使电器元件受潮，严重时还会造成激光头损伤。

2. 灰尘

激光头怕灰尘，因此在路况环境较差时，车主应及时关闭车窗，平时还应注意保持车内的清洁。

3. 强行推碟

车用CD机多采用碟片吸入式设计。只需将CD放在入口处，机械结构会自动将盘片吸入。若用手将盘片强行推入，不仅会损坏盘片，严重时还会损坏机内的托盘结构。

4. 阳光

碟片不要放在仪表台上。炎热的夏天，碟片在烈日的暴晒下很容易发生变形。

5. 正版碟片

因为盗版碟经常会有碟面不平或碟孔不圆的情况，在播放时这些隐患都会导致激光头产生跳点等故障，有损激光头的寿命。

6. 擦拭

碟片在长时间不用后会有灰尘和划伤，在擦拭碟面灰尘时要沿着与音频轨迹垂直的方向擦拭。

7. 磁带

对于磁带，应注意避热防潮。高温会使磁带发生变形，放进主机时会发生卡带现象。在长时间不听或处于关机状态时，最好将磁带退出，防止因关机时压带轮压住磁带，导致压带轮变形。

二、音响噪声的检查与跟踪排除

首先确定音乐数据的质量，尽量用熟悉的碟片试音。

1. 噪声的检查方法

（1）起动发动机，把大灯、空调都打开，将音响系统开到可以聆听的位置。

（2）将发动机的转速稳定在3 000 r左右，不断地更换CD曲目，并细心聆听高音部分，听听是否有噪声，如果没有噪声，说明系统的设计、布局合理，否则就有问题。

2. 噪声的跟踪与排除

把所有的功放信号输入（即RCA）解除，然后按噪声的检查方法再检查一遍，试听是否有噪声。

1）无噪声的检查方法

将功放的输入（RCA）恢复，解除CD机的信号输出，检查是否有噪声。

（1）有噪声时应该检查：

①信号线的布线是否合理。

②信号的屏蔽是否良好。

③信号线的莲花端子与功放的莲花端子是否匹配。

（2）没有噪声应该检查：

①CD机的供电线路是否良好。CD机的供电部分必须重接，不能用原车的线路。

②CD机的输出端子与信号线的端子配合是否良好。

③检查CD机的电压与功放的电压是否相同。

2）噪声的跟踪方法

把功放的输出解除，另接一个喇叭，直接接在功放，听是否还有噪声。

（1）有噪声时应该检查：

①检查功放的接地点是否正确，如不正确，则需要重新接地线，注意两台以上横放的接地点必须在同一个点上。

②检查功放增益键的电位器接触是否良好。

③检查功放的外壳是否有接地现象。

（2）无噪声需要检查以下项目：

①喇叭线的布线是否有接近车体主电源供应线路。

②检查高音喇叭的安装位置是否正确。

三、音响解码

现代音响价格较贵，为了防止盗贼偷走汽车音响，设计了断电后要输入密码的功能，盗贼知道汽车音响偷了也无法使用，从而也就不再偷汽车音响了，可彻底地杜绝偷音响行为。修理中，断开蓄电池是常见的，音响断电会锁死。所以在断电前，应向车主问清密码，以利于修理结束时再输入密码。

奥迪100、2.6E型轿车，配备了咖玛牌音响，音响具有防盗功能，可输入四位密码进行解锁，如音响一旦被盗，则因电源曾中断过，再接通电源时就会自动呈锁止状态使音响积压操作功能失败。如果一旦不小心将音响锁止，则应该按照下述方法进行解码。以图9－14奥迪100音响控制面板为例说明解码操作程序。

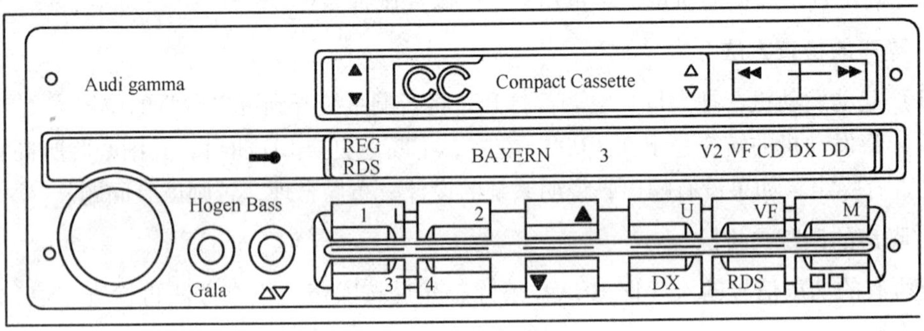

图9－14　奥迪100音响控制面板

解码操作程序：首先将音响电源开关置于ON位置，这时音响的液晶显示屏会显示“SAFE”字样（SAFE表明该音响已被锁止）。同时按住装饰面板操作按键中的“U”键和“M”键，这时观察液晶显示屏，会出现1000字样，然后松开“U”和“M”按键，注意此后再不能同时按住“U”和“M”两按键，否则音响内电脑将把此项操作作为错误输入，进行一次计数。

利用音响装饰面板中的1、2、3、4键可预置四个电台存储，同时四键也兼做音响的解码输入按键，如输入密码1697。按动两次面板操作千位存储键1，液晶显示屏会显示1。按动7次面板操作百位存储键2，液晶显示屏会显示6。按动10次面板操作十位存储键3，液晶显示屏会显示9。按动8次面板操作个位存储键4，液晶显示屏会显示7。确认输入的密码与正确的密码核对无误后，再同时按住“U”键和“M”键，待显示屏上再次出现“SAFE”

字样后即可松开“U”键和“M”键，稍等片刻，显示屏上就会自动显示一个电台的频率，此时则表示该音响解锁成功，音响恢复原设计功能。

不同的音响密码输入方法可能不同，不过都很简单。当车主不知道密码时通过购车后的手续和材料证明，服务站通过主机厂会在音响厂家获得万能密码。

如果输入的密码是错误的，当放开“U”键和“M”键后，显示屏上的“SAFE”字样仍不消失，这时可重新输入密码。如果再次输入错误密码，则需等待1小时后，方可继续输入密码。

需要提醒注意的是，一般汽车音响的密码卡片在销售出厂时贴在行李舱或手套箱内（不同车型和车系不同，最好咨询经营商），用户购买新车后，应将密码卡取出妥善保管，不可丢失，也不可放在车内，车辆转卖时，新老用户不要忘记交接密码卡片。

汽车进行维修时，在不知道音响密码的情况下，千万不要断开蓄电池的电源线，以避免音响被锁止。

［**完成任务**］针对实车进行一次现代汽车的音响解码操作，具体操作查阅老师给你的相应车型的音响资料。

第三节　丰田汽车音响系统

一、方向盘衬垫开关功能

带方向盘衬垫开关的方向盘是所有车型的标准配置。在方向盘上有一些常用开关，如图9－15所示，比如音量按钮，驾驶员的手不离开方向盘就可对音响系统进行操作。方向盘衬垫开关的主要功能见表9－1。

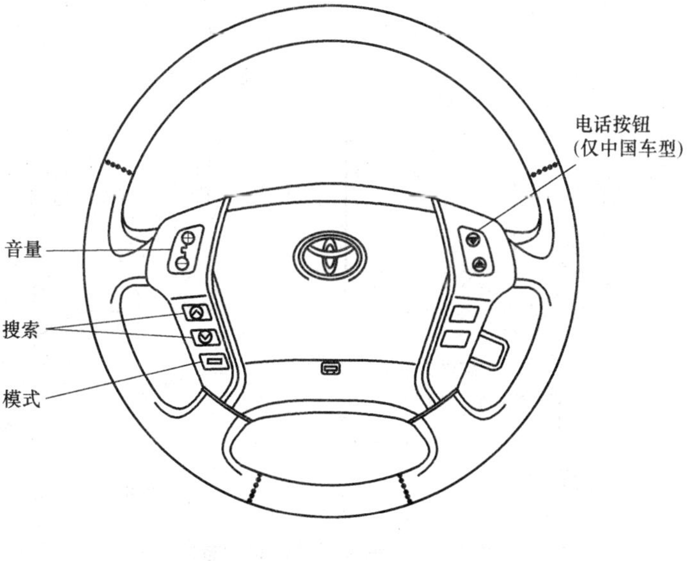

图9－15　多功能方向盘

表 9-1　方向盘衬垫开关功能

<table>
<tr><th colspan="3">功能</th><th>短按</th><th>长按</th></tr>
<tr><td rowspan="6">方向盘衬垫开关（左）</td><td colspan="2">音量</td><td>音量增大/减小</td><td>音量持续增大/减小</td></tr>
<tr><td rowspan="4">搜索</td><td>AM/FM</td><td>频道上/下</td><td>往上/下搜索</td></tr>
<tr><td>TAPE</td><td>搜索 FF/REW</td><td>FF/REW</td></tr>
<tr><td>CD</td><td>向上/下播放</td><td>光碟上/下</td></tr>
<tr><td>CD/DVD *</td><td>向上/下播放</td><td>光碟上/下</td></tr>
<tr><td colspan="2">模式</td><td>打开 AM/FM，TAPE，CD，DVD *</td><td>关</td></tr>
<tr><td colspan="3">方向盘衬垫开关（右）</td><td>打开复式信息显示器</td><td>重启复式信息显示器</td></tr>
<tr><td colspan="5">*：带复式显示器的车型</td></tr>
</table>

二、音响系统电路图

[**完成任务**] 在图 9-16 中，天线在实车上的位置：________；后控制器的位置：________。主机音源包括：________；________；________；________。音响放大器的位置：________；全车有几个 SP（SPEAKER）：________；几个喇叭：________。

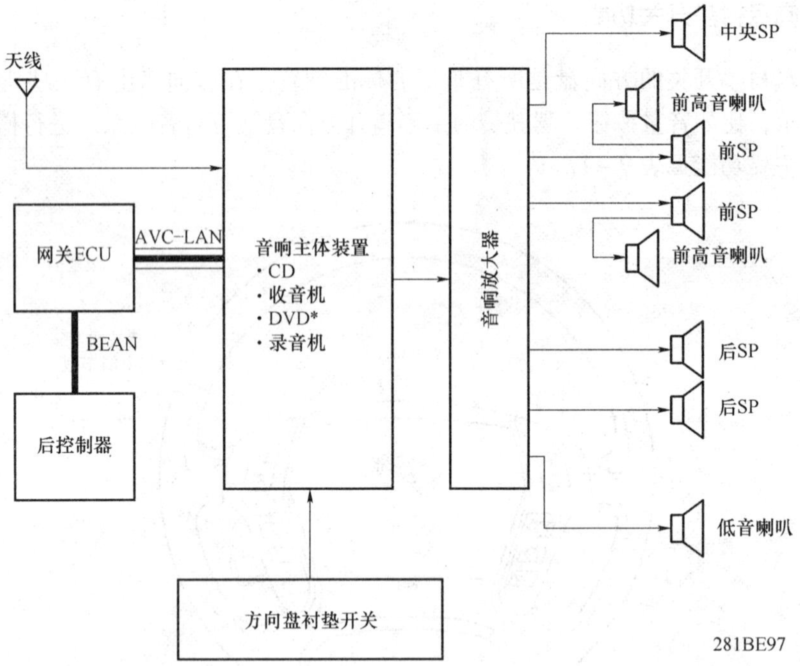

*：带复式显示器的车型

图 9-16　音响系统控制示意图

第四节 汽车导航系统

一、复式显示器

如表 9－2 所示，中国的 Royalsaloon G、Royalsaloon 和 Royal E 级车型上采用带复式显示器的 DVD 导航系统作为标准配置。另外，倒车影像系统和导航系统作为一套装置使用。复式显示器装置安装在中央仪表饰板上，由一个带压力灵敏触板的 8 英寸倾斜 LCD 液晶显示屏组成，更易于应用。通过使用 GPS 全球定位系统和 DVD 数字化多功能光盘中的地图数据，导航系统分析车辆的位置，并在显示于屏幕上的地图中指出其位置，语音指导将使驾驶员找到所选目标地的路径。蓝牙是一个应用蓝牙 SIG（特别兴趣小组）规定的 2.4 GHz 频率波段的高速无线数据通信系统，其通信速度为 1 Mb/s。

表 9－2 带复式显示器的 DVD 导航系统

显示器	8 英寸倾斜 LCD		配置
	压力灵敏触板		配置
导航系统	GPS		配置
支持语言	语音导航	汉语	配置
	语音识别		不配置
地图数据媒体	DVD		配置
天线	GPS		配置
陀螺传感器（在导航 ECU 里）	压电陶瓷片		配置

［完成任务］在图 9－17 中，后倒车影像系统的摄像头和电视摄像头 ECU 之间的导线是什么类型：________；空挡起动开关的哪个挡位可启动倒车摄像头的影像显示：________；转向角传感器通过 CAN 和 AVC－LAN 传至复式显示器导航 ECU 的目的是实现导航系统的什么功能：________；在图 9－18 中，麦克风的作用是什么：________；驾驶员门扬声器的作用是什么：________；复式显示器的触屏功能是否能控制空调：________；RGB 是什么意思：________；NTSC 是什么意思：________；电视摄像头能发出 RGB 信号，音响主体装置能吗：________。

［完成任务］写出图 9－18 主组件位置图中的元件名称：________；________；________；________；________。

［完成任务］写出图 9－19 主组件位置图中的元件名称：________；________；________；________；________。

二、结构和工作原理

1. 复式显示器

通过复式显示器可调整显示器屏幕的显示功能，这个屏不仅可作为导航屏幕显示器，也

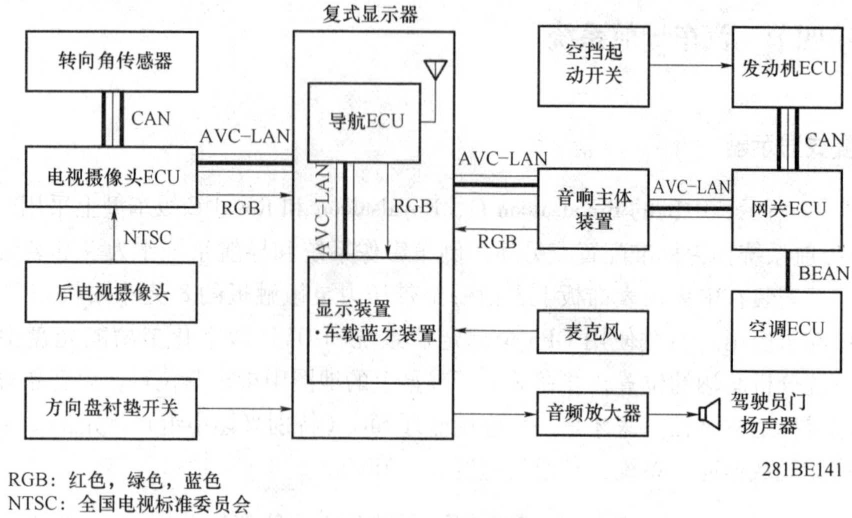

图9－17　倒车影像和车载蓝牙通话系统

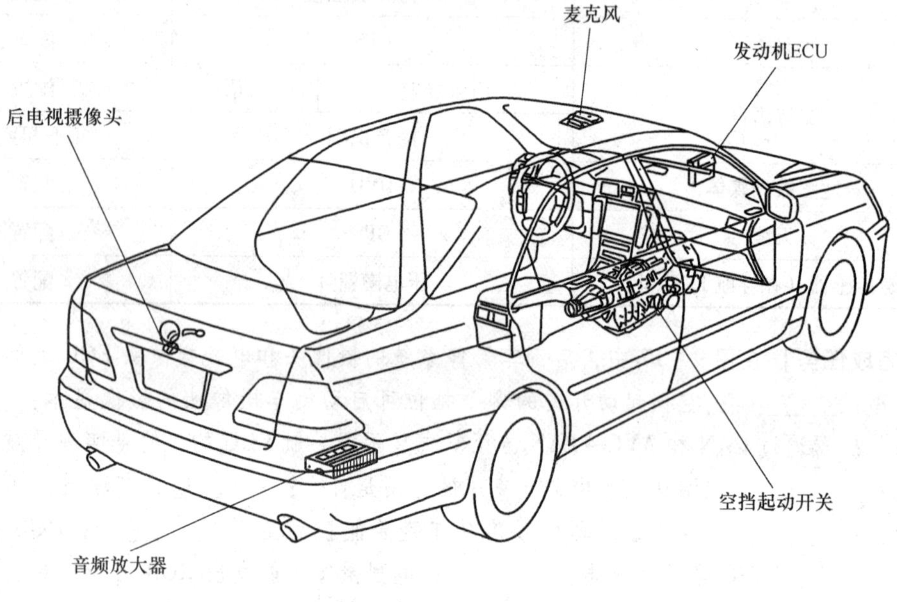

图9－18　主组件位置

作为空调屏幕显示器、电话操作屏幕显示器、倒车监视系统显示器、诊断屏幕显示器、音频屏幕显示器和 DVD 屏幕显示器。

2. 蓝牙免提系统

蓝牙是一种短距离、高速度的无线数据通信系统，它应用蓝牙 SIG（特别兴趣小组）规定的2.4 GHz 频率波段。复式显示器中集成了一个车载蓝牙装置，它给可兼容蓝牙的蜂窝电话提供了免提功能，如图 9－20 所示。通信距离一般为半径 10 m 的范围，1 个设备可同时连接的设备最多注册 4 部电话。

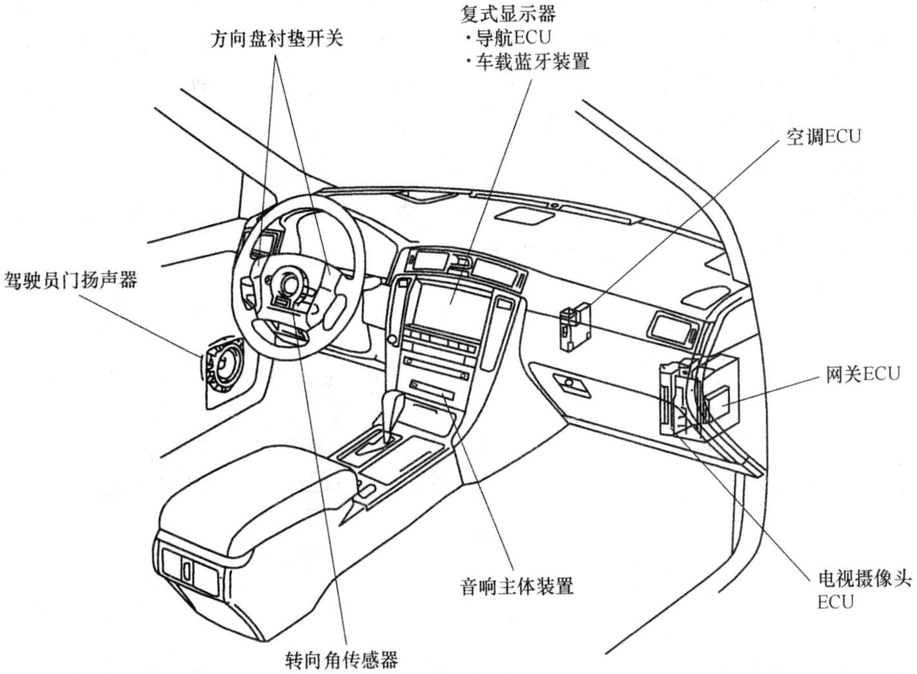

图 9－19　主组件位置

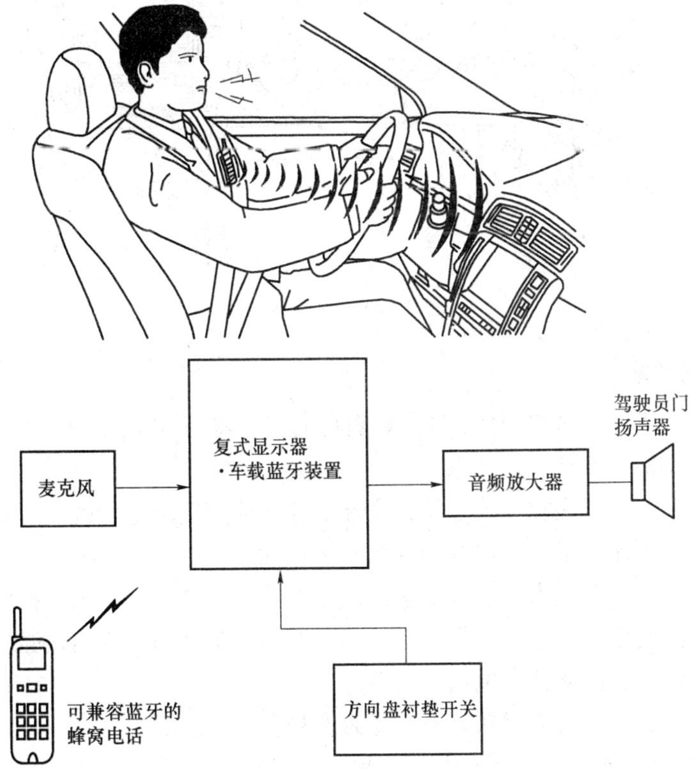

图 9－20　蓝牙无线数据通信系统

可兼容蓝牙的蜂窝电话在包中或衬衣袋中不用取出即可选择号码拨打电话。号码由复式显示器或方向盘衬垫开关传送，通过蓝牙通信与蜂窝电话线路上的人交谈。和过去不同，现在已不必将蜂窝电话与车载蓝牙装置连接（因为蓝牙通信可自动连接，每次使用时不必复杂安装），但是最初必须注册一个可兼容蓝牙的蜂窝电话到车载蓝牙装置。

如图 9－21 所示，车载蓝牙装置由一个天线和一个模块组成。此模块有一个将车载蓝牙装置连到复式显示器的接口，其另一功能是处理由天线发射或接收的数据。方向盘衬垫开关包括用来操作电话的“On－hook”和“Off－hook”开关。

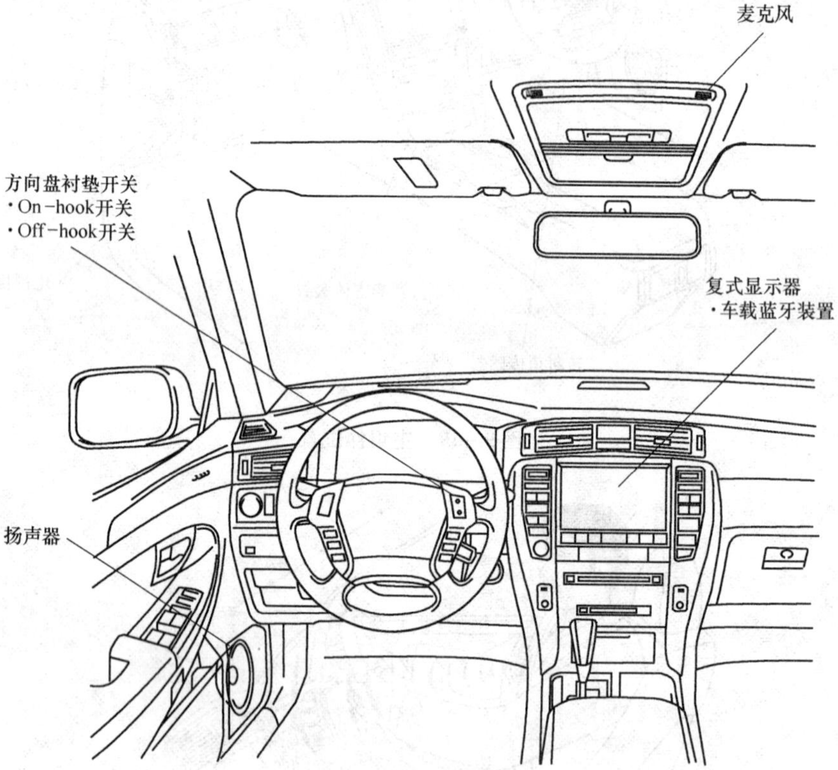

图 9－21　主组件位置

3. 蓝牙电话功能

点火开关为“ACC”或“ON”时，导航门打开，蓝牙电话工作。然而，为安全起见，车辆起动时一些功能不能使用。此系统有如下功能：

输入蓝牙电话：必须先在复式显示器中注册才能使用蓝牙电话的免提功能。一旦注册话机，免提功能自动可用，最多可以注册 4 部蓝牙电话。

选择蓝牙电话：当车厢内有两部或多部已注册蓝牙电话时，必须选择其中一部使用以免串线。只有选中的电话可以作为免提电话使用（最后注册的电话被自动选中）。

删除蓝牙电话：已注册蓝牙电话可被清除。

呼叫蓝牙电话：用户可通过输入电话号码拨号。

[完成任务] 根据驾驶使用手册提示，向车载蓝牙注册一部手机，两人通过车载蓝牙通话，试用后删除注册。

参 考 文 献

[1] [英] 汤姆·登顿（Tom Denton）. 汽车电气与电子控制系统 [M]. 第3版. 北京：机械工业出版社，2008.

[2] 李春明. 汽车电气与电路 [M]. 北京：高等教育出版社，2003.

[3] [德] 德国BOSCH公司. BOSCH汽车工程师手册 [M]. 顾柏良，等，译. 第2版. 北京：北京理工大学出版社，2004.

[4] 南金瑞，刘波澜. 汽车单片机及车载总线技术 [M]. 北京：北京理工大学出版社，2005.